U0885352

上海社联年鉴

上海社联年鉴

2018

上海市社会科学界联合会 编

上海人民出版社

1 月 13 日，上海市社联召开六届十一次全委会暨 2017 年上海社科界迎春座谈会

3 月 15 日，“法学与法治国家建构——东方讲坛 法学演讲季”系列讲座启动

3 月 21 日，《探索与争鸣》第二届全国青年理论创新征文颁奖大会暨“中国转型过程中的问题”青年论坛在上海市社联召开

4 月 20 日，《学术月刊》杂志社召开“六十周年志庆老同志座谈会”

5 月 17 日，由上海市社联主办的第 16 届上海市社会科学普及活动周开幕，主题为“普及社科成果 推进上海新作为”

7 月 17 日，“中国哲学社会科学话语体系建设·浦东论坛”首场论坛——“2017 中国社会学话语体系建设”在中国浦东干部学院召开

10 月 20 日，上海市社联举行第十一届学会学术活动月开幕式暨学术报告会

12 月 26 日，上海市社会科学界第十五届学术年会暨中国哲学社会科学学术话语体系建设论坛开幕

目 录

年度工作要览

NIAN DU GONG ZUO YAO LAN

2017年，上海市社联在中共上海市委、市委宣传部的领导下，全面贯彻落实党的十八大和十八届历次全会精神，认真学习贯彻习近平总书记系列重要讲话精神，按照习近平总书记"5·17"重要讲话要求，以迎接、学习、宣传、贯彻党的十九大为工作主线，深入推进群团改革，顺利完成市社联换届，积极开展中国学术话语体系建设，着力打造中华创世神话学术研究高地，围绕加快构建中国特色哲学社会科学，主要开展了以下工作：

一、 面向新时代，社科事业改革创新深入推进

一是以市社联换届为契机，进一步深化群团改革，优化结构、提高效能、增强"三性"。

4月8日，市社联隆重举行第七次代表大会，选举产生市社联第七届委员会，审议通过关于市社联第六届委员会工作报告与市社联章程修改的决议。韩正同志出席大会并作讲话，应勇、殷一璀、吴志明、尹弘、吴靖平、翁铁慧等市领导，以及上海市各群众团体的负责人出席会议。大会收到全国各省、自治区、直辖市社科联，以及上海市相关单位和群众团体30余家的来信祝贺。上海市社科界"五路大军"代表、特邀嘉宾近800人参加会议。当天下午，市社联召开第七届委员会第一次全体会议。会议选举产生市社联第七届委员会主席团。王战当选市社联第七届委员会主席。

市社联通过此次换届，修订章程，调整结构，进一步增强代表性、群众性：一是压缩层级，取消原常委会设置，设立主席团，相应职权由主席团行使，切实提高工作效能。二是优化主席团设置，新当选兼职副主席中既有学术、行政双肩挑的院校及学会领导，也有教学科研一线的资深学者，确保非领导职务人员超过半数。三是优化议事决策机制，作为主席团会议的补充，按需召开主席团工作会议，深入研究重大问题，广泛听取意见建议，进一步加强科学决策、民主决策。

二是着力构建中国特色哲学社会科学学术话语体系，明确目标、凝聚力量、构建平台。

开展"改革开放40周年、新中国成立70周年、建党100周年"三大系列研究项目征集评审工作。市社科界踊跃申报，共收到项目申请255项，涵盖市主要高校和科研单位各学科知名专家，涉及哲学社会科学各学科领域。经组织专家打分初审、讨论复审，形成建议立项名单，通过公示并报市哲学社会科学规划领导小组批准，98项研究课题获批立项，纳入市哲社规划办课题序列进行资助管理。

建好首批（2016年）学术话语平台。与中国浦东干部学院、中国社科院合作，举办"中国哲学社会科学话语体系建设·浦东论坛"，李培林等领导出席论坛并致辞，全国有关高校、科研机构约200位专家学者参加会议。召开"上海市哲学社会科学话语体系建设首批研究专项中期推进会"，进一步明确后续研究工作重点和相关要求。召开"'中国话语丛书'全面启动暨《文明型国家》出版座谈会"，大力推动"原创性中国话语研究"。编发话语体系创新通讯近40期。同时结合《现代领导》杂志变更工作，筹办学术话语体系专刊。

三是启动中华创世神话研究，打造团队、建立基地、推出力作。

为体现上海在传承发展中华优秀传统文化方面的使命担当和学术水平，根据市委宣传部的统一部署，积极推进"开天辟地——中华创世神话"学术研究高地建设。汇聚上海

市社科界厚重的学术研究力量，广泛调研、精心策划，梳理中华文明起源，对中华创世神话进行学理上研究，为中华民族复兴的伟大事业提供文化源头上的学理支撑。学术研究成果对中华创世神话文艺创作、文化传播具有支撑作用，对上海建设成为国际文化大都市和全国文化中心具有重要意义。经过一段时间的努力，初步建成中华创世神话的资料、研究和科普三个高地，推出一批人才和成果，厚植基础，形成持久的影响力，为中华创世神话话语体系建设、中国神话学上海学派和中国神话研究的可持续发展奠定基础。

四是扎实推进社科评奖改革，抓住问题、形成共识、创新制度。

为深入贯彻习近平总书记"5·17"重要讲话精神，建立科学权威、公开透明的哲社成果评价体系，对评奖改革展开广泛调研。经走访本市多所高校，召开专家学者、科研管理部门负责人系列座谈会，征询数百位学者意见建议，并借鉴兄弟省市社科评奖有益经验，形成评奖工作改进方案。修订社科评奖规范性文件，提交市社联主席团工作会议讨论。修订后，原评奖文件合并为《评奖条例》与《实施办法》。新《评奖条例》明确了市哲社评奖办公室的委托初审功能，新《实施办法》对具体奖项奖等设置、申报评审程序等方面做了全面修订；根据全市 42 家归口单位近四年参与评奖申报及评审的统计数据，测算并制定各单位 2018 年评奖初审配额。同步推进评奖系统全面升级，确保 2018 年评奖线上申报及评审有序开展。

二、 站上新起点，学会服务管理水平进一步提升

一是牢牢把握政治方向，加强学术社团党建工作。召开 2017 年度学术团体负责人暨党建工作会议，燕爽同志出席会议，部署新一年学术团体重点工作。召开学术团体党工组负责人会议，组织部分学会、民非党工组负责人学习近期中央、市委有关意识形态工作的重要文件精神，要求学术团体党工组充分发挥作用，重申学习制度、学会重大事项党工组先行研究讨论制度、重大情况向市社联党组报告制度、学会换届与党工组成员同步调整制度。2017 年上半年新批准设立党工组 6 个，调整党工组 25 个。完成所属学术团体党的组织全覆盖。召开学术团体党工组负责人专题学习班，学习宣传贯彻党的十九大精神。

二是围绕重大主题、时政热点、理论创新组织学会开展学术研讨和课题研究。组织学会参与一年一度的学术团体合作项目申报。83 个学会共计申报项目 244 项，门类涵盖基础学科学会学术活动、社科热点"一月一会"、学会青年学者论坛、学会重大学术项目、跨学会学术活动，主题涉及"党的十八届六中全会和习近平总书记系列重要讲话精神"、"中国特色哲学社会科学话语体系"、"一带一路"研究、上海"改革开放、创新发展"理论研究等。经专家评审，市社联领导审核通过，对获得立项的合作项目在成果宣传推介和经费等方面给予支持。形成学会、民办社科研究机构学术活动预报表，汇总拟开展重要活动 500 余项，其中青年学者学术活动 50 项。主动参与学术团体举办的各类学术活动，了解学术动态，加强交流互动，把握学术活动中的政治导向。

三是完善工作机制，加强学术团体规范管理。完成所属 165 个社团和 16 家民办社科研究机构网上年报审核及年检初审工作。对 141 个申报 2016 年达标创优的学会进行年度考核初审、复审，走访调研多家达标申报学会，审核通过 132 个申报学会。不断修订完

善各项制度，主动与相关部门沟通协作，修订《社会团体章程示范文本(社会科学类)》。指导和帮助换届社团熟悉和掌握换届有关规定、程序、操作流程和注意事项，年度核准学会换届 25 个，批准延期换届 16 个。开展学术团体干部财务专项培训班。年度批准成立上海市外国文学学会、上海市朝鲜半岛研究会、上海抗战与世界反法西斯战争研究会、上海市大数据社会应用研究会和上海世雄国际关系研究中心，凝聚了一批新学科领域的哲学社会科学工作者，为繁荣社会学科、服务政府决策提供了新的视野和支撑。

四是将学习宣传贯彻党的十九大精神贯穿“活动月”始终。以“学习贯彻十九大精神，构建中国特色哲学社会科学”为主题，举办第十一届“学会学术活动月”。其间共举办活动 132 项，其中学术年会 18 项、学术论坛 23 项、专题研讨会 56 项、跨学会学术研讨 19 项、青年学者学术活动 16 项。各学术团体借助“活动月”平台，把构建中国特色哲学社会科学的各项学术实践与活动月主题有机结合，掀起了社科界学习宣传贯彻党的十九大精神的高潮。

五是抓好总结交流与经验表彰，加强示范引导。经市社联推优，上海市多家学会与多位学会工作者在全国社科联第十八次学会工作会议上被评为“全国社科联先进社会组织”与“全国社科联优秀社会组织工作者”，多家学会在第三届上海市先进社会组织评选表彰活动中荣获上海市先进社会组织称号。在党的十九大召开前夕，以学科划片，组织所属社科类学术团体举行了 7 次工作交流会议，共计 130 余名学术团体负责人参加。市社联领导在会上传达近期中央和市委关于社会组织建设与管理方面的主要文件精神，提振了学术团体喜迎党的十九大的精气神。召开学术团体调研系列会议，组织部分挂靠在党政机关的学术团体开展专题书面调研。

三、 搭建新平台，学术交流活动号召力持续增强

一是组织市社科界第十五届学术年会系列活动。围绕“‘四个自信’：新起点、新思想、新作为”的年会主题，对 106 项申报活动组织评审，确定 31 项专场。7—11 月，与市委党校、华东政法大学、上海师范大学等高校科研机构合作，召开“中国道路与马克思主义新跨越”“大数据智库与国家治理”“海洋文明与城市变迁——‘一带一路’视野下的沿海城市发展”等 13 场学科专场研讨会。与市哲社规划办、上海财经大学合作，召开“去碳化时代下智库联盟建设”“发展国防军事科学　建设中国新型智库”等 9 场智库专场研讨会。与上海国际问题研究院、上海交通大学马克思主义学院等社科单位合作，召开“一国两制在香港的实践：对未来三十年的启示”“中国特色社会主义与人类命运共同体”等 9 场青年论坛。联合市哲社规划办，与上海大学、上海外国语大学、上海财经大学、复旦大学、华东师范大学分别举办 5 场学术年会高端论坛，集中展示各高校国家社科基金重大研究项目成果。会议成果总结形成简报，通过上海哲社规划办《上海社科规划工作简报》报送有关部门。举办年会征文活动，收到应征论文 539 篇。与上海人民出版社合作，经多轮评审，遴选出 44 篇优秀论文编撰出版文集 50 余万字；与《高等学校文科学术文摘》杂志社合作，评出社联年度推介论文 9 篇，并在《社会科学报》专版发布推介。为推动年会形式内容与时俱进，召开专家咨询会，周汉民、沈国明、杨洁勉、顾锋、周智强、姜义华、陈恒等各领域专家

应邀出席，就年会创新提出中肯建议。

二是进一步巩固马克思主义研究论坛主阵地作用。联合上海市中国特色社会主义理论体系研究中心、市委党校及本市高校马克思主义学院，凝聚全市马克思主义研究力量，定期组织召开马研论坛，例如："同向同行，协同育人——马克思主义理论学科在全员育人中的责任和担当"论坛、"十月革命与中国特色社会主义"论坛、"'逆全球化'浪潮下中国化马克思主义新发展"学术研讨会、"马克思主义中国化新成果：十八大以来治国理政新理念新思想新战略"上海市第五届马克思主义研究青年论坛，以及"中共中央编译局马克思主义理论与当代实践研究基地"揭牌仪式暨"马克思主义科技思想与社会发展"学术研讨会，坚持推进马克思主义中国化、时代化、大众化。

三是贴近热点组织召开各类专题学术研讨。在习近平总书记"5·17"重要讲话发表一周年之际，召开学习黄天华教授先进事迹座谈会，树立学术标杆，市主要新闻媒体予以报道，在社科界形成良好反响。紧扣热点举办专题学术茶座。如聚焦国家战略，与复旦等院校共同举办"深圳、浦东、雄安：国家战略的实践、经验与挑战"学术茶座；组织跨界交流，在毛泽东同志《在延安文艺座谈会上的讲话》发表 75 周年的时间节点，召集社科、文艺两界专家，举办"上海红色文化的现状及发展专家座谈会"。坚持举办星期五学术茶座，全年举办 28 场，影响力进一步扩大。联合举办 ECF 国际页岩气论坛第 7 届亚太页岩气峰会，扩大社联影响。

四是组织全市主题理论征文工作。根据市委宣传部统一部署，广泛发动所属学会，积极组织开展"深入学习以习近平同志为核心的党中央治国理政新思想与上海改革创新发展"理论研讨征文活动。自 3 月起，共征集到 32 家学会推荐论文 465 篇，组织专家评审，遴选出优秀论文 88 篇，报市委宣传部。评选出优秀学会 20 家并予以表彰。

四、 开辟新路径，增强社科普及社会影响力

一是迅速行动，创新载体，积极宣传贯彻党的十九大精神。党的十九大召开后，第一时间与申通地铁集团共同推出"学习新思想　走进新时代"主题地铁专列。精选体现新思想、新论断、新提法、新举措以及与市民生活息息相关的十九大报告原文，涵盖十九大报告中关于政治、经济、文化、民生、生态、国防、外交、党建等方面，在地铁车厢展示。与《解放日报》合作，录制理论科普短视频"社科专家带你读懂十九大"系列 12 部，在解放日报·上观新闻 App"思想汇"栏目播出后，收到良好社会反响，中央网信办于 12 月 20 日起继续每天一集在全网推送。

二是举办上海市社会科学普及活动周。以"普及社科成果，推进上海新作为"为主题，举办第 16 届上海市社会科学普及活动周。200 余家单位积极参与，开展了科普讲座、义务咨询服务、主题展览、主题论坛、科技与人文的对话、诵读会、专题科普活动、社科普及进地铁和新媒体科普等 300 项社科普及活动，直接受众超过 10 万人次。活动周开幕式上举行了"梦的中国——习近平总书记系列重要讲话诵读会"，邀请本市知名主持人和朗诵家进行诵读，让广大市民群众从总书记的话语中体悟获得感，为党的十九大召开凝心聚力，提振共筑中国梦的信心。

三是细分受众，高端讲座特色纷呈。与市法宣办联手，推出“法学与法治国家的建构——法学演讲季”系列讲座，10 位演讲嘉宾与 10 位对话嘉宾应邀围绕法学问题展开思想激辩和观点碰撞，深刻解读法学与法治国家构建的关系。联手同济大学，推出“回首向来处——历史上的民众生活”系列讲座，为大学生讲述中国历史恢宏进程。与市文明办合作，推出文化上海系列讲座之“风从海上来——近代上海经济的崛起之路”，从近代上海经济出发，为广大听众讲述上海城市的成长嬗变。“思想点亮未来——带你走进高深可测的社会科学世界”系列讲座推出第二季，邀请著名学者走进本市 16 所中学，讲座内容包涵哲学社科各领域。“读懂世界”系列讲座 2017 年 3—5 月间举办，邀请杨洁勉、赵伟明、徐明棋、李新、冯绍雷、沈丁立、赵干城、吴寄南八位国际问题研究专家，以“用中国话语解读世界与中国”为主题，开设八场讲座，带领广大听众深入解读当今世界正在发生的重大转折和深刻变革，更好地认识世界，读懂世界。继续举办“科技与人文的对话”系列论坛，一场邀请中国科学院院士汪品先教授和复旦大学葛剑雄教授共话“多维视野下的南海”，新华社上海分社首席记者张建松主持主题论坛，现场与远在千里之外的“决心”号考察船连线；另一场聚焦“虚拟现实与人类社会”，展望未来世界虚拟现实技术对人类的影响。暑期面向广大中小学生推出“徜徉诸子故事　解读传统密码”青少年暑期系列讲座 20 讲，助推优秀传统文化传承传播。以上系列讲座的部分场次实录由上观新闻 App 和《解放日报》整理刊登。

四是拓宽渠道，科普活动形式多样。继续开展“社科普及进地铁”活动。2017 年，市社联继续与申通地铁集团有限公司合作，借助地铁人流量大、传播快、受众广的特点，通过地铁车厢的墙壁、车窗、拉手等载体，在地铁 13 号线和 1 号线内相继推出“二十四节气与我们的诗意生活”“普及社科成果，推进上海新作为”等多趟地铁“科普专列”，以生动活泼、具有动感、“接地气”的方式向市民乘客宣传普及人文社科知识。推出“社科普及短视频展播”，制作四部“思想 60 秒”系列短视频与四部“哲一个学”系列短视频，分别在上观新闻 App、东方讲坛微信公众号、“社科视窗”微博上予以展播，用通俗易懂的形式让观众感受人文社会科学的无穷魅力。继续做好对口贵州遵义的文化帮扶工作，选送专家围绕“大国崛起与国家安全形势”“新常态下的城市发展与城市规划”“当代中美关系”等主题在“黔北讲坛”做演讲，由遵义电视台新闻综合频道播出，并安排三次重播。编撰出版科普读物《思想点亮未来》第一、第二辑，附送由中学生听众读后感编辑而成的小册子，交上海辞书出版社出版。

五是充分利用各路媒体，宣传报道有声有色。科普微博、微信人气渐长：“社科视窗”官方微博共发送微博 1200 余条，日均发布 5 至 8 条，粉丝数突破 3 万；“东方讲坛”微信订阅号共推送信息 300 余条，讲座“听众预约”等功能广受欢迎。科普产品二次传播与一线媒体品牌接轨：录播系列讲座与“习近平总书记系列重要讲话诵读会”内容，制成音视频 104 集，通过优酷土豆、喜马拉雅、腾讯视频等热门平台与大众分享。新闻报道力度进一步加强：光明网、新华社、上海电视台等各大主流媒体对社联科普活动的原创报道达 80 余篇，其中整版报道 18 篇；上海人民广播电台共计录制播出东方讲坛社科精品讲座 25 期。

五、树立新标杆，学术期刊坚持高位运行

（一）《学术月刊》喜迎 60 周年刊庆，继承优良办刊传统

一是转载评级再创佳绩。《学术月刊》2016 年转载指标继续名列同类期刊之首，实现该指标在全国同行中的十一连冠；荣获国图集团公司 2016 年度中国期刊海外发行百强、第四届中国出版政府奖优秀期刊提名与第六届华东地区优秀期刊称号。

二是精心筹划刊庆活动。组织召开“六十周年志庆老同志座谈会”，在沪 13 位老同志应邀出席。拍摄《惟精惟一——纪念〈学术月刊〉创刊六十周年》专题纪录片，访谈著名学者二十余名。编选五卷本《学术月刊六十年选集》，分文学、历史、哲学、经济、总目，近四百万字，由上海人民出版社正式出版。举行“中国哲学社会科学构建与学术期刊建设——纪念《学术月刊》创刊 60 周年”研讨会。第六届社联主席秦绍德、第七届社联主席王战主持《学术月刊六十年选集》首发揭幕式，社科界代表近 100 人出席大会。

三是聚焦学术前沿，精品稿件迭出。在刊发规范学术论文的同时倡导学术成果发表文体的多样化，维护好创栏 16 年的品牌栏目学人“访谈”，尤其是围绕中国特色哲学社会科学学术话语体系的建设，每期组织刊发一组学术专题讨论文章，深入研讨重大现实理论问题与学术前沿问题。

四是积极组织学术活动，深耕学术资源。一年来围绕专题讨论与重点专业论文的组稿，主办多场高水准学术研讨会，精选会议论文，形成专题讨论文稿和三十多篇重点论文。与光明日报理论部、中国人民大学资料复印中心联合举办年度中国十大学术热点评选活动，评选结果发布后被国内主要报刊媒体学术理论版与数十家门户网站转载，赢得学界与社会的关注与好评。

五是互联网平台建设成效斐然。月刊网站启用作者注册在线投稿功能，整合在线展示、作者自助投稿、编辑部审稿、外审专家审稿、后台管理等功能，提供近三年全部文章阅读。月刊微信公众号主要发布近期目录及摘要、优秀论文全文、重要学术活动资讯，平均每条约 1.5 万字，发布长微信逾 100 次，总字数约 200 万字。现有粉丝数 2 万多人，在第三方评价中名列前茅。

（二）《探索与争鸣》关注时事，追踪热点，学界影响力持续提升

《探索与争鸣》积极介入中国重大现实问题学术争鸣，充分发挥青年编辑工作热情高、动手能力强的特点，依托刊物、微信公号和名家，强化设置议题的能力，围绕全面深化改革的总话题，组织学术会议 22 场，平均每个月 2 场，组织圆桌会议 12 组，并聚焦四大领域形成学术研讨品牌：

一是聚焦全球化受挫时代推进中国改革，与有关单位合办“全球化受挫与人类巴比伦塔的重建”圆桌会议、“宗教改革 500 年”学术研讨会等，组织发表“当代民粹主义政治批判”等多组相关文章，并围绕“产业政策”等专题组织笔谈。

二是聚焦城市治理与教育问题，与有关单位联合举办学术活动，如“中国城市社会：问题与治理”圆桌会议、“高校内部治理体系创新的理论与实践”高层会议等。

三是聚焦信息技术与人工智能，与有关单位合作举办三场高端学术论坛。其中与华东政法大学政治学研究院合办的“人工智能与未来社会”学术研讨会吸引报名参会者

200 余人,2000 人参与现场直播,全国各大高校、研究机构的知名学者慕名与会,取得良好反响。

四是聚焦中国学术话语体系创新,与有关高校举办“人的研究如何开启”“中国学术何以富有生命力”的圆桌会议并发表专题讨论。

杂志积极扶持青年学者,成功举办第二届全国青年理论创新奖颁奖大会,收到 800 多篇来稿,遴选出 25 位作者获奖。

利用“互联网+”时代新兴学术生产工具,探索传统媒体网络发展道路,微信公众号文章日均阅读量稳定在 3000 人次左右,阅读量和点赞量长期稳居全国同类学术期刊微信号第一,订阅数以平均每天 100 人左右速度增长,截至 2017 年 12 月,总订数已达 8 万人。

据人大复印资料统计,2016 年《探索与争鸣》转载量位居全国同类期刊第 4 位,荣获第六届华东地区优秀期刊。

(三)《上海思想界》服务舆情研判

截至 11 月,《上海思想界(专报)》共报中宣部分析报告 72 篇,其中 23 篇为中宣部舆情局委托课题、特别交办任务,包括十余次紧急约稿。参加了中宣部 2017 年全国社会心态调查的问卷设计工作。2017 年思想界重点围绕重大会议和重大决策部署、习近平总书记重要讲话精神和治国理政的理念、主流意识形态建设和重大理论问题、重要历史和敏感事件的时间节点、国内突发事件和社会热点与重大国际事件等进行舆情研判。

《上海思想界(月刊)》聚焦意识形态领域热点,设计专题深度研讨会,在理论界取得一定反响。今年重点围绕迎接、研究、贯彻十九大组稿选稿,十月以学习习近平总书记“7·26”重要讲话为重点,组织老中青学者笔谈;十一月以学习党的十九大精神为主题,为读者深度解读了十九大报告重点、《党章》修改等热点问题背后的重大历史意义。

六、 呈现新气象,机关自身建设扎实推进

一是积极营造迎接、学习、贯彻党的十九大的浓厚氛围。组织市社联干部集中收看十九大会议现场直播。召开党组扩大会议暨中心组学习会议,专题学习十九大精神。开展“习近平在上海”系列报道专题学习。机关党委组织机关及所属事业单位党支部开展“十九大”主题学习活动,切实以十九大精神武装头脑、指导实践、推动工作。

二是大力推进机关党建,加强基层党组织规范化建设。认真学习贯彻落实市第十一次党代会精神。夯实基层党建责任制落实。动员部署“两学一做”学习教育常态化制度化工作。召开党员代表会议,选举产生新一届机关党委。认真做好党员日常管理,参加宣传系统电影党课活动和宣传系统基层党支部示范点创建申报工作,落实帮困送温暖。

三是落实纪检工作,提高内控水平。加强党风廉政建设工作队伍建设。选举并设立机关纪委,配备纪检干部,在党支部明确纪检委员,进一步加强党风廉政队伍建设。配合驻部纪检组做好飞行检查工作。完成相关信访处理。完成机关干部经商办企业核查清理工作。

四是加强干部工作,科学选人用人。组织开展 2018 年度公务员招录工作,首次尝试

选调生招录方式。完成党组和局级领导干部的考核及“一报告两评议”,开展机关处级干部推荐选拔,深化市社联青年干部赴基层挂职锻炼,完成领导干部个人有关事项填报,组织干部培训工作。规范市社联请假制度。与上海师范大学人文学院达成实习生实习协议。

五是加强信息编报与存史修志工作。大力打造市社联微信公众号,布局新媒体。市社联网站再度改版升级,社科评奖、学会年报等公共服务系统进一步优化。推进《上海市志·人文社会科学卷》与《上海社联年鉴》编纂工作。

六是继续推动社科之家建设。社科会堂积极服务社科界会务需求,接待多家学会举办学术活动,坚持开展关心老专家工作。会堂加快实施转型升级,着力推进徐家汇会堂修缮工程,深化上图东馆社联项目规划设计。修订社联规章制度,加强机关内控,巩固巡视整改成果。做好预算管理,定期通报执行率,实行绩效管理。

重要活动

ZHONG YAO HUO DONG

学习贯彻中央和上海市委重要会议精神

上海市社联召开党组扩大会议学习传达习近平总书记关于群团改革的重要指示和中央群团改革工作座谈会精神

9月5日，上海市社联举行党组扩大会议，学习传达习近平总书记关于群团改革的重要指示和中央群团改革工作座谈会精神，总结2017年以来市社联推动群团改革的工作情况，并对下一步工作进行研究部署。会议由市委宣传部副部长，市社联党组书记、专职副主席燕爽主持。市社联党组成员、专职副主席任小文、机关各处室负责人及下属事业单位负责同志参加会议。

燕爽传达了习近平总书记8月22日对群团改革工作所作的重要指示和刘云山同志在8月26日中央群团改革工作座谈会上的讲话精神，以及上海贯彻落实习近平总书记重要指示的工作部署。

燕爽指出，市社联要认真学习贯彻习近平总书记对群团改革工作的重要指示，按照中央群团改革工作座谈会精神和上海市群团改革试点工作的基本要求，紧紧围绕保持和增强政治性、先进性、群众性的工作目标，在转职能、转方式、转作风上持续用力，努力找准问题、补齐短板，持续建机制、强功能、增实效，扎实稳步推进各项改革工作，为繁荣上海社会科学发展事业，积极开创党的群团工作新局面，努力以优异成绩迎接党的十九大胜利召开。

为贯彻落实习近平总书记关于群团改革的重要指示和中央群团改革座谈会精神，市社联下一步将充分发挥自身优势，围绕市委、市委宣传部中心工作、抓住工作重点，推进各项改革，着力抓好五方面的工作：一是要进一步加强社科评奖等重大项目的改革，提升工作品质；二是要进一步加大社科普及力度，创新社科普及载体，优化社科普及资源配置；三是要进一步加强对所属学术社团的服务、管理和引导，加强社团党建，促进学术团体健康发展；四是要进一步加强将群团改革工作和社联日常工作相结合，大力推进重大科研项目；五是要进一步加强保障平台建设。

上海市社联举行纪念习近平同志“5·17”重要讲话发表一周年暨学习黄天华教授先进事迹座谈会

为进一步学习贯彻习近平总书记在哲学社会科学工作座谈会上的重要讲话精神，5月16日下午，上海市社联举行纪念习近平同志“5·17”重要讲话发表一周年暨学习黄天华教授先进事迹座谈会，市社联专职副主席、秘书长解超主持会议。华东师范大学王家范，上海大学邓伟志，复旦大学孙承叔、戴鞍钢，上海社科院张幼文、张忠民、程念祺，中国浦东干部学院刘靖北，上海理工大学雷良海，解放日报社周智强，上海财经大学刘小兵、方芳、胡怡建、刘小川、章益国等专家学者参加座谈。

与会者认为，上海财经大学公共经济与管理学院黄天华教授为了实现“中国人的财政史一定要由中国人研究”的最初承诺，30多年如一日潜心研究，完成了500余万字的《中国财政制度史》，充分体现了习近平总书记所倡导的“板凳要坐十年冷，文章不写一句空”的执着坚守、甘于寂寞、立志做大学问、做真学问的为学志向；充分体现了总书记所倡导的崇尚精品、严谨治学、讲求责任、著作等“心”的治学精神；充分体现了总书记所倡导的加强话语体系建设，在解读中国实践、构建中国理论上中国要有发言权的学术要求。黄天华教授的先进事迹是习近平总书记重要讲话精神的生动诠释，要以此激励更多哲学社会科学工作者特别是青年学者投身哲学社会科学事业，为加快构建中国特色哲学社会科学作出新的贡献。

上海市社联组织全体干部职工集中收看党的十九大开幕会

10月18日上午，上海市社联主席王战、市社联专职副主席解超、任小文和社联机关全体干部职工集中收看了党的十九大开幕会直播。

直播结束后，解超代表社联党组就认真学习贯彻党的十九大精神、努力构建中国特色哲学社会科学进行了初步安排和部署。解超指出，党的十九大是在全面建成小康社会决胜阶段、中国特色社会主义发展关键时期召开的一次十分重要的大会，习近平总书记代表第十八届中央委员会向大会作的报告，提出了一系列新判断、新概念、新理论、新要求、新部署，市社联全体干部职工要深入学习深刻领会习近平总书记所作大会报告精神，将学习贯彻党的十九大精神与深入推进社联各项工作紧密结合起来。

会后，市社联机关干部职工一致认为习近平总书记的报告鼓舞人心、催人奋进，纷纷表示，要认真学习深刻领会党的十九大精神，为推进上海社科事业的繁荣发展而努力。

市社联所属的上海美国问题研究所、《大江南北》杂志社等也分别组织干部职工集中收看开幕会直播。

上海市社联举办所属学术团体学习贯彻党的十九大精神专题学习班

11 月 23 日至 24 日，为深入学习贯彻党的十九大精神，着力用马克思主义中国化最新理论成果武装头脑，增强思想自觉和行动自觉，牢牢掌握意识形态领域的领导权主动权，充分发挥党的工作小组在哲学社会类学术团体领导班子中的政治核心作用、在学术活动中的政治导向作用，进一步推进社团党建工作，上海市社联举办所属学术团体党的工作小组负责人学习贯彻党的十九大精神专题学习班。学习班采取十九大精神专题辅导、红色文化现场考察和分组讨论学习体会相结合的方式，40 余位党工组负责人参加学习，活动安排饱满，成效显著。

市社联党组成员、专职副主席任小文和市世界经济学会会长、党工组组长张幼文分别围绕"党的十九大精神"和"新时代开放型发展道路的战略创新"作了专题报告。任小文梳理了党的十九大的主要成果，介绍了十九大报告的起草过程和基本框架，并从深刻领会习近平新时代中国特色社会主义思想、深刻领会过去五年的历史性成就和历史性变革、深刻领会中国特色社会主义进入新时代的重大政治判断、深刻领会我国社会主要矛盾的变化、深刻领会全面建设社会主义现代化国家战略部署、深刻领会经济社会发展的重大战略部署、深刻领会坚定不移推进全面从严治党的总要求等方面作了详细解读。张幼文强调了发展战略具有时代内涵，我国发展已进入新阶段，应充分认清我国当前国情，对开放战略进行调整。并对新兴经济体的研究对象提出了"四位一体"逻辑链，提出研究应针对四个方面进行：首先研究新的国际格局，其涉及国家环境、特征、时代背景，强调中国走进世界舞台中央，为世界做出更大贡献；其次研究开放战略及发展道路，并结合十九大报告中强调的"引进来和走出去"并重；第三研究中国特色的建设，包括"一带一路"等更多发展路径；最后，应结合相应的学术研究对以上的实践进行理论提炼，如以共识—共商—项目为平台的中国式全球化模式和以承诺—协议—制度与组织为平台的欧美式全球化模式的区别。与会人员表示，对党的十九大报告的系统梳理、详细解读和重点研究，有利于学深悟透党的十九大精神，进一步提升理论素养。

学习班先后赴陈云纪念馆和嘉兴南湖革命纪念馆参观考察，并开展现场教学。陈云纪念馆党委书记、馆长陈麟辉以"革命领袖的人格风范"为题，结合史实，介绍了陈云同志在几个历史关键时刻的选择和陈云同志勤于学习、善于学习；善于总结、真抓实干；洞悉全局、抓住要害；实事求是、勇于进取；无私无畏、坚持真理；廉洁奉公、以身作则；处事谨慎、多谋善断；宽容豁达、仁者多寿的人格风范。学习班参观了陈云生平业绩展、陈云文物展、陈云故居及老街各专题馆，一致认为陈云坚定的理想信念、高尚的人格风范及伟大的光辉事迹都是极具现代意义的红色文化资源，不仅要学习伟人精神，更要在日后的工作中发扬伟人精神，不忘初心，脚踏实地开展理论研究和理论引领工作，特别要发挥伟人家乡上海社科界的研究优势，深入开展陈云生平与思想的研究。在南湖革命纪念馆，学习班重温了1840年鸦片战争以后中国人民为寻求救国救民的道路而不断探索、抗争以及中国工人阶级的壮大、马克思主义在中国的传播、共产主义小组的建立直至中国共产党的成立的百年历史过程，回顾了中国共产党在各个发展阶段的战略思想，明确了中国共产党在中国社会前进变化中的担当和责任，备受鼓舞。

为提高学习成效，学习班还安排了分组讨论环节。市知识青年历史文化研究会会长、党工组组长阮显忠和市俄罗斯东欧中亚学会会长、党工组组长范军分别主持了分组讨论。与会人员结合学会性质和学科范畴，围绕党的十九大精神的学习体会、理论思考以及如何进一步推动社会组织党建工作展开了深入交流。

与会人员对党的十九大精神作了理论思考，认为“坚持推动构建人类命运共同体”具有丰富的内涵，进一步把互利共赢的国际战略思想推进到了一个新的高度。这一理论指出“中国人民的梦想同各国人民的梦想息息相通”，从而表明，世界各国不需要为中国的强盛而担忧，中国也要把与各国共享繁荣作为自己的目标。在政治上，各国要互相尊重、平等协商，坚决摒弃冷战思维和强权政治，走对话而不对抗、结伴而不结盟的国与国交往新路；在安全上，各国要坚持以对话解决争端、以协商化解分歧，统筹应对传统和非传统安全威胁，反对一切形式的恐怖主义；在经济上，各国要同舟共济，促进贸易和投资自由化、便利化，推动经济全球化朝着更加开放、包容、普惠、平衡、共赢的方向发展；在文化上，各国要尊重世界文明多样化，以文明交流超越文明隔阂、文明互鉴超越文明冲突、文明共存超越文明优越；在生态上，各国要坚持环境友好，合作应对气候变化，保护好人类赖以生存的地球家园。人类命运共同体思想表明，中国将要在全球治理中发挥更大的积极作用，包括在全球经济治理的各种制度建设上发挥更大的作用，是我们为全球治理贡献的中国智慧。

与会人员充分肯定了加强社团党建的重要性，认为加强党建工作是促进哲学社会类学术团体健康发展的根本保证、是推进国家治理体系和治理能力现代化的迫切需要、是落实全面从严治党的内在要求，必须高度重视社团组织的党建工作，高度重视党的工作小组的战斗堡垒作用，以更大的力度推进社团党建。各党工组负责人还就更好开展社团党建工作明确表态：要坚持党的领导与社团组织依法自治相统一，把党的工作融入社团组织运行和发展过程；要坚持从严从实，把握特点规律，严格落实党建工作制度，积极探索符合社团组织实际的方式方法；要坚持问题导向，着力破解影响和制约社团组织党建工作发展的重点难点问题，推动社团组织党建工作水平全面提升。

本次学术团体党工组负责人学习贯彻党的十九大精神专题学习班组织严谨规范，形式多样，成效明显，为推进开展社团党建工作作了有益探索。

上海社会科学界举行喜迎党的十九大合唱音乐会

10月16日晚，由上海市社会科学界联合会主办，复旦大学、上海交通大学、上海师范大学共同协办的“十月金秋——第三届上海社会科学界合唱音乐会”在上海音乐厅举行。上海社会科学界合唱团、复旦大学教工合唱团、上海交通大学老教师实验合唱团、上海师范大学泊乐合唱团近300名社会科学工作者集结舞台，用歌声讴歌新时代，喜迎党的十九大胜利召开。

市社联专职副主席解超在致辞中指出，全市社科工作者要深入学习贯彻习近平总书记重要讲话精神，结合中国特色社会主义伟大实践，肩负起哲学社会科学工作者的职责和使命，积极为党和人民述学立论，为构建中国特色哲学社会科学贡献力量。时代是思想之母，实践是理论之源。我们要在迅速变化的时代中赢得主动，要在新的伟大斗争中赢得胜利，就要在坚持马克思主义基本原理的基础上，以更宽广的视野、更长远的眼光来思考和把握国家未来发展面临的一系列重大战略问题，在理论上不断拓展新视野、作出新概括。要高举中国特色社会主义伟大旗帜，牢固树立中国特色社会主义道路自信、理论自信、制度自信、文化自信，确保党和国家事业始终沿着正确方向胜利前进。

市社联第六届委员会主席、复旦大学社会科学高等研究院学术顾问秦绍德等一批知名专家教授，作为合唱团员参加了演出。市委宣传部副部长、市社联党组书记燕爽，复旦大学、上海交通大学、上海师范大学三校领导，市社联专职副主席任小文，兼职副主席沈国明、桑玉成、李友梅、刘靖北，市社联委员代表近30名以及本市千余名社科工作者代表出席并观赏了音乐会。

本次音乐会上，共演唱了16首歌曲。合唱曲目的选择以讴歌新时代、歌颂人民群众的幸福生活为主，包括《瑶山夜歌》《红莓花儿开》《生活是这样美好》《我爱你塞北的雪》《卖汤圆》《走在乡间的小路上》等经典歌曲，以及在本次音乐会上首次揭开面纱的《中国历史歌》等。《中国历史歌》由上海市社科界合唱团团长、中国政治学会副会长桑玉成教授作词，上海社会科学界合唱团艺术顾问、国家一级作曲奚其明作曲。全曲以细腻的笔触勾勒出华夏文明的悠悠历史长河，将时代更迭、沧海桑田的变化娓娓道来，展现了一幅大气恢宏的史诗画卷，也是上海社科工作者探索以高雅艺术形式普及社科知识的新举措。

上海社会科学界合唱音乐会至今已举办三届，第一届以合唱交流音乐会的形式赴复旦大学和上海师范大学举办了两场；第二届主题为“上海社科界纪念中国共产党成立95周年合唱音乐会”，在上海音乐厅举办。音乐会已成为上海学术界讴歌新时代的一种新的重要方式，并在上海社科工作者中产生了广泛而积极的影响。

上海市社联换届

上海市社会科学界联合会第七次代表大会隆重举行

4月8日，上海市社会科学界联合会在中共上海市委党校召开第七次代表大会。中共中央政治局委员、上海市委书记韩正出席大会并讲话，市委副书记、市长应勇，市领导殷一璀、吴志明、尹弘、吴靖平、翁铁慧，以及本市各群众团体的负责人出席会议。市委宣传部副部长、市社联党组书记、专职副主席燕爽主持会议，市社联第六届委员会主席秦绍德致开幕词，市科协主席陈凯先代表本市各群众团体致贺词，市社联主席秦绍德代表市社联第六届委员会作工作报告，市社联专职副主席解超作市社联章程修改说明，市社联专职副主席任小文作市社联第七届委员会委员选举办法与候选人产生办法说明。会议选举产生市社联第七届委员会。大会收到北京、天津、重庆、河北、河南、山西、山东、辽宁、黑龙江、贵州、云南、甘肃、江苏、浙江、江西、安徽、福建、宁夏、新疆、广西、海南、西藏等省、自治区、直辖市社科联，以及上海市相关单位和群众团体30余家的来信祝贺。上海市社科界“五路大军”代表、特邀嘉宾近800人参加会议。

上午9时，会议在雄壮的国歌声中隆重开幕。市社联主席秦绍德在开幕词中向与会代表致以崇高敬意，对应邀出席大会的领导和来宾表示欢迎和感谢，市社联将坚持“团结、服务、繁荣”的方针，进一步动员全体社会科学工作者，为上海当好创新发展先行者，改革开放排头兵，为推进中国特色社会主义事业作出新贡献。市科协主席陈凯先代表市各群众团体向大会的召开表示祝贺，对市社联近年来的工作和成绩表示赞赏，相信本市广大社科工作者一定能以大会的召开为契机，充分认识自己肩负的历史使命和职责，扎实工作，再创佳绩。

中共中央政治局委员、上海市委书记韩正在讲话中代表市委、市人大、市政府、市政协对大会的召开表示祝贺，向全市广大社科界工作者表示诚挚问候。韩正指出，哲学社会科学是人类认识世界、改造世界的重要工具，是推动历史发展与社会进步的重要力量。党的十八大以来，党中央始终把发展哲学社会科学摆在突出重要位置，作出一系列重大决策部署。习近平总书记在哲学社会科学工作座谈会上的重要讲话，为繁荣发展新形势下哲学社会科学事业，指明了前进方向。坚持和发展中国特色社会主义，哲学社会科学具有不可替代的重要地位，哲学社会科学工作者具有不可替代的重要作用。

韩正指出，要始终坚持马克思主义在哲学社会科学领域的指导地位，牢牢把握正确的政治方向。要在真懂真信上下功夫，沉心静气，研读马列经典，钻研中国特色社会主义理论，特别要学深悟透习近平总书记系列重要讲话精神，掌握马克思主义精髓和活的灵魂，坚定中国特色社会主义道路自信、理论自信、制度自信和文化自信。要心有大义胸怀人民做学问，坚持以人民为中心的研究导向，自觉把个人的学术追求同国家和民族发展紧紧联系在一起，努力为人民著书立学。要着力推进马克思主义中国化、时代化、大众化，聆听时代声音，结合新的伟大实践，不断作出新的理论创造，让当代中国马克思主义放射出更加灿烂的真理光芒。

韩正指出，要始终坚持围绕中心、服务大局，深入研究回答重大理论和实践问题。市社科界要大力弘扬理论联系实际的学风，坚持问题导向，坚持以我们正在做的事情为中心，当好思想库、智囊团。要加强对深层次理论问题的研究阐释，不断在理论上作出新阐述和新概括。要加强对重大现实问题的研究思考，重点围绕习近平总书记对上海"四个新作为"的要求，中央交办的重大改革试点经验，群众关心的住房、教育、卫生、环保等重大问题，拿出务实管用的研究成果。

韩正指出，要始终坚持创新创造，努力为构建中国特色哲学社会科学作出上海新贡献。上海人文底蕴深厚，学科体系健全，人才大师荟萃，理应发挥更大作用、贡献更多智慧，不断推进学科体系、学术体系、话语体系创新。构建中国特色哲学社会科学是一个系统工程，必须加强顶层设计，统筹各方力量，加以协同推进，建好创新平台，抓好人才队伍，营造良好学术环境。

韩正强调，加强和改善党的领导，是哲学社会科学繁荣发展的根本保证。各级党委和政府要把哲学社会科学工作摆在重要位置，加强政治领导和工作指导。领导干部要带头学习哲学社会科学知识，善于同社科工作者交朋友，和广大知识分子成为真正的挚友、诤友。社联是党和政府联系广大社科工作者的桥梁和纽带，要牢记职责使命，深化群团改革，切实增强政治性、先进性和群众性，加强对所属社团的指导和管理，在组织学术研究、服务科学决策、开展社科普及等方面发挥更大作用，努力把社联建成社科工作者的温馨和谐之家。

市社联主席秦绍德在工作报告中全面回顾了市社联第六次代表大会以来，在市委的正确领导下，团结社科界"五路大军"所作的工作和取得的成绩。秦绍德指出，市社联第六届委员会坚持以中国特色社会主义凝聚思想共识，不断推进理论创新；围绕中心，服务大局，面向实际展开研究，探索智库建设；推动社会科学研究，深入组织研讨交流；规范管理加强活力，推动学术团体发展；大力拓展社科普及阵地，创造文化新品牌；提高成果评价发布水平，引领社科学术发展；加强机关队伍建设，推进社联事业发展。过去 7 年工作的主要体会是：坚持正确的政治方向是繁荣发展哲学社会科学事业的根本前提；建设中国特色社会主义的历史使命和实践需求是繁荣发展哲学社会科学事业的内在动力；发挥社联工作能动性，团结广大社科工作者，是繁荣发展哲学社会科学事业的重要保证。秦绍德还代表市社联第六届委员会，对做好新形势下的社联工作提出建议：一是要牢牢把握正确政治导向；二是要主动服务经济社会大局；三是要着力构建中国特色哲学社会科学；四是要不断完善公共平台建设；五是要精心培育社科研究队伍。

全体与会代表分成 20 个小组，学习讨论了韩正同志在开幕式上的讲话，对大会需要表决的事项进行审议。与会代表一致认为，韩正同志的讲话对上海市社联工作给予了很多鼓励，对上海社会科学界提出了殷切的期望，为进一步繁荣发展上海的哲学社会科学事业，努力做好市社联工作指明了方向。上海社科界要深入领会，认真落实，为上海哲学社会科学大繁荣大发展作出积极贡献。大会经全体与会代表选举产生市社联第七届委员会委员 235 名。

在选举计票期间，会议听取了东华大学校长、市科协副主席蒋昌俊教授作的题为“人工智能的现状及展望”的专题报告。

下午 5 点，市社联第七届委员会第一次全体会议在市委党校召开，会议由市委宣传部副部长、市社联党组书记、专职副主席燕爽主持，市委宣传部副部长胡佩艳宣布市社联第七届委员会主席团当选名单，新当选的市社联第七届委员会委员参加会议。

会议选举产生市社联第七届委员会主席团，上海社科院院长王战当选为市社联第七届委员会主席，叶青、任小文、刘杰、刘靖北、权衡、江波、吴晓明、忻平、李琪、李友梅、沈炜、沈国明、陈恒、陈志敏、姜锋、桑玉成、郭新立、高德毅、龚思怡、童世骏、蒋传海、解超、熊月之、谭帆、燕爽当选副主席，解超当选秘书长。

新当选市社联主席王战首先感谢了前任秦绍德主席为市社联发展作出的贡献，表示一定不辜负前辈的重托和大家的信任，和市社联同志一起，广泛团结上海社科界，在市委和市委宣传部领导下，齐心协力把社联工作做好。王战在讲话中就未来工作谈了几点想法：一是加强领导班子团结，主动服务改革开放与上海发展大局；二是深化为社科界服务工作，团结凝聚广大哲学社会科学工作者；三是加强公共平台建设，深化拓展社联主要工作；四是重视人才培育，推进哲学社会科学队伍建设。

上海市社联全委会

上海市社联召开六届十一次全委会暨2017年上海社科界迎春座谈会

"猴奋已教千户乐，鸡鸣又报万家春。"1月13日，上海市社会科学界联合会召开六届十一次全委会暨2017年上海社科界迎春座谈会。近百位上海社科界专家学者欢聚一堂，共同回顾2016年上海市社联工作情况，展望2017年社科事业发展面临的新机遇、新任务、新使命。市委宣传部副部长，市社联党组书记、专职副主席燕爽同志讲话。会议由社联党组成员、专职副主席解超主持。会上还宣读了市社联致全市社科工作者的新春慰问信，并播放2016社联工作视频报告。

燕爽在讲话中首先感谢各位社科界同仁及社科界朋友们的支持和帮助。他指出，过去一年，市社联在市委、市委宣传部的坚强领导下，联系团结依靠广大社科工作者，深入贯彻党的十八大和十八届历次全会精神，认真学习贯彻习近平总书记系列重要讲话精神，特别是以习近平总书记在哲学社会科学工作座谈会上的重要讲话精神为指导，牢牢把握两个"巩固"根本任务，着力加强五大文化服务平台建设，积极推进社联群团改革，努力做好巡视整改工作，有力地推动了上海哲学社会科学的发展繁荣。他强调，市社联要切实发挥好社联凝聚学界、联系学界、服务学界的桥梁纽带作用，要统一思想、明确方向，充分调动全市社科工作者的积极性、主动性、创造性，最大限度地把全市哲学社会科学工作者团结、凝聚在党和政府的周围，始终做先进思想的倡导者、学术研究的开拓者、社会风尚的引领者、党执政的坚定支持者。在新的一年中要集中组织力量，深刻研究阐释党的理论创新成果；服务中心大局，聚焦深化重大社会现实问题研究；遵循学术规律，着力推进中国特色哲学社会科学话语体系建设；精心组织安排，稳步推进社联群团改革。他号召全市广大社科工作者开风气之先，探未知之路，共同为国家发展、社会进步建言献策，为理论创新、思想解放开疆辟土，积极打造哲学社会科学话语体系，努力开创上海哲学社会科学事业发展的新局面，以优异的成绩迎接党的十九大胜利召开。

海洋地质学家、中科院院士、同济大学海洋与地球科学学院教授汪品先，国际问题专家、上海市美国学会会长黄仁伟分别围绕"上海如何运用自身优势创新科学与文化的融合""特朗普执政后的对华政策分析及中国的应对"作了精彩的发言，受到与会代表的热烈欢迎。

会上市文艺界代表及社科界合唱团团员为与会专家学者表演了节目，迎春座谈会在欢乐祥和的氛围中结束。

上海市社联召开第六届委员会第十二次全体会议

4 月 6 日，上海市社联召开第六届委员会第十二次全体会议，听取第七次代表大会有关筹备情况。市社联主席秦绍德出席会议并讲话。市委宣传部副部长，市社联党组书记、专职副主席燕爽作第六届委员会工作报告起草情况说明。市社联专职副主席解超主持会议并介绍大会主要日程安排。市社联专职副主席任小文作社联章程修订说明。会议表决通过第六届委员会工作报告、章程修订说明与第七次代表大会议程，决定将有关文件提请第七次代表大会审议。

会议指出，市社联第七次代表大会在市委的领导下，在市委宣传部的指导下，各项准备工作已基本就绪。大会将审议市社联第六届委员会工作报告，修订上海市社联章程，选举产生新一届社联委员会。会议号召市社联同志共同努力，将第七次代表大会开成团结的大会、务实的大会、奋进的大会，努力开创市社联工作新局面，为上海建设“四个中心”和现代化国际大都市，繁荣发展哲学社会科学事业，全面深化改革和社会主义现代化建设事业作出新的更大的贡献。

会议决定上海市社会科学界联合会第七次代表大会于 4 月 8 日举行。

上海市社联召开第七届委员会主席团第一次会议

5 月 3 日，上海市社联召开第七届委员会主席团第一次会议。市社联主席、上海社科院院长王战出席会议并讲话，市委宣传部副部长，市社联党组书记、专职副主席燕爽主持会议，市社联专职副主席解超、任小文，副主席叶青、刘靖北、李琪、李友梅、吴晓明、忻平、沈炜、沈国明、陈恒、郭新立、桑玉成、龚思怡、谭帆、熊月之（按姓氏笔画排序）出席会议，市社联机关、刊业中心处以上干部列席会议。

会议听取了关于中国特色哲学社会科学学术话语体系构建，“开天辟地——中华创世神话”学术研究高地建设，中特理论体系研究和宣传优秀成果、哲社优秀成果评奖等工作的专题报告，学习交流了上海财经大学黄天华教授的先进事迹。与会同志对市社联近期工作给予了积极评价，并围绕专题报告提出意见建议。会议指出，市社联要以成功换届为契机，鼓足新干劲、呈现新气象，在市委的领导和市委宣传部的指导下，进一步深入贯彻落实习近平总书记在哲学社会科学工作座谈会上的重要讲话精神与韩正书记在市社联第七次代表大会上的讲话精神，以优异成绩迎接党的十九大召开。

“两学一做”“不忘初心、牢记使命”主题教育

上海市社联召开纪念建党96周年暨推进“两学一做”学习教育常态化制度化工作部署动员会

6月30日下午，上海市社联召开纪念建党96周年暨推进“两学一做”学习教育常态化制度化工作部署动员会。市社联党组领导、机关及所属事业单位全体在职党员、离退休党员代表，以及入党积极分子和党外群众代表出席会议。会议由市社联党组成员、专职副主席、机关党委书记解超主持，市委宣传部副部长、市社联党组书记燕爽对市社联推进“两学一做”学习教育常态化制度化进行了动员讲话。

燕爽指出，要坚持学深悟透，夯实思想基础。继续深入学习党章党规；继续深入学习领会习近平总书记系列重要讲话精神，把握好蕴含其中的治国理政新理念新思想新战略和马克思主义立场观点方法。完善“学”的常态化机制，市社联的各级党组织都要有经常学、长期学的安排部署。要坚持知行合一，在“做”上抓紧抓实。对照“四个合格”要求，列出合格党员的正面清单和负面清单。进一步落实党员承诺践诺、在职党员到社区报到等制度，持续开展青年党员干部赴基层挂职锻炼、城乡结对帮扶、“学雷锋”公益志愿服务活动等工作。要坚持立行立改，解决突出问题。做到经常性查找问题、经常性思想见面、经常性修补短板，把制度建设贯穿于问题整改全过程，力求从根子上解决问题。

燕爽强调，要突出党支部主体地位，牢固树立一切工作到支部的鲜明导向，加强党支部规范化建设，着力实现组织健全、制度完善、运行规范、活动经常、档案齐备、作用突出等要求，要更好地发挥党支部的战斗堡垒作用。要把“两学一做”作为“三会一课”基本内容固定下来，做到有主题、有讨论、有共识。严格落实“三会一课”、组织生活会、民主评议党员、谈心谈话等制度，全面推广党支部主题党日活动，让党员增强对党组织的归属感。要在落实规定动作基础上，给基层留出自主空间，探索开展丰富多彩的党员活动日、微党课等组织活动。要深化党建网络阵地建设，大力推进“网上支部”和“网上组织生活”。

燕爽要求，认真履行政治责任和主体责任，一级抓一级，层层抓落实。领导干部要当好表率，切实发挥“关键少数”示范带动作用。全体党员干部要履行工作职责，坚持学做互进，要以“四个合格”党员标准，争先创优，营造良好氛围，为推进学习教育常态化制度化提供有力保障。

会上，市社联党组成员、专职副主席任小文宣读了市委宣传部《关于同意上海市社联机关党委和机关纪委选举结果的批复》。

上海市社联举办《党的十九大精神辅导报告》专题党课

为深入学习贯彻党的十九大精神，勉励广大党员不忘初心、牢记使命，不断提振精神、改进工作作风，11 月 27 日，上海市社联举办党员干部大会，由市社联党组成员、专职副主席、十九大市委宣讲团成员解超作《党的十九大精神学习辅导报告》专题党课。市社联机关及所属事业单位全体在职党员干部近 60 人出席了会议。

解超首先介绍了党的十九大会议的基本情况以及十九大报告的形成过程。随后，他围绕十九大主题和主要成果、习近平新时代中国特色社会主义思想、过去五年的历史性成就和历史性变革、中国特色社会主义进入新时代、中国社会主要矛盾变化、“两个一百年”奋斗目标、中国经济社会发展重大战略部署、坚定不移推进全面从严治党八个主要方面和关键问题进行了深入解读。

他指出，过去五年中国进行了深层次、根本性的变革，取得了全方位、开创性的成就，并结合具体事例，论述了习近平新时代中国特色社会主义思想是马克思主义中国化的最新成果，适应了中国社会主要矛盾变化的需要，适合中国国情，必将成为中国社会在未来更长时间内我们坚定不移贯彻落实的指导思想和行动指南。他强调，市社联作为党和政府联系社科工作者的桥梁和纽带，广大党员干部更应学深学透党的十九大精神，清晰把握报告中新的重要论述和新的重要观点，深刻体会习近平新时代中国特色社会主义思想的丰富内涵。

解超希望市社联广大党员干部要按照习近平总书记对全党同志提出的要求，牢记使命和责任，以永不懈怠的精神状态和一往无前的奋斗姿态，投身社会改革和发展，锐意进取，为中华民族伟大复兴的目标不断奋斗。

参加党课的党员干部纷纷表示，要坚定思想、统一信念，把党的十九大精神学懂弄通做实，以党的十九大精神为指引，凝聚力量，为推进上海市社会科学各项工作，作出更大的贡献。

会上还对在市社联机关及所属事业单位党支部范围内开展学习贯彻党的十九大精神专题组织生活会等事项进行了布置。

上海市社联召开“不忘初心、牢记使命，贯彻落实党的十九大精神”学习实践活动推进会

12月22日，上海市社联召开“不忘初心、牢记使命，贯彻落实党的十九大精神”学习实践活动推进会。市社联党组成员、专职副主席、机关党委书记解超主持会议并讲话。机关党委、机关纪委委员和各支部负责人出席会议。

解超同志指出，学习贯彻党的十九大精神，是当前和今后一个时期的首要政治任务。日前，市委印发了《关于在全市开展“不忘初心、牢记使命，贯彻落实党的十九大精神”学习实践活动的意见》，市委宣传部召开了“不忘初心、牢记使命，贯彻落实党的十九大精神”学习实践活动推进会，进一步明确了宣传系统学习实践活动要求和目标。市社联党组高度重视，第一时间制定实施方案，社联各级党组织要积极响应市委号召和市委宣传部“不忘初心、牢记使命，贯彻落实党的十九大精神”学习实践活动推进会精神，按照市社联实施方案部署，落实主体责任，认真开展学习实践活动，要做到规定动作不能少，自选动作有创新，突出主题、明确目标、形成特色，把学习实践活动同“两学一做”制度化常态化结合起来、同岁末年初各项工作完成和谋划结合起来、同社联60周年庆活动结合起来，将初心和使命贯穿学习实践活动的全方位全过程，确保学习实践活动取得实效。

会上，机关党委副书记厉强传达了市委宣传部“不忘初心、牢记使命，贯彻落实党的十九大精神”学习实践推进会会议精神，机关党委副书记应毓超对市社联学习实践活动实施方案作了布置，机关党委青年委员李梅对“不忘初心、牢记使命，做新时代社联人”——市社联60周年足迹寻访城市定向活动进行了动员和布置。

科研组织与决策咨询平台

KE YAN ZU ZHI YU JUE CE ZI XUN PING TAI

学术年会

上海市社联召开2017学术年会专家咨询会

9月16日下午，上海市社联召开学术年会专家咨询会，市社联专职副主席、秘书长解超主持会议。市政协副主席周汉民、市社联原党组书记沈国明、华东师范大学党委书记童世骏、上海国际问题研究院学术委员会主任杨洁勉、上海交通大学党委副书记顾锋、解放日报社党委副书记周智强、复旦大学资深特聘教授姜义华、上海师范大学人文与传播学院院长陈恒等沪上知名专家学者出席会议。与会的领导和专家主要围绕如何创新学术年会的形式和内容，如何更好发挥学术年会的平台作用，如何进一步扩大年会的影响力，以及本届年会大会的组织和策划等方面提出了相关意见和建议。与会专家建议，学术年会的内容要注重社会热点难点问题与长期研究方向相结合，注重社会科学和自然科学相结合，注重上海专家与海内外专家相结合；组织形式要更加多元化，深入企业、社区，集聚学术研究成果，扩大社科研究影响力，构建上海城市的学术文化公共平台；要加强年会大会的组织策划，形成各具特色的内容版块，充分展示上海社科界的风采。

上海市社会科学界学术年会2003年由上海市社联发起创办，2017年已举办至第十五届。作为上海社科界重要的年度学术活动，年会秉承构筑交流平台、繁荣社会科学的宗旨，多年来在促进社科界交流、推动学术创新、繁荣城市文化等方面发挥了积极作用。目前，学术年会主要包括年会大会、学科专场、主题专场、青年论坛、高端论坛、论文征集与推介等多个活动版块。

2017 学术年会学科专场“大数据智库与国家治理：人工智能时代的挑战”研讨会召开

9 月 22 日，上海市社会科学界第十五届学术年会学科专场“大数据智库与国家治理：人工智能时代的挑战”研讨会在华东政法大学长宁校区交谊楼召开。会议由上海市社联主办，华东政法大学政治学研究院承办。来自社会科学与自然科学领域的专家学者 30 余人参会，共同探讨人工智能给国家治理带来的机遇与挑战。

国家创新与发展战略研究会副会长郝叶力指出，国家治理已经进入网络时代，我们应该直面挑战、统筹经略，把中国建设成世界一流的网络强国，把网络建设视为国家建设的关键环节，为应对人工智能与大数据所带来的治理环境变革奠定良好的基础。

美国芝加哥大学社会学系终身教授赵鼎新教授主要分析了大数据在社会学和政治学研究方面的潜力和局限，尤其是在国防、反恐领域意义重大。但在社会学、政治学研究中容易有“一刀切”的问题，缺少结构变量。他认为，相对成功的研究案例往往不是利用大数据，而是大数据里更有用的小数据。

上海交通大学生命科学学院副院长殷卫海教授指出，人工智能在解决能源、环境、医疗等瓶颈问题上有重要的贡献和价值，但也将会对人类社会的就业、安全、心理、哲学、社会稳定等方面造成威胁。必须尽快制定发展战略，完善法律法规政策；只有提升人类幸福和人类文明的人工智能才是符合伦理的。

华东政法大学政治学研究院院长高奇琦教授认为，在人工智能时代，数据将成为重要的资源，由于技术和数据往往掌握在大公司手中，公司的权力会得到强化，人工智能技术的发展会削弱个人和社团的力量，这就有可能导致社会治理失衡，产生新的治理问题。

华东师范大学政治学系主任刘擎教授提出，人工智能技术发展有可能引发新的治理困境，例如，技术进步可能会导致失业、技术歧视等问题。同时，治理可能会存在一些盲区，一些非数据化的社会问题可能会被遮蔽或忽视。因此，人工智能时代的相关治理主体必须对上述问题给予足够重视。

中国科学院计算技术研究所上海分所所长孔华威认为，虽然人工智能和大数据技术慢慢走进人们的生活，但是，现实生活和虚拟生活不能一概而论。在虚拟世界，人们生活的基本单位与现实世界有着本质不同。这种不同于现实世界的世界观需要人们适应。

2017学术年会智库专场研讨活动在上海财经大学集中召开

9月23日，上海市社会科学界第十五届(2017)学术年会智库专场系列研讨活动在上海财经大学行政楼集中召开。会议由上海市社会科学界联合会、上海市哲学社会科学规划办公室、上海财经大学联合主办。市委宣传部副部长，市社联党组书记、专职副主席燕爽出席相关专场活动并致辞。

智库专场是2017年学术年会新设的活动版块，旨在聚焦新型智库建设，推动社科界的智库成果交流。智库专场的8个专题研讨活动分别是：上海国际问题研究院承办的“去碳化时代下智库联盟建设”研讨会，上海市政治学会、国防大学政治学院部队政治工作系承办的“发展国防军事科学　建设中国新型智库”研讨会，上海财经大学人文学院、上海社会科学院哲学研究所、《探索与争鸣》杂志社承办的“中国城市社会的文化自信与道路自信”研讨会，上海市发展改革研究院、上海市集体经济研究会承办的“创新健全上海吸引全球人才创新创业机制”研讨会，复旦大学社会发展与公共政策学院承办的“超大城市人口迁移流动的社会治理和公共政策”研讨会，上海交通大学科学史与科学文化研究院承办的“科创中心与人才集聚效应的载体建设”研讨会，上海市现代上海研究中心承办的“党的十八大以来上海发展的历史方位和历史经验”研讨会，上海社会科学院世界经济研究所承办的“‘一带一路’建设与双向投资战略布局”研讨会。来自北京、江苏、浙江等地的专家学者，以及上海市各高校、科研院所以及实务界的近300名专家学者分别参加了各个专场的研讨活动。与会者围绕各自主题发表了主题报告，开展了热烈的研讨交流。

上海社科界第十五届学术年会大会暨哲学社会科学学术话语体系建设论坛召开

12 月 26 日下午，上海市社会科学界第十五届学术年会暨中国哲学社会科学学术话语体系建设论坛在锦江小礼堂隆重召开。中共上海市委宣传部副部长、上海市社会科学界联合会党组书记燕爽出席会议并做总结致辞。上海市社会科学界联合会主席王战出席会议并致开幕词。上海市社会科学界联合会专职副主席任小文宣布本届年会优秀成果及获奖名单。上海市社会科学界联合会专职副主席、秘书长解超主持会议。

燕爽同志指出，中国特色社会主义已进入新时代，新的时代、新的实践对哲学社会科学提出了新的更高要求。上海社科界要坚持马克思主义在哲学社会科学领域的指导地位不动摇，谱写新时代的新篇章。要把研究阐述党的十九大精神作为当前首要的政治任务，彰显新时代的新跨越。要系统研究中国特色社会主义新时代面临的重大理论和现实问题，把握新时代的新坐标。要为加快构建中国特色哲学社会科学贡献上海智慧上海方案，体现新时代的新作为。同时不断改进联系、服务、引导社科工作者的机制，构建新时代的新载体。他勉励全市社科工作者，要深入学习贯彻党的十九大精神，深入研究并回答重大理论和实践问题，努力构建中国特色哲学社会科学，坚持对学术负责、对历史负责、对党和人民负责，勇担使命、锐意创新，不断开创新时代上海哲学社会科学事业发展的新局面。

大会宣布了上海市社联 2017 年度推介论文，以及本届学术年会优秀组织奖、论文奖。复旦大学经济学院特聘教授、全国马列主义经济学说史学会副会长孟捷，中国社会科学院—上海市人民政府上海研究院第一副院长、中国社会学会会长李友梅，复旦大学美国研究中心副主任宋国友，上海交通大学马克思主义学院院长、特聘教授王岩先后做了主题报告。报告人从各自学科背景出发，分别围绕历史唯物论的重构与当代中国社会主义政治经济学、构建中国转型社会学话语体系、构建中国国际关系学话语体系、以政治哲学为视角构建中国特色哲学社会科学等主题进行深入阐述。部分社联副主席、学术年会主要学科专家、获奖代表，部分高校和科研院所、党校、部队院校、党政研究部门代表，主要学会代表，新闻媒体、学术期刊相关负责人和哲学社会科学工作者代表近 200 人出席会议。

学术研讨

上海市马克思主义研究论坛在上海应用技术大学召开

3月11日，以“同向同行，协同育人——马克思主义理论学科在全员育人中的责任和担当”为主题的上海市马克思主义研究论坛，在上海应用技术大学徐汇校区举行。中共上海市委宣传部副部长、市社联党组书记燕爽出席会议并讲话，上海市教卫工作党委副书记、市教委副主任高德毅，上海应用技术大学党委书记刘宇陆分别致辞。市社联专职副主席解超主持论坛主题发言。上海应用技术大学党委副书记、纪委书记宋敏娟出席，副校长叶银忠主持开幕式。

市教卫工作党委副书记、市教委副主任高德毅，国务院学位委员会马克思主义理论学科评议组召集人、中国人民大学张雷声，上海大学原党委副书记、上海高校思政课教学改革协作组组长忻平，上海中医药大学副校长胡鸿毅先后作主题发言。

燕爽同志指出，马克思主义研究论坛在上海马克思主义理论教育教学和研究当中已经成为一个品牌，对于推动马克思主义理论学科建设，推动本市各高校马克思主义学院之间的学术交流、协同创新和整体发展起到了重要作用。燕爽同志强调，举办本次论坛，就是要更好地学习贯彻和研究阐释习近平总书记在全国高校思想政治工作会议上的重要讲话精神。高校党委是保证高校办学方向的责任主体，要把思想政治工作放在重要位置，把工作落细、落小、落实，把一些长期困扰我们发展的问题解决好。

复旦大学、上海交通大学、同济大学、华东师范大学、上海财经大学、华东政法大学、上海应用技术大学等30多所高校的马克思主义学院、社会科学学院负责人和专家学者80余人与会，就“‘中国系列’课程建设”“课程思政队伍建设”“课程思政体制机制建设”等主题作交流发言。

上海市马克思主义研究论坛暨上海市马克思主义研究会 2016 年年会在市委党校举行

3 月 18 日下午，由上海市社联、市委党校、市政协学习委员会和市马克思主义研究会共同举办的“十月革命与中国特色社会主义”马克思主义研究论坛暨上海市马克思主义研究会 2016 年年会在市委党校举行。市委宣传部副部长、市社联党组书记燕爽，市政协学习委员会常务副主任、市马克思主义研究会会长王国平出席并作学术致辞，市委党校副校长郭庆松主持开幕式。

燕爽同志指出，十月革命一声炮响为中国送来了马克思主义，不仅深深影响了中国，也影响了世界。十月革命为社会主义思想传播和社会主义革命实践做出了巨大的历史性贡献。2017 年是十月革命 100 周年，是理论研究无法回避的重大历史事件，而纪念并研究十月革命，也是共产党人应该履行的政治责任和理论研究责任。

燕爽同志强调，纪念和总结十月革命必须确立明确的目标，即按照中国特色社会主义理论指导研究工作，从实践当中分析总结十月革命与中国特色社会主义实践的密切关系；必须坚持以马克思主义的立场、观点和方法进行辩证分析，从而总结出具有普遍意义的、对人类发展具有普遍价值的社会主义思想和理论。

钟祥财、黄力之、袁秉达、鲁品越、孙力、肖巍、张远新、姜佑福等 8 位学者围绕主题交流发言，陈学明、陈锡喜教授分别作点评。市委党校马克思主义学院执行院长胡伟教授作论坛小结。来自复旦大学、上海交通大学、华东师范大学、上海师范大学、上海社科院等 10 余所高校科研机构以及上海市党校系统的约 120 位理论工作者与会。

上海市马克思主义研究论坛在上海财经大学召开

4月22日，上海市马克思主义研究论坛之"'逆全球化'浪潮下中国化马克思主义新发展"学术研讨会在上海财经大学召开。中共上海市委宣传部副部长，市社联党组书记、专职副主席燕爽，上海财经大学党委副书记陈宏出席并致辞，市社联专职副主席、秘书长解超，市委宣传部理论处处长朱鸿召主持会议。中国社会科学院马克思主义研究院院长邓纯东作主旨发言，上海财经大学马克思主义学院院长章忠民作会议总结。

燕爽同志在致辞中表示，马克思主义研究论坛越办越好，得益于党的十八大以来中央对马克思主义理论研究及传播工作的高度重视，特别是对中国特色社会主义理论发展的高度关注，也得益于市委宣传部、市教委、高校等对马克思主义学院建设尤其是示范马院建设的多方支持。马克思主义研究有很多值得重视的重大理论问题、重大现实问题和重大实践经验，需要专家学者静下心来认真总结、敢于发声、勤于建树，丰富和发展当代中国特色社会主义理论，将马克思主义中国化推进到新阶段。

《解放日报》周智强，上海交通大学胡涵锦、陈锡喜，上海财经大学鲁品越，华东师范大学王建新，上海大学陶倩，华东理工大学杜仕菊，上海师范大学周书俊，上海外国语大学赵鸣岐，上海政法大学张远新，复旦大学徐蓉，同济大学王平等17家高校马克思主义学院负责人及专家学者40余人与会发言并交流。

上海红色文化的现状及发展专家座谈会在上海市社联举行

5 月 12 日下午，“纪念毛泽东同志《在延安文艺座谈会上的讲话》发表 75 周年——上海红色文化的现状及发展专家座谈会”在上海市社联举行。来自上海社科界与文艺界的专家学者、诗人、艺术家十余人齐聚一堂，就上海红色文化的保护、传承和创作等内容展开交流研讨。参加座谈的专家包括上海社科院副院长何建华，中国文艺评论家协会副主席毛时安，上海电影集团原副总裁汪天云，中共一大会址纪念馆馆长张黎明，诗人桂兴华，学者杨展业、孙琴安、何成钢，朗诵艺术家丁建华等。

与会专家们表示，上海作为党的诞生地，红色文化应该是这座城市的原色。上海应当成为红色文化传承、实践、示范、引领之城。上海应该理直气壮、堂堂正正地充分展示红色文化，牢记党的诞生地的光荣和责任，以实际行动迎接党诞生 100 周年的光辉节日。与会专家强调，上海诞生的红色文化，积淀了理想、崇高、激情这些最为美好、永远值得追寻的精神元素，永远是前进的嘹亮号角。作为后来者，我们有责任让上海的红色文化薪火相传，为社会的发展提供战胜各种困难、创造美好未来的文化正能量。要遵照艺术规律，不断强化红色文化的艺术感染力，让红色文化紧贴着人民、紧贴着时代、紧贴着生活。要把红色文化中真正的经典，真正感人肺腑的东西，用很好的艺术手段来传递给青年人，应该多出精品力作，克服平庸之作。

上海市纪念中国人民全面抗战爆发 80 周年学术研讨会在上海图书馆举行

7 月 4 日，上海市纪念中国人民全面抗战爆发 80 周年学术研讨会在上海图书馆举办。会议由市委党史研究室主任徐建刚主持，市委宣传部副部长、市社联党组书记燕爽出席会议并致辞，市社联专职副主席解超，市委党史研究室副主任严爱云以及来自上海市党史系统、高校、党校、社联、社科院、部队院校、纪念场馆的代表共 100 余人出席。

2017 年是中国人民全面抗战爆发 80 周年。上海的抗战救亡活动为中国人民抗日战争和世界反法西斯战争的胜利作出了重要贡献。中国共产党在上海高举抗日民族统一战线旗帜，为争取上海抗战以至全国抗战的最后胜利发挥了核心领导作用。

余子道、张云、忻平、王健、吴海勇、韩洪泉等 6 位同志在会上作了主题发言，从不同角度探讨了中国抗战特别是上海抗战在世界反法西斯战争中的历史地位、特殊贡献和时代意义，通过新史料揭示了日本军国主义的战争责任和侵略罪行，充分肯定了中国共产党倡导建立和坚持发展抗日民族统一战线、领导上海人民开展抗日斗争的历史功绩。

会议由上海市社会科学界联合会、中共上海市委党史研究室、上海市中国特色社会主义理论体系研究中心联合主办，上海市中共党史学会、上海市社联方志办公室承办。

上海市第五届马克思主义研究青年论坛在市委党校召开

7 月 1 日，上海市第五届马克思主义研究青年论坛在市委党校举行。论坛主题为“马克思主义中国化新成果：十八大以来治国理政新理念新思想新战略”，由上海市中国特色社会主义理论体系研究中心、上海市社会科学界联合会、中共上海市委党校共同主办，上海市马克思主义研究会承办。市委宣传部副部长、市社联党组书记燕爽，市政协学习委员会常务副主任、市马研会会长王国平出席会议并致辞，华东师范大学党委书记、市马克思主义研究会副会长童世骏主持论坛开幕式，市委党校副校长郭庆松宣读征文获奖名单。

燕爽同志肯定了论坛在为青年马克思主义学者搭建平台、培育和凝聚青年学者队伍上的积极作用，同时强调，当代中国马克思主义研究应特别关注我们身边发生的以及即将发生的社会生活方式的重大变化。人工智能技术、量子科学技术的瓶颈正在逐步突破，新一轮科技竞争蓄势待发。未来随着人工智能的广泛应用，人可以从劳动中解放出来，有更多精力实现自由全面的发展，这些重大问题值得马克思主义研究者做前瞻性研究。

论坛的主旨演讲由解放日报社党委副书记周智强主持。复旦大学吴晓明教授作了题为“摆脱学徒状态　构建中国特色哲学社会科学”的主旨发言。肖存良、胡义清、叶柏荣、李国泉、王进、时玉柱、任政、贺卫 8 位征文获奖代表作交流发言，杜玉华、黄福寿、黄伟力、孙力等专家作点评，黄力之教授作论坛小结。来自上海市各高校、科研院所、党校系统的青年学者及有关专家 70 余人与会。

上海市马克思主义研究论坛召开

9月23—24日，主题为“中国特色社会主义与人类命运共同体”的上海市马克思主义研究论坛在上海交通大学举行。此次论坛由上海市中国特色社会主义理论体系研究中心、上海市社会科学界联合会主办，上海交通大学马克思主义学院承办，《毛泽东邓小平理论研究》《中国特色社会主义研究》《思想理论教育》《学校党建与思想教育》《上海交通大学学报(哲社版)》等期刊编辑部协办。上海交通大学党委副书记顾锋，市社联专职副主席解超等出席论坛并致辞。解超同志在致辞中强调，马克思主义研究要突出时代特点，聚焦教育教学，创新学科建设；要加强马克思主义研究的整体性布局和系统性研究，建设高峰高原学科，做大做强一级学科；要加强人才队伍建设，打造同城平台，推动上海的马克思主义理论研究协同创新。

来自全国各地的马克思主义研究领域的资深专家、青年学者、期刊编辑等共200余人共聚一堂，围绕“中国特色社会主义的世界影响与人类命运共同体的建构”“文明比较视野下的中国特色社会主义”“人类命运共同体的价值基础”“人类命运共同体与马克思主义共同体思想”“思想政治教育创新视域中的人类命运共同体”等主题展开了深入交流。

与会专家学者认为，中国特色社会主义以人民为中心，阐释了人类共同价值追求；中国特色社会主义致力于消除贫困、共同富裕、共同发展，反映世界各国人民的共同心声和时代潮流；中国特色社会主义强调和平发展、互利共赢，反映了人类历史发展规律性要求；中国特色社会主义倡导创新、协调、绿色、开放、共享五大发展理念，反映了人类发展的共同期盼。在谈及中国特色社会主义如何为构建人类共同体做贡献时，与会专家学者认为，首先要做好中国自己的事情，全面建成小康社会，解决人口最大的发展中国家跨越中等收入陷阱，将是对人类的重大贡献；其次要积极参与世界治理，推进世界和平发展，互利共赢，推动全球化进程。

"中共中央编译局马克思主义理论与当代实践研究基地"揭牌仪式暨"马克思主义科技思想与社会发展"学术研讨会在东华大学举行

10月21日,"中共中央编译局马克思主义理论与当代实践研究基地"揭牌仪式暨"马克思主义科技思想与社会发展"学术研讨会在东华大学举行。中共中央编译局副局长季正聚,东华大学党委书记朱民,中共上海市委宣传部副部长、市社联党组书记燕爽,东华大学党委副书记刘淑慧、副校长邱高,中共中央编译局办公厅副主任胡长栓,中共中央编译局马克思主义理论研究部副主任林进平等出席揭牌仪式。

燕爽同志代表中共上海市委宣传部、上海市社联,对东华大学马克思主义理论与当代实践研究基地的成立表示热烈祝贺,对东华大学在推进马克思主义理论学科发展作出的努力及取得的成绩表示充分肯定。燕爽同志指出,恰逢党的十九大隆重召开之际,举办此次签约揭牌仪式,意义重大。十九大报告规划了未来中国发展的新征程,高度概括和提出习近平新时代中国特色社会主义思想,标志着我们党的理论创新又上了新台阶,同时也对新时代马克思主义研究提出了新要求。上海的理论工作者要深入贯彻落实党的十九大精神,深刻领会新时代中国特色社会主义思想的精神实质和丰富内涵,努力把上海打造成研究马克思主义、宣传中国特色社会主义的重要基地和坚固堡垒,高举马克思主义伟大旗帜奋勇前进。

复旦大学特聘教授陈学明、南京大学荣誉资深教授林德宏分别发表题为"怎样看待当代科学技术的社会功能?""《自然辩证法》中的技术哲学思想"的主题演讲。复旦大学王凤才、上海社科院成素梅、上海师范大学汪青松、浙江师范大学陈向义、东华大学王治东等80余位来自全国高校、研究所和杂志社的专家学者出席会议。

上海市社联等单位联合举行“融通与创新：马克思主义中国化成果国际传播”研讨会

10月19日，由上海市社会科学界联合会、上海市中国特色社会主义理论体系研究中心联合主办，华东师范大学马克思主义学院承办，《毛泽东邓小平理论研究》编辑部、《思想理论研究》编辑部、《华东师范大学学报(哲社版)》编辑部、《思想政治课研究》编辑部协办的上海市马克思主义研究论坛在华东师范大学举行。本次论坛的主题是“融通与创新：马克思主义中国化成果国际传播”。中共中央对外联络部原副部长于洪君，上海市委宣传部副部长、市社联党组书记燕爽，上海市社会科学界联合会党组成员、专职副主席解超，华东师范大学党委书记童世骏，华中科技大学原党委副书记、国务院学科评议组成员欧阳康，上海外国语大学党委书记姜锋，中共中央对外联络部研究室理论处处长李双伍，上海高校示范马克思主义学院院长、书记，华师大人文社会科学学科的教授以及马克思主义学院师生等70多人参加了本次论坛。开幕式由华东师范大学党委副书记方平主持。

上海市委宣传部副部长、市社联党组书记燕爽在致辞中表示，希望华东师范大学和上海各高校研究机构要在宣传与研究马克思主义方面发出最强音，要放眼世界发展大局，心怀社会主义大业，对快速变化的社会格局以及一系列现实问题和理论课题做出中国学者的分析，努力展示中国立场，形成中国观点，在与世界马克思主义各流派的交流、交融、交锋当中体现出社会主义特征，构建马克思主义理论新的生长点，实现21世纪当代马克思主义的新发展。

上海市社会科学界联合会党组成员、专职副主席解超在致辞中介绍了上海市马克思主义研究论坛的发起过程，指出马克思主义中国化成果国际传播是一个很有价值的、值得深入研究的新课题，希望华东师范大学把这一领域做大做强。

中共中央对外联络部原副部长于洪君在主旨发言中认为，马克思主义中国化成果的国际传播是中国特色社会主义发展成就的对外展示，是马克思主义中国化发展的一个客观要素。传播成果首先要向国际社会充分阐明我们为什么要选择马克思主义。要讲清中国特色社会主义的最大优势在于党的领导，中国特色社会主义前进的方向、总目标和总任务是什么，中国特色社会主义与当今世界不同发展道路和不同社会制度、不同价值体系的关系。在传播的方法论上，要注意和国家总体外交形象、国家形象、党的形象、文化交流合作等方面结合。

华中科技大学原党委副书记、国务院学科评议组成员欧阳康指出，习近平新时代中国特色社会主义思想，是一次最成功的中国化马克思主义全球性的传播。马克思主义中国化最大的成功就是走进了中国经济、社会、文化、生活，特别是中国人的心灵世界。应当研究中国化马克思主义世界可传播的议题，提高中国化马克思主义的理论品格和国际品格。马克思主义的国际传播不是强灌输，要把中国为世界提供更好更多公共产品联系到一起，把我们的思想价值理念渗透到里面，要有好的自我形象设计，在传播过程中既要理直气壮，也不过分夸大。

市社联副主席、上海外国语大学党委书记姜锋指出，马克思主义中国化成果的国际传播要和我们整体的战略相结合，这事关我们在世界的影响力、感召力和塑造力。要精准传播，就必须有对象导向，清楚了解传播对象，了解其变化，正确地使用多种外语。

在七场主题报告中，与会专家学者围绕马克思主义中国化成果国际传播的价值、内容、途径、方法、传播对象特点、所要达到的目的、需要处理好的若干关系等发表了许多具有较高学术价值的新观点。

市社联副主席、华东师范大学党委书记童世骏在总结讲话中指出，中国马克思主义者从一开始就把中国问题和世界问题紧密联系起来考虑；传播马克思主义中国化成果，可以说也是中国马克思主义者“不忘初心”的一种表现。他提出，在马克思主义中国化成果的国际传播中，要处理好几个关系。第一是理论与实践的关系：理论对外传播既要遵守理论工作的规则，具有说服力；也要遵守实践工作的规则，具有感召力。第二是理论与学术的关系：理论对外传播过程既要体现理论界和学术界的互动合作和集体智慧，也要进一步推进对马克思主义者应该关心的重大问题的学术研究。第三是理论与叙事的关系：讲道理的最好方式往往是讲故事，只有把好的道理与好的故事有机结合起来，才能使受众真正听得到、听得懂、听得进。

上海市社联、上海财经大学、上海人民出版社联合主办《中国财政制度史》出版座谈会

12月18日，由上海市社会科学界联合会、上海财经大学、上海人民出版社联合主办的"《中国财政制度史》出版座谈会"在上海市社联举办。来自全国的数十位专家学者共聚一堂，探讨《中国财政制度史》的学术价值和出版价值，学习弘扬黄天华教授甘坐30年冷板凳，无怨无悔、学术报国的精神。

上海财经大学公共经济与管理学院教授黄天华呕心沥血30多年，完成《中国财政制度史》文稿共500万字，该书近日由上海人民出版社正式出版。该巨著不仅填补了学术研究的空白，展示了波澜壮阔的中国财政制度史，更是展现了一名哲学社会科学工作者自觉坚持"'士以弘道'的价值追求，真正把做人、做事、做学问统一起来"的责任担当。

中共上海市委宣传部副部长、上海市社联党组书记燕爽在讲话中向黄天华教授及其家人表达了崇高的敬意和慰问。燕爽同志指出，2018年将迎来改革开放40周年，在这40年里，中华民族发生了翻天覆地的变化。黄教授的事迹正是中国学者、学人在40年中发时代之先声，立时代之潮头作出的典型贡献，所以继续宣传和学习黄天华教授及其他一些著名专家、学者的感人事迹，是学术界纪念改革开放40周年最好的方式。

黄天华教授为民族立说、为科学立论，不忘初心、自赋使命，勇立潮头、引领创新。当老师就要心无旁骛，搞科研就要甘于寂寞，就如黄教授所说的要铸就民族的精神大厦、文化大厦，没有一点精神是不行的。我们要有燕子筑巢、蚂蚁啃骨头、黄牛爬坡的精神，这也是习近平总书记对党员干部的要求。中国传统文化当中精卫填海的精神一直是我们学者所崇尚的，我们要继续秉持咬定青山不放松，肩负起实现中华民族伟大复兴的中国梦这一历史使命。

黄天华教授在发言中向与会嘉宾分享了他撰写这部著作的体会和感受。他说，写作这本书的初衷，是为了兑现"中国财政史必须由中国人来写"的承诺，建立起中国史的话语权。他介绍了这部著作的主要学术特征，即以土地史，人口和户籍制度，政治、经济、文化的发展和互动三方面为切入点，力图解决中国财政的起源问题，规范了断代财政史的划分方法，力求挖掘中国财政管理制度的基本特点。黄天华教授还提到，当代知识分子应该如习近平总书记所说的有所担当，也要致力于不断完善和改革当前的科研组织，为哲学社会科学工作者提供一个相对宽松的研究氛围，以利于教学科研的发展，更有利于促进我国经济建设、社会事业的发展。

上海世纪出版集团总裁王岚代表世纪出版集团向黄天华教授表示祝贺，并致以崇高的敬意，同时感谢了全国哲社规划办、中国财政学会财政史研究专业委员会、上海市委宣传部、上海市社联、上海财经大学等给予的多方的支持和帮助。王岚指出，黄天华教授的研究不仅填补了财政史研究领域的空白，更树立了富有家国情怀的哲学社会科学工作者的榜样，这部著作的出版，是世纪出版集团和学术界、理论界长期精诚合作的又一个重要的果实。上海世纪出版集团始终践行努力成为一代又一代中国人文化脊梁的使命和追求，以出版精品力作为己任，以社会效益为优先，高度重视出版在推动社会主义文化繁荣兴盛中的角色和定位。党的十九大对出版工作者提出了更高的要求，上海世纪出版集团将积极投身于新时代中国特色社会主义思想的宣传，为学界在中国特色哲学社会科学领域的理论研究提供发声和传播的平台，为新时代的伟大变革，为推动理论创新和中国学术话语权的提升贡献出版人的智慧。

上海财经大学副校长蒋传海在讲话中指出，《中国财政制度史》一书是研究中国财政制度史的专业著作，呼应了习近平总书记对于哲学社会科学研究特点的要求，具有继承性与理论性、原创性与时代性、系统性与专业性三方面的特点。同时，《中国财政制度史》的出版，不仅是对立志做大学问、做真学问的尊重和褒奖，更是为学者营造良好学术生态环境的体现，对黄天华教授这样甘做基础冷门研究、开拓中国话语体系的学者，学校应在职称评定和项目经费方面予以支持。

本次座谈会由上海市社联党组成员、专职副主席解超主持。他在讲话中提到，2017 年年初上海启动了对改革开放 40 周年、新中国成立 70 周年及建党 100 周年这三大系列的研究，在动员会上发现了上海财经大学黄天华教授的事迹，这是在构建中国特色哲学社会科学的过程中非常好的典型，是从事理论研究、从事哲学社会科学研究的学者学习的榜样。举行这个座谈会，是对于这部巨著的诞生表示祝贺，同时也是与学界人士一起分享黄天华教授的科研成果以及他对当代学人的启发意义。

上海人民出版社社长王为松表示，出版社始终强调将社会效益放在首位，要多出像黄天华教授的《中国财政制度史》这样的高峰之作，这是出版人应该尽的责任。上海人民出版社愿意同专家学者一起，以专业学术来打造出版品牌，以社会责任来引领学术风尚，以黄天华教授这种“板凳甘坐十年冷”的治学精神和治学态度来认真做好出版工作，繁荣上海的学术发展，为上海响应和承担国家战略一起贡献应有责任和力量。

与会专家学者围绕《中国财政制度史》一书的学术价值和意义，纷纷做了发言。

厦门大学经济学院张馨教授感慨黄天华教授这项成果形成的不容易，并希望以后在制度和有关的环境方面为像黄教授这样的学者创造更好的条件，要将黄天华教授的精神发扬光大，使今后整个学术界能拥有更好的学术环境。

中南财经政法大学财政税务学院陈志勇教授在发言中指出，在财政学界，已经有很长时间没听到有财政史方面的著作出版了，这一次黄教授以一人之力，穷尽五千年的财政制度史，确实非常值得祝贺。陈志勇教授提到，2008 年温家宝总理在接见记者的时候，讲过从财政的角度看历史，可以看到一个社会的公平正义，可以看到一个社会的经济支配结构的变迁，因此，黄天华教授的研究确实非常重要，非常有价值。

东北财经大学财税学院院长孙开教授在发言中认为，财政史尤其是中国财政制度史方面的研究是非常有价值的，财政史是研究财政学的基础。黄天华教授做的这些研究非常艰深，需要大量的付出。因为财政史的研究付出多，见效慢，周期又长，甚至可能是个风险投资，再加上现在的职称评价体系的情况，所以在这样的背景下，能出成果，一定是付出了相当大的毅力。

上海财经大学经济学院燕红忠教授谈到，虽然之前有从经济史角度所做的财政通史性著作，但黄天华教授的著作和这些著作至少有两方面的典型不同：第一个不同是强调财政制度的中心和主线；第二个不同是，其他大型通史性著作都是多人分工完成，而《中国财政制度史》是一个人坚持 30 年做出来的成果，框架、结构、体系、逻辑，包括严谨的一致性方面，都更完善。尽管目前存在职称评定、经济困境等各种压力，但学者仍应学习黄天华教授几十年如一日的研究精神。

上海财经大学公共经济与管理学院党委书记方芳谈道，黄天华教授的事迹始终感染和鼓舞着学院的老师和学生。黄天华教授心有大我，坚持学术报国，抵住市场的诱惑，带着满腔热情自觉肩负起财政税收的史学研究，并为之奋斗了大半辈子，不急功近利、不追逐名利，不争权夺利，一份拳拳报国之心溢于言表，令人敬佩。黄天华教授这种一丝不苟的治学态度、耐得住淡泊名利的清苦、甘于奉献的人格魅力正在影响着一代又一代年轻的老师。

上海财经大学公共经济与管理学院博士后林矗作为学生代表发言。他说，黄天华教授这套《中国财政制度史》的问世，让年轻一辈学生对财政史学科肃然起敬。做财政史研究对知识结构的要求非常高，而且需要研究者日积月累、数十年如一日做着寂寞清苦的基础资料积累工作，其中的困难是常人无法想象的。希望黄天华教授的事迹能够激励更多的学子投入财政史研究之中，耐得住寂寞，坐得住这张冷板凳，这也是黄天华教授蕴含在书中想要表达出来的一种希望。

“习近平新时代中国特色社会主义思想的历史地位”研讨会在国防大学政治学院召开

12 月 24 日，2017 年马克思主义研究论坛之“习近平新时代中国特色社会主义思想的历史地位——学习贯彻党的十九大精神研讨会”在国防大学政治学院召开。国防大学政治学院院长陶传铭，中共上海市委宣传部副部长、市社联党组书记燕爽，市马克思主义研究会会长王国平出席会议并致辞。

燕爽同志指出，深入学习研究习近平新时代中国特色社会主义思想是思想理论工作的重中之重。要牢牢把握“三个贯通”、探索“三大规律”，做到把习近平新时代中国特色社会主义思想和马列主义、毛泽东思想以及改革开放以来我们党创立的中国特色社会主义思想贯通起来，与中国社会实践，特别是我们党进入新时代在各项工作中取得的历史性成就、历史性变革贯通起来，把十九大报告中各个理论部分之间贯通起来。要深化研究人类发展规律、社会主义发展规律和党的执政规律，为我们党永葆青春活力贡献理论智慧，为建设人类命运共同体贡献中国方案，为社会主义发展史贡献中国经验。

中国浦东干部学院院务委员、科研部主任刘靖北，上海社科院中国马克思主义研究所所长方松华，复旦大学马克思主义学院常务副院长李冉，华东师范大学马克思主义学院院长顾红亮，市委党校马克思主义学院执行院长王公龙，国防大学政治学院孙力教授等近 20 位专家学者围绕习近平新时代中国特色社会主义思想的历史地位、思想内涵和时代价值等议题交流发言，来自上海市近 20 所高校科研机构的 60 余位马克思主义理论研究工作者与会。

学术话语体系建设

“生态文明与中国哲学社会科学学术话语体系建设”专题研讨会举行

6月20日，“生态文明与中国哲学社会科学学术话语体系建设”专题研讨会在上海大学举行，这是上海市首批(2016)话语体系建设平台——“中国道路与中国哲学社会科学学术话语体系建设”年度系列研讨活动之一，来自上海高校和外地高校的60余位专家学者与会研讨。会议研讨内容综述如下。

一、 有机马克思主义和生态学马克思主义评析

有机马克思主义作为一种新的理论，既是当代建设性后现代思想家集体创造的产物，又是与中国学者互动的结晶。与会专家在发言中分析了有机马克思主义对中国话语元素的运用，认为有机马克思主义对中国话语元素的运用有两个特点：一是直接继承中国传统文化的哲学智慧；二是对中国传统文化进行后现代语境下的创新性改造，使之与整个有机马克思主义的话语体系相吻合并成框架。

有专家学者在研讨中就生态学马克思主义对传统社会主义模式的研究和构建生态社会主义的主张进行介绍。在生态学马克思主义者看来，苏联模式的社会主义以“非科学”和“主观”为借口，对人的需求、欲望和异议不够重视，使人服从于业已形成的工业机构的制度命令。认为只有通过对传统社会主义有所发展，即通过“对我们的经济从产品设计到消费和物质的再循环进行生态学的重建”“对设计能源的生产和运输的所有环节进行生态学的重建”以及“对化学工业、运输业和农业进行生态学的重建”，才能实现追求“更少地生产，更好地生活”的生态社会主义理想。这些思想对于我们坚持中国特色社会主义的绿色发展道路，构建中国特色的社会主义生态文明具有参考价值。

与会专家学者在对有机马克思主义和生态学马克思主义的理论缺陷及短板进行的评析中指出，不变革经济制度的资本主义性质，不解决政权问题，就无法从根本上解决生态问题。

二、 马克思主义生态思想理论资源再挖掘

面对现实时代，以新的视野重新学习、理解、挖掘马克思主义哲学关于生态问题的理

论资源，是本次研讨会的重要内容。

与会专家指出，在马克思劳动观中有着丰富的生态保护思想。马克思把以劳动为中介的人的自然与外部自然的联系、人的身体与“人的无机的身体”的联系理解为“自然界同自身的联系”。以劳动为中介的人和自然的联系之所以成了自然与自然的联系，是因为“人是自然界的一部分”。这一观点之所以值得提出，是因为它实际上蕴含着把人看成是生态系统中一员的生态保护思想。

有专家学者提出，要在劳动中坚持人类中心而不能因为生态问题赞成非人类中心主义。恩格斯对此说过一段很有意味的话：“我们的整个公认的物理学、化学、生物学都是绝对地以地球为中心的，只是为地球建立的。”以地球为中心，也就是以人类为中心，人总是以人为出发点，从人的角度来观察世界、对待世界的。因此，“人类中心”的观念主要不是一个关于世界存在的和事实描述的观念，而是一种价值观念。当下生态保护要走可持续发展的道路，本身并不是以生态为中心，恰恰是以人类为中心，由此才能实现生态文明。

有专家学者在发言中对马克思主义自然概念的多重维度及现实意义作了专题发言，认为从主客体角度来看，马克思主义的自然概念是一个具有客观性维度、主体维度、社会维度、生态维度和实践维度的多重维度概念。

三、 中国特色社会主义理论体系与生态文明理论创新

研讨会上，专家学者围绕中国特色社会主义理论体系对生态文明的理论创新，从多视角多层面进行深入探讨。

与会专家对习近平治国理政新思想、新观念、新战略中有关生态文明思想进行梳理。首先，习近平总书记将马克思人与自然关系理论同我国实际情况相结合，通过深入阐发“绿水青山”与“金山银山”的辩证统一来说明社会、经济发展与生态文明之间的内在关系，强调“保护生态环境就是保护生产力，改善生态环境就是发展生产力”的绿色生产力理念，是马克思主义生产力理论的当代创新。其次，习近平总书记继承和发展了马克思关于“原生形态文明”包含着未来文明的基因等重要思想，阐明了绿色发展与文明发展的辩证关系，提出“生态兴则文明兴，生态衰则文明衰”的思想。第三，习近平总书记继承和发展了马克思关于人在利用、改造自然时要遵循自然规律的思想，遵循当今和今后一个时期我国经济发展的大逻辑，深刻揭示了中国经济发展“中高速增长、重质量效益、重生态文明、重可持续性和包容性”等新特征、新趋势，提出绿色发展道路实施战略和策略。

专家学者从学科建设维度提出，要促进中国环境伦理学真正扎根于中国本土，必须实现环境伦理学的本土化，使之获得中国化的气度和风格。

有专家在研讨中指出，中国特色社会主义的道路选择和中国共产党的领导地位，已决定了社会主义在生态文明建设中的政治正确性与意识形态领导地位，这似乎是一个答案不证自明的问题。但是在资本主义主导的国际经济政治秩序和话语霸权之下，生态文明的“社会主义”前缀还意味着一种明确的政治偏好与选择。具体而言，这个问题可以从两个方面来理解与回答：一是如何判定欧美国家生态环境问题阐释与应对经验的普遍性或局限性；二是社会主义的基本经济政治制度与生态文明建设之间的关系。目前欧美国家

生态环境质量的改善更多是得益于原有生态环境难题或负荷的转移而不是消解。换言之，这些国家之所以呈现为经济发展与环境质量的“双赢”局面，是以众多发展中国家（包括中国在内的新兴经济体国家）对于严重污染性行业与产品的击鼓传花式“接力”为前提的，而地球作为一个整体的生态环境压力是加大而不是减轻了。这也是为什么 1972 年斯德哥尔摩人类环境会议 40 年后，我们仍然面临着一个总体上更加恶化的地球生态系统和居住环境的缘由。由此可以理解，欧美国家的“生态现代化”或“生态资本主义”话语与战略，无疑是生态环境危机和挑战应对的一条现实性道路，但是对于整个人类社会的可持续发展或文明延续而言却不尽适用。

中国哲学社会科学话语体系建设首场论坛举行

7 月 17 日，由中国浦东干部学院、上海市社会科学界联合会、中国社会科学院—上海市人民政府上海研究院联合主办的“中国哲学社会科学话语体系建设 · 浦东论坛”首场论坛——“2017 中国社会学话语体系建设”在上海召开。中国社会科学院副院长、全国哲学社会科学话语体系建设协调会议办公室主任李培林出席论坛并致辞，市委宣传部副部长、市社联党组书记燕爽作大会总结。

会议强调，社会学是哲学社会科学的重要组成部分，推动社会学理论创新发展是构建中国特色哲学社会科学的应有之义。立足当代中国从传统社会向现代社会、从农业社会向工业社会、从封闭性社会向开放性社会的发展，着眼当代中国人的生产、生活、行为、思维方式和价值理念的变化，总结我国社会管理和发展的经验，探索创新社会治理和社会发展理论，建立中国特色的社会学，是全国社会学界承担的一项重大使命。希望社会学专家学者立时代之潮头、通古今之变化、发思想之先声，畅所欲言、深入探讨，群策群力、集思广益，有力推动中国社会学的理论创造、学术繁荣和经世致用，有效助推中国特色哲学社会科学学术体系、学科体系、教材体系和话语体系建设。

浦东论坛旨在构建上海与全国交流、学界与政界互动、中国与外国对话的平台，努力打造一个具有中国特色、海派风格的一流话语体系建设品牌论坛。来自全国高校、科研机构的约 200 位专家学者参加此次论坛。

"改革开放40周年、新中国成立70周年、建党100周年"系列研究项目立项发布

7月24日,上海市哲学社会科学学术话语体系建设年度重要工作——"改革开放40周年、新中国成立70周年、建党100周年"系列(以下简称"三大系列")研究2017年度项目立项名单正式发布。经专家评审、社会公示并报市哲学社会科学规划领导小组批准,共有98项项目获立项资助。

2017年以来,作为深入贯彻学习习近平总书记"5·17"重要讲话精神,充分发挥上海在党的思想理论建设和哲学社会科学学术话语体系创新中排头兵和先行者作用的重要举措,在中共上海市委宣传部部领导指导下,市哲学社会科学规划办公室与市哲学社会科学学术话语体系建设办公室(以下简称"两办")在充分酝酿的基础上,于3月联合启动三大系列研究动员及2017年度项目申报工作。

申报工作启动后,本市各社科研究单位积极组织申报。截至申报结束,共收到各单位提交的三大系列研究项目申报材料255项。其中"改革开放40周年"系列104项,"新中国成立70周年"系列90项,"建党100周年"系列61项。各申报单位中,排名前三的是:上海社科院申报50项,复旦大学申报32项,上海大学申报23项。

5月,经数次商讨研究,两办确定了三大系列研究项目立项评审原则。6月初,两办召开立项评审会,产生拟立项项目名单。经社会公示并报市哲学社会科学规划领导小组批准,三大系列研究2017年度项目最终确定立项98项。按项目所属系列分,"改革开放40周年"研究系列40项,"新中国成立70周年"研究系列32项,"建党100周年"研究系列26项。按项目类别分,重点项目17项,一般项目81项。按负责单位分,排名前三的是:上海社科院获立项20项,复旦大学获立项17项,华东师范大学获立项9项。三大系列研究2017年度项目如下:

1. "改革开放40周年"研究系列2017年度项目立项名单

序号	项目名称	申报人	单　位	项目类别
1	中国收入分配改革发展40年:经验、理论与展望	权　衡	上海社科院	重点项目
2	教育现代化的中国之路——纪念教育改革开放40周年	袁振国	华东师范大学	重点项目

(续表)

序号	项目名称	申报人	单 位	项目类别
3	中国发展道路的政治经济学——改革开放 40 年实践	殷德生	华东师范大学	重点项目
4	我们为什么必须走中国特色的社会主义道路	陈学明	复旦大学	重点项目
5	中国特色法学理论体系研究	曹文泽	华东政法大学	重点项目
6	改革开放 40 年我国城市社区治理实践与体制创新研究	郭圣莉	华东理工大学	重点项目
7	现代性发育的 13 个观念——中国改革开放 40 周年经济哲学反思	张 雄	上海财经大学	一般项目
8	园区改革开放 40 年:演进规律与发展模式	任 浩	同济大学	一般项目
9	改革开放 40 年与中国青年发展	杨 雄	上海社科院	一般项目
10	改革开放以来中国特色社会主义政治经济理论创新研究	顾钰民	复旦大学	一般项目
11	改革开放 40 周年社会变革与舆情治理研究	李良荣	复旦大学	一般项目
12	上海社会保障史	汪 泓	上海工程技术大学	一般项目
13	40 年来中国基础教育改革的“上海经验”与“上海话语”研究	李政涛	华东师范大学	一般项目
14	“一国两制”的理论与实践研究	林 冈	上海交通大学	一般项目
15	建构超大型城市新型社会治理体系与创新分层战略研究	秦德君	东华大学	一般项目
16	改革开放 40 年上海科技创新制度环境之变迁	陈 强	同济大学	一般项目
17	改革开放中的中国价值论及价值问题研究	陈新汉	上海大学	一般项目
18	中国引进外资与对外投资演变 40 年	赵蓓文	上海社科院	一般项目
19	改革开放后上海社会组织创新发展研究	徐家良	上海交通大学	一般项目
20	制度成就中国——中国特色社会主义制度的形成与发展	石文龙	上海师范大学	一般项目
21	上海国有企业改革(1978—2018)——从实践到理论,从探索到模式	李建伟	上海社科院	一般项目
22	浦东开发开放与国家战略推进的关系研究	沈开艳	上海社科院	一般项目

（续表）

序号	项目名称	申报人	单　位	项目类别
23	上海开放发展中的率先突破和战略转型——从引进外资到自贸区建设的理论和实践探索	孙福庆	上海社科院	一般项目
24	对外开放与中国大战略的展开	门洪华	同济大学	一般项目
25	上海住房制度变迁及未来供应体系完善研究	赵义怀	上海市发展改革研究院	一般项目
26	终身教育发展的中国经验——改革开放40年终身教育的历史回顾与展望	吴遵民	华东师范大学	一般项目
27	中国的国家治理现代化何以发生？——一种新结构政治学的分析	高奇琦	华东政法大学	一般项目
28	改革开放以来党的道路自觉、道路自信及深层逻辑研究	张远新	上海政法学院	一般项目
29	改革开放40年与上海居民消费生活变迁	陆晓文	上海社科院	一般项目
30	上海文化领域改革开放40年研究	荣跃明	上海社科院	一般项目
31	上海科技创新发展与改革40年历程和启示	骆大进	上海市科学学研究所	一般项目
32	习近平治国理政新理念、新思想、新战略基本范畴及相互关系研究	胡涵锦	上海交通大学	一般项目
33	中国特色社会主义关于市场与社会主义关系的探索研究	金瑶梅	同济大学	一般项目
34	法治化进程中信访工作机制创新研究	王剑华	上海市信访学会	一般项目
35	当代中国马克思主义理论传播的哲学思考——以《解放日报》（1978—2017）为样本	黄凯锋	上海社科院	一般项目
36	改革开放40年上海城市社区治理的制度变迁研究	孙　荣	同济大学	一般项目
37	“一带一路”和“双一流”建设视野下的我国专门用途教育研究：40年回顾、反思与对策	蔡基刚	复旦大学	一般项目
38	真理检验过程中的逻辑力量——上海逻辑与改革开放40周年	邵强进	复旦大学	一般项目
39	上海城市历史文脉保护与传承机制研究	高福进	上海交通大学	一般项目
40	改革开放40年中国哲学的建构	夏金华	上海社科院	一般项目

2.“新中国成立70周年”研究系列2017年度项目立项名单

序号	项目名称	申报人	单　位	项目类别
1	新中国成立70年来中国共产党形象建设研究	高晓林	复旦大学	重点项目
2	新中国周边外交史研究(1949—2019)	石源华	复旦大学	重点项目
3	我国社会主义发展阶段细分、发展观演进史及面向2030年发展新阶段的历史分期研究	石建勋	同济大学	重点项目
4	新中国上海城市建设与工业布局发展研究(1949—2018)	忻　平	上海大学	重点项目
5	国家战略与上海发展之路(1949—2019)	王　健	上海社科院	重点项目
6	中国经济发展史(1949—2019)	丛树海	上海财经大学	重点项目
7	新中国成立以来中国话语体系建设的历程与经验教训研究	黄力之	上海市委党校	一般项目
8	新中国人口发展史	任　远	复旦大学	一般项目
9	钱学森系统工程思想及当代价值——对中国航天成功经验的总结与推广	盛　懿	上海交通大学	一般项目
10	新中国70年电影中的国家形象和国家理论研究	陈犀禾	上海大学	一般项目
11	新中国的海洋政策与法律制度:回顾与展望	金永明	上海社科院	一般项目
12	新中国成立以来我国国家形象的内涵及其输出策略的衍变与优化	王　沛	上海师范大学	一般项目
13	复兴之路:新中国经济思想研究	程　霖	上海财经大学	一般项目
14	上海的创新引领:从老工业基地到世界城市(1949—2018)	张忠民	上海社科院	一般项目
15	国际人才政策70年:回顾、经验与展望	高子平	上海社科院	一般项目
16	新中国成立以来中国大学学术制度变迁研究	熊庆年	复旦大学	一般项目
17	中国道路与人类文明进步前景的哲学研究	陈立新	华东师范大学	一般项目
18	共和国教育70年	杜成宪	华东师范大学	一般项目
19	中国法制史研究70年	王立民	华东政法大学	一般项目
20	马克思主义法学理论中国化的历程及其理论成果研究	蒋传光	上海师范大学	一般项目
21	中国特色社会主义经济思想研究	钟祥财	上海社科院	一般项目
22	“中国经济奇迹”的政府治理作用研究:从1949年到2020年	赵红军	上海师范大学	一般项目
23	70年:人口迁移与发展	王桂新	复旦大学	一般项目
24	新中国成立70年来行政体制改革研究	蒋硕亮	上海财经大学	一般项目

（续表）

序号	项目名称	申报人	单　位	项目类别
25	新中国成立70年来中国共产党的城市化理论与模式研究	刘士林	上海交通大学	一般项目
26	习近平外交思想研究	刘　军	华东师范大学	一般项目
27	中国、联合国与人类命运共同体	张贵洪	复旦大学	一般项目
28	上海与长三角区域经济发展合作史研究系列：1840—1949；1949—2019；1978—2018	张学良	上海财经大学	一般项目
29	中国特色社会主义新闻发布理论体系研究	孟　建	复旦大学	一般项目
30	中国特色刑事政策的沿革与体系科学化历程	孙万怀	华东政法大学	一般项目
31	腐败治理"中国模式"的立法发展与理论探索研究	魏昌东	上海社科院	一般项目
32	中华人民共和国经济思想史纲——经济思想发展与转型（1949—2019）	赵晓雷	上海财经大学	一般项目

3. "建党100周年"研究系列2017年度项目立项名单

序号	项目名称	申报人	单　位	项目类别
1	中国共产党建设100年（1921—2020）	徐建刚	市委党史研究室	重点项目
2	中国共产党的全球秩序与全球治理观念变迁	郭树勇	上海外国语大学	重点项目
3	中国共产党诞生地历史信息数据库及数字化地图	苏智良	上海师范大学	重点项目
4	政党中心的治理与政治文明的复兴——中国共产党治国理政的历史经验	郭定平	复旦大学	重点项目
5	从《资本论》到中国特色社会主义理论	鲁品越	上海财经大学	重点项目
6	中国共产党支部建设史研究	何益忠	华东政法大学	一般项目
7	关于我党腐败与反腐败斗争的历史经验研究	桑玉成	复旦大学	一般项目
8	中国马克思主义百年学术史研究	方松华	上海社科院	一般项目
9	中国共产党开辟中华民族伟大复兴百年道路研究	曹泳鑫	上海社科院	一般项目
10	中国共产党新闻政策发展史	武志勇	华东师范大学	一般项目
11	中共党史上的重要会议与中国共产党治国理政	杜艳华	复旦大学	一般项目
12	中国共产党百年研究的海外视角	乔兆红	上海社科院	一般项目
13	中外比较视域下中国共产党依规治党历史演进及启示研究	周敬青	市委党校	一般项目
14	从"非基督教运动"到"基督教中国化"：百年中共的基督教政策与治理	陶飞亚	上海大学	一般项目

（续表）

序号	项目名称	申报人	单　位	项目类别
15	中国共产党扶贫工作史	文建龙	同济大学	一般项目
16	中国共产党共享发展思想的理论意蕴与实践历程研究	蒋锦洪	华东师范大学	一般项目
17	中国特色社会主义法治的形成与发展研究	何勤华	华东政法大学	一般项目
18	中国共产党成立以来党内监督制度及其实践经验研究	邬思源	上海对外经贸大学	一般项目
19	中国共产党执政伦理研究	程竹汝	上海市委党校	一般项目
20	中共反腐败史与政党治理的历史经验	刘　杰	上海社科院	一般项目
21	政治中的军队：革命化与现代化的双重变奏	陈明明	复旦大学	一般项目
22	渔阳里与中国共产党的创建	李　坚	上海大学	一般项目
23	陈望道翻译《共产党宣言》及参与建党活动研究	霍四通	复旦大学	一般项目
24	中国共识：超越资本主义文明——近代以来的理想、奋斗与辉煌	李占才	同济大学	一般项目
25	毛泽东诗词与中国共产党人的精神品格	袁秉达	上海市委党校	一般项目
26	中国特色话语理论：基于话语史的研究	商红日	上海师范大学	一般项目

“中国话语丛书”全面启动暨《文明型国家》出版座谈会召开

8月10日，复旦大学、上海世纪出版集团、上海人民出版社共同在上海市社会科学界联合会召开“2017上海书展”首场活动“‘中国话语丛书’全面启动暨《文明型国家》出版座谈会”。

复旦大学党委书记焦扬，复旦大学中国研究院院长张维为，上海市新闻出版局副局长彭卫国，上海市社会科学界联合会专职副主席解超，上海世纪出版集团党委副书记何向莲，上海世纪出版集团副总裁阚宁辉，上海社会科学院原党委书记潘世伟，上海市社会科学界联合会副主席沈国明，中国浦东干部学院院务委员会委员、科研部主任刘靖北，闵行区委常委、宣传部部长刘世军，复旦大学校长助理陈志敏，上海师范大学人文与传播学院院长陈恒，复旦大学党委宣传部常务副部长陈殷华，复旦大学国际关系与公共事务学院执行院长苏长和，华东师范大学社会发展学院院长文军等上海市社科界专家学者出席座谈会。上海世纪出版集团党委委员、上海人民出版社社长王为松主持会议。

2016年5月17日，习近平总书记在哲学社会科学工作座谈会上发表重要讲话，提出加快构建中国特色哲学社会主义科学，在指导思想、学科体系、学术体系、话语体系等方面充分体现中国特色、中国风格、中国气派。上海历来是我国哲学社会科学研究的重镇。进入新时期新阶段，上海社科界按照习近平总书记在哲学社会科学座谈会上的讲话要求，勇作“改革开放排头兵、创新发展先行者”，率先启动哲学社会科学话语体系建设工作。2016年推出涵盖哲学、经济学、政治学、社会学、国际关系学等人文社会科学主要学科领域的首批13个研究平台建设，2017年实施“改革开放40周年”“新中国成立70周年”“建党100周年”系列研究专项。复旦大学张维为教授及其研究团队承担“原创性中国话语研究”课题的研究任务，致力于从原创性概念的层面探索构建中国话语，借助多种国际国内学术交流平台和形式，有效地传播自己的新思想和新观点，为阐释中国道路、凝聚中国力量、塑造中国形象发挥重要作用，“中国话语丛书”就是这些探索实践的浓缩。

丛书第一本《文明型国家》已于2017年5月出版。张维为在新书里明确而坚定地告诉读者，中国的崛起是一个五千年连绵不绝的伟大文明的复兴，是一个“文明型国家”的崛起。《文明型国家》延续被誉为“中国三部曲”的《中国震撼》《中国触动》《中国超越》的学术路径，勾勒出完整的中国模式框架，对中国模式和中国经验提出有说服力的学理阐释。

在座谈会上，张维为教授指出，正是由于中国迅速的发展早已超出西方话语能够解释的范围,因此需要建构中国自己的话语体系。面对如此精彩的中国故事,西方话语体系和西方模式的套用显示出了种种不适宜。构建全面、透彻、强势的中国话语体系,解释中国的过去、现在和未来,透彻地分析和解决问题,成为我国学术界的当务之急。

焦扬同志说,《文明型国家》紧扣时代主题、扎根中国实践、融通古今中外、突出问题导向、注重国际表达,是又一本"解构西方话语、建构中国话语"的心血力作。这本书的顺利出版是上海人民出版社和复旦大学以及中国研究院密切合作的结晶。相信这本新书和这套丛书会像之前的"中国三部曲"一样,同时在学界和业界产生重要的影响,取得社会效益和经济效益的双丰收。希望以此书的出版为契机,在推动中国话语"走出去",和加快构建中国特色哲学社会科学上作出新的更大贡献。

解超同志指出,《文明型国家》是张维为教授走进历史深处,进行广泛国际比较的基础上,对中国道路、中国经验、中国模式进行更加透彻的体验感悟和思考洞察的最新成果。这部新作体现作者深邃的历史眼光,昂扬的开拓精神和非凡的学术担当,为我们更好地讲述中国故事、理解中国模式、传播中国声音、树立中国形象,提供富有鲜明特点的分析概念和逻辑工具,为迎接党的十九大的胜利召开和中国特色哲学社会科学话语体系构建作出积极的贡献。

彭卫国同志对上海人民出版社在主题出版工作方面取得的成绩予以赞扬。他说,上海人民出版社作为上海地区主题出版的排头兵,近年来不断推出优秀出版物,取得良好的社会效益,他表示出版局将进一步对主题出版加大扶持力度。

潘世伟同志指出,《文明型国家》延续"中国三部曲"的一贯风格:中西结合的观察视角、基于事实的客观判断、自洽性的分析框架以及独特的叙事风格。作者以文明话语的叙事来讲述当代中国,突破西方话语叙事,具有开创性意义。

沈国明同志说,长久以来谈论国家形态的标准都是西方式的,在解释中国的特殊性方面,这本书从文明视角出发,立足本土,对国家的各种现状做出有说服力的解释。

刘世军同志指出,一直以来关于中国话语的建设存在两条路径:一条是马克思主义意识形态的话语体系,第二条是学术的话语体系,这两者互为表里,殊途同归。《文明型国家》出版以及"中国话语丛书"的启动,是重要的学术话语体系构建成果,其核心是表达学术中国、文化中国、文明中国,对于表达中国的道路、理论、价值具有重大意义。

刘靖北同志认为,张维为教授的新书对中国话语体系建设作出引领性的贡献。《文明型国家》提出了很多新的概念、新的表述,如关于国家型政党、整体利益党、协商民主等的分析,都让人耳目一新。

苏长和同志认为,概括中国模式有三种方式:一是以西释中,二是以中释中,三是以中释外。《文明型国家》就是第三种方式的具体体现,即将中国的概念讲述给西方,以自己的概念讲述别人。

与会学者们对《文明型国家》给予高度评价,认为该书为中国模式提供系统的逻辑分析和理论支撑,它既是政治话语,又是文化话语,更是学术话语,可以成为讲好中国故事重要的资源。学者们还在研讨中就本书的不足提出了意见和建议,希望修订和再版时予以注意。

“人类命运共同体与中国哲学社会科学学术话语体系建设”高端论坛召开

9月22—24日，由上海市哲学学会主办，上海师范大学知识与价值科学研究所等单位联合承办的“命运共同体与中国哲学社会科学学术话语体系建设”高端论坛在上海召开，本论坛是本市首批(2016)话语体系建设平台——“中国道路与中国哲学社会科学学术话语体系建设”年度系列研讨活动之一。来自复旦大学、东华大学、上海大学、上海交通大学、上海师范大学、华东理工大学、上海对外经贸大学、浙江大学、河南理工大学、南京航空航天大学、东北师范大学、海南大学、中共上海市委党校、上海社会科学院等高校、党校和研究单位的40余位专家代表出席会议。本次高端论坛主要观点综述如下。

一、“人类命运共同体”与马克思主义中国化

有学者在研讨中指出，“共同体”思想并非马克思首创，而是对欧洲古代文化的传承。但马克思使用的“共同体”概念的内涵相比欧洲思想家的提法，已经由抽象变为具体，实现了历史唯物主义的革命性转变。习近平总书记关于构建“人类命运共同体”思想是对马克思“共同体”理论的当代拓展，是以习近平为代表的新一代中国马克思主义者的理论新贡献。今天的世界是主张合作共赢且包容的发展，那种以自我利益为中心的传统国际关系观念已不适应于今天高度全球化的形势。以“开放、包容、合作、共赢”为主旨的全球治理理念的提出，跳出了传统的所谓“国强必霸”的历史逻辑，摆脱“崛起国与守成国必然冲突”的历史魔咒，鲜明体现了中国特色马克思主义“共同体”理论的当代性和创新性。

与会专家认为，个人与共同体的张力关系是伴随人之生存的基本关系，马克思超越了个人与共同体二元对立的思维方式，在共产主义社会图景中，揭示了个人与共同体真实的共在共生的统一关系。这种关于构建个人与共同体共生关系的思想将为当代中国个人与共同体关系问题的解决提供许多有益启示。首先，需要以正确的思维方式科学把握个人与共同体之间的共在关系，树立个人与共同体之间价值并重和发展共享的理念，使社会主义事业中的“个体之我”和“群体之我”同时拥有更多获得感。其次，发展当代中国个人与共同体的关系，要放在批判现代性和构建现代性的双重逻辑视域中进行，促进个人充分发育的同时，必须避免个人主义思潮对和谐社会关系的冲击。再次，当代中国个人与共同体合理关系的构建，必须夯实个人与共同体共生关系得以建立的社会主义制度基础。

与会学者认为生态文明的基因是生态原则。生态原则主要体现共生性、多样性、开放

性三个特点，这其实就是人类命运共同体的基本精神。“创新、协调、绿色、开放、共享”五大发展理念与习近平的构建“人类命运共同体”思想是一脉相承、高度一致的。

二、“人类命运共同体”与中国优秀传统文化

专家学者提出，中华优秀传统文化对于我们思考“人类命运共同体”提供多重启示：其一，“人类命运共同体”这一命题很大原因上是为了解决人与天地万物的关系而提出的。其二，在思考“人类命运共同体”这一命题时，要谨记“共同体”倡议和形成的最初推动力是什么，为了什么“同宗大事”来成立这个共同体。其三，在思考“人类命运共同体”这一命题时，也需要考虑到在这个集合体中各方需要相互化生成就，共相忧患与互利。其四，在具体的实施和展开过程中，在价值观层面，应当统归在“一道”之下。其五，“人类命运共同体”或者说“世界命运共同体”作为一种理念来提出，首先应该是一个政治概念，因为关乎人类的共同命运，所以需要构造一个具有极强行动力的“体”来承担和解决人类的命运问题。

与会学者从历史和空间两个角度对“人类命运共同体”进行了阐释。从历史维度看，“人类命运共同体”理念是在扬弃传统中国“天下”体系和西方“绝对主义”国家强权外交理念的基础上，形成的一种和平主义外交理念；从空间维度看，“人类命运共同体”理念超越了“西方中心论”的狭隘性和“民族国家”的扩张性，集中关注人类整体命运和世界和平，致力于建构以合作共赢为核心的新型国际关系。在本质上，“人类命运共同体”理念是在中国崛起的时代话语下对中华优秀传统文化和西方优秀文化有机融合发展的必然理论成果，是在转化创新中华优秀传统文化的基础上，立足中国、面向全球治理的一种新型文明观。

专家学者认为，人类已经成为一个不可分离的“共同体”，“我们如何在一起”的哲学问题已成为人类必须直面的难题。能否树立命运共同体意识，关乎人类的生存发展和未来归宿。中国传统政治伦理中蕴含的“天人合一”与“立中制节”、“家国一体”与“万物各得其所”、“王道思维”与“世界主义”、“和而不同”与“忠恕之道”等思想，为构建命运共同体提供了可资借鉴的智慧。

三、“人类命运共同体”与中国学术话语体系

专家在会上指出，中国不仅要成为一个现代化的强国，更要开启一种新文明的可能性。这种可能性一方面在于中国发展的社会主义定向；另一方面，这种新的文明类型可能性将使中国传统文化得以重建和复活。当下，中国的哲学社会科学不仅面临着非常重要的转折，而且实际上必须承担起转折的历史使命，要从先前的“学徒状态”中摆脱出来，使得哲学社会科学获得“自我主张”。这有两个重要标志：一是形式的标志，即“讲中国语”的哲学社会科学；二是实质的标志，即哲学社会科学能够深入到中国现实当中去。关于人类命运共同体的研究，不能局限于对“现代性”的抽象研究，更要关注中国现实的发展，深入到中国社会现实当中去。

有专家学者在研讨中指出，谁能把握人类未来命运，精准地高瞻世界历史发展方向，

谁就有世界话语权。应当在“真正的命运共同体”语境下建构“人类命运共同体”。“真正的人类命运共同体”必须秉持人类联合一致行动的价值理念，以解决关系人类命运的问题为中心，为构建“人类命运共同体”提供思想共识基础和具体路径实验，并不断提升人类共同的劳动幸福程度，为构建“人类命运共同体”提供可视化效果感知。

专家学者认为，人类命运共同体的价值基础是一些“人类共同价值”，把握“人类共同价值”的深刻内涵应当注意以下三点：第一，不能把“人类共同价值”理解为所谓全人类的“无差别”或“普世价值”。第二，在当今世界格局多元化的社会条件下，只能把“人类共同价值”理解为一种主导价值认同或趋同意义上的“人类主导价值”。第三，“人类共同价值”是存在于人类多元化价值导向和取向之中的一种价值共性，但这种价值共性并非虚无缥缈的，而是以具体的、个性化的方式表现出来的。

与会学者认为，当下中国和世界已然是“命运共同体”，但还不是有机融合的整体。现行的国际体系面临一系列迫切需要治理的难题，如反恐、难民、气候、核控等。我国国内也面临很大挑战。构建“人类命运共同体”，需要从国内和国际两个方面寻找突破。现有格局存在不确定性的条件下，讲好中国学术话语，为“讲好中国故事”“提供中国方案”打下坚实基础。

“新时代条件下的中国特色哲学社会科学建设”理论研讨会召开

为深入学习、领会党的十九大精神，加强新时代马克思主义哲学的理论研究，11 月 26 日，上海市哲学社会科学学术话语体系建设办公室与上海市哲学学会共同举办的“新时代条件下的中国特色哲学社会科学建设”理论研讨会在上海召开，来自沪上马克思主义哲学研究领域的专家学者参会探讨了中国特色哲学社会科学的理论研究与话语体系构建。

一、 摆脱“学徒状态” 建立中国学术自我主张

“我国社会主要矛盾的变化标志着中国特色社会主义进入了新时代。哲学作为时代精神的精华，应走在前面，以思想的方式把握时代，是上海哲学界应担负的历史使命。”有与会专家表示，首先我们需要认真学习习近平新时代中国特色社会主义思想，从主要矛盾的改变方面，来理解今天的时代。时代的转折点，同时也必然意味着哲学社会科学的转折点。中国哲学社会科学，由于种种历史原因，有很长的“学徒状态”，现在应在反思总结实践的基础上，摆脱这一“学徒状态”，从而建立中国学术的自我主张。它将是一个过程，但它所树立的是具有中国话语特征的中国特色的哲学社会科学。哲学作为方法论，要达到方法论的自觉。应当看到，在 1949 年以前各种方法论的竞争中，历史唯物主义获得了自己的地位。最后，今天我们对新时代的了解，不仅应从当代中国来把握，也应从世界的角度来把握，把握中国的社会现实就意味着在当代世界中揭示中国的意义——一种新文明类型诞生的可能性。这一新的文明类型，从世界眼光看，超出了资本主义的方式，当美国退出《巴黎协定》时，中国提出了“一带一路”倡议和人类命运共同体，这种种新思想、新观念的提出，体现了“中国方案”的新内容、新特点，成为新时代极为重要的里程碑。因此，我们要从对中国特色社会主义思想的哲学研究出发，推动马克思主义理论的研究。

有专家在交流中认为，在中国特色社会主义进入新时代的背景下研究中国特色哲学社会科学建设，具有理论与实践的双重意义。推翻三座大山、建立社会主义新中国，我们解决了落后挨打的状况。改革开放近 40 年、全面决胜小康社会，当下，必须直面并解决失语挨骂的问题。富起来的中国不仅表现为“舌尖上的中国”，还应体现在“学术上的中国”。上海是改革开放的排头兵和创新发展的先行者，具有上善若水、海纳百川的气质，在建设中国特色哲学社会科学的实践中也要奋勇当先，做出中国特色哲学社会科学的上海表达

与上海篇章。

二、 把握新时代新要求 增强理论创新使命感

新时代中国特色社会主义发展的过程，既是中国走向世界舞台中央的过程，又必须是引领人类新的文明发展的过程。有与会专家表示，在扑面而来的信息文明时代，一定是哲学、科学（不只是社会科学）、艺术、社会、经济、文化乃至生活一体化发展的时代。在这样一个时代，包括信息文明在内的生态文明建设至关重要，需要我们深入系统研究。我们要通过对生态文明的创新性研究，推进生态文明领域中国哲学社会科学学术话语体系建设。

有专家在发言中表示，中国特色哲学社会科学体系不仅要说“中国话”，学术话语体系建设还要深入到中国现实之中，用好中西马三重资源构建中国特色哲学社会科学学术话语。下一步研究推进要着力把握四个方面：一是把握新时代新要求，切实增强理论创新的责任感使命感。二是推动新时代中国特色社会主义深入人心，发挥哲学社会科学的引领作用。三是树立理论自信和文化自信，扩大上海哲学社会科学研究的影响。四是加快构建中国特色哲学社会科学，发挥党校重要作用，加强党校与高校、社科院的合作，开展相关研究。

有专家在交流中指出，在新的时代条件下建设中国特色哲学社会科学，首先要立足“两个百年目标”的历史交汇期，其次要放眼未来三十年。既要能对当下中国历史进程中的重大实践问题作出积极的、建设性的学术和理论应对，又要能谋划长远，尤其是要对未来三十年的核心问题——什么是中国特色社会主义的现代化或者说什么是现代化的社会主义中国，作出理论上融贯一致的学术阐明。

三、 立足中国实际与中西文化精髓并重 构建自身话语体系

人类命运共同体的提出本身就意味着中国话语的出场，是中国在国际舞台上的独特声音。有学者表示，对于这个新理念，我们需要认真加以研究。一要研究它跟马克思主义中国化的理论创新之间有怎样的关系；二要研究它跟我们中国的传统“和”文化之间的关系；三要研究它跟马克思的真正共同体思想之间的关系；四要研究构建人类命运共同体与全球化新走势新发展之间的关系；最后还要研究构建人类命运共同体所蕴含的共同价值与各个国家的意识形态分歧甚至斗争复杂性之间的关系。因此，构建人类命运共同体肯定有独特的世界意义，对全球有不同于西方其他国家的特殊影响。作为一个负责任的大国，中国提出和引领人类命运共同体的构建对于全人类的和平与发展这两大主题的进一步彰显，会有极为不同凡响的价值。

有与会专家认为，当代中国特色哲学社会科学话语体系建设必须首先弄清其可能性、特殊性和关键点。中国特色社会主义的伟大实践是其基础；近代以来中西文明的冲撞和交融为其提供了历史可能性；当前中国的崛起则为其提供了现实可能性。这种话语体系是从中国实际出发在马克思主义指引下将中西文化之精髓相结合重建起来的话语，既有别于西方学术话语，又绝非中国传统话语的复活，它应当与中国特色社会主义实践相吻合，又与世界发展的潮流相适应，是中国百多年探索成果的理论结晶。其中最关键的是社

会主义市场经济体制，即将市场配置资源的机制拿来为社会主义建设所用，在充分发挥市场的积极作用的同时，又通过政府的引导和调控，制约资本的贪婪与疯狂，真正做到“经世济民”，从而实现社会主义“为人民”的生产目的。

会议举办者在会议总结时表示，中国特色社会主义进入了新时代，必然要求哲学社会科学的研究也要进入新阶段，如何以哲学的方式，把握今天的现实，是时代赋予我们的历史任务。2017 年以来，“中国道路与中国社会科学学术话语体系建设”项目举办了四届高端论坛，学者们围绕主题，深入研讨，广泛交流，达成了以下三点共识：

第一，建设当代中国哲学社会科学学术话语体系，必须抛弃“外部反思”的思维方式，切中当代中国现实。我们不能像过去一个时代那样，只是把所谓“当代”如何如何的先验原则以“应当”为名强加到任何一种内容上，而是必须深入到当代中国实体性现实中。在这一对实体性现实的认识中，应当注意三个方面：一是中国传统社会不同于西方市民社会，它是一个伦理社会。中国传统文化自然植根于此，故必须有批判扬弃的过程。二是必须关注到中国传统社会的经济基础属小农经济，与西方庄园经济有极大不同。三是 1949 年新中国成立后我国经济体制模式受苏联极大的影响，传统是活在当下的过去，因此我们只有真正切入中国社会现实，才能构建出具有鲜明中国特征的学术话语体系。

第二，在立足中国现实的同时，必须放眼世界。这一放眼，也必须深入到世界的实体性内部之中。当前极为重要的两点：一是对西方已经成型并被广为认可的理论，诸如经济理论、政治理论、社会治理理论，作出基于中国实践的批判性扬弃，构建中国学术话语体系并非完全另搞一套，我们的理论阐释要让尊重科学的西方学者认为言之有理，只是另成体系。是一种新文明类型的理论。二是在所有面向世界的纬度中，极为重要是面向由智能革命引起的人类社会变化，正如有学者认为，人类社会现已由物质文明向信息文明转变。人工智能的出现，使许多领域出现了颠覆性变化，它构成了未来社会的技术基础，从某种意义上说，“人类命运共同体”概念被世界公认，与此技术变迁有关。正如马克思说，“手推磨产生的是封建主为首的社会，蒸汽磨产生的是资本家为首的社会”。

第三，必须克服“语录式”阅读马克思恩格斯经典的实用态度，真正深研经典原著，为马克思理论的拓新作说明。其间也有要重视的两点，一是必须冲破长期以来为“左倾”思想作论的片面而且狭隘的视域，在新时代，以新视野再读。如马克思在《德意志形态》中讲到人类共同体时，就说过，“共同体的形式应当按照生产力的发展水平改变”。以前，我们对此语熟视无睹，现在才深感其寓意深刻。二是深研原著，还包含对马克思方法的重新深入领会。如马克思的“社会形态”理论，以前以为依次推论，是所有民族必经之路。现在“中国方案”提出让我们再思考此问题，就可得出以下三点：一是五种社会形态的演进是人类历史发生学意义上存在的；二是这一演进的次序排列归根结底在于以物质要素为底基的生产力发展水平；三是鉴于文明可以互鉴，以物质要素为底基的生产力结构发展水平，是可以移植的，故一个国家的发展道路完全是可以由该民族的文明禀赋、发展现状、现实需要所做出的选择。通过深研原著，我们有可能也一定能够重新发现马克思的某些重要思想，拓展其尚需进一步拓展的部分，从而建构起中国特色的学术话语体系。

星期五学术茶座

“传承创新上海老字号商业品牌”专题学术茶座

1月19日下午，上海市社联召开“传承创新上海老字号商业品牌”专题学术茶座。来自上海社科院、上海大学、同济大学、市商务委的相关专家学者及部分上海老字号品牌代表共10余人参加研讨。与会者围绕上海老字号品牌的传承、经营、发展、传播等问题进行了深入交流和研讨。

与会专家学者指出，传承至今的上海许多老字号品牌是中国民族工业和民族商业的标志符号，是国人的光荣和自豪，体现了中国人的聪明和智慧，凝聚了中华传统文化的精髓，它们见证了中国近现代上海工商业的发展奇迹和辉煌业绩，更体现了民间传人匠心独运和精雕细琢的工匠精神。在当今中国已成为世界第二大经济体之际，在中国自主品牌较为缺失、外国舶来品牌较多的现实情况下，更需要传承创新代表中国工商业成就的海派老字号品牌，让中国原创民族品牌早日屹立于世界之林。这既符合以习近平同志为核心的党中央提出的“一带一路”倡议，更是实现中华民族伟大复兴“中国梦”的重要内容，海派老字号品牌的传承传新和发扬光大，必将造福全人类，影响全世界。

与会专家学者认为，上海老字号商业品牌在国内外市场上声誉卓著，创造和积累了许多经营特色和服务技艺，有其有独特的品牌内涵和深厚的文化积淀，是海派文化的重要组成内容之一。要实现老字号品牌的传承创新并不是简单的延续经营，更需要关注、挖掘和发扬其背后的文化精神。与会专家学者建议，全社会应站在更高的高度上认识和肯定上海老字号品牌的经济价值与精神内涵，充分借助“互联网＋”的优势，全媒体、多样式地推进老字号品牌的文化传播，不断完善老字号品牌传承创新的法律法规和知识产权保护体系，推动老字号品牌走向更广阔的市场，使其在新的竞争格局中凤凰涅槃、浴火重生、华丽转身、屹立不倒。

“传统与当下:传统文化的传承与普及”专题研讨

2月24日下午,上海市社联星期五学术茶座举办“传统与当下:传统文化的传承与普及”专题研讨。来自上海炎黄文化研究会、上海社科院、复旦大学、华东师范大学、上海大学、上海师范大学、上海理工大学等学会和高校的十余位专家学者参加交流讨论。与会的专家学者结合个人的学术研究专长,以及推广普及传统文化的实践,提出了各自对于传承与发展中华优秀传统文化的深入思考。

与会学者表示,我国要建设成为社会主义文化强国,实现中华民族伟大复兴的中国梦,优秀传统文化是不可或缺的重要资源。党的十八大以来,以习近平同志为核心的党中央高度重视弘扬中华优秀传统文化。中共中央办公厅、国务院办公厅最近出台的《关于实施中华优秀传统文化传承发展工程的意见》,第一次以中央文件形式专题阐述中华优秀传统文化传承发展工作,恰逢其时。作为传统文化的研究者与传播者,要将独坐书斋的学术研究与面向社会的文化普及结合起来。在面向基层开展的传统文化宣讲活动中,要选准主题、创新形式、贴近生活,真正做到以文化人。

“国学班:何去何从?”专题研讨

“国学班”作为传承中华优秀传统文化的载体之一已然产生种种争论。那么,路在何方?出于这个考虑,3月10日下午,上海师范大学哲学系副教授蔡志栋借助上海市社联“星期五学术茶座”平台,举办“国学班:何去何从?”专题研讨。来自华东师范大学、上海师范大学、东华大学、上海社科院哲学所、文汇报、澎湃新闻等单位的十余位专家学者参加了研讨。与会者围绕现今国学热的原因、对当下的国学教育该如何认识、未来的国学教育该如何发展等问题进行了深入交流和研讨。

与会学者表示,历史上那些国学热潮背后都有着复杂的社会因素,我们要先从广阔的视角出发,厘清史实,回答中国近代是否有文化断裂、国学的主导话语权是如何建立的等思想史问题,然后才能良好地将历史与现实结合起来,解决当下国学教育的问题。

与会者认为,目前的国学热产生原因多样,很多国学爱好者仅将国学作为文化装点和精神空虚的安慰剂。更深入地说,一方面,由于商业逻辑与权力逻辑的矛盾、意识形态与个人精神需求的矛盾,导致国学教育在当下纷争不断。另一方面,目前关于中华优秀传统文化的主流认识往往将少数民族的文化排除在外。因此,当今对传统文化的认识误区、以民间国学班为推广形式是否可行、如何发掘文化基因在少数民族文化中的独特表现等诸多问题需要深入调研。

与会者进一步指出,国学教育是颇有前景的。我们要以国民教育制度为支撑,建立从幼儿园到大学的教育体系,重点放在义务教育阶段。在教育中,要注重对学生私德的培养。让学生在日常礼仪的实践中体悟和发扬礼仪的内在精神,成长为兼具私德和公德的人。然而,目前的中小学并不具备开展这种国学教育的能力,亟待我们通过各种政策和制度来培养相应的力量。

与此同时,与会学者认为目前的民间国学班由于其营利性而无法承载国学教育的应然使命。基础性、全民性的教育工程必须由国家承担。但是,在建立了完善的市场规范的基础上,民间力量也可以对国学教育进行一定补充,发挥市场的灵活性来应对多样化的需求。

“梦的中国——习近平总书记系列重要讲话诵读会”活动

3 月 17 日下午，上海市社联星期五学术茶座举办“梦的中国——习近平总书记系列重要讲话诵读会”预备策划会。来自上海社会科学普及研究会、上海市朗诵协会、浦东新区区委党校、普陀区委宣传部的十位专家学者和相关领导与会。会上，各位专家学者和相关领导一致认同举办“梦的中国——习近平总书记系列重要讲话诵读会”。在迎接党的十九大召开前夕，按照中宣部、市委宣传部的相关要求和部署，继续深入学习习近平总书记治国理政新理念、新思想、新战略，通过学原著、读原文、悟原理、明原义，使理论研究大众化、普及化，拉近学会与基层、专家与大众之间的距离，探索党的十八大以来习近平总书记系列重要讲话精神的创新宣讲模式。

聚焦选择习近平总书记关于中国梦、改革攻坚、发展之翼、从严治党、民生关怀 6 个方面的重要论述，将党的创新理论用可亲可近的形态走进群众、深入群众，发挥有声语言的魅力，辅以专家学者的解读，使广大人民群众从习近平总书记的亲切话语中体悟获得感。

与会专家学者表示，推进学习习近平总书记系列重要讲话精神，将贯彻讲话精神和实现第一个百年奋斗目标联系起来，举办“梦的中国——习近平总书记系列重要讲话诵读会”有利于搭建起有效有益的平台和载体；有利于进一步发挥学会专业优势，结合普陀区“思想滴灌・理论一刻通”基层宣讲，将理论传播的效应辐射到全市各区，引导广大人民群众读懂习近平总书记讲话原著，悟透原文原理深刻精髓。

“清洁能源与可持续发展”专题研讨

3月24日，上海市社联星期五学术茶座举办“清洁能源与可持续发展”专题研讨。来自上海第二工业大学、上海交通大学、上海社科院、上海浦东改革发展研究院、上海工程技术大学、上海生产力学会等十余位专家学者参加了交流讨论。与会的专家学者结合个人的学术研究专长，以及当前国际国内清洁能源发展实践，提出了各自对于清洁能源与可持续发展的深入思考。

与会学者表示，能源是现代经济社会的关键，现代经济发展甚至许多局部战争的爆发几乎都是围绕能源争夺而展开的，未来各国之间的经济竞争将是各国力量消长的重要形式，而经济竞争突出表现为成本竞争，能源是经济活动中成本的重要组成部分。因此，获得可持续的低成本能源将是一个国家或地区在未来激烈经济竞争中取胜的关键。未来我国必须尽快启动建立碳排放市场，充分发挥市场机制在温室气体排放资源配置中的决定作用。必须大力发展风光水互补的新能源开发与送出技术，形成多能源互补的开发模式。必须加快开发新能源基地，打造有特色的清洁能源交易市场。必须大力支持开发农村分布式能源利用技术，发展小型分布式供能技术，提高农村地区能源利用效率。必须加强国家体制机制创新，促成政府与市场两只手协同作用，实现两条腿走路。

“中国当代领导科学学科建设与发展”专题研讨

4 月 28 日下午，上海市社联星期五学术茶座举办主题为“中国当代领导科学学科建设与发展”专题研讨。来自上海市领导科学学会、东华大学、中共上海市委党校、上海科技管理干部学院、上海大学上海研究院等单位的十余位专家学者参加交流研讨。

与会专家学者结合个人的学术专长以及当前领导科学学科建设的实践，围绕当代领导科学的特点、学科建设存在的问题、“互联网＋”视角下的领导科学学科建设、领导学研究的制度视角、法治和人治、社会治理、大学生领导力等问题展开讨论，提出了进一步丰富和发展领导科学的思考。

与会学者认为，改革开放以来，我国领导科学建设有了长足的进步。党的十八大以来，领导科学在中国特色社会主义建设事业的新进程中，取得了一定发展。但中国领导科学还没有达到时代发展的要求和实践发展应有的水平，目前还存在原创性不够、时代性不强、民主性缺乏等问题。下一步，领导科学学科建设要以习近平总书记系列重要讲话精神和治国理政新理念、新思想、新战略为指导，构建一个具有鲜明时代性的学科体系；同时要顺应“互联网＋”的时代要求，关注跨界领导力、网络社会治理、网络党建工作、互联网的统战工作、基于互联网的人才工作、互联网教育工作等新问题。

与会学者指出，对于领导学相关议程要更多地深入研讨，结合国家治理现代化的要求，提升领导学研究的水平，为国家治理和地方治理提供更多的智力支持。

“社会主义制度下资本运行规律”专题研讨

5 月 5 日下午，上海市社联星期五学术茶座举办“社会主义制度下资本运行规律”专题研讨，来自东华大学、上海交通大学、上海社科院、浦东改革发展研究院、上海师范大学、上海工程技术大学、市政府发展研究中心和上海生产力学会的十余位专家学者参加交流讨论。与会者从政治经济学的视角，重点讨论了资本的内涵及特性、资本运行的规律、实体资本和虚拟资本、资本运行和经济增长的关系等内容。

与会专家指出，资本由剩余价值转化而来，具有逐利性。资本主义和社会主义制度都在探索资本运行的规律，资本主义看重其中的价值，社会主义看重资本为人民带来的各种福利。社会主义制度下的资本运行要充分发挥社会主义制度的优越性，不断充实创新资本的理论内涵，掌握资本的运行规律和特点，实现国有资本的保值增值，为我国经济社会发展做出应有贡献。与会者强调，必须深刻认识资本运作在经济发展中的作用与意义，切实把握资本运行规律，充分利用政府和市场的手段，从宏观和微观方面，积极推进供给侧改革。同时，必须加强资本监管机制建设，关注资本的效率与公平问题，既要实现资本的保值增值，也要防止虚拟资本的泛化，预防金融危机和通货膨胀。

“上海在‘一带一路’建设中的地位与作用”专题研讨

6月9日下午，上海市社联星期五学术茶座举办“上海在‘一带一路’建设中的地位与作用”专题研讨。来自上海市政府发展研究中心、上海社科院、上海市农科院、浦东改革与发展研究院、上海交通大学、东华大学、上海工程技术大学等单位的专家学者参加研讨。

与会者首先学习并交流了习近平主席在“一带一路”国际合作高峰论坛上的主旨演讲。与会者指出，2013年“一带一路”倡议提出以来，先后得到全球100多个国家和国际组织的积极支持和参与，“一带一路”建设逐渐从理念转化为行动，从愿景转变为现实，建设成果丰硕，意义深远。在参与“一带一路”建设中，上海有区位、人才、技术、管理、资金、产业发展等诸多优势，更有在全国率先建设自贸试验区、扩大对外开放的丰富经验，理应在参与“一带一路”建设中发挥排头兵和主力军的作用。

与会专家建议，上海应从规划咨询、技术支持、管理服务、金融服务、推进国际经济贸易合作等方面全面参与和服务“一带一路”建设。首先，要发挥上海人才和智库的优势，开展“一带一路”建设研究工作，为政府制定参与“一带一路”建设方案，支持企业走出去提供规划咨询服务。其次，要充分利用上海建设科创中心的优势，用科技创新成果支持企业走出去。第三，充分发挥上海在城市发展和对外开放中积累的管理经验，特别是开发区建设管理经验，支持“一带一路”沿线国家实行对外开放。第四，充分发挥上海建设国际金融中心的优势，为“一带一路”沿线国家推进基础设施建设、发展制造业和进出口贸易提供金融支持。第五，充分发挥上海产业发展优势，鼓励上海的先进制造业走出去的同时，积极推动上海现代服务业走出去，发展与“一带一路”沿线国家的服务贸易。

“对标最高标准上海自由贸易港区建设中的航运金融服务创新”专题研讨

7月7日,上海市社联星期五学术茶座举办“对标最高标准上海自由贸易港区建设中的航运金融服务创新”专题研讨。此次研讨由上海社科院应用经济研究所海上丝路研究中心承办。来自中国海事仲裁委员会、上海社科院、上海航运保险协会、虹口区航运办、中国船东互保协会等研究机构和实务部门的专家学者十余人参加研讨交流。与会专家聚焦对标国际最高标准、建设3.0版上海自由贸易港区、大力发展海上保险业和航运金融服务创新等议题展开了热烈讨论。

与会专家学者强调,目前中国已发展成为名副其实的航运大国与贸易大国,需要进一步发展完善海上保险予以保驾护航。从政策层面看,海运强国已成为国家战略,鼓励海上保险等高端航运服务业的发展,是海运强国战略的重要组成部分。

与会专家认为,上海国际航运中心建设和金融中心建设已颇有成效,但在保险业特别是海上保险业仍有很大的发展空间。上海在国际航运中心建设中应大力发展海上保险业:一要拓展视野,服务全国,上海的海上保险机构要服务于长江经济带和“一带一路”建设,海上丝绸之路建设要有一流的海上保险服务配套。二要进一步开拓海上保险品种,如内河保险、多式联运保险等。三要大力发展海上保险,要改变贸易条款,争取更多的货物自运权和海上保险权。四要大力发展多领域、多形式的保险,随着“一带一路”投资贸易活动的开展,海外投资险要尽快跟上。五要加强复合型、国际化海上保险人才的培养。

“上海如何继承红色基因”专家座谈会

8月25日下午，上海市社联星期五学术茶座举办“喜迎十九大：上海如何继承红色基因”专家座谈会。来自上海市作协、华东师范大学、上海社科院、上海戏剧学院等单位的专家学者十余人深入探讨了上海红色文化的内涵，以及上海红色文化资源的继承发扬等议题。

与会专家强调，上海诞生了中国红色历史中许多第一，如第一个党组织、团组织、工会、妇联、干部学校等，许多重大历史事件也发生在上海，毛泽东、周恩来、刘少奇、邓小平等领袖人物也都在上海留下了历史足迹和英雄业绩，值得好好梳理。革命前辈这种勇立潮头、追求真理、敢为天下先的精神，也是一笔极其宝贵的精神财富。

与会专家指出，上海的红色资源十分丰富，是一座艺术创作的富矿。但是与上海丰富的红色题材资源相比，文艺作品表现得还不够充分，近年来还缺乏精品力作，缺乏惊天动地的英雄史诗，从这个角度看，上海红色题材创作有待新的突破。作为党的诞生地，上海的红色题材文艺创作更应多出精品力作，以迎接建党百年。

与会者认为，上海的城市基因、精神底色是红色的，要传承发展上海的红色基因，注意维护上海的城市底色，要让上海的红色越来越鲜艳有力；要团结整合本市高校、研究院所、党委宣传部门、红色场馆等力量，围绕以先驱精神为代表的红色主题，立足现实关怀，彰显信仰之美、崇高之美，努力形成海派红色文化研究的特色；要加大上海红色文化的宣传和传播力度，让民众尤其是年轻人入脑入心。

纪念淞沪会战与南京大屠杀80周年座谈会

12月15日，上海市社联星期五学术茶座、《探索与争鸣》编辑部在社联清雅厅举办纪念淞沪会战与南京大屠杀80周年座谈会。来自国防大学政治学院、上海市文史研究馆、上海社科院、上海市档案馆、上海师范大学、《上海滩》杂志社等单位的十余位学者参与研讨。淞沪会战作为全面抗战初期的重大战役，在反法西斯战争史上具有重要地位；南京大屠杀是中华民族历史记忆中空前惨痛的一页。与会专家回顾了80年前的这两场重要的历史事件，高度肯定了淞沪会战的军事战略意义与表明全民族抗战决心的历史价值，并探讨了淞沪会战与南京大屠杀的历史逻辑联系。2017年12月13日是第四个南京大屠杀死难者国家公祭日，与会者认为，铭记南京大屠杀的屈辱历史，要对悲剧发生的原因在理论上予以清晰认识，人类才能迈出新的一步。

有专家认为，淞沪会战的战略意义在于在上海吸引了日军主力，将战略轴线的南北方向改为东西方向，有利于以长江为战略纵深，步步抵抗，持久抗战。有专家分析了淞沪会战的国际影响，主要是打破了日本三个月灭亡中国的神话，推动了国际关系发生有利于中国的转变。中国对日坚决抗战，凸显了中苏两国在对日问题上的共同利益，赢得了苏联的有力支持；中国军民抗战的正义性和牺牲精神赢得国际社会的赞赏，日本军国主义的侵略行径受到谴责。

有学者从军事心理学的角度，对南京大屠杀日军底层官兵和中高级军官的心态进行了分析。大多数日军中高级军官在实施暴行决策中是理性者，而不是盲从者，主要基于征服中国军民、宣泄前期受挫压力、盲目服从高层决策等心理。日军底层士兵实施暴行的心理原因主要有群体脱罪、情感距离、仇恨与心理预防接种、恐惧者过度心理效应等。日本战后很长一段时间，无论参与者还是历史学家似乎集体失忆。从战争心理创伤障碍诊治而言，集体失忆更是一种自我否定。

有学者介绍了国外纪念战争牺牲者的方式，如苏联卫国战争纪念馆有根141.8米高的纪念柱，象征卫国战争进行了1418天。在欧美的公园、街头也有许多战争纪念雕像，以示对生命的尊重、对为国献身烈士的认可。如何缅怀南京大屠杀死难者，如何纪念抗日战争，值得深思，他建议设立抗战纪念碑、长明灯、勋章等昭示国人铭记历史。有学者讲述了淞沪会战英雄谢晋元团长等后人获得由国家民政部颁发的“烈士证明书”的动人故事。烈士后人等来了为抗日牺牲的父辈的“烈士证明书”不仅是一家之幸，更是国家和民族之幸。他建议建立相关机制，主动履行国家责任，而不是等待烈士亲属的申请。

有专家强调了汇编整理抗战史料的重要价值。2015年联合国教科文组织将《南京大屠杀档案》收录世界记忆遗产名录后，日本方面耿耿于怀。抗战资料非常丰富，要做好整理工作，注重搜集汇编原始资料、原始档案，避免由于材料的不准确，造成国际上的不良影响。有专家建议，为防止历史悲剧重演，应尽可能还原真相，建议有关部门设立专门基金学术委员会，记录历史见证人的口述史，并开展跨国的史料征集、学术研讨、课题研究工作。

成果发布与评价平台

CHENG GUO FA BU YU PING JIA PING TAI

成果发布与评价

2016年度“中国十大学术热点”在北京发布

1月12日,2016年度“中国十大学术热点”发布会暨2017年人文社会科学研究展望论坛在中国人民大学举行。此次发布会和论坛由上海市社会科学界联合会《学术月刊》杂志社、《光明日报》理论部和中国人民大学书报资料中心共同主办。上海市社联党组成员、专职副主席解超,中国人民大学副校长刘元春在大会上致辞。来自中国社会科学院、人民出版社、北京大学、中国人民大学、南开大学、中国政法大学、上海师范大学、上海社会科学院、中国高教学会等机构的学者、期刊及媒体代表共150余人参加发布会及学术论坛。

会议正式发布了2016年度“中国十大学术热点”,分别是中国特色哲学社会科学的构建,新发展理念研究,南海问题与中国海洋战略,农村土地“三权分置”法律制度建构,唯物史观视域中的现代性问题,鲁迅遗产再审视:纪念鲁迅诞辰135周年暨逝世80周年,红军长征胜利的历史诠释,供给侧结构性改革与中国经济持续增长的新动力,世界一流大学和一流学科建设研究,中国社会学的历史转向与经典回归。十大学术热点紧扣中国人文社会科学学术发展的脉络,评选结果客观准确地反映了一年来我国人文社会科学研究中的一系列热点和焦点,代表了2016年我国人文社会科学学术研究的重要成果。

除上述入选的十个学术热点之外,民法总则立法研究,社会治理中的伦理问题研究,“文化记忆”理论研究,历史视域中的丝绸之路,精准扶贫的理论源流,思想内涵及实践路径,人民币国际化与中国金融开放,“健康中国”战略意蕴及其布局,走向“更加公平更可持续”的社会保障制度,学生发展核心素养及其培养研究,中国人口老龄化社会建设与健康养老共十个议题被列为2016年度十大学术热点提名。

随后举办的2017年人文社会科学研究展望论坛上,中国人民大学文学院孙郁教授、中国人民大学国际关系学院杨光斌教授、中国社会科学院马克思主义研究院辛向阳研究员、中国社会科学院经济研究所杨春学研究员、上海社会科学院世界经济研究所权衡研究员,分别围绕2017年人文社会科学学术趋势展望作主题报告,他们从各自研究领域出发,总结回顾了2016年人文社会科学学术研究现状,展望2017年人文社会科学领域学术研究的关注点、创新点和总体发展趋势。

“中国十大学术热点”评选活动旨在梳理年度中国人文社会科学领域学术研究的成果,聚焦学术热点,客观反映中国人文社会科学领域的学术发展趋势。自2003年伊始,“中国十大学术热点”评选已经连续举办14年,按照学者推荐、专家评议、投票确定等严格规范的程序评审，逐步成为观察分析年度人文社会科学发展的风向标，受到学术界的广泛关注。“中国十大学术热点”评选活动已经发展成为我国学术界具有良好声誉和影响度的品牌活动，对促进中国人文社会科学的繁荣和发展、加快构建中国特色哲学社会科学具有重要的推动作用。

2017年度推介论文

1. 现代个体权利与儒家传统中的"个体",载《文史哲》2017年第3期,作者:孙向晨(复旦大学哲学学院)

2. 论亚太大变局,载《世界经济与政治》2017年第6期,作者:吴心伯(复旦大学美国研究中心)

3. 社区为本:灾害社会工作服务及其本土实践——以云南鲁甸地震灾区社会工作服务为例,载《河北学刊》2016年第5期,作者:文军、吴越菲(华东师范大学中国现代城市研究中心暨社会发展学院)

4. 中国资源配置效率动态演化——纳入能源要素的新视角,载《中国社会科学》2017年第4期,作者:陈诗一、陈登科(复旦大学经济学院)

5. 法治中国建设的"共建共享"路径与策略,载《中国法学》2016年第6期,作者:马长山(华东政法大学)

6. 论"基于证据"的教育研究的限度——"文化存在论教育学"的视角,载《华东师范大学学报(教育科学版)》2017年第3期,作者:姜勇(华东师范大学教育学部)、戴乃恩(德国图宾根大学教育学院)

7. 有关20世纪中国文学史研究的几个问题,载《文学评论》2016年第6期,作者:陈思和(复旦大学中文系)

8. 古白话的形成与发展考探,载《陕西师范大学学报(哲学社会科学版)》2017年第1期,作者:徐时仪(上海师范大学人文与传播学院)

9. 从佃户到田面主:宋代土地产权形态的演变,载《中国社会科学》2017年第3期,作者:戴建国(上海师范大学古籍研究所)

主题征文

第十五届(2017)学术年会优秀论文

上海市社会科学界第十五届(2017)学术年会继续得到上海市各高校、研究机构和广大专家学者的积极响应。2017年共计收到应征论文539篇,经专家评审最终从全市应征、推荐论文中遴选出44篇优秀论文,入选大会文集。

1	新目标、新理念、新路径指引"三农"新发展——十八大以来习近平总书记"三农"思想体系研究	余 佶
2	新型城镇化党建引领新兴城镇社区治理的典型实践	郜工农
3	西方话语霸权的奥秘——"普世价值"的理论根源及世俗基础	王永章
4	新时期大学生民族团结教育的三重创新:内容、载体与方式创新	王 进
5	有效性视阈下思政课程"大思政"会通机制研究——基于上海西南片区高校的实证调查	刘 芳 孔祥成
6	习近平总书记关于社会主义文化建设思想论纲	陈方刘
7	基于微信平台创新党员干部教育管理的对策思考	郭 玮
8	数字劳动与马克思劳动价值论的当代阐释	黄再胜
9	从新发展议程看马克思主义前瞻性	肖 巍
10	人类命运共同体对马克思共同体思想的创新与重构	王公龙
11	论中国特色世界秩序话语构建的继承与创新	仇华飞
12	"文化自信"的内涵及其在"四个自信"中的地位——兼谈"四个自信"研究中的"标签化、空泛化"现象	陈锡喜 桑建泉
13	科学社会主义的新形态新突破新境界——党的十八大以来社会主义理论与实践的三大突破	袁秉达
14	规范化与法治化:大城市政府权力清单升级和优化的重要方向	赵 勇
15	新媒体舆情传播视阈下的环境利益表达和政府治理创新研究	徐 静
16	新形势下地方政府规章立法权限的困境和出路研究	陈书笋 王天品

（续表）

17	中国农民城镇化意愿、路径选择及影响因素	杨传开 刘　晔
18	关于非物质文化遗产传承人保护概念的再思考	吕　静 薄小钧
19	基于“不完备知识”假设的公共政策制定理论论纲	王礼鑫
20	保障房社区共同体:理论、困境与方向	张　波
21	养老保障调节居民收入差距的作用效果及其实现路径——基于发达国家实践的研究	潘文轩
22	从空间到行动:社区营造的多维政策机制研究——基于上海的一项个案研究	刘中起 杨秀菊
23	福利多元主义视角下城市社会救助制度的功能拓展——上海“社区市民综合帮扶项目”个案研究	贺小林
24	当前城市基层政府改革的深层挑战:一个机制分析的视角	黄晓春
25	弹性与理性:新中国初期长三角地区的城乡市场	张一平
26	《资本论》与“景象社会”——基于“表现”到“景象”逻辑生成的批判性考察	孙　亮
27	当代都市社会语境中的正义转型与重构——一种空间正义构成维度的反思	任　政
28	伯克特论马克思自由时间理论的生态学维度	彭学农
29	“多元共生”文化理想下的中西思想对话——以弗朗索瓦·于连的汉学研究为例	吴　攸
30	20世纪末俄罗斯知识分子的生存图景和价值取向——兼论后苏联文学中的知识分子形象	李新梅
31	基于社会网络分析的全球媒体传播格局及其社交网络影响力研究	相德宝 张文正
32	中国金融结构调整趋势研究	廖士光
33	基于全球—地方视角的上海高新技术产业创新网络效率比较分析	曹贤忠 曾　刚
34	国际本位货币变化的历史经验与人民币国际化的目标定位	姚大庆
35	理解“一带一路”沿线国家的运输方式偏好:时间至上还是费用优先	周　琢 徐建炜
36	家庭联产承包土地资本化流转的宏微观利益格局及治理	张期陈 胡志平
37	新兴经济国家参与全球价值链影响因素实证分析	陈飞翔 洪　静
38	上海自贸试验区对接服务“一带一路”建设的探索与思考	宋鹏霖
39	减速或转型:经济全球化新趋势	唐珏岚

（续表）

40	民生性财政支出对居民收入差距的作用机理与实证研究——基于 1998—2015 年省级面板数据的协整分析	纪江明
41	论作为金砖机制“增量”的金砖城市合作	张　鹏
42	“北冰洋蓝色经济通道”对接俄罗斯北方航道复兴：背景、现状与可行路径	赵　隆
43	构建亚太经治理新体系与中国的积极参与：现实困境与前景展望	陈友骏
44	联合国安理会权威的合法性基础与改革的原则之争	毛瑞鹏

上海市社联开展“深入学习以习近平同志为核心的党中央治国理政新思想与上海改革创新发展”理论研讨征文活动

根据中共上海市委宣传部的统一部署，上海市社会科学界联合会广泛发动所属学会，积极组织开展“深入学习以习近平同志为核心的党中央治国理政新思想与上海改革创新发展”理论研讨征文活动。自 2017 年 3 月起，市社联共征集到 32 家学会推荐论文 465 篇，经专家评审，遴选出优秀论文 88 篇。

序号	第一作者	论文题目	作者单位	推荐单位
1	董瑞华	习近平的政府与市场关系理论对上海转型发展的启示	上海市委党校	上海市马克思主义研究会
2	曹　钧	共享发展新理念与全面建成小康社会	上海师范大学	上海市马克思主义研究会
3	陈　怡	党内政治生活	上海市黄浦区委党校	上海市马克思主义研究会
4	程竹汝	论全面依法治国的战略重心	上海市委党校	上海市马克思主义研究会
5	叶柏荣	国家治理现代化的理论内涵	上海市委党校	上海市马克思主义研究会
6	李国泉	习近平治国理政思想四题	上海交通大学	上海市马克思主义研究会
7	浦仕勋	试论精准扶贫考核制度建设的基本原则	上海大学	上海市马克思主义研究会
8	任　政	日常生活批判视域中的政治生态重构	上海社会科学院	上海市马克思主义研究会
9	时玉柱	习近平对中国共产党革命精神的创新发展	同济大学	上海市马克思主义研究会
10	肖存良	从执政能力到领导能力	复旦大学	上海市马克思主义研究会
11	杨　圆	关于国家治理体系与治理能力现代化的几点思考	上海财经大学	上海市马克思主义研究会

（续表）

序号	第一作者	论文题目	作者单位	推荐单位
12	杨正军	习近平全面从严治党战略思想的机理与逻辑探微	同济大学	上海市马克思主义研究会
13	张　玲	学习习近平网络治理论述　提升党的基层组织治理网络生态能力	上海交通大学	上海市马克思主义研究会
14	郑海友	理论·实践·价值：马克思总体性思想视域下的绿色发展	华东师范大学	上海市马克思主义研究会
15	曹艳春	留守儿童风险调查与预警体系建设	华东师范大学	上海市劳动和社会保障学会
16	戴崇德	分享经济和企业人力资源配置	上海市浦东新区劳动学会	上海市劳动和社会保障学会
17	胡进兰	上海市大病保险筹资方式和待遇研究	上海应用技术大学	上海市劳动和社会保障学会
18	黄雅敏	普陀区青年创业状况和政策服务发展方向的研究	上海市普陀区就业促进中心	上海市劳动和社会保障学会
19	李　琦	我国城镇居民最低生活保障标准差异性与合理性分析	华东师范大学	上海市劳动和社会保障学会
20	沈　烨	优化培训服务就业效能　坚持需求导向助力黄浦产业发展	上海市黄浦区人力资源和社会保障局	上海市劳动和社会保障学会
21	谭秀云	大学生实习期间劳动权益保护问题研究	上海应用技术大学	上海市劳动和社会保障学会
22	屠灵君	上海市群体性劳资矛盾处置机制研究	上海市闵行区劳动人事争议仲裁院	上海市劳动和社会保障学会
23	王大犇	上海市不同企业执行《劳动合同法》的基本情况与反响——兼《劳动合同法》的评估及修改建议	华东师范大学	上海市劳动和社会保障学会
24	浦东新区人力资源和社会保障局课题组	浅议"互联网＋"时代劳动关系的认定	上海市浦东新区人力资源和社会保障局	上海市劳动和社会保障学会
25	浦东新区人力资源和社会保障局课题组	在科创中心建设背景下高层次创新创业人才服务探究	上海市浦东新区人力资源和社会保障局	上海市劳动和社会保障学会
26	张祖平	上海市城镇职工基本养老保险基金平衡问题研究	上海师范大学	上海市劳动和社会保障学会
27	周一博	农村居民对最低生活保障制度满意度调查研究	上海应用技术大学	上海市劳动和社会保障学会

（续表）

序号	第一作者	论文题目	作者单位	推荐单位
28	黄勇兵	以人民为中心的五大发展理念的实践——以崇明世界级生态岛建设为例	上海市工程技术管理学校	上海市统一战线理论研究会
29	廖大伟	传承和弘扬优秀传统文化　坚定特色社会主义文化自信	东华大学	上海市统一战线理论研究会
30	朱新光	中国共产党的执政安全环境	上海师范大学	上海市统一战线理论研究会
31	万立明	习近平关于科技创新的重要思想探析	同济大学	上海市统一战线理论研究会
32	李运波	民主党派基层支部组织建设和发展影响因素的研究及思考	上海市普陀区社会主义学院	上海市统一战线理论研究会
33	沈志敏	推动长江流域地区协同发展的思考	台盟上海市委	上海市统一战线理论研究会
34	谈　玲	城市交通规划的法治理念——基于上海交通大整治的思考	民进上海市委	上海市统一战线理论研究会
35	许　凯	砥砺前行：上海自贸试验区金融开放的现状评估与法治路径	华东政法大学	上海市统一战线理论研究会
36	张凤池	共享发展理念中的共生思想	上海师范大学	上海市统一战线理论研究会
37	贺善侃	共享发展与社会公平正义	东华大学	上海市领导科学学会
38	邱素琴	城市党建：社会治理体系和治理能力现代化的战略选择	上海市浦东新区区委党校	上海市领导科学学会
39	奚洁人	习近平治国理政思想方法论的理论特征	中国浦东干部学院	上海市领导科学学会
40	于洪生	习近平治国理政领导思想的理论品格	中国浦东干部学院	上海市领导科学学会
41	张素玲	习近平领导思想特色初探	中国浦东干部学院	上海市领导科学学会
42	朱纯辉	习近平依法从严治军思想的历史维度	南京政治学院上海校区	上海市领导科学学会
43	韩承鹏	习近平总体国家安全观之哲学思维方式探析	上海理工大学	上海市政治学会
44	蒋德海	以“改革是人民的事业”深化改革	华东政法大学	上海市政治学会
45	秦德君	构筑面向新时代的全面从严治党战略体系的思考	东华大学	上海市政治学会
46	商红日	新的历史条件下党员干部坚定理想信念研究	上海师范大学	上海市政治学会

（续表）

序号	第一作者	论文题目	作者单位	推荐单位
47	孙　力	论中国现代化新征程中的目标、重心与动力	南京政治学院上海校区	上海市政治学会
48	丁　健	构建上海全新的城市更新模式——统筹+分类	上海财经大学	上海市固定资产研究会
49	马祖琦	完善“受益者付费”制度　创新公共投融资体制	上海财经大学	上海市固定资产研究会
50	王永文	推进绿色发展　改善人居环境——绿色空间的实践·设想	上海市绿化和市容管理局	上海市固定资产研究会
51	袁　莺	职业院校校园暴力成因分析及法治化治理	上海交通职业技术学院	上海市固定资产研究会
52	傅尔基	股份合作制经济是我国城乡集体经济改革发展的重要实现形式	上海市发展改革研究院	上海市集体经济研究会
53	胡　超	深化供给侧改革新路径：创新发展集体(合作)经济	上海市工业合作经济研究所	上海市集体经济研究会
54	马　艳	“健康中国”的经济学分析——基于人类健康与经济发展的辩证逻辑	上海财经大学	上海市集体经济研究会
55	王顺林	深化对中国特色现代国有企业制度的认识	上海红双喜集团公司	上海市集体经济研究会
56	华　佳	深入学习习近平总书记关于改善民生与社会治理的思想——境外物业管理制度的借鉴与启示	上海市房地产科学研究院	上海市会计学会
57	潘一鸣	文化自信的历史传承和时代担当——基于社会主义核心价值观的思考	上海市浦东新区会计学会教育工作委员会	上海市会计学会
58	周礼华	基于上海改革创新发展视角下的农业科创中心建设	上海浦东农业发展集团(有限)公司	上海市会计学会
59	孙仲彝	学习贯彻习近平总书记治国理政解决“三农”问题的新理念	上海交通大学	上海市经济学会
60	任再萍	上海国际金融中心、自贸试验区建设与金砖银行联动发展研究	上海对外经贸大学	上海市经济学会
61	许学武	在五大发展理念指引下，加快上海市场体系建设的几点建议	上海产权交易所	上海市经济学会
62	季学明	农村城市化与城乡一体化	上海行政学院	上海生产力学会
63	梁亚丽	智库模式比较研究	上海工程技术大学	上海生产力学会

(续表)

序号	第一作者	论文题目	作者单位	推荐单位
64	钟　榴	新制度同构下的绿色管理驱动力模型与创新路径研究	东华大学	上海生产力学会
65	刘笑言	人本主义VS结构主义——我国高校意识形态安全建设的两种路径及反思	华东师范大学	上海市科学社会主义学会
66	刘泽雨	习近平治国理政思想的动因透视和若干特点	上海海事大学	上海市科学社会主义学会
67	王子蕲	十八大以来党的意识形态工作面临的挑战和应对	华东师范大学	上海市科学社会主义学会
68	王晓芸	习近平以人民为中心的发展思想探析	中共上海市徐汇区委党校	上海市思想政治工作研究会
69	张云飞	“四个全面”的哲学意蕴和价值实践	中共上海市虹口区委党校	上海市思想政治工作研究会
70	周春燕	党内政治文化构建与党内政治生活	中共上海市虹口区委党校	上海市思想政治工作研究会
71	陈荣武	基层党组织整体功能科学内涵及实现途径	上海市委党校第四分校	上海市形势政策教育研究会
72	曾瑞明	马克思主义理论传播系统的压力与重构	上海工程技术大学	上海市形势政策教育研究会
73	段　钢	国民精神构建:新的历史条件下的伟大奋斗	上海社会科学院社会科学报	上海市伦理学会
74	邵龙宝	儒学在人类命运共同体构建中的资源价值	上海杉达学院	上海市伦理学会
75	王毅荣	供给侧结构性改革背景下市场秩序调整优化的思路与对策研究	上海市市场监督管理学会	上海市市场监督管理学会
76	徐敏韬	治理能力现代化语境下的市场监管模式创新路径探讨	上海市工商行政管理局	上海市市场监督管理学会
77	潘　宁	“五大发展理念”是对历史唯物主义人民主体思想的创新和发展	上海对外经贸大学	上海市中共党史学会
78	袁志平	“一带一路”倡议:大国担当的生动演绎	上海市委党史研究室	上海市中共党史学会
79	李　宏	金融类重要经济目标防护探讨	上海市浦东新区民防管理署	上海市民防协会
80	程金华	依法治国背景下规范审计机关和审计人员行为研究	上海市审计局	上海市审计学会

（续表）

序号	第一作者	论文题目	作者单位	推荐单位
81	吴　波	深入研究阐述五大发展理念及其科学内涵	上海市崇明区税务局第十四税务所	上海市税务学会
82	陈新光	长三角城市群一体化发展问题研究和思考	原上海市闸北区统计局	上海市统计学会
83	陈友骏	上海服务“一带一路”建设的创新性机制研究	上海国际问题研究院	上海市国际关系学会
84	刘晓明	上海科创中心的制度创新研究	上海市立法研究所	上海金融法制研究会
85	蒋传光	党的十八大以来依法治国理论的创新和发展	上海师范大学	上海市法学会
86	上海市质监局课题组	行政审批评估评审制度改革研究	上海市质监局	上海市法治研究会
87	严惠民	习近平总书记信访工作思想研究	上海市信访办	上海市信访学会
88	李　振	中国特色社会主义“文明话语”创新的时代命题——论党中央治国理政新思想的文明维度	同济大学	上海市哲学学会

社科志编纂

上海马克思主义理论学科发展十年回顾与反思研讨会在沪召开

4月27日，由上海市社会科学界联合会主办，复旦大学马克思主义学院承办的“上海马克思主义理论学科发展十年回顾与反思”暨《上海市志·科学分志·人文社会科学卷(1978—2010)》“马克思主义研究”章学术研讨会在复旦大学举行。上海市社会科学界联合会副主席、上海大学原党委副书记忻平教授作主旨发言及会议总结报告。《上海市志·科学分志·人文社会科学卷(1978—2010)》“马克思主义研究章”主笔复旦大学马克思主义学院顾钰民教授介绍该方志篇章编写的阶段成果并作主题发言。上海市社会科学界联合会方志办副主任陈梁就社会科学方志的体例问题进行了认真细致的讲解。复旦大学马克思主义学院副院长吴海江教授主持研讨会。

上海社会科学院中国马克思主义研究所所长方松华研究员，上海大学社会科学学院原院长王天恩教授，上海交通大学马克思主义学院副院长胡涵锦教授，上海财经大学马克思主义学院党委书记范宝舟教授，当代国外马克思主义研究会常务理事、复旦大学王凤才教授，上海政法学院科研处处长张远新教授，上海社会科学院哲学所党总支副书记曹泳鑫研究员，上海市德育中心副主任宗爱东，上海市社会科学界联合会方志办王心红等上海高校、科研院所和主管部门的20余位专家学者与会进行了学术交流。

顾钰民指出，2009年上海方面编写的《马克思主义理论学科建设研究》问世，2011年《上海市马克思主义理论研究报告》出版，此后按年度进行了组织编写，对全国及上海马克思主义理论学科的发展进行总结和反思。其研究成果体现在：党中央、中宣部、教育部等对马克思主义理论学科建设和发展的重要文件和决议，当年马克思主义理论学科学术发展和学科发展的综合情况报告等，据此，上海在马克思主义理论学科发展研究方面走在前列。上海作为全国最前沿的研究阵地之一，理应发挥更大的作用，若以更优质的方志的形式呈现出来，亦是对马克思主义理论学科的一大贡献。

忻平认为，在新的历史条件下，要继承深化马克思主义意识形态的领导权、话语权，必须加强马克思主义理论学科建设，这是马克思主义理论研究者面临的一项重要战略任务和重大的时代课题，也是学科创新发展，促进文化软实力建设，积极应对和接洽国际主流话语体系并与各种思想文化斗争的迫切需要，更是为中国特色社会主义事业建设提供理论支撑，不断增强中国特色社会主义道路自信、理论自信、制度自信和文化自信的根本要求。其重要途径在坚持中国特色社会主义理论体系的自觉。

方松华表示，马克思主义理论学科发展 10 年，对强化马克思主义作为中国现代思想的主潮、引领中国和上海走向繁荣的主流思想与先进文化做出了贡献。从学理内涵方面来说，中国马克思主义有着自身思想发展的历史与逻辑脉络。马克思主义在国家和社会的理论生活中逐步奠定自身的学术基础，积累自身的学术传统，建构自身的学科体系。

在总结了 10 年来上海理论界在马克思主义研究的核心内容方面取得的重要进展后，王天恩认为，作为我国改革开放的先行区，上海的改革开放更多触及结构性、体制性、深层次的问题，在制度创新方面先行先试，创新体制机制，为全国的改革开放提供了示范和借鉴。对马克思主义理论学科的发展进行概括和反思，不仅对于进一步推动上海马克思主义研究，而且对于全国的改革开放亦具有参考价值。

针对马克思主义理论学科在思政课上的应用，胡涵锦认为，党的创新理论不断与时俱进，思想政治理论课教学内容也要不断与时俱进，认真总结 10 年来马克思主义理论学科发展的历史经验，对于坚守“敬畏”和“严谨”的教学理念，认真思考“讲些啥”“为什么讲”“怎样讲”，具有重要意义。这也是每一位马克思主义理论学科教师必须想明白的思考题，也是切实提高思想政治理论课教学质量和水平的必答题。

范宝舟指出，学术自觉是马克思主义理论学科建设的根本要求，也是增强思想政治理论课说服力的有力保证。坚持马克思主义理论的学术自觉必须树立学科意识，根据学科特性构筑学术共同体，形成具有自身特色的学术研究范式，营造健康而规范的马克思主义理论学科建设学术生态环境，培育和强化思想政治理论课教师的科研意识，提升其科学研究水平，以深厚的学术内涵彰显马克思主义理论的科学性及其当代价值，真正使党的思想政治理论在大学生的心灵深处生根、发芽、开花、结果，从而承担起培养中国特色社会主义事业建设者和接班人的时代使命。

王凤才认为，上海马克思主义理论学科发展体现了“学术性、思想性、现实性”的统一，关注并积极借鉴西方马克思主义的发展和成果，比如生态哲学、实践哲学、身体哲学等国际学术前沿问题。上海在国外马克思主义研究方面，居全国前列。比如当代国外马克思主义研究中心 2000 年 9 月被批准为教育部人文社会科学重点研究基地，是国内唯一的国外马克思主义研究基地，也是国内唯一设立国外马克思主义博士点的研究机构；全国国外马克思主义论坛设立在上海；迄今已出版发行了 10 多期国外马克思主义研究报告，引起了学界广泛的关注。

从文化自信、道路自信等角度，张远新谈了对马克思主义理论学科发展的想法。他指出，文化自信是继道路自信、制度自信、理论自信之后，中国特色社会主义的第四个自信。文化自信是更基础、更广泛、更深厚的自信。发展好马克思主义理论学科更能增强文化自信，把文化自信纳入马克思主义理论学科的研究课题对坚持和发展马克思主义理论意义重大。

曹泳鑫说：“马克思主义进入中国、与中国实际相结合并改造中国的实践已近 100 年，马克思主义理论学科发展已十年，马克思主义中国化的成果是全方位多领域的，执政党及其思想、理论、政策、实践,国家制度、精神文化和人民群众的生活,无不打上了马克思主义中国化的深刻烙印。”他还表示,百年中国道路也是马克思主义中国化的历程,马克思主义理论学科为此做出了重要贡献,还应积极面对和深入研究现阶段其所面对的严峻挑战和发展趋势。

汪青松指出,一直以来上海马克思主义理论学科十分重视对马克思主义经典著作的学习和马克思主义整体性的全面把握。马克思主义整体性体现在其横向有机构成和纵向历史发展上,实质在于立场观点方法的统一性。把握马克思主义整体性,要从哲学、政治经济学和科学社会主义的理论体系上全面把握马克思主义的逻辑性,从一脉相承和与时俱进上系统把握马克思主义的完整性,从立场、观点、方法上准确把握马克思主义的统一性。习近平治国理政思想是中国特色社会主义理论体系的最新成果,应成为上海未来马克思主义理论学科研究的重要内容。

宗爱东谈到,在上海马克思主义理论学科发展 10 年间,上海高校思想政治教育将马克思主义理论学科资源、学术资源转化为育人资源,实现了“知识传授”和“价值引领”有机统一,推动“思政课程”向“课程思政”的立体化育人转型,着力构建思想政治理论课、综合素养课程、专业课程三位一体的上海高校思政课程体系。

与会专家学者还对《上海市志・科学分志・人文社会科学卷(1978—2010)》“马克思主义研究章”进行探讨交流。大家充分肯定了撰写工作的成效,同时也提出改进意见和建议。大家一致认为,学科方志是一项承上启下、继往开来的理论研究大工程,对学科发展的历史记录、成果汇总和未来启迪意义重大。

上海市社联方志办召开《上海市志·科学分志·人文社会科学卷(1978—2010)》编纂工作汇报会

5月18日下午,上海市社联方志办召开《上海市志·科学分志·人文社会科学卷(1978—2010)》编纂工作汇报会。市社联党组成员、专职副主席任小文出席会议,听取方志办工作汇报并作重要指示。市社联办公室主任吴伟余,市社联方志办公室副主任王心红、陈梁及方志办其他工作人员参加会议。

会上,王心红就2014年11月以来社科志编纂工作开展相关情况作介绍说明。本卷志书由上海市社联承编,上海社会科学院、上海市哲学社会科学规划办公室参编。为了编好这部志书,市社联专门成立编纂办公室,召开多轮专家论证会,邀请众多哲学社会科学界各领域知名专家学者共同探讨编纂内容、框架结构等基本问题,确保志书编纂规范科学、全面公正。

方志办主任吴伟余坦言,目前方志编纂工作存在一定的困难。此项工作难度大、强度高、涉及面广、经费有限,呼吁市社联在社科评奖等环节中适当考虑各位编纂工作者的重要贡献,以充分调动其积极性与创造性。

市社联专职副主席任小文在听取汇报后对方志办已经取得的工作成果表示充分的肯定,并指出推进中国特色社会主义伟大事业,需要充分发挥哲学社会科学的作用。改革开放以来上海哲学社会科学发展硕果累累,亮点频出,始终在全国处于引领地位,编纂好《上海市志·科学分志·人文社会科学卷(1978—2010)》十分重要。这部志书要深入贯彻习近平总书记系列重要讲话精神和治国理政新理念、新思想、新战略,坚持百花齐放、百家争鸣,挖掘历史、把握当代,关怀人类、面向未来,充分体现继承性、原创性、时代性、系统性、专业性,充分发挥资政育人的作用。

任小文强调,编纂这部志书对市社联方志办的组织水平是一项巨大考验,创新工作机制,强化主体责任是确保高效、高质量完成编纂工作的关键。要切实利用好社联群团改革最新成果,充分发挥新选举出的上海市社联第七届委员会委员,特别是主席团成员的作用,号召其主动关心志书编纂工作,保证志书权威性。明确编纂责任主体为科研单位,参编专家与所在单位责任一体化,协调各单位科研部门给予相关支持。紧密联系图书馆、档案局等相关部门,保持沟通渠道畅通,为参编人员创造良好资料收集条件。

任小文指出,要慎重考虑志书编纂的标准和质量问题,要具有全局意识、问题意识、程序意识,既要考虑重要议题也要关注细节操作,争取在下一季度市社联主席团会议中重点解决编纂委员会名单等基础性问题。

上海市社联方志办召开2017年首场编纂交流会

10月24日，上海市社联方志办召开《上海市志·科学分志·人文社会科学卷（1978—2010）》2017年首场编纂交流会。市社联党组成员、专职副主席任小文，市地方志办公室市志工作处处长黄晓明，市社联方志办副主任王心红、陈梁以及来自各高校、科研单位近20位编纂责任人参加会议。市社联办公室主任、方志办主任吴伟余主持会议。

会上，市社联方志办副主任王心红首先介绍了自2014年以来，《上海市志·科学分志·人文社会科学卷（1978—2010）》整体编纂情况。目前，已有经济学、军事学、人口学等17个篇、章完成初稿，取得了相当的成果。市社联方志办积极推动与各篇章编纂团队进行深度合作，推介优秀方志成果。与法学章、中共党史党建章、经济学章、军事学章、专题研究章等编纂团队合作举办多场学术研讨会，取得了良好的社会反响与学术影响。并依托市社联官方网站，建立方志编纂栏目，及时发布各类编纂信息、活动通告等，加强与各编纂团队的联系与沟通。

在研讨环节，各编纂责任人分别结合自身实践，交流编纂经验，汇报编纂进度。历史学章负责人复旦大学历史学系教授章清表示，在编纂过程中获得市社联方志办的大力支持，对于编纂内容问题的沟通及时有效。在接下来的修改中，会加强对重点问题的梳理，力求做到体例统一。专题研究章负责人《上海思想界》主编许明强调了学术价值评判标准的重要性。建议市社联以此次编志为契机，建立科学、完整、全面的学术评价体系，引领整个上海哲学社会科学界的学术导向，突出真正优秀的学术成果，并通过入选方志的内容体现出来。军事学章负责人国防大学政治学院韩洪泉老师分享了自己的编纂经历，形成了“公开与内部结合”“集中与分散结合”“单位与个人结合”三结合的编纂操作方法，在积累了十万余条资料后顺利完成了该章全部写作内容。国际问题研究章、上海重大发展战略与发展路径研究章、中共党史党建研究章、台港澳问题研究章、哲学章、艺术学章、学术成果篇、学术交流篇、机构篇等的编纂负责人也积极参与了讨论与分享。

针对与会者提出的问题与建议，市地方志办公室市志工作处处长黄晓明一一作了解答与回应，并再次强调了本卷志书编纂的艰巨性与时间的紧迫性。要求各责任人做到政治性、专业性、实干性和规范性相统一，严格遵守编志的程序规范，保证志书质量与价值。

最后，市社联党组成员、专职副主席任小文作总结发言。任小文首先代表市社联党组对各位编纂负责人的辛苦付出以及市地方志办公室的悉心指导表示感谢，对大家克服的种种困难表达敬意，对大家取得的重要成果表示慰问。希望各位编纂责任人进一步提高对编纂本卷志书重要性的认识，要把修志使命投射到“改革开放四十周年、新中国成立七十周年、建党一百周年”进程的大背景中去，把修志工作统一到构建中国特色哲学社会科学的大事业中去，突出上海作为全国哲学社会科学研究重镇的巨大影响。要按照市方志办的要求，进一步认清责任，以学术成果为导向，以社科发展为路径，全面反映哲学社会科学在重大历史关头为国家政治经济社会发展做出的巨大贡献，不断提高编纂质量，使得《上海市志・科学分志・人文社会科学卷（1978—2010）》经得起时间的检验、专业的检验，应用的检验。为此，市社联会发挥更积极的作用，给予更多的关注，及时将优秀方志成果反馈给各编纂责任人所在单位，争取所在单位的大力支持。加大交流力度，与各编纂责任人建立更紧密的联系，不断加强编纂团队的组织建设。

上海市社联方志办召开2017年第二场编纂交流会

10月27日，上海市社联方志办召开《上海市志・科学分志・人文社会科学卷(1978—2010)》2017年第二场编纂交流会。市社联党组成员、专职副主席任小文出席会议并讲话。任小文主席感谢各位编纂负责人及作者的辛苦付出以及市地方志办公室的悉心指导。希望各位编纂责任人进一步认清责任，以学术成果为导向，以社科发展为路径，全面反映哲学社会科学在重大历史关头为国家政治经济社会发展作出的巨大贡献，不断提高编纂质量。

会上，市社联方志办副主任王心红介绍了《上海市志・科学分志・人文社会科学卷(1978—2010)》整体编纂情况，副主任陈梁对各位责任人在初稿阶段遇到的各种问题一一解答回复。市地方志办公室市志工作处处长黄晓明在讲话中希望大家在编纂过程中要体现政治性、专业性、时代性和规范性，时间上要抓紧，但一定要找最可靠的资料，确保本志书具有最权威的说服力。

会议由市社联办公室主任、方志办主任吴伟余主持。

《上海市志·科学分志·人文社会科学卷(1978—2010)》"军事学"章专家评审会召开

11月20日,上海市社联方志办召开《上海市志·科学分志·人文社会科学卷(1978—2010)》"军事学"章专家评审会。会议由市社联方志办副主任王心红主持,市社联党组成员、专职副主席任小文出席会议并致辞。"军事学"章编纂责任人、来自中国人民解放军国防大学政治学院的韩洪泉老师作"军事学"章初稿编写说明。

市社联方志办副主任王心红首先介绍"军事学"章编纂情况,对各位专家学者的支持表示衷心的感谢,特别感谢军事院校对社联本次修志工作给予的大力帮助。由国防大学政治学院韩洪泉老师编纂的"军事学"章,内容完整,编纂进度较快,是继"经济学"章完成专家评审后又一个章节编纂进展取得的重大突破,进一步推动了人文社科卷的整体编纂进度。

市社联党组成员、专职副主席任小文指出,自1978年以来,上海军事学研究成果丰富,全面总结和系统反映这一时期军事学的发展与研究,需要过硬的学术能力以及高度宏观的视野,因此该章编纂工作量巨大、编纂难度颇高。韩洪泉老师为"军事学"章编纂工作做出了巨大努力,成果来之不易。希望各位专家继续支持社联的工作,不断加强交流,多提批评意见。

上海市上海抗战研究会会长、国防大学政治学院张云教授认为,该章涵盖了军事学所有的一级、二级学科,基本反映了改革开放以来军事学领域的研究成果和学术水平,主线清晰,框架完整,视野宏阔,资料丰富,整体完成质量较高。上海市中共党史学会会长、上海大学忻平教授对"军事学"章给予了高度评价,表示该章内容丰富、文字简洁。为编纂好本章内容,作者所建立的数据库工作意义重大。特别是"特色交叉学科"一节的设置突出了军事学研究近些年的新变化新趋向,体现了重要的创新精神与学术价值。上海社会科学院历史研究所所长王健研究员在肯定编纂成果的基础上,进一步给出了结构调整意见,强调在着重学术研究的基础上要关注学科发展的情况。

此外,上海交通大学陈挥教授,国防大学政治学院孙力教授、华强教授、武吉云副研究员、曾辉参谋,军事科学院《军事历史》编辑部刘向东副主编、海军军医大学赵魁浩副教授、上海师范大学蒋杰副教授等专家出席会议并作交流发言。与会专家充分肯定了"军事学"章的编纂质量与巨大努力,并就内容、体例、结构等方面提出了一些具体建议,确保该章内容更加全面、客观、准确。

“恢复高考40周年的回顾与展望”研讨会在沪召开

12月16日，为纪念恢复高考40周年，由上海市社会科学界联合会主办、上海师范大学学科教育研究所承办的“恢复高考40周年的回顾与展望”研讨会在上海举行。来自全国高校及科研机构的60多位学者、研究生以及中小学教师参加。上海市社会科学界联合会方志办副主任陈梁致辞，上海师范大学学科教育研究所所长丁念金主持开幕式。

中国教育学会常务副会长戴家干、厦门大学教授刘海峰作大会主会场报告，上海吴淞中学校长张哲人、盐城师范学院教授史成明、上海师范大学教授丁念金、上海师范大学第二附属中学校长蔡文、上海第二工业大学博士王小明分别作分会场报告。

回顾过去：高考的历史意义不可抹去

刘海峰以“不惑之年论高考”为题极大肯定了1977年恢复高考的历史意义并从制度恢复期(1977—1984年)、改革调整期(1985—1998年)、扩招发展期(1999—2013年)和试点深化期(2014年至今)回顾了高考改革与发展的历程，肯定了高考对中国发展产生的重大积极影响。他认为，高考的恢复重新确立了以学识而非出身论高下的公平选才理念，为广大知识青年提供了一个公平竞争、改变人生命运的机会，使全社会重新树立了尊重知识、尊重人才的风气。同时，他对高考40年的“变”与“不变”做出总结：高考时间和组织形式、报考年龄和婚姻限制、考试题型、高考科目、录取方式等均有所改变而高考总分录取模式和高考分省定额录取模式均未改变，同时高考竞争的激烈程度、高考制度的重要性、坚守高考的公平性也未曾改变。

戴家干在回顾历史时同样认为，高考作为我国一项基本教育制度，为学生成才、国家选才、社会公平作出了历史性贡献。没有恢复高考，就没有今天的人力资源软实力，也就没有我们今天的成就。史成明对高考功能进行了反思，他认为，高考的确具有选拔英才、提升阶层、体现社会公平的功能，但早期的高考窄化了成才之路、泛化了教育公平并催生出一种“状元经济”，新时代的高考使原有功能得到梳理和强化并新增了一些功能，如生涯设计、链接生活等。

展望未来：新高考制度的时代变革

“没有分数到不了今天，只有分数难到明天”，戴家干表示，我们纪念恢复高考40周年，不仅是为了总结成绩和经验，更重要的是立足当下、谋划未来。戴家干在报告中分析了现行高考制度的缺憾：制度设计上以多数考生的不成功为基础、用“一把尺子”作为唯一标准、数据资源的浪费，考试只是手段而评价才是根本目的。在此基础上，他提出新高考制度改革应继续坚持国家统一考试不变，但应改变只靠“分数”的单一录取模式，加强多元评价的政策导向，实现人力资源的合理配置。展望未来，他号召要将“中国梦”和“个人梦”结合起来，以人为本、人人成才、人尽其才。

丁念金针对高考招生评价在理念层面进行了深入大胆地思考。他认为，理念依据应基于人性、提升人性、实现社会美好，基于资源、挖掘资源、优化资源配置。高校招生简单的公平性理念极难实现，“公平远不如掷硬币那么简单”，会造成现实与理想难以调和的冲突，因此他提出高校招生应在正义理念的统领下注重评价的深层公平性、完整性、有效性、科学性和发展性。完整的评价内容框架应至少包括以下三个方面：全面而简单的知识测试；综合素质评价，尤其是品德、学习力和创造力等的评价；专长和特长评价，含学科专长。展望未来，应进一步形成完整的评价体系，形成长期的评价改革愿景和规划，探索逐步实施的措施，开展全面而深度的宣传。

实践探索：新高考综合素质的评价多元化

张哲人汇报了教育综合改革背景下吴淞中学如何落实“顶层设计”，他认为，新高考改革方案实施后光有分数是不够的，高中学业水平考试、社会实践活动等综合评价同样左右着高考成绩，分数重要，面试同样重要。基于此，吴淞中学响应“让每一位学生都能领略一门高雅艺术”“让每一位学生都有一次科学研究的经历”“让每一位学生都掌握一项终身受益的运动技能”，设立了道尔顿工坊、观澜书院、宽正体育等。

蔡文同样介绍了上海师范大学第二附属中学实施综合素质评价的具体情况，促进学生全面而有个性的发展。

王小明从与高考挂钩的普通高中学生综合素质评价改革的十年探索出发，分析综合素质评价存在的问题并给出思考与建议。他认为，综合素质的范畴应包括基本素质、学科素质、综合素质以及特殊素质，应努力实现学生综合素质评价的制度化。

丁念金做会议总结时高度评价此次会议学术交流研讨的价值和意义，并希望参会的学者和教师、高校研究生能够对这一议题继续深入思考和探讨。

社科普及平台

SHE KE PU JI PING TAI

东方讲坛·法学演讲季

郝铁川做客东方讲坛,细说中西方法律文化的差异

3月15日,“法学与法治国家建构——东方讲坛·法学演讲季”系列讲座在交通银行交银金融大厦拉开序幕。本次活动由上海市社会科学界联合会和上海市法制宣传教育联系会议办公室联合主办,上海市法治研究会与上海社会科学普及研究会协办。上海市社联主席秦绍德出席并讲话,交通银行党委副书记、监事长宋曙光致欢迎词。

近年来上海社联东方讲坛已连续举办了“哲学演讲季”“文学演讲季”“历史演讲季”,以及“文化上海”“文化中国”“思想点亮未来”等系列讲座,取得了良好的社会反响。本次法学演讲季,上海市社联与上海市法宣办联手,邀请了郝铁川、叶青、何勤华、沈国明、孙笑侠等10位演讲嘉宾和10位对话嘉宾,开展10场法学专题的系列讲座,并与对话嘉宾围绕法学问题展开思想激辩和观点碰撞,旨在明法之要义、扬法之精神、传法之文化、道法之精髓,为广大听众更深刻地解读法学与法治国家构建的关系。本系列讲座将在3月—5月期间举办。

上海市文史研究馆馆长郝铁川教授作题为《中国和西方法律文化的差异》演讲,并与对话嘉宾上海开放大学公共管理学院副院长伊晓婷围绕相关法学话题作深入探讨对话。

中国和西方,由于各自的历史发展道路不同,社会生产力水平的发展历程和思想政治文化背景的不同,法律文化也各有不同。郝教授将文化差异归纳为以下四个方面:

1. 信任与怀疑。中国法治思维比较偏重于信任人的本性,相信国家的公权力。西方则恰恰相反,他们对人的本性和国家公权力持怀疑态度。众所周知,法律分为私法和公法。西方人把公法看作是人民控制国家公权力的法律,西方的宪法无论内容有何差别,始终贯穿着“以权力制约权力”“以公民的基本权利制约国家公权力”“以社会权力制约国家权力”三大原则,目的在于约束国家政权,将其装进制度的牢笼。西方人眼中的私法则是用来保护个人权利不受国家公权力和他人的侵害。不管是西方的公法还是私法,都可以从中看到西方人的价值观念,体现着对人和国家权力的不信任。中国则有着对国家、政府以及他人信任的法律文化氛围,中国人通常把法律视为巩固社会秩序,维持社会良好运转的工具。

郝教授认为差异的原因可能在于传统文化的内涵不同。中国长期以来深受儒家思想的影响,提倡性善论,主张尊重公权。而西方占据主导地位的是基督教,认为人生下来就背负着罪孽,法律起源于防恶。此外,基督教在产生的过程中,也遭受过统治镇压、参与过

权利争斗，因而对国家公权力持怀疑态度。

2. 义务优先与权利优先。中国的法律思维偏重于义务优先，西方恰恰相反。西方的法律基础是私法，即民商法。西方设计法律规则的顺序是先考虑人的权利，然后再规定相应的义务。而中国的法律基础是刑法，从维护社会秩序来讲，我们先规定人们的义务。

造成这种差异的原因来自双方的社会经济条件和政治条件。中国长期以自然经济为主，自给自足而没有尊重他人权利的概念，并且中国长期以来的宗法家族制度也始终强调每个人履行义务。西方跟中国的历史条件有很大不同，西方的市场经济发达，尊重对方的权利十分重要。此外，西方的选举、被选举和罢免现象从奴隶社会到中世纪封建社会再到近代都是一脉相承的，体现着一种民主文化；相比之下，中国的封建专制政治一统天下，缺少民主色彩。

3. 差异与平等。郝教授认为，中国的法律文化偏重于差异，西方的法律文化偏重于平等。西方的法律思维强调法律面前人人平等，原因来源于两个方面，一是基督教提倡的上帝面前人人平等，二是西方长期的商品交易衍生出来商品面前人人平等。中国跟西方不一样，我们是礼仪之邦，所谓“礼仪”，就体现着尊卑贵贱、亲疏远近，中国的礼教强调差异，只有在分清尊卑贵贱的基础上才能再实现“讲义气、讲和气”，而这种人与人之间亲疏远近曾一度催生出了一种“圈子文化”，当然这种“圈子文化”现在是中央巡视组强调要批判和整改的主要对象之一。

4. 结果公正与过程公正。中国人法律思维偏重于实体公正，即结果公正。而西方比较强调的是办事过程要首先公正。西方人认为过程比结果更为重要，过程的正义不仅要实现，还要以看得见的方式来实现。因而他们特别重视程序，强调程序法一定要有独立的价值，即一个人如果犯了罪应该受到法律的制裁，但是审理过程一定要让他享受到人格的尊严，要让其有尊严的接受审判。中国则缺少这种过程优于结果的概念，我们常常认为程序只是实现结果的一种工具手段。

之所以产生这种差异，归根结底还是和双方的文化氛围有关系。西方人认为，人都是会犯错的，所以要寻找真理和事实真相，他们更重视认识真理和寻找真相的过程——这是一种外倾的文化；而中国是一种内倾文化，中国传统文化强调天人合一、情景合一、知行合一，意在人性是善的，真理的根源、事实的真相，一切都在人的内心里面，寻找善良就要从自己的内心来寻找，强调内心的体悟和直觉思维。

在分析了四个方面中西法律的差异及背后的原因之后，围绕如何建构取长补短、洋为中用的中国新的法律文化是终极目标，郝教授给了大家三点思考：

一是把集中力量办大事的优势和约束公权相结合。西方的权力制衡可以唤来公民的权力自由不假，却也难做成大事，我们不能不考虑国情地照搬。我们要发扬社会主义的优势，寻找一种新的思维方式，既要适当的约束国家公权力，同时又要能够让国家权力，能力集中力量，做一些大事。

二是把权利优先和社会和谐相结合。西方讲究权利优先，但太强调个人的利益有时候不利于公共利益的需要，另外权利优先有时会带来人与人之间关系的冷漠。我们既需要尊重人的权利，同时还要有社会和谐。怎样把权利优先的文化和我们重视社会和谐有机结合起来，也是我们未来要寻找的一条道路。

三是把依法治国与道德相结合。法治是调整社会关系的一种，但绝不是唯一的，还需要德治的力量，因为法律主要调整人们的行为，却不能直接调整人们的内心。西方把以德治国的任务交给了宗教，因为西方从古到今有宗教的情怀，帮助人们进行心理建设。而中国从古到今没有统一神教，长期以来由政府承担以德治国的任务。这些都从不同的角度来告诉我们，依法治国必须和调整人们行为规范的道德结合起来，形成一股力量，使人们的物质生活和精神生活能够和谐健康。

在短短一个小时的时间里，郝教授带领大家追根溯源，共同探寻中西方法律思维的差异，讲座还邀请上海开放大学公共管理学院副院长伊晓婷与郝教授进行对话。伊院长表示，中国的传统文化与现代生活并不是对立面，幸福是建立在符合自身国情的基础上的，我们应该坚持走中国特色社会主义现代化道路。其次，中华民族从历史一路走来也并不是很多人认为的那样"有着超强的行政管理能力而相对忽视了民主的发展"，事实上中国古代文化中也有着开明民主的一面。再次，尹院长认为，唯有把法律的严谨和文化的感性结合起来，才可以更加理性和全面地思考问题，为我国新的法律文化建设提供更多思考。

郝教授和对话嘉宾伊院长带领全场听众追根溯源，共同探寻中西方法律思维的文化差异，为大家呈现了一场高质量的文化盛宴。讲座结束后，听众们踊跃提问参与互动交流，两位嘉宾也对听众提问做了耐心且专业的解答，郝教授还向优秀提问者赠送自己亲笔签名的图书。

施凯做客东方讲坛，讲评法治社会与治理创新

3月30日，由上海市社会科学界联合会和上海市法制宣传教育联系会议办公室联合主办，上海市法治研究会与上海社会科学普及研究会协办，中共上海市杨浦区委宣传部承办的“东方讲坛·法学与法治国家的建构——法学演讲季”系列讲座第二讲在杨浦区政府大楼举行。上海市人大常委会法治工作委员会副主任施凯主讲《法治社会与治理创新》，华东师范大学社会发展学院院长文军教授作为对话嘉宾出席。百余名干部群众冒雨前来聆听了讲座。

施凯在开场中阐明了讲座的大背景，法律是治国之重器，法治是国家治理体系和治理能力的重要依托。自党的十五大将依法治国确立为治国的基本方略以来，我国的法治化进程不断向前推进；党的十八大明确提出全面推进依法治国，加快建设社会主义法治国家；十八届四中全会通过了中共中央关于全面推进依法治国若干重大问题的决定，把依法治国提到了一个新的高度。

施凯指出，首先，法治建设是深化改革的需要，中央把推进政府职能转变加快审批制度改革作为深化改革的重点。党的十八大以后政府审批制度的改革力度明显加大，李克强总理在2016年的全国两会上宣布国务院已经提前完成了预定的审批项目，取消了三分之一的审批项目，提前完成了预定计划；而简政放权后最大的挑战就是如何由事前监督转向事中、事后的监管。政府加快向市场、社会放权，必然要求实现政府管理从主要靠文件管理转向主要靠法治管理的转变。其次，法治建设是转型发展的需要，在政府转型的过程中，服务经济、知识经济、平台经济都离不开法治保障，而转型大环境中存在着缺乏契约精神的问题需要加强法治建设来加以解决。再次，法治建设是维护稳定的需要，当今社会分化日益明显，由于就业方式、收入方式的多元化导致社会阶层利益诉求日益多元化，群众维权意识明显增强，但表达方式又呈现出情绪化碎片化，所以政府的民主建设过程中离不开法治的保障，以此来引导和规范人民群众表达利益诉求的逐步理性化和法治化。

施凯认为，法治社会的第一个趋势是实现由管理主导向治理主导的转变，以弥补政府管理中由于“各自为政、科层运作、标准服务”而带来的某些负面影响，实现政府、市场、社会多元共治的协商新机制；第二个趋势是实现由权利主导向法律主导的转变，要确立宪法至上的意识，强化党员干部执政意识，改进党的领导方式，政府工作人员要确立“法无授权不可为”思想，杜绝任性用权；第三个趋势是实现由行政主导向人大主导的转变，宪法规定一切权利属于人民，公民权利义务的调整权在人大，我国实行的是“议行合一”制度，决定国家大事的主体是全国人民代表大会。

法治政府的实现有三条标准：一是权力法定。政府的权力是人民给予的，唯有做到权力民主才能实现人民当家作主，权力一旦失去制约必然走向腐败，而有效的制约又必须建立在民主监督的基础上。二是责任法定。也就是要做到定责要科学，尽责要到位，问责要严肃。三是程序法定。所谓法定程序就是按规定动作办，程序不合法，结果一定不合法，因此，在行政管理、执法中的诸多有关程序的细节问题上要采取谨慎的处理态度。

对于法治社会的实现，施凯提出了三点建议。一是强化法治思维，要正确认识法治、德治、政治的关系，守好法治的底线；要牢固确立领导干部带头尊法、学法、守法、用法思想；要坚持法律面前人人平等的原则，依法维护好自身权益。二是完善法治机制，科学立法，有良法才有善治，立法要尊重社会发展、法治建设和立法工作规律；严格执法，正确运用政治效果、社会效果、法律效果有机统一原则，严格依法办事；公正司法，要改进党领导政法工作的方式，既要坚持党的领导，又要防止以党代法。三是夯实法律基础，法治社会建设的关键环节是增强法治意识，要通过政府购买服务，加大法律服务投入，扭转部分人遇问题找关系不找法的习惯，同时要加大公共服务力度，解决某些单纯依靠执法无从消除的城市管理顽症。

施凯主任的报告用缜密的逻辑和大量的数据分析了法治社会与治理创新，使在场的每一位都受益匪浅。之后，华东师范大学社会发展学院院长文军与施凯主任进行了学术对话。文军院长从社会学的角度对法治社会进行了剖析。文军指出，“法治社会”这个词，是相对于法治国家、法治政府而言产生的，法治社会与法治政治、法治经济、法治文化、法治生态一起构成了五位一体的综合“法治”。法治社会是全社会应该严守的法律基本价值和精神取向，政府要在治理创新上有所作为，就应当更加突出服务创新，实现向“服务政府”的转型。

叶必丰做客东方讲坛，讲评依法治国与国家权力

3 月 31 日下午，“法学与法治国家建构——东方讲坛 · 法学演讲季”系列讲座第三讲“依法治国与国家权力”在永嘉路 383 号上海市文化市场行政执法总队二楼多功能厅开讲。本次活动由上海市社联、上海市法宣办主办，上海市法治研究会与上海社会科学普及研究会协办，上海市文化市场行政执法总队承办。教育部长江学者特聘教授、上海社科院法学所所长叶必丰教授担任主讲嘉宾，长期致力于宪法学基础理论研究的复旦大学法学院教授、法学博士刘志刚教授担任对话嘉宾。上海市、区各文化执法总队的干部以及通过公共平台预约的各界听众共 125 人出席聆听。

叶必丰教授在讲座中提到如下六个方面问题：

1. 权大还是法大。叶教授以三个司法权受到行政权干扰的案例切入演讲，他指出，这些案件中司法权的权威受干扰，说明了一个我们长期以来都背负着的沉重的疑问：“到底是权大还是法大？”叶教授认为，法治有自己的逻辑起点，如果我们追溯并回答国家权力的来源，这个问题就自然而然有了答案。

2. 君权神授：权力支配法律。中国古代的氏族权威为了统治的需要而把“天”人格化，并将这个拟制的人格论证引申出自己权力的合法性——“王权天授”。

西方的基督教为了与世俗国家争夺权力，宣称教会是上帝或神在人世间的代表，将权力授予君主及其大臣。而王权则认为君权是神授的，无需对任何人负责。

近代以前，无论是东方还是西方，权力制度奉行的都是“朕即国家”的基本理念，君主的地位是超过法律的。这是人治大于法治的历史阶段。

3. 主权在民：近代法治。近代的启蒙运动揭下了“君权神授”的面纱，革命最终摧毁了君权神授的专制制度，并代之以人民主权。“天赋人权”的观念被提了出来，尤其以卢梭所说的“一切权力来源于人民”最为著名。

随着近代法治的逐渐建立，有法律才有权力这样一种观念在被逐渐确立起来。在逻辑的假设中，人民和这个社会不是末端，而是本源。“法治”就这样逐渐建起来。

我国宪法规定了国家的一切权力属于人民，我国公民接受了这个观念，即我的权力是法律赋予的，而不会认为是“我的权力是天生的、与生俱来的”。这个是和其他国家不一样的。

4. 法律主权与公共服务。19 世纪末 20 世纪初，为了缓和阶级斗争、恢复民生并组织资本主义工业大生产，荷兰和法国的法学家们开始批判近代以来的法治指出其矛盾与缺失。更有人批评“天赋人权”的说法是骗取人民信任的花言巧语，与“君权神授”一样无法

实证。

此时,法国法学家狄骥的“团体主义”法理学思想成为理论基础:人们因共同需要而相互援助,或者通过交换服务来满足不同的需要,以构成社会的团结。提出这种互惠的基础性的理论,与当初资产阶级革命时所提的斗争理论有根本的对立。

法学家的理论创新切断了人民革命与法律的逻辑联系,革命者转型为执政者。他们主张不要追问权力是谁给的,而要问权力用来干什么。公共服务替代了权力的观念。行政行为不是从国家权力,而是从其需要实现的公共目标中获得强制力和价值。一切权力被纳入法律范围,来源于法律的权力只能对法律负责。国家权力与人权不再对立,而变成了公共服务与公众参与的关系。

5. 国家的自我约束:观念和机制。谁来强制国家服从法律的约束?抽象化的、集体人格的人民没办法强制国家服从法律,人民只有作为一个由活生生的个人组织起来的群体的时候才能强制国家服从法律,那就是革命。“无产阶级专政不受任何法律约束”(列宁语)。但法治是以社会的和平稳定为前提的。所以在法治国家的框架内,我们找不到一个主体可以去强制国家服从法律。

国家的自我约束就是要建立一种自我运转的机制,我国的机制是在党的领导下人民当家作主的制度。要通过机制,以利益的相互作用来实现保证国家权力在法的轨道和范围内运行。我们不讲“司法独立”,但可以讲“司法中立”。国外的有些法院不是作为国家的机关而是作为社会的机关产生,法院从来没有完全被国家化,是独立的,是要约束国家权力、审核国家权力合法性的。

6. 国家的责任:惩罚还是补救。国家违法了能对国家进行惩罚吗?公法是国家法,统治者的法,因此人们就不可能想出反对国家形式的一种公法的直接制裁的方式。所以,国家如果要负责任的话,它是一种补救性的责任,而不是惩戒性的责任。国家责任就是对损害的恢复和赔偿。

叶教授在讲座中的核心观点是:依法治国的核心是让权力在法律的范围和轨道上运行。依法治国是指作为政治权力的国而不是地域范围的国。依法治国的命题核心永远是权力,针对的是权力,偏离了权力那就是念歪了经。依法治国的逻辑链条要以法律为起点,只有这个时候才有法治,你讲革命没有法治可言。

对话嘉宾复旦大学法学院教授、法学博士刘志刚补充指出,君主可以言出法随、口含天下、任行其政,但是这样一种权力的合法性在近代社会天赋人权思想的冲刷之下,已经难以维系了。于是产生了宪法,并且要通过如权力分离等的制度性的设计,把国家权力置于法律的监控之下。这样一个众多国家的逻辑基点虽有其局限性,但其思想里面也包含着一些有利于当下社会治理的积极因素。

刘教授认为,在今天的法治环境之下,我们的国家权力必须置身于国家的法律之下,一切单位都必须在宪法和法律框架内活动,这是铁的规则。同时,为了保障出于源头意义上个体的人权,为了确保整体意义上的人民的主权,宪法不容违背。

讲座结束后,听众们踊跃提问参与互动交流,两位嘉宾作出耐心细致的回答。部分幸运的提问听众还获得了上海市社联提供的科普读物。

沈国明做客东方讲坛，细讲“法律的生命在于实施”

4月20日，由上海市社会科学界联合会和上海市法制宣传教育联系会议办公室联合主办，上海市法治研究会与上海社会科学普及研究会协办，上海市静安区国有资产监督管理委员会承办的“东方讲坛·法学与法治国家的建构——法学演讲季”系列讲座第五讲在海上文化中心举办。讲座邀请上海交通大学凯原法学院讲席教授沈国明作题为《法律的生命在于实施》主题演讲，上海师范大学法治与人权研究所所长刘作翔教授作对话嘉宾，来自上海市静安区国资系统的企业管理人员及社会预约听众300余人一起聆听了讲座。

沈国明指出，到2010年，我国社会主义法律体系已经形成，正式告别了无法可依的状态。“法”有了，并且能很好地加以执行，这个“法”才真正被赋予了生命力。党的十八大提出“道路自信、理论自信、制度自信”，法律作为“制度”中最重要的一环，建立对法律的信心就显得尤为重要。沈国明指出，“制度自信来源于制度的有效性”，法律的有效性是一种基于实际性能的法律的可用性，标示着法律是否达到了立法时的预期，也是衡量结果是否实现法律初衷的标志。然而，目前我国有很多法律没有取得预期的效果，可见法律体系的形成到法律得到良好执行之间，还有很长的路要走。

沈国明认为，法治状态下的社会有三个特征，其分别是：公权力会受到制约；依照制度办事；公平正义能够得到伸张。他解释说明，所谓的法治，是能够把逃出制度笼子的权力关进去，而不是社会根绝腐败。法治也不是指社会不会出现脱离秩序的状态，而是可以迅速地修复。法治也不是社会没有不公平，而是如果出现了不公平能够得到救济，公民权利能够得到切实维护。理想化的法治国家是非常重视程序问题的，而我们恰恰在这一点上有所欠缺。

2014年党的十八届四中全会提出，法治建设新的目标是要建设五个体系。这五个体系分别是：完备的法律规范体系、高效法治实施体系、严密的法治监督体系、有力的法治保障体系和完善的党内法规体系。为了实现党的十八届四中全会的目标，就要对法律有正确的认识。

沈国明提出，法律不是万能的，要关注法律在现实生活中的有效性和可操作性。法律的确立，要以满足经济社会发展的需要为前提，要充分考虑历史和社会现状。法律也不是文化，更不能代替道德，法律有一定的管辖范围，不能做到事无巨细，不应该认为只有法律才能解决现实生活中的问题，而是要充分利用社会各种资源。社会各种资源利用得当将更好地促进法律的实施。在沈国明看来，法律不仅是用来调整各种社会关系的一个规则，也是我们理解社会发展的一个窗口。给予法律合理的功能定位，对于保障法律本身的有效性和有效执行都是至关重要的。

沈国明从社会层面指出实现法治社会的两个必备条件：第一，全社会具有与之要求相当的道德水准。所谓“法不责众”说明的就是针对大面积违法行为时执法的局限性，因此，法治社会的实现深深依赖着每个人的自觉性。第二，诚信体系有效。首先要建立诚信体系，其次，诚信体系要有效。目前尚有人对待法律存在机会主义和侥幸心理，因此建立有效的诚信系统对于约束这部分人的行为显得至关重要。党的十八大以后，对于党员和领导干部的管束，要严格很多。近期中央颁布了关于干部申报家庭情况、收入情况的一个制度，这样的制度出台，对于全民守法有非常积极的意义。

沈国明指出，中国的社会主义法律体系，有很大的包容性，需要我们不断地学习、不断地创新，需要吸收传统文化当中的精华，也需要吸收西方国家制度文明的成果，这些都是为了增强法律的有效性，而不是把现成的法律条文抄过来了事。提高法律的有效性，可以帮助我们建立自信，这种自信来自对现有法律制度的有效性及其不足的充分认识，通过改革创新和完善，让法律在实施中发挥更大作用，从而更好地实现法治国家的目标。

在短短一个小时的时间里，沈教授为大家生动诠释了法治的内涵，从五个体系的目标建设入手，对比了我国法治目前的现状，并对如何实现制度自信，提高法律有效性等问题一一解答，把多年的工作经验和研究成果用最通俗易懂的话语娓娓道来，使在场每一位听众都受益匪浅。

此后，刘作翔教授补充发言时指出，社会生活中除了法律，还存在其他规范体系类型，主要分为法律规范、国家政策、政党规范和社会规范体系这四大类。其中，社会规范体系包括习惯、道德、宗教、乡规民约等。充分利用规范的多元性，可以更好地维护社会秩序。

此外，刘作翔还谈了法律贯彻落实的三种方式：一是公民守法，每一个公民都是一个守法主体。二是行政执法，行政执法承担着大量法律实施的任务。三是法院司法。新的十六字方针“科学立法、严格执法、公正司法、全民守法”也体现了这三点。

最后，刘作翔谈到了法律实施的反馈功能。高度强调法律的实施，是因为法律实施具有对法律制度检验的反馈功能。法律实施有助于暴露法律的漏洞，它对立法的完善，对法律的改革、修改，甚至废除，都有很大的帮助。培养规则意识，在法律实施过程显得尤为重要。

“法学与法治国家的建构——法学演讲季”系列讲座第六讲在上海大学举办

4月27日，由上海市社会科学界联合会和上海市法制宣传教育联席会议办公室联合主办，上海市法治研究会与上海社会科学普及研究会协办，上海大学承办的“东方讲坛·法学与法治国家的建构——法学演讲季”系列讲座第六讲举办。讲座邀请上海市人民政府法治办公室副主任刘平作题为《法律的生命在于实施》主题演讲，上海交通大学程金华教授作为对话嘉宾，上海大学师生及社会热心听众300余人共同聆听了讲座。

刘平的讲座内容主要分为三个部分，首先回顾我国法治的发展历程，然后评估我国的法治现状，最后谈到我国未来法治建设的挑战与发展方向。

一、 我国的法治发展阶段

刘平指出，关于我国法治发展阶段的划分，有几种不同的观点。第一种是周期律的观点，以30年为一个周期。第一个周期是1949年新中国成立到1978年党的十一届三中全会之前，学者称之为：革命法治阶段。第二个周期是党的十一届三中全会到2010年，这段时期，法治建设从形式法治走向了实质法治。从2011年3月开始，我们进入第三个周期，即中国特色社会主义的法治体系形成，从法律万能的概念逐渐走向法律至上的理念。

第二种观点是以党的三次重大会议为阶段起点。第一阶段是党的十一届三中全会开始，这一阶段确立了法治的十六字方针。第二阶段是党的十五大开始，确立了依法治国的基本方略。第三个是党的十八届四中全会开始，确立法治为治国理政的基本方式，确立宪法的权威与依宪治国的理念。刘平补充认为，党的十六大和十八大同样也促进了我国法治发展进程：党的十六大提出全面建设小康社会的战略新目标，对法治来说意味着社会公平需求、公平正义的高涨。党的十八大提出了“科学立法、严格执法、公正司法、全民守法”新十六字方针，使法律的主体更加明确。

刘平认为，除党的领导以外，推进法治政府建设的三种重要方式，其分别是：出台重要法律，推动依法行政迈向新台阶；制定一部重要的阶段性纲领文件，帮助确定阶段性依法行政和法治政府建设目标；发生重要的法治事件，对国家法律制度的完善与法治理念的确立有巨大的推动作用。

二、 我国法治建设的现状

刘平认为,我国在法治建设方面取得了巨大进步:用了短短30多年的时间,完成了西方300多年的进程,现如今我们可以与西方的学者平等地探讨法治问题,甚至在某些问题的研究意识上领先于经验丰富的西方国家,这样的成就是值得肯定的。

同时,刘平又指出,虽然中国不乏法家这样优秀的传统法律文化,但我们的法治建设主要是对外来法律制度的移植过程。经过了几十年,这样的引进开始暴露出一些制度方面的水土不服,现如今我们进入了法律制度本土化转型的攻坚期。

从制度层面上,我们已形成中国特色社会主义法律体系,但从文化层面上来说,中国依然任重道远。所谓文化,刘平认为文化是大家普遍追求的一种价值观念,包括一种生活方式和思维习惯的落地,文化是渗入血液的。法律目前对于一些人来说,还只是一套规则制度,而没有成为文化,还缺乏积淀的过程。

刘平认为,我国目前法治还有待完善,处于建设而不是建成的法治国家阶段。我们现在面临双重转型,我们整个社会在转型,同时我们的法治在完成了第一阶段建设后,也面临着转型和升级换代。因此,需要对法治的理念体系和实践都进行改进和创新。

刘平借用季卫东教授的一句话:"中国的改革主要是法律的改革,以渐进方式演变至今,已经身处历史三峡之中,水流更为湍急凶险之处,已经到达从量变到质变飞越的临界点。"由此说明,我国的法治建设已经走到了一个关键的时期,需要对法治的理念体系和实践都进行改进和创新。

三、 未来法治建设的新挑战与新思维

刘平指出,转型社会背景下,法治建设面临着法治本土化转型、完善法律、平衡各种利益群体博弈、正确处理法治与改革、政府与市场之间的关系、构建法治社会、法治与德治相结合、提升法学理论等诸多挑战。面对新趋势,法治政府建设要求我们有新的思维:

第一,从法律思维到法治思维。法律思维仅仅强调合法,而一个政策合法不合法,所处的时机是不是合适,社会接受度如何等都是法治思维需要考虑的问题。领导干部不能简单地从法律思维的角度去处理问题,要把法律思维升华为法治思维。

第二,从合法行政到合理行政。从前合法不合理,法律不会追究。从2010年,全国法院越来越多的依据行政行为不合理,予以撤销。我们进入了从合法行政到合理行政的时代。

第三,从法定程序到正当程序。如今法院会对不符合正当程序的予以撤销。正当程序包括回避制度、事先告知、听证权、救济权利告知、不利处分说明理由、政府信息公开等。

第四,从柔性执法到严格执法。只强调柔性执法不注重刚性执法,会形成"顽症",总结经验教训,不能一味地强调柔性执法,还要做到严格执法,确立公信力,这是我们新的要求。

第五,完善行政方式。加强公权力跟私权利的相互协调,加强政府信息公开,共同治理。

第六,从利益平衡到价值衡量。不同利益产生突出的时候,要进行价值的衡量和选

择。在不同的案件,在不同情况下,要懂得哪种价值更重要,再做出选择,这是更高层次的要求。

第七,从父爱主义到伤害主义。我们在行政执法和司法审判时,有时缺乏对人权的意识和保护。伤害主义的基本原则是不能伤害别人基本的权力。现在法治里面对人权尊重的观念有待加强,这是我们需要去反思的。

第八,从人本行政到生态行政。人文行政,以人为本,但仅仅以人为本是不够的。人还要和自然和谐相处,不能人多了就影响青山绿水,这就是生态行政。所以我们法律不光是要调整人跟社会的基础,更重要的是调整人跟自然的关系,这就是我们新的行政法的理念。

刘平最后总结道:"我们现实的使命,就是要培育全社会对法律的敬畏。如果没有这样一种文化,法律是很苍白的。"

随后,上海交通大学的程金华教授与刘主任进行了学术对话,程教授指出,转型社会一方面给了大家很多的机会、信息、希望,但是同时也制造了思想规则的剪刀差。法治是所有多元体系中的一环,相对而言更具有普世性,更能够让大家去接受,在很大程度上可以帮助人们去克服思想和规则剪刀差所形成的社会风险。此外,"走出去"在某种意义上也是社会转型,社科建设和规则决定了我们是否有话语权和规则制定权,因而转型社会法治化的国内视角十分关键,这也就更强调了法治思维的重要性。

叶青做客东方讲坛，细讲“程序公正与司法进步”

5 月 11 日，由上海市社会科学界联合会和上海市法制宣传教育联席会议办公室联合主办，上海市法治研究会与上海社会科学普及研究会协办，上海大学承办的“东方讲坛·法学与法治国家的建构——法学演讲季”系列讲座第七讲顺利举办。讲座邀请华东政法大学校长叶青教授主讲《程序公正与司法进步》，上海纽迈律师事务所合伙人方正宇律师作为对话嘉宾出席，来自上海大学的师生及社会热心听众约 300 人共同聆听了讲座。

讲座伊始，叶青先向听众普及了现代法律体系中三种类型的法，分别是实体法、程序法和证据法。其中，实体法是判断行为实体的标准；程序法是程序操作的规范；证据法是程序启动运作所依托的物质基础。

叶青指出，我国办理诉讼案件的程序法，是国家的基本法，但它并不是伴随着新中国的成立而出台的。新中国第一部刑事诉讼法于 1979 年 7 月 1 日在第五届全国人民代表大会第二次会议上通过，于 1980 年 1 月 1 日起正式施行。在此之前，1949 年到 1979 年之间，我国主要根据宪法和颁布的若干单行法律法规中的规定，来处理有关的诉讼案件。

1979 年至今，刑事诉讼法历经诸多变化和修订。1983 年 9 月 2 日，全国人大常委会对刑法和刑诉法做出调整，出台了关于刑诉审判严重危害社会治安犯罪分子的决定。这是中央为了保障改革开放有和谐稳定的环境，严厉打击杀人、强奸、抢劫、爆炸、危害公共安全和社会治安六类犯罪而出台的举措。改掉了先前“在 7 天之内向在押的被告人送达开庭通知书”的要求，规定如果是杀人、强奸、抢劫、危害社会治安等严打对象，送达开庭的时间和起诉副本的时间可以不受法律规定期限的限制。同时，规定对判决不服上诉时间由 10 天改为 3 天。可见，改革开放之初，在严打的环境下，从重从快的原则把法律规定的权利收缩了。

在诉讼法起步这个阶段，程序法只是作为保障民法、刑法、经济法、行政法、实体法实施的工具，没有自己的本体价值。至于它本身所特有的公平、公正、效率、安全等内在的价值，则被忽略了，形成一种“重实体、轻程序”的风气。

1991 年，为了保证民商事判决的公正性，刑诉法增加了人民检察院可以对生效的判决进行抗诉、监督的条例，给当事人提供了救济的渠道和手段，体现了对当事人、公民的合法权益的保护。

1996 年，刑诉法进行了第一次修订。其中，对行刑制度进行了文明制度的改革。比如，最高刑罚死刑，由原来的枪决变成更加文明的注射安乐死，保障了犯人的尊严，同时也是我国注重程序法治建设的表现。此外，在无罪推定原则上，坚持惩罚犯罪与保障人权并重、公正与效率并重、实体公正与程序公正并重的现代诉讼指导理念。通过降低逮捕的条件,适当延长拘留的时间,来把公安机关的收容审查制度取消掉,更加符合办案逻辑,降低侵犯人权的事件发生。

2012 年,刑诉法历经第二次修订,有如下几个特点。一是尊重保障人权入法;二是法庭审判方式改为以审判为中心,注重非法证据排除,使得庭审能够实质化;三是注重对未成年人的特别保护;四是注重反贪反腐。程序的完备和人权状况的好坏越来越得到重视,程序法本身的内在价值也得到体现。程序法被视为是检验一个国家民主法治,特别是司法文明进步的标志,不再单单是一个工具。

党的十八届四中全会根据以往的历史总结经验,提出了几点新要求。第一,审判权、检察权独立行使,领导不得干预;第二,优化司法职权的配置;第三,推进严格司法,要规范执行;第四,加强人权的司法保障;第五,加强对司法活动的监督,尤其是检察院。可见程序公正、程序法本身的内在价值越来越得到认可。

纵观历史,从 1979 年“开庭前的 7 天之内向在押的被告人送达开庭通知书”(甚至六类重大案件 7 天也保证不了),到 1996 年,可以请律师提供法律咨询,到 2012 年明确为辩护,可以会见律师,并且会见的时候不允许监听,完全可以独立。可以看出我国的司法建设取得了很大的进步和发展。未来,我们依然有很大的进步空间,进步的前提是要有理论支撑,正如习近平总书记所言:“没有正确的法治理论支持,就不会有好的司法实践。”

叶青的报告用缜密的逻辑和生动的案例为大家讲解了我国程序法治的建设过程和司法进步,使在场的每一位都受益匪浅,之后上海纽迈律师事务所合伙人方正宇律师与叶青进行了学术对话,方律师从公众对于“程序公正”的认识方面做了进一步延伸说明。他指出,程序公正固然重要,但是公众对于“程序公正”的认识是摆在程序法制建设面前的一大挑战。当实现了程序公正,结果却差强人意的时候,我们是否还会认为程序公正是好的?我们的公众,甚至包括法律人有没有做好为程序公正付出成本和代价的思想准备?这些问题还值得考量。此外,方律师还建议大家,尤其是法律人,在做决策之前要先了解程序,厘清逻辑,再去看背后的公正。而案件判决书和现在越来越多的案件直播视频,都是很好的学习和普及资料。

东方讲坛·上海旅游讲坛

马未都:用北京土话来说,上海是一个“平地里抠饼出来”的地方

上海不是历史上的重要都城,也不是一座有过多旅游硬件资源的城市,但上海每年接待国内游客数大约为2.9亿人次,背后有一个重要原因。

3月1日,观复博物馆创办人马未都在沪上做客“东方讲坛·上海旅游讲坛”,进行了一场主题为“品味·审美·收藏　一生所用”的讲座。他认为,随着物质的丰富,人们的精神需求逐渐开始超过物质需求。在此时,品味、审美的重要性就开始提升。而对一座城市来说,品味和文化底蕴也就成了一种独特而重要的资源。

“东方讲坛·上海旅游讲坛”由上海市社会科学界联合会、上海市旅游局联合主办。

一、“在物质变得丰富的情况下,人们的精神需求开始增加”

马未都表示,收藏有狭义的和广义的。狭义的收藏,就是指对传统文物、对具有文化历史价值的这些物证的收集。而从广义上看,一个人一生中买的所有东西都可以视为自己的收藏。所以,才有收藏前面的这两个词:品味、审美。

为什么要谈品味呢?

马未都认为,首先因为人们的物质生活水平大幅度提高。“跟我岁数相仿的人,基本都知道我国几十年来的社会变迁。比如说,想吃肉就吃肉,我们上一代人当时就不可能随便做到。而今天,一个普通的市民基本上想吃什么都可以吃到。当然,不一定在餐馆,可能是在菜市场买来家里吃,但这大多已经不成为问题了。再比如,住房。我30年前来上海的时候,当时要买一些东西,没有特别好的市场和拍卖场,而是要去人家家里。很多上海旧式里弄的阁楼我都上去过,像我这样的个子都站不直,弯着腰,一家人就住在那么狭小的空间。今天,这种状况不能说得到了百分百的改善,但得到了绝大多数的改善。在物质变得丰富的情况下,人们的精神需求开始增加,人们在精神上的需求开始超过了物质上的需求。”

二、“上海是中国城市里品味最高的”

在马未都看来,人们精神需求的增加,在旅游方面也得到了体现。马未都说,“以前中

国人旅游只满足一点，就是‘我去过了’。曾有数据统计，像故宫这样的重要旅游景点，过去，旅行团前门进后门出不用一小时。所以，有一个形象的比喻是‘穿堂风’，那么大的故宫‘嗖’一下像‘穿堂风’就过去了。回家就说，‘我去过故宫了，看见皇帝的床了，看过珍妃的井了’。可今天不是这样了，今天游客在故宫逗留的时间两倍、三倍于过去的时间。人们不只再满足于‘去过’，而是要‘看过’。”

马未都开玩笑道，用北京的土话来说，上海是一个“平地里抠饼出来”的地方。

马未都说，上海不是历史上的重要都城，也不是一座有过多旅游硬件资源的城市。但是，上海每年接待国内游客数大约为 2.9 亿人次。这背后有很多原因，但有一个重要原因，就是上海人的品味和文化。在马未都眼里，“上海是中国城市里品味最高的”，而这种品味体现在城市的很多角落。

比如，上海人的日常生活。马未都说，在上海经常看到一些小场景让自己感动，“我曾去一家餐厅吃饭，看到几个衣着光鲜、打扮入时的老年人在那儿交谈、吃饭，这种场景在其他的城市很难看到”。

比如，上海的建筑。马未都说，上海道路有一个与众不同的地方，就是可看的多。上海保留了很多洋房和人文景观。马未都还谈到静安寺。他说，上海确实没有那么多的文化古迹，但上海有很多现代化的东西可看，“我每次在延安路高架桥上路过时都会看一眼静安寺，在一个现代化的城市里，有这样一个经过现代化装饰同时又带有中国传统文化色彩的寺院，是非常精彩的亮点”。

比如，上海还有很多新的人文景观。马未都表示，上海博物馆是自己最喜欢去的地方。“前段时间日本醍醐寺的展览我去看了，那个展览非常重要。醍醐寺是我国唐代时期就有的日本寺院。可能有人觉得，这不就是几件东西吗？其实，醍醐寺很多文物跟我们的文物不是一个性质。我们的文物，明清以前的大部分都是挖出来的。博物馆里面，元以前的除了书画之类的，基本上都是挖出来的。但日本的那些东西真的是从唐代搁到今天的。在这次展览中，有很多日本人视为国宝的东西，自从唐代就没离开过醍醐寺，这次居然从日本搬到了上海。这件事对我的震动很大，我震惊于上海这座城市的公关能力，所以，无论如何都要挤出时间来看看。”

他认为，这样的旅游资源，某种程度上说，恰恰是由于这座城市过去缺乏才努力得来的。

三、“很多人问我，为什么要做一个博物馆？ 我说很简单，这是一个社区，需要文化建设”

如何提升品味、审美呢？

途径有很多，但马未都认为，文物对培养人的品味和审美非常有好处。

在上海中心大厦的 37 楼，有一座观复博物馆。“很多人问我，为什么要做一个博物馆？我说很简单，这是一个社区，需要文化建设。博物馆的配置，是社区最高的配置。上海外滩长约 1.5 公里。外滩的老建筑加起来，面积大约是 60 万平方米。而上海中心大厦的面积就相当于 60 万平方米。在这样一个地标，没有文化配置肯定不行。”

马未都表示，培养品味和审美，不一定非要拥有文物，因为今天要拥有文物需要很大开销。“今天是一个商业社会，不像我那个时候，很多东西不值钱，你喜欢，人家送你都可以。但你可以去博物馆参观和学习，博物馆是民族的精神支柱。你去看的时候，会觉得这些东西让你的内心愉悦。这种感觉是人生很好的一种感觉。”

马未都说，今天，国家级的博物馆几乎全部免费向公众开放了。在很多国家，比如，法国、英国、日本，人们去看博物馆都是常态。西方人觉得陪着孩子逛博物馆是生活中必需的。“我们也希望，能把博物馆作为一个教育基地，让孩子在很小的时候就能潜移默化地受到这种文化的熏陶。或许，看一次不会有多大改善，但看多了一定会有改善。”

马未都说，文化需要一个积累的过程。它给人带来的乐趣，是终身的乐趣。人生有很多的快乐。吃饱了，会快乐。发财了，会快乐。一个人搞到第一桶金的时候，一定是快乐的。中个彩也是快乐的。但这些都是短暂的。“而伴你终身的快乐，一定是文化。”

东方讲坛·思想点亮未来系列讲座第二季

骆玉明:《离骚》《忏悔录》有什么相似之处

人不仅仅生活在现实之中,也生活在想象之中。因为有幻想和期待,人才有一种创造的力量,才有一种创造的原动力。文学就有这样一种功能,即在虚构空间中的想象。

《离骚》是一首伟大的诗。一般解说的方式是强调屈原具有正确的政治立场和对祖国的热爱,而因此遭受小人的打击。在《离骚》中间,我们可以看到三类人:一个是君主;一个是"我",代表正义,代表着道德高尚的德行;还有一个就是邪恶的小人,他们为了贪图私利,竟把国家引到混乱的道路上去。

《离骚》中的"我"是高傲的。当世界否定他的时候,屈原的回答是拒绝这种否定。不是我错了,而是世界错了。其实,《离骚》整个就是在自我辩护。中国的诗歌以前从来没有出现这么多"我",从一开始就一直都是"我"。这种自我歌颂,体现出来一种强大的精神力量。这种强大的精神力量,铸就了《离骚》在中国文学史上的卓越地位。

卢梭的《忏悔录》,书名带来一个误解,觉得忏悔录是忏悔。其实不是,忏悔录是自我辩护。卢梭写《忏悔录》时的状态,与屈原写《离骚》时的状态近似。就是"我"面临巨大的失败,面临整个社会的强大压力。这种压力、这种对自己的否定,不仅仅来自政治层面,不仅仅来自教会,还来自自己的朋友,来自自己曾经敬重的朋友。这里面最典型的就是伏尔泰。伏尔泰对卢梭非常鄙夷,鄙夷也就罢了,还使用各种卑鄙的手段。他用小册子骂卢梭,觉得卢梭只配吊死。卢梭面对这么大的压力,包括一些以前的朋友,都程度不同地反对他。这时候他需要激励自己,《忏悔录》写的就是对这种压力的抗拒。

屈原在写《离骚》的时候,肯定了自己。他在虚构的空间里面,肯定了自己生命的高贵,并且表达了绝不跟邪恶势力妥协、同流合污的坚定态度。他的生命拥有一种美好的形态,他所期待的那种形态。《忏悔录》在性质上与《离骚》是很相近的。

当然,我们说所谓虚构空间中的精神,不仅仅是这样一种自传的作品。很多文学作品特别是诗歌,都有这个特点。

有人讲李白,说李白没有他自己写得那么高贵。李白很庸俗,也会拍马屁之类,并举了很多例子。还有一些学者指责陶渊明,说他没有自己讲的那么飘逸,反倒内心是渴望做官的。

李白确实有一样庸俗的地方,但这并不是那么重要,关键是他创造了不庸俗的东西。陶渊明也有跟常人一样的地方,但这个问题也不重要,真正的价值在于他创造了不庸俗的东西，把我们引导到一个更为高远的境界之中。

这样，我们就会懂得一个道理：读诗到底有什么意义、有什么价值？简单来说，人类没这么美好，世界没这么美好，我们自己也没这么美好。常人都难免为了利益而生存，而人们的利益时常是相互冲突的。当人们的欲望、利益相互冲突的时候，人就会呈现一种不美好的状态。所以，我们需要有一个空间，这个空间是我们对生命美好的期待。在那里，美好的东西得以养育、得以成长。生命不一定是美好的，但诗是美好的。诗是我们对美好的一种期待，并且使我们生命的美好获得养育的场所。

读书读得多的人，气质就会不一样。为什么呢？因为读书比较多的人，比较多的时间生活在美好的生命里、靓丽的场景中。当你生活在美好的诗中，就容易对那些不美好的东西更敏感，你会去抑制它。我们希望美好的那一面能够获得更多的成长。阅读本身不是去阅读他人的情感和经历，而是用你的经验和情感，去激活诗歌当中的经验和情感。这个时候，作品是以你的方式呈现出来的。

罗建平:透过汉字,看到怎样的先人智慧

我们小时候练书法,常常体会到汉字的结构美、笔画美、神韵美。如看唐朝颜真卿的书法,你能感觉到他的字中有股刚正不阿的正直感,这种内在气质的流露是中国书法所独有的。著名的书法作品《兰亭序》,如行云流水而形神兼具。

汉字书法的形式美,正是汉字象形特征带来的。汉字的形拥有大量信息,这是记音文字难以替代的。语言学家赵元任曾著《施氏食狮史》一文,116 字全部一个音,因为使用汉字,故其义一目了然。若用拼音,我们显然会一脸茫然。

一、 拥有立体动态的信息

中国字的智慧是通过形象来体现的,这和字母文字大不一样。

字出来后就是一个三维的图像。比方讲,买卖的“买”,繁体为“買”,上面的四是网,下面是个贝。贝是古代的货币。“買”给出的购物图像就是用网来捕获东西,那个网是用来放东西的,或者说“買”表示手里拿着贝就能“一网打尽”,什么东西都能到手。这个贝就是你的支付手段,那个网就是网罗万象,要什么有什么。

当然,“買”字的网还可以引申。网若看作渔网,和水有关系,物品买卖像水流,在流通当中。钱也在流通,东西也在流通,所以,“買”的感觉就像水一样,到处流通、交换。这样理解,“買”不仅立体,而且显示出了动态来。

又如,杰出的“杰”,繁体写作“傑”,其实质内涵在右边,即“桀”。此字上面是“舛”,为左右脚的象形;下面是木,即树木。“桀”的图像就是脚站在树上,换言之意为站在树上的人能够看得更远,桀加上单人旁就用来指杰出的人。因此,所谓杰出的人就是站在高处的人,站得高看得远,就是这么一个鲜活的形象。

当然,今天说这个人很杰出,站得高,高在哪里呢?他是站在巨人的肩膀上,站在已有学科知识的基石上,这样才能成为杰出的人才。“傑”是从庸俗、平凡的状态中跳出来、站出来,英文中也有类似的表达,叫做 outstanding,即从那个平庸的队列(standing)里面站出来(out),才是杰出的。

“吞”字,大家应该都熟悉,上面是天,下面是口,你可能会说口像天那么大,这个也不错。但是,天最初表示人的头顶,天是大(人的正面象形)上面加一横,表示人头顶的这个位置。所以,天代表的是人的头,头顶。头顶这个概念,下面加个口是怎么一种图像呢?我对这个字琢磨了很久,后来想通了。这个天,不是人的头顶,而很可能是动物的头顶。你看,哪些动物嘴巴一张直接和头顶连在一起?哪些动物头顶一张,鼻子没有了,眼睛也

看不到了，嘴巴直接就和头顶连成一个水平线？是鳄鱼。一些爬行类动物，包括蛇都有这种倾向，嘴巴一张，鼻子、眼睛都看不到，直接连通头顶。所谓吞噬，就有这样一个恐惧在里面。因为它嘴巴一张，什么也看不到了，全成了嘴巴。

再来看看“梦”，繁体“夢”上面是个草字头，下面的四，是横写的目。上面这个草字头，在古文里面画的是两个角，这是眼睫毛。做梦的时候为什么要画眼睫毛呢？不少人一直搞不懂。梦字的下面有个夕，表示晚上。这样会意的话，梦就是夜的眼睛，黑夜里所看到的东西叫梦。当然，这个字的中间还有个符号，像床，眼睛放在床上。这个画面是不是就很有超现实主义风格？

我们再回到上面的眼睫毛。其实，人在做梦的过程中，眼睛是会动的。1953 年，美国梦心理学家发现睡眠分两个阶段：眼睛快速转动阶段和慢速转动阶段，两个阶段是交替的。快速转动阶段就处于做梦状态，慢速转动阶段则处于无梦状态。而眼睛速动时会导致眼睫毛的动。由此来看，汉字梦突出了眼睫毛，不失为古人的一种智慧。

最后来说说“前”字。前的甲骨文“歬”在船头（舟）画一个脚（止），脚表示行走和运动。船的前面有个象征动力系统的脚，就是前进的意思。后来再加个立刀旁，成为“前”字。那问题来了，前和剪又有什么关联呢？我们注意到，摩托艇在水面上疾驰时，摩托艇尖尖的船首像一把剪刀，把水面剪开一刀长长的口子，这就是前。如果这个刀拿掉，上面加个竹字头就是射箭的箭。前是船如剪刀般破浪前进，换成竹字头箭是不是也像船一样在空气当中穿梭？

所以，中国字的形象，拥有立体、动态的信息，富有图像感，也充满象征。它带来了一种本源的东西，不是刻板的概念，而是立足于图像，生动而形象。

二、 背后有神话和传统

汉字的魅力还远远不止这些，汉字的地质层存在很多文化心理的因素。当我们复原汉字化石，就会发现其表层下面的奥秘。

元旦的“旦”，大家都知道，下面一横表示地平线，上面是个太阳，太阳升起的那一刻叫旦，所谓“日月光华，旦复旦兮”。旦是太阳的诞生，这容易理解。但是，旦的背后蕴含着什么呢？这涉及旦的相关声符字，如“坦”，有袒露的意思，即太阳出来时，大地也现身了，引申为平坦。这还是容易理解的。可“怛”这个字怎么解释？表示悲惨，为什么竖心旁加个旦表示悲惨？旦仅仅是声符吗？显然背后有故事。于是，我们就进入汉字的地质层了，不能仅仅从表面去理解它。

造字的时候，即仓颉所在那个时代，人是处于巫术、原始宗教背景下的。当时，世界各地普遍流行着太阳崇拜，如古埃及的太阳崇拜、玛雅人的太阳崇拜，非常强烈。为什么崇拜太阳？因为太阳带来无穷无尽的光明和温暖，因为太阳人类才能生存。所以，古人有时候会担忧，太阳万一不出来怎么办？就像成语故事里的“杞人忧天”。他们不得不真切地面对这个问题。古代玛雅人的人祭，把年轻人活生生祭献给太阳神，当场剖开活的心脏，放入大鼎里祭太阳，就是为了太阳的再生。今天看来这是多么的不可思议，但那个时代它是一种严肃的仪式，是认真对待太阳升起的一件事。

古人认为,黑夜里太阳失去了光芒,一定是被黑魔囚禁了,受尽磨难,早上非常艰难地再度出生。它和恶魔要经过激烈的搏斗才能够出来,重新唤起它的生命,叫重生。所以,加上衣字旁的旦,就有“袒”,表示脱掉夜的黑衣。古人觉得,黑夜是一件密不透光厚衣,把太阳的光芒遮挡住了,脱掉黑夜的衣服,自身就“袒”露了。黑夜的那件厚重的衣服也是夜魔的化身,或者说黑暗就是魔鬼。与此同时,他们认为太阳为了摆脱夜魔的禁锢,经历了一夜的抗争。这是个艰难的过程,所以,“怛”字有艰难困苦的意象,显示了光明与黑暗间惨烈的交战。

至于“笪”这个字表示抽打,最初很可能蕴含着太阳奋力抽打黑魔的想象。太阳战胜了黑夜,重新升起,获得新生。这是伟大的转折。因此,汉字“但”,本义为袒,假借为表示转折的连接词。

在“旦”字里所显示的太阳崇拜历史,在“昌”字里也有所表现。昌,上面是太阳,下面是曰。昌的原始含义很可能就是太阳的颂歌(曰),歌颂红太阳,赞美它的伟大和强大。而赞颂它,就演化为“唱”。而太阳的升起意象,就保留在“倡”字中(提倡)。

由此可见,“旦”“昌”等字的声符字彼此关联,背后有神话,有故事,共同基于太阳神崇拜的历史传统。

三、 深藏在文化和心灵中

祭祀是古代社会的一大特征。祭祀传统相信冥冥之中有神灵,这种神灵是看不见的“無”(无)。但是,怎么和“無”打交道呢? 不妨尝试通过跳舞的形式建立联系吧。现在,非洲原始部落还有一种节奏非常强烈的舞蹈,用以和神灵沟通契合,产生共振共鸣。整个跳舞的仪式叫巫,巫是用舞蹈的形式,与看不见的“無”打交道。这种舞蹈也叫“巫舞”。因此,無、舞、巫,三字音义相通。

这里,还要讲几个与祭祀有关的字,先来看“羞”与“愧”。

羞上面是羊,下面是丑。丑陋的丑,繁体作醜,本义是手的象形。羞就是手拿羊肉的意思。羞的本义是珍馐的馐,后来引申出羞愧的羞。这个引申义是怎么出来的? 原来和祭祀有关系。商代盛行祭祀,人们要上供很多动物。比较隆重的、拿得出手的供品为牛。供一头牛要有很大的经济实力,一般的人只能拿点鱼、羊等去祭祀神灵。所以,拿鱼、羊去祭祀神灵,相对来说都不怎么体面。如果有人只拿只羊祭祀的话,多少会觉得心里有点寒碜,后来就引申出羞愧的含义。

这样的情绪,也表现在“鲜”字上。鲜由羊和鱼组成,用羊和鱼来祭祀的话,表明祭祀的供品较少,所以鲜字有稀少义,后来才引申为鲜美,就像羞字一样。鲜这个字再加个竖心旁,这个字想必大多数人都不认识吧。《汉语大字典》里有这个字,将其解释为羞愧。这正好说明祭礼不到位而产生的愧疚感。可见,羞愧情感的汉字源头确实和祭祀有关。

愧的声符为鬼,说心里有鬼才惭愧,这是俗解。其实,鬼的音义是归,回归到祖先那个地方。归,作为愧的音义有什么来由呢? 它就是回归本源,心灵回到最初的状态,就是良心。当心灵回归到良心状态的时候,人会度量自己的行为,于是有了惭愧心,是一种良心的表现(良,量也)。

这种情感是比较高级的。你不能说某一个老虎吃了人感到惭愧了。动物没有惭愧心的。惭愧心是一种高级情感，因为这是反思自己的行为，在良心的水平上反思，也叫良心发现。这也和古代祭祀传统有关。

再来看“享”字，其本义也是祭祀神灵，让神灵享用祭祀者的食物。所以，享字是食物器皿的象形。“享”和“亨”两字是同源的，因为祭祀神灵，神灵接受了供养，就会答应人的祈祷，也就是祈福于祭祀者，祭祀者做事情就亨利、顺利了。亨下面加四点是火，那就是烹饪的“烹”。这些意象都是关联的。享的音义，很可能是“香”。一般认为，神灵是通过香味来享用祭品的。

总之，古代传统中和祭祀有关的汉字，体现了汉字起源的背景。离开了这个背景条件，很多字就难以理解。而汉字中的智慧，大体是我们民族集体无意识的智慧。它深藏在我们文化和心灵中，影响着我们的思维和行为。

李桂奎:别做一个“高级而无趣”的人

在“东方讲坛·思想点亮未来系列讲座”中,上海财经大学人文学院副院长李桂奎教授作了题为《文学意趣与人生境界》的演讲。他指出,我们不应该只是政治的、经济的动物,而要拥抱文化,要有文学之心、哲学之魂。懂得了这个道理,人生的境界将会更加精彩。

一、 诗人把酒问月,是难得的人生追问

冯友兰讲过,人生有四层境界:自然境界、功利境界、道德境界和天地境界。这种天地境界是超自然、超功利、超道德的,从心所欲不逾矩。它当然很难达到,但可以作为一个目标。

李白和苏东坡就有很高的境界。李白和苏东坡的把酒问月,从某种角度来讲似乎有点无聊,但这其实是难得的人生追问。前几年,有一个词叫“仰望星空”。为什么要仰望星空?某种程度上,李白和苏东坡已经给我们作了示范。

李白在月下独酌,但他并不孤独。解除孤独的妙招是什么?举杯邀明月,对影成三人。他把月亮看成有生命的、有人情的存在。所以,大家可以看到除了举杯邀明月之外,还有“人攀明月不可得,月行却与人相随”“今人不见古时月,今月曾经照古人”“我歌月徘徊,我舞影零乱”。

苏东坡也曾把酒问月,也曾月下起舞,但他还有一种理想:“我欲乘风归去”。这种追求,并不是完全出于对现实的不满,而是要“起舞弄清影,何似在人间”。可见,他还是很执着于现实的。

相对来讲,李白的意义在于他维护了自身的人格尊严,弘扬了昂扬奋发的一种人生精神;而苏东坡显得老成持重一些。我们年轻的时候更多地向往李白,年龄大的时候应该多看看苏东坡。

苏东坡的可贵之处在于,逆境之中能够达到人生的一种超越。有人问他,一生之中最辉煌的地方在哪里?他说,是黄州、惠州、儋州,其实他在这些地方度过了最艰难的岁月。但是,苏东坡总能从苦难中找到人生的乐趣,诸如“日啖荔枝三百颗,不辞长作岭南人”“九死南荒吾不恨,兹游奇绝冠平生”。你看,当时的海南岛那么荒凉,但他把放逐看成一次旅行。

有了这样的心境,苏东坡才能“一点浩然气,快哉万里风”。他在自然怀抱之中找到了人生的乐趣,这种乐天、幽默的情怀是令人向往的。

二、 没有大视野，就难有大境界

从庄子的梦蝶，到李白的“浮生若梦，为欢几何”，大家追求的是欢乐，可都感觉浮生长恨欢娱少。其实，在苦恼背后找到一种欢乐，才是真正的欢乐。由此，文学面向人生，但不局限于人生。

王国维的“三种境界”，是“古今之成大事业、大学问者，必经过三种之境界”，大家应该都熟悉。第一句出自晏殊的《蝶恋花》，主要讲的是当下的一种困境和对未来的期待。第二句出自柳永的《凤栖梧》，主要讲的是一种苦苦的追求。第三种境界是蓦然回首，是长期积累而得之，有豁然开朗之感。这三种境界，要不断地感悟。

庄子曾经讲过一个宋国人的故事。这个人有一种秘方，能够治疗冻疮。远方来了一个客人，花百金把它买了下来。之后，就把这个秘方献给吴王。当时，吴国在冬天跟越国人打水战。吴国人有了这个方子后，士兵的手都没有被冻裂，而越国士兵的手都被冻坏了。最后，吴国人取得了胜利。这个献方子的人因立下大功而被吴王封了侯。

庄子感叹，这个秘方只有让人不冻疮的一个效果，但有的人用它做了小本买卖，有的人则被封了爵位，还有的人靠它赢了一场战争。所以说，每个东西都有用，关键要看它的用处和用场。如果局限于单向思维，就会把自己的思路弄得狭窄。没有大视野，就难有大境界。

与有用和无用相对应的，世人总喜欢用成功与否来评价他人。通常，这种评价还有一些刚性指标，如身份、地位、职业、收入以及房子、车子、孩子等。但人生是不是真正取决于这些呢？其实，还有一个相对务虚的标准：有趣。梁启超提出过一个理念叫趣味主义。他讲的趣味指的是，我们每个人都应该聪明、乐观、幽默、感性。

大家看《三国演义》，无论曹孟德还是刘玄德，其实都是“缺德”的，这并不妨碍他们成就英雄之名。曹孟德“缺德”大家可能容易认可，但刘玄德怎么也“缺德”呢？他最不该做的就是赖在荆州不走。民间讲，刘备的江山是怎么来的，是哭出来的。他为什么哭，因为是在表演。

三国中，最后的赢家是司马懿。司马懿是怎样的人物？余光中曾经讲过，人可以分成四种：第一种是高级而有趣，第二种是高级而无趣，第三种是低级而有趣，第四种是低级而无趣。司马懿就是高级而无趣。狂放的曹操、激情的周瑜、执着的诸葛亮，都留下佳话和佳作。而司马懿是一个“政治动物”，人生也很阴暗。有些年轻人看了网剧后，可能会把司马懿视为偶像，但建议大家不要去学他。

三、 人生在世，每个人都有自己的经要取

小时候，大家可能都喜欢看《西游记》。这部小说里是有人生密码的。清代人讲，这个密码是“人生斯世，各有正业”。我们生活在这个世界上，每个人都有自己的事业，每个人都有经要取，每个人都在自己的路上，而且要历经难和险。

《聊斋志异》之中，每只狐狸精都很精彩。作者可能生活比较困难，但他的精神世界一定是浪漫的，所以写了很多的狐狸精。其中一篇讲的是，狐狸精小翠嫁给王御史的“弱智”儿子。她经常跟傻乎乎的老公玩游戏，有时在户外踢皮球，有时让老公装皇帝、自己扮美

人。表面上看,小翠是天天在跟老公玩游戏,实际上却是一种对症下药的特殊教育。

我们的世界里,有些人也很不幸地存在所谓智力障碍的问题。有种治疗办法是,让他进入一个游戏空间。如果在游戏中能够获得刺激或启发的话,就有可能脱胎换骨。游戏可以助力现实,好梦可以成真,《聊斋志异》就是一个充满文学情趣的例子。

朱光潜说:文学像茶壶一样实用,但它不能停留在实用之中,文学可以变得高贵,所以我们应该去费力探讨。为此,他提出了两大命题:一是宇宙的人情化,就是大自然的一草一木都是钻研对象,鲜花美景使人开心,良辰美景让人开怀,所以我们可以敞开怀抱,与天地人对话。二是人生的艺术化。文学意趣可以让人变得优雅。艺术的生活是有源头活水的生活,所以现在提倡创造性。

总之,超越才能逍遥,超越有用才能有趣,超然物外才能不受其累,超越名利之争才能一路鲜花。我们不应该只是政治的、经济的动物,而要拥抱文化,要有文学之心、哲学之魂。懂得了这个道理,人生的境界将会更加精彩。

刘建国:大数据转化为生产力——没那么简单

当今社会,数据已如空气和流水,无时无刻不围绕在我们周围,将我们包围。早上醒来,智能手环记录下了我们的睡眠时间和睡眠质量。吃完早餐,匆匆挤上上班的公交车或地铁,滴的一声,交通卡刷卡器已经记下了我们的上车地点和上车时间。一路上刷朋友圈、看新闻,手机记录下了我们偏好的内容,或是电影,或是综艺,或是理财产品。下班后约几个朋友去吃饭,打开地图搜搜附近评价好的餐厅,地图留下了我们的痕迹。每天我们不仅仅在享受信息时代带来的便利,更如辛勤工作的蜜蜂一般,勤勤恳恳、孜孜不倦地产生着、贡献着我们的数据。

说到大数据,让我们把视线转向数百年前的科学家,看看数据如何给我们的生活一步步带来巨大的变革。1600 年,我们的先辈用《和谐大宇宙》描绘了我们所在的宇宙。图的中间是我们生活的地球。围绕地球中间有 27 层球面以展示我们能够观测到的太阳、行星和其他恒星。为什么是 27 层呢?因为这些是当时可以观测到各种行星或者太阳当时围绕地球运转的数据。遗憾的是,一个球面的模型解释不了观测到的真实数据。因此,考虑太阳需要加三层球面,加一个行星又要加三层球面,等等。根据所观测到的数据,加起来一共需要 27 个球面才能展示宇宙的和谐。

1609—1619 年开普勒通过整理、分析观测到的大量行星运动的数据,发现了行星运动的三大定律,即椭圆定律、面积定律和调和定律。然而,这些规律的发现并不是一件容易的事情。开普勒首先把每一年同一时间的天象进行逐年的对比,才消除了地球的自转、公转对数据带来的扰动,进而才发现了行星运动的基本运行规律。由此可见,即使我们有了大量观测数据,没有一双善于发现“美”的眼睛,也不能欣赏到身边的良辰美景。如何才能具有一双慧眼,欣赏云卷云舒的变幻莫测,感受大自然的多姿多彩呢?

首先,我们要能够收集不同维度的数据,并且进行交叉融合。当前互联网的发展很大程度上是由消费、娱乐、交友等基本需求驱动的。与之相应的是,在信息系统开发的过程中,更多考虑的是系统的安全性、稳定性,管理的便捷性,而忽略了不同维度的数据之间的关联性。其实,当前希望挖掘自身数据价值,进行高效知识管理的绝大多数企业和组织都面临类似的问题。

除了不同维度的数据整合,不同平台数据的交叉融合分析,具有更高的挖掘价值。比如对于汽车销售 4S 店而言,能否准确预测后面几个月的销量对于汽车的订购十分重要。订购太多,极容易造成产品积压,增加库存成本。订购太少,会拉长用户的等待时间,流失潜在的客户,或者降低客户体验。如果我们将用户在不同社区的浏览、问答数据进行整合，更进一步将近期用户的试驾数据进行分析就能够建立模型预测不同类型车辆在未来的销售规模。除此之外，停车场管理者也可以利用用户在线搜索、评论、试驾数据，从而从消费者角度定义竞争对手，进而制定相应的竞争策略。

信息技术的发展让政府、高校、企业等不同组织都从不同角度记录了形形色色的数据。如何在保证数据安全的前提下，挖掘其中的价值？建立大数据背景下的分析理论和方法体系就显得十分重要。数据的统计分析是指利用样本数据和统计学方法还原整体数据的统计特征，通过这些统计特征还原数据所体现的真实世界的全貌。事实上，复杂系统的实证统计结果已经发现，不同于经典的正态分布假设，很多实际的复杂系统都具有幂律分布的特征，例如人们的财富分布、Internet 中的路由器连接数目、网页中链接关系、贸易网中的交易对象分布、人们的日常出行距离，以及蛋白质折叠和基因调控网络等等真实系统的分布都符合幂率。以财富分布为例，经典理论通常都假设我们的社会财富分布是橄榄型的，即中等收入群体的人数占到绝大多数，收入很多和很少的人都只占整个社会人口的一小部分。然而，实证数据却发现，随着财富的增加，占有相应财富的人的比例却在快速下降。在不同真实系统中发现的这一规律对于我们认识、理解复杂世界中的简单规律非常重要。

我们现在还知道除了宏观层次的系统统计分析之外，微观层次个体的身体状态、消费模式、学习习惯、驾驶习惯等高维、稀疏数据的分析，以及中观(也称为介观)层次的消费模式、风险偏好、出行规律的数据统计分析对于个性化智能服务、智慧楼宇管理、智慧城市的建造都具有非常重要的意义。海量数据的统计特征的挖掘就如给我们雾里看花的双眼戴上了一个 VR 眼镜，可以全景式再现真实世界的特征。

然而，只是客观描述现实世界显然无法满足人类对数据的好奇心和对未来的向往。科学家很关心五彩斑斓的现象背后是否有我们未知的彩虹？业界则非常关心如何挖掘其中蕴含的无限商机。如果说数据是蒸汽机、电力之外的另一种能够推动生产力变革的资源，那么如何挖掘数据中蕴含的价值？如何让数据帮助我们每个人心中的小宇宙爆发呢？如果将身边无处不在的数据比作散布在我们周围的金矿，那么显然除了收集这些矿产资源，如何提炼高纯度的金矿进而加工成不同风格的金饰品、艺术品就是技术含量非常高的一门艺术。

我国的自然科学基金委员会于 2015 年发布了“大数据驱动的管理与决策”重大研究计划，计划用八年时间分别从公共管理、医疗、商务、金融四个维度开展研究，分析大数据时代所带来的产业变革，以及相应商务模式，管理决策理论和相应的分析方法。对传统行业来说，数据时代的到来既是机遇，更是挑战。小的组织和企业船小好调头，可以快速拥抱数据带来的生产力变革，而大的组织和企业则如同航母——转弯都非常困难。而我们的经济生态系统就在这种“大与小”的博弈，“快与慢”的竞争中不断地推陈出新、优胜劣汰。

数据变成生产力的时代，终会到来！

东方讲坛·文化上海系列主题讲座

“文化上海”系列主题讲座开讲

9 月 13 日，由市精神文明办和市社联共同推出的“风从海上来——近代上海经济的崛起之路”系列讲座首讲，在杨树浦水厂礼堂举行。这是东方讲坛“文化上海”系列主题讲座之一，也是上海推进市民修身行动、倡导学习型城市建设的重要项目。复旦大学历史学系教授、国务院政府特殊津贴专家戴鞍钢作题为《中心与辐射：近代上海与长三角及全国的经济关系》的演讲。

系列讲座聚焦近代上海经济，选择杨浦、宝山、普陀、黄浦、虹口等上海工业文明积淀深厚的区域和场馆，邀请戴鞍钢、晁钢令、吴景平、邢建榕、朱荫贵、冯筱才 6 位著名学者讲述上海百年工业、金融、贸易、航运及海派文化的发展历程，引导广大市民通过讲座体验城市成长的嬗变，感受一个变革时代的辉煌，追寻上海这座魅力都市在日新月异发展中最初的源头。

所有讲座将在解放日报、澎湃新闻、东方网、上海广播海上畅谈节目和东方讲坛公众微信号，通过文字、音频、视频等多种方式刊播，让上海的文化记忆和城市精神走进越来越多的市民心中。

戴鞍钢:近代上海成为经济中心靠的不是外国人

1843年是上海历史上的一个转折点。自此以后,上海开始面向国外、面向世界。在历史发展的长河中,这种转向对上海、对长三角、对中国发展的影响非常深远。今天说“中心与辐射”,这里的中心就是指上海开埠以后很快成为江南地区的经济中心城市,进而成为全国的经济中心城市。但上海的发展与崛起,并不是一帆风顺的,而是有着非常丰富的历史内容。

一、 既有很多先天优势,也应追加一笔后天的努力

1843年11月17日,上海正式开埠。为什么帝国主义列强如此急不可耐地登陆上海?事实上,鸦片战争之前上海并不是最引人注目的中国城市。在一些人看来,上海甚至是比较边缘的地区。当时,上海隶属江苏省松江府,只是一个县城。但客观上,这个县城的位置其实是非常重要的。因为它是中国南北口岸中间点、南北海船的交汇点以及南北海运的转运点。西方列强还看到,上海的背后有广袤的长江、富饶的长江三角洲。

把上海与周边城市比较一下,可能就会看出上海为什么“脱颖而出”。同样被迫开埠的宁波历史悠久,明朝时期曾是对日通商的主要口岸。但在五口通商之后,宁波相较于上海的发展是滞后的。一大关键因素就是它的经济腹地远不及上海。宁波后面有四明山,上海背后则是太湖平原,太湖平原后面就是长江流域腹地。这也反映了列强要求开埠时狡黠的视角和心态。

鸦片战争之前,上海和苏州也是不能相提并论的。苏州是江南地区的中心城市,但1853年以后这个经济中心城市的位移基本就完成了。为什么这么快?个中原因有两点:一是地理位置因素;二是战争原因。近代战争对苏州和上海的影响是完全不同的。苏州遭到战火的损毁,而上海相对较少地受到战争影响。

除了宁波、苏州之外,帝国主义侵略时期镇江、温州、杭州也曾开埠。镇江是运河和长江的交汇点,当时有外国人的智囊认为镇江比上海似乎更重要。但事实上,开埠后的镇江没有取代上海,也未构成对上海的威胁,而是帮助上海把航运的触角向长江上推。温州也是一个重要的港口,但它和宁波相似,放在长三角乃至全国来看,腹地的弱点就暴露出来了。杭州则和苏州类似,它的变化和发展反倒稳固了上海的经济中心地位。

上海本地有没有新的通商口岸地区出现?帝国主义列强曾经有过吴淞开埠的动议。清政府后来认为与其让外国人打吴淞的主意,不如自开商埠。但随着清政府的垮台,这一计划不了了之。至于今天的五角场一带,则是南京国民政府1927年上台后实施“大上海

计划”的区域，后来因为日本帝国主义的侵略也没了后文。

上海的发展与崛起有很多先天的优势，但还应该追加一笔后天的努力。特别是从航运的角度来看，如果没有疏浚，如果没有港口重心不断的外移，上海很难确保自己的经济中心城市地位，也很难持久对长三角和全国的经济发展产生重要的影响。

二、 交通优势和经济成就，不应过多归因于外国人经营

上海东临太平洋，背后有长江，加上地处太湖流域的水网地带，因而同时具有江河海综合航运的优势，可以说是真正的四通八达。但是，我们也不能一味强调上海的地理优势。后人不断的努力、主观的创设以及因势利导、扬长避短，才让上海的发展具备持久性。

上海所在的江南水系，加上京杭大运河，向北到北京，向南往宁波，再通过支流到江西等地，伸展开来所涉及的范围非常广阔。上海的港口功能也是后天规划的结果。刘河港和乍浦港在上海的南北两翼，但后来都衰落了。而上海不断改进主客观条件，一步步消除了水文状况中的不利因素。

上海港口最大的优势是江河海集散疏运功能。鸦片战争之后，从欧美国家运来的货物，大多到上海卸货，然后转运至中国的南北沿海，并深入到长江内河。这是上海最重要的一个港口功能。上海还是东南海域的转运港。我们知道，平底的船适合走北方，但平底的船在南方则不行，容易触礁。但不管哪种类型的传统船只，在鸦片战争之后都受到了轮船冲击。轮船登陆上海以后，很快“接掌”了中国沿海沿江的航运。但是，外国轮船不可能走到内地。内河的水浅，需要靠一种内河小轮船。对环境变化和实际需求的敏锐反应，是上海持续发展的不竭动力，也是上海和长三角对全国经济发挥重要影响的切入点。

随着时间的推移，上海陆路交通和水陆联运的优势日益显现。上海是中国最早建造铁路的地方。第一条铁路，淞沪铁路造于 1876 年，是外国人擅自动工建设的，次年即被拆除。后来的沪宁铁路于 1908 年通车，沪杭甬铁路于 1909 年开造。津浦铁路与沪杭铁路的衔接，使上海的影响进一步深入到北方，并对沿线经济发展起到了重要带动作用。浙赣铁路还使上海的陆路交通向南向西、向广阔的中国内地延伸。

现代公路的建设比起铁路要晚，第一要有汽车，第二要有汽油，第三要有加油站，第四才要有公路。上海到 1901 年才有汽车，之后才慢慢有了现代公路。先是城区，然后慢慢地向郊区、向江苏与浙江延伸。沪闵路就是近代出现的，大约是在 1922 年左右。现代公路的兴建，使上海的经济整合功能愈加强化。

水路、铁路和公路的衔接也很关键。上海人非常智慧，充分利用地理优势，充分挖掘交通条件潜能。众所周知，江南地区是一个水网地带，不可能有太多铁路公路。于是，上海人利用水路衔接来解决这个问题。

归根结底，上海与长三角、与全国的紧密经济关系主要表现为人流、物流和资金流。其中，最关键的是人流。1901 年以后，上海人口基本上是以 10 年 100 万人的速度递增。这样的城市人口增长速度和规模，在全世界都是比较罕见的。上海的发展，离不开移民，离不开众多的新上海人。新上海人并不是近年来才有的概念，历史上就有源源不断的新上海人来上海滩拼搏，为上海的城市发展贡献自己的智慧和力量。离开了人流，资金流和

物流基本上就会大受阻碍。在这一点上，上海是做足了文章的，中国人是足够努力的。由此，我们不要把上海的优势和成就，过多归因于外国人在上海的经营。

三、旧中国政府的不作为，影响上海功能的充分发挥

1936年，上海工业总产值占到全国工业总产值的半壁江山。事实上，上海的工业中心地位自开埠后就没怎么变化过，原因主要有二：从外国投资者的角度来讲，上海是最理想的地方；从中国的工商界人士来讲，这里是最安全的地方。除了上海，当时到其他地方投资都难免风雨飘摇，面临军阀混战等各种风险。

讲工业，就离不开空间特征。当时，长三角和全国工业的空间特征概括来讲，第一是以上海为中心，第二是以铁路沿线或长江沿岸的通商口岸城市为支点。从苏州到南京一线，有几个工业比较活跃的地区，一个是无锡，一个是常州，一个就是镇江。长三角乃至全国的这种空间特征，再次印证了上海的中心城市地位。

过去讲上海，农业和手工业讲得不多，但一个城市的运转和发展是离不开农业支撑的。中国是一个农业大国，鸦片战争之前，国内市场需求是有限的，所以那时是“小农的中国”，自耕自纺自足，解决粮食和穿衣的基本需求就差不多了，农民和市场的联系不怎么紧密。随着经济外向时代的来临，不少农民因为出口市场的拓展，放弃了或者部分放弃了传统粮食作物生产，而转向经济作物生产。这是口岸经济带动的结果。此外，因为上海是中外混居的地方，也慢慢出现了西餐供应。由此，郊区开始有了奶牛养殖业，有了供给鲜花的花卉业。

上海和长三角乃至全国的经济关系中，手工业的变化也相当引人注目。洋纱进入中国之后，土纱理论上是没有招架之力的。但是，中国农民可以通过日夜纺纱织布来减少同洋纱的竞争劣势。同时，消费者在部分使用洋纱的基础上，也没有完全放弃土纱。尽管外资不断打压，但中国人也不断发起使用国货的抵抗。这些都多多少少帮助了中国民间资本的发展。

在商业和金融业领域，外滩是一个标志性地点。上海的地理优势、交通优势、生产能力在全国独领风骚，外滩就自然而然地成了各地商帮云集之处。

事实上，伴随开埠，新式商人群体在上海涌现。中国的传统商人中，以布商、米商、盐商、木商最为厉害。这四个行业的产品也是人们日常生活所必需的。鸦片战争之后，这些商人依然存在，但往昔的风光逐渐被从事进出口商品贸易的商人压住。后者盈利更多、市场销路更广。

华侨的投资，对上海发展的贡献更值得尊敬。南京路之所以成为南京路，和四大公司是分不开的。20世纪20年代后，南京路上有四大公司，分别是永安公司、先施公司、新兴公司、大兴公司。这四大公司的建筑现在还在南京路上。为什么要来上海投资？除了爱国热情之外，在商言商，也还是希望能赚钱的。这四大公司的经营模式，对上海对长三角乃至对全国都起到了一个引领的作用。百货店、万国百货等概念，就是经由四大公司向国人传播的。

中国过去没有银行，南方有钱庄，北方有票号，银行是外国人带来的。但是，钱庄也并

未被外来的银行冲击消亡。因为对于当时的普通老百姓来说，钱庄是随时可以打交道的、门槛较低，而银行显得高不可攀。事实上，银行和钱庄并不是互相排斥的——外国银行资金雄厚，但人脉有限；钱庄资金不够，但人脉深厚，二者是可以展开合作的。

最后，从政治的角度来看上海和长三角乃至全国的经济关系，有一点应该明确：旧中国历届政府的不作为，决定了上海和长三角、全国的经济关系没有得到充分的、合理的、应有的发挥。比较合理的上海和长三角乃至全国的经济关系建构要到1949年以后。这也就是我们今天一直强调的，上海在改革发展的同时，要主动服务于长三角、主动服务于全国。

吴景平:上海靠什么一步步成为金融重镇

金融人才涌现的同时,交通的便利、商贸的发达以及经商服务环境和市场环境的相对稳定,使得上海抵挡变化冲击的优势愈发明显。另外很重要的是,上海已经不是只有单一的银行和钱庄,而开始出现了各类金融市场,如外汇市场和黄金期货证券市场等。上海的交易所是当时国内种类最多的。一个新的以上海为中心的金融网络逐渐形成。

历史上,上海就是一个国际金融重镇。在近代中国,尤其是在近代上海的发展进程中,金融业占据着不平凡的地位。回溯一个半世纪或者更久远的历史,我们会发现从上海金融业的发展和变迁中可以看出近代中国社会的转型。

一、 金融网络所达之处, 都是上海金融业服务对象

上海是长江的入海口,位于中国海岸线的中间部分,海陆交通非常便利。苏浙一带是中国经济较为发达的地区,商业贸易兴旺。交通便捷与商贸发达结合在一起,必然会产生大量的资金服务需求。

伴随上海开埠,在原有商贸发展的基础上,近代一些著名的工业集团开始出现。例如,江南制造局是今天江南造船集团的前身,是中国第一家专门从事重工业生产,包括武器、炮舰和军火的工厂。此外,还有上海机器织布局、轮船招商局和电报局等。近代中国的轻工业中,如棉纺织业、面粉业、火柴业等,也在上海率先出现并形成了相应的行业和规模。

企业的发展需要资金,需要专门的金融服务。一方面,需要用资金的时候,企业希望有专门的机构可以把钱贷放出来。另一方面,当企业有了生产收入的时候,又需要暂时或者长时间地把钱委托给金融机构存放起来。这为上海迎来近代意义的金融业,创造了一个物质社会前提。

上海的金融业不仅为本地的工商业服务,也不仅为上海这座城市服务,还积极辐射周边,扩散到了整个长三角。某种程度上可以说,只要金融网络所达之处,都是上海金融业的服务对象。大致来看,上海金融业具有以下四大特征:

一是进取心。上海的金融企业,无论是传统的钱庄,还是后来的华资新式银行,都有着非常强烈的进取心。它们必须实时关注市场状况,关注市场的客观需求,抓住转瞬即逝的机会,否则就可能面临被淘汰的风险。

二是开放性。最初的时候,上海没有几家金融机构,都是规模较小的钱庄。但后来,上海敞开胸怀、海纳百川,欢迎各地、各路的资金和投资者,许多金融机构拔地而起。上海

金融业的发展变迁，充分体现出上海是一座开放的城市。

三是包容性。上海的社会环境和风气允许失败，允许跌跟头，各行各业的人都可以进入金融行业。无论是金融业内部，还是金融业与其他行业之间，上海所具有的包容性是很多地方不能比拟的。

四是合作精神。在上海的投资者和金融活动家，既有来自全国各地的，也有来自海外的。市场竞争的残酷性需要彼此的团结合作。金融业的资金关系是一个链条，一环一环紧密相扣，尤为需要所有参与者恪守信用。如果哪一家出了问题，凡是与其有业务往来的机构，都会遇到困难。所以，合作的精神、合作的意识、合作的行动都是不可或缺的。在上海金融业的发展变迁中，可以看到非常充分的合作精神。

当然，进取、开放、包容、合作不仅仅限于金融业，在社会其他领域也存在。但在金融业中，这些都是不可或缺的，甚至成为行规。例如，当时上海的银行公会和上海的钱业公会都明确要求会员必须遵循相应的规范性要求。

二、传统向现代转型中，中外银行展开激烈市场竞争

在传统与现代之间，近代上海金融业主要有三种类型。

第一类是传统的钱庄。

对于传统的金融业，北方叫“票号”，南方叫“银号”或者“银楼”“钱号”，但历史最久远的叫法还属钱庄。早在清代中叶，钱庄就在上海成为一种行业。到19世纪70年代，也就是光绪初年的时候，加入钱庄业的会馆已经有一百多家。辛亥革命发生前后，大量外国银行涌入，许多中国银行也相继产生，金融市场的竞争非常激烈。

钱庄由于机构属性，主要做信用放款，并采取无限责任制，较适用于那些小规模和比较熟悉的客户。一旦规模扩大，尤其是当社会时局动荡的时候，钱庄的生存就会面临很多危机。但钱庄了不起的地方在于，虽然经营方式比较传统，但当传统遇到近代化的时候，它并没有停止自己前行的脚步。在转型发展过程中，钱庄也开始签发支票，成立联合准备库，共同承担行业风险，甚至也采取了股份制形式。例如，近代著名企业家荣德生投资钱庄业，帮助钱庄业从原来的合伙制变成股份制，规范发行股票，实行账目公开，以取信于新一代的城市居民和工商业者。

当时，不同地区的商贸需要资金服务时，不时会找上钱庄来。早期的出口和进口行业甚至外国公司在中国买货、出口等，都不排斥钱庄的帮助。作为上海资格最老的金融机构，钱庄的作用依然是不可忽视的。

第二类是外商银行。

从全国范围来看，上海是外国银行进入最早、数量最多的地域。鼎盛时期，申城曾有30家外商银行同时开业。早期的外商银行有东方银行、汇隆银行和阿加拉银行，它们在后来因为种种原因都停业了。这说明，无论是中国银行还是外国银行或者本土的钱庄，都要经历市场的竞争考验。在上海，并不是说只要带个洋字头，就可以保赚不赔。一方面，外商银行之间的竞争本身就非常残酷；另一方面，随着中国民族工商业和金融业的发展，外商银行的发展并不如想象的那样一帆风顺。

在外商银行中，不得不提的是英国渣打银行和汇丰银行。它们和一般的英商银行、外国银行不一样。一方面，这两家银行资本非常雄厚。另一方面，它们的经营方针非常明确——坚持发行钞票占领市场份额。这是很多外商银行不敢做、不能做的。此外，这两家银行还愿意向同行贷放，在帮助别人的同时，获得商业上的主动。

近代中国的战争赔款，很多是通过外商银行的借款来偿还的。由此，导致中国的财政、海关等被外国势力所控制。在抗日战争期间，外商银行对中国政治和市场的依赖性也使其遭受到了惨重的损失。新中国成立后，很多西方银行都走了，但这两家银行始终不走。到改革开放后，这两家银行又率先在中国内地开展业务、扩大规模。

第三类是华资新式银行。

1897 年，上海成立了由中国人和中国资本开办的第一家银行——中国通商银行。我们熟知的中国银行则于 1912 年在沪挂牌，交通银行成立于 1908 年，都比中国通商银行要晚。

中国通商银行的章程效仿汇丰银行，因为汇丰银行在这方面代表当时先进的水平。中国通商银行的建立，是一个非常了不起的成就。但在筹建的过程中，也曾有过各种不同的意见。要不要办？怎么办？官办还是商办？办在哪里？当时，主事者盛宣怀在倾听不同意见的时候，几次陈述说："我们要办这家银行，名义必须是商办，第二地点必须是上海。"直到今天，他的相关见解也体现出一种超前的、开放的、国际化的意识。

除了中国通商银行，陆续还有一些新的银行在上海设立。比较知名的有"南三行"，即上海商业储蓄银行和两家浙江银行。北方有"北四行"，即盐业银行、金城银行、大陆银行和中南银行。华资新式银行在上海的诞生和发展，标志着中国新式现代化银行的诞生，标志着中国近代金融业的起步。

三、 经商服务环境相对稳定，助力上海形成各类金融市场

当时的北京，凭借多方优势，占据着中国金融中心的地位。清朝中央政府成立的户部银行，相当于后来我们所说的中央银行，就设在北京。一家银行办在北京，并和政府有关系，或者说由政府控股，盈利是很稳定的。

但是，清朝灭亡后，中国政局比较动荡。从袁世凯到各路北洋军阀，整个北洋 16 年间，内阁总理换了 30 多人，政府不稳定，这对银行业发展来说是很不利的。在那个年代，如果一家银行和政府绑得太紧，风险是非常大的。和上海相比，在北方办金融的政治风险越来越大，特别是在国民革命时期，北方陷入连年混战。1928 年，北京改成北平，国都设在南京。上海的机会终于来了。

当时上海著名的金融家李铭，曾经做过上海银行公会会长。他虽然是一家浙江实业银行的总经理，却又被中国银行邀请担任董事长。此时的中国银行是官办银行，其资本甚至超过了中央银行。李铭的金融理念在当下也是很有意义的。如取蛋必先养鸡，金融业的资金来自客户、来自客商、来自社会，所以要让政府来辅助金融和工商业。另外，他还说赚钱首先要赚洋人的钱，不要只盯着国人的钱。浙江实业银行很早就开展了外汇业务，虽然具有很大的风险，但这一探索是有益的。

金融人才涌现的同时，交通的便利、商贸的发达以及经商服务环境和市场环境的相对稳定，使得上海抵挡变化冲击的优势愈发明显。另外很重要的是，上海已经不是只有单一的银行和钱庄，而开始出现了各类金融市场，如外汇市场和黄金期货证券市场等。上海的交易所是当时国内种类最多的。同时，新的中央银行也设在上海，总部就在外滩。中国银行、交通银行等也先后把上海作为总行或者总部，一个新的以上海为中心的金融网络逐渐形成。

总之，上海金融业的发展变迁是近代社会发展变迁的一部分。国家的命运与城市的命运息息相关，这在很大程度上塑造了上海金融业的基本格局。

邢建榕:近代上海不仅是商业性消费城市

近代上海开埠以后,迅速成为我国最大的多功能中心城市。同时,也是最大的工业城市,强大的工业生产能力成为上海城市发展的基础。尽管以轻纺工业为主,却集中了约50%的全国民族资本企业、约40%的全部资本额、约50%的全部年产值,是名副其实的“半壁江山”。但在上海史研究中,近代上海工业研究仍属于薄弱板块。我们不妨从这一角度切入,探讨近代工业在上海发展的历程,以及其与上海这座城市的关系。

一、 满足工业发展的三个条件

近代上海不仅是一个商业性消费城市,也是一个工业性生产城市。

经验表明,一个落后地区从农业化一步步发展为工业化,要研究现代化,要了解工业化。某种程度上说,上海的近代化首先是工业化。近代工业的发展,至少要满足三个基本条件,即便利的交通运输线、丰富的水源和足够的能源、大量的劳动力集聚。此外,还要有适宜的社会环境和政策。在近代中国,上海最能够满足这些条件。

黄浦江、苏州河是上海重要的交通运输线。近代上海的工业发展大体沿着河流展开,所谓“靠山吃山、靠水吃水”。黄浦江水阔江深,可以承担国际航运功能,故大中企业、码头、货栈大多集中在黄浦江两岸。风平浪静的苏州河,是上海连接苏浙各地并经大运河连接广袤内地的通道,沿岸中小企业居多。

全市大部分面粉企业、将近一半的纺织企业,都聚集在苏州河沿岸。一是因为苏州河离城近,蜿蜒穿过城区,租界及周边有便利的基础设施、安定的生产环境。二是因为来自全国各地的人许多通过苏州河水道来到上海。三是因为具备丰富的水资源,可以更便捷地输送原料和生产品。不过,等到企业规模扩大、原材料需从国外进口以及苏州河逐渐遭受污染,一些企业就将目光转向黄浦江。

劳动力优势在上海同样明显。19世纪50年代以后,由于战争频仍、自然灾害等原因,内地大量人口进入上海。他们在苏州河西部的两岸搭棚而居,为附近的纺织厂、面粉厂等提供了大量劳动力。其实,上海很早以来就是一座移民城市,城市人口不断增长。据统计,1930年上海人口突破300万,其中80%是来自全国各地的移民。在城市生活和工业化的召唤下,农村人口包括女性人口大量离开农村,这是城镇化开始的一种表征。上海的纺织女工人数可观,她们依靠自己的收入维持了一定水准的生活,奠定了女工在上海的政治和经济地位。

开埠以来,尤其是洋务运动之后,从政府到民间都掀起了一股办工厂的热潮。“领头羊"是印刷、船舶、机器修造等企业,为从事贸易的洋行提供急需的服务。接下来是缫丝、轧花、面粉等工厂,这种新兴机器作业更加有利可图。此外,丝茶是出口大宗。上海离原料产区比较近,在上海设厂,可以就近采购蚕丝等原料。

第一次世界大战之后,上海民族工业再次获得迅速发展。到20世纪20年代,上海在棉纺织、缫丝、毛纺织、面粉、卷烟、造纸、火柴、制约、船舶修造和电业等方面,均处于全国领先地位,并诞生了一大批知名企业和名牌产品。这一时期,上海以纺织、面粉和卷烟为三大支柱产业,工业区则集中在杨树浦、沪西、闸北和南市高昌庙地区。

但也要看到,上海近代工业发展的同时,也不可避免地带来了污染的恶果。在小说《子夜》中,茅盾讲述了城市的繁华和凋敝,以及在金融危机冲击与外国资本挤压下民族工业的艰难、实业家的奋斗和失败。小说的主角、丝厂老板吴荪甫憧憬着这样的现代化社会:"高大的烟囱如林,在吐着黑烟;轮船在乘风破浪,汽车在驶过原野。"可见,汽笛声声、大烟囱冒着黑烟在当时被视为现代化的象征。

事实上,20世纪20年代后,苏州河河水水质严重恶化。当中的原因,既有河水流量不足、泥沙沉积之故,但更主要的还是工业污染问题。例如,外商开办的江苏药水厂实为化学厂,生产硫酸、硝酸和盐酸,每天有大量废水排入苏州河,导致附近的空气里飘荡着刺鼻的怪味。厂门口的一条小路,因此被人称为药水弄。

生活污染同样不可小觑。叶灵凤在散文《煤烟河》中描写了这一时期苏州河区域被生活垃圾污染的情形:"你若不是为了衣食问题咬了牙在那里做牛马的人,你简直连一分钟也不能停脚。"

二、 拥有工业区和水电煤基础

上海近代最早、最大的民族工业企业——江南制造局,即后来的江南造船厂,位于黄浦江畔高昌庙地区。因为有江南制造局的存在,当地自然而然地发展为一大工业区。除此之外,还有两大工业区,一东一西,东为杨树浦,西为沪西地区,都属于傍水而居、地价低廉、有水电煤支持且劳动力集中居住的地区。

江南制造局作为一家军工企业,可以说是第一家"央企",创造了诸多工业史上的第一。但它高墙深垒,相对比较封闭。厂内有数千名工人,依厂居住着大量家属,形成了独特的厂区、街区和居住区,并建有不少弄堂工厂。

在沪西曹家渡、小沙渡、潭子湾和江苏路等苏州河两岸,建有许多缫丝、棉纺织、丝织厂和面粉企业,如著名的荣家企业福新面粉、申新纺织企业,吴蕴初天字号化工企业,华生电器厂,日资内外棉、丰田、日华等棉纺织和印染厂等。

杨树浦处于英租界中心与吴淞口之间,东、南面濒临黄浦江,北距吴淞口约16公里,南有十六铺等许多客货运码头,对岸的浦东也建有不少码头、堆栈和仓库。除了地理位置优越,它还有一大优势是滩地地价低廉,征用农田和拆迁民房只需缴纳象征性的征地费,甚至可以无偿使用。1869年,从外滩沿黄浦江至杨树浦的马路修通,进一步增加了便捷途径,前来此地开设企业的络绎不绝。其中,民族工业主要分布于棉纺织、针织、丝织、印染、印刷、化工、橡胶、电机、造船等行业。

1865 年 12 月 18 日，外侨在南京路(从河南路到外滩段)点亮煤气灯。这是上海告别煤油灯、使用煤气路灯的开端。当“地火”或“自来火”在夜晚大放光明的时候，南京路的繁华景象愈发光彩夺目。1882 年，上海发电厂开始供电，夜幕下的弧光灯明亮晃眼。市民见所未见，也不知其具体称呼，故取名“赛明月”。1883 年 6 月 29 日，杨树浦水厂正式建成。近代中国城市供水史在哗哗流水声中翻开了新的一页。

可以说，正是由于深厚的水电煤工业基础，才有了上海工业企业的进一步发展，才有了南京路和外滩的灯红酒绿，甚至才有了“东方华尔街”的形成。它对上海城市发展的助推作用是显而易见的。时人就明确评价：“上海之繁荣，所以冠全国，其公用事业之发达，当不失为第一大因素。”

但值得一提的是，早期一些上海市民因不了解水电煤的真正奥秘，曾采取抵制或排斥的态度。由于煤气管道铺设地下，有人害怕它会破坏风水。一些人力车夫甚至认为，煤气通行之处，地下肯定滚烫，遂互相告诫不可赤脚走过那里，以免烫伤。还有人觉得，自来水管靠近煤气管，水中会渗入毒质，“饮之有害，相戒不用”。还有意思的是，电灯在大街上用作照明后，有人认为“电火”是火，与炭火、木火无异，可以伸出长长的旱烟杆在电灯上点烟……

随着时间的推移，上海市民耳闻目睹之后，由最初的排斥态度逐渐向接触、接受的回应方式转变。后来，连李鸿章这样的清朝大员，也兴致勃勃前来为自来水厂开业剪彩。事实上，曾国藩、李鸿章和盛宣怀等洋务人物，也是近代工业化的先驱。盛宣怀办的中国通商银行，是我国第一家华商银行。李鸿章则创办了轮船招商局、上海机器织布局等一批早期知名企业。

三、 工人阶级人数最多、觉悟最高

由于苏州河、黄浦江的流向，奠定了近代上海城市发展的基本格局。主要路径是由东向西发展，南京东路接上南京西路，淮海东路连上淮海西路，东西向的马路又长又顺，南北向的马路则恰恰相反。

上海近代工业的发展同样具有如此特点。工业区集中在黄浦江、苏州河沿岸，外来移民往往紧挨各大工业区及码头、车站、铁道和工厂附近，或直接住进厂区宿舍，如夏衍《包身工》中所描绘的场景。一般来说，上海本地市民主要居住在老城厢里，人口稠密、道路狭窄、住房密集。除了极少数弄堂工厂，无法再有较大企业插足，当然也就少有外来移民居住。

抗日战争爆发后，华界区域首当其冲，遭受日军轰炸或侵占，相关区域的华商企业几乎损失殆尽。同时，银行、保险、证券等金融业又集中在外滩、江西路、四川路、延安路一带，进一步造成了苏州河两岸“北衰南盛”的不平衡。

以前，外国侨民和有实力的华人往往住在空旷幽雅的上海西区。犹太富豪沙逊的别墅在虹桥路；《十八春》里，暴发户祝鸿才的房子也在此处；《子夜》里的吴荪甫则住在静安寺西面。这些地区闹中取静，自然环境宜人，又有着良好的商业和文化氛围。

上海人曾有过“上只角、下只角”的说法。上只角和下只角不是简单对应中心地段和边缘地段，也不是简单对应所谓的租界和华界，其主要对应的应是工业区和商业区、高级居住区。坦率地讲，早期工业区的商业和文化氛围欠缺，人口密集，基础设施落后，加上企业生产和市民生活造成的污染，使得其与租界商业区、金融街和西段高级居住区相比有所差别。但历史发展到现今，老工业区的面目已经大变样，“上只角、下只角”之旧说可以休矣。

上海近代工业具有明显的对内、对外开放特征，既要吸纳原材料，又对内地输送工业产品和生产要素；既吸纳国际市场的产品和生产要素，又向世界输出原材料及加工品。国际国内商帮云集，为上海作为一个融合中西、交会南北的大都市奠定了一定的基础。

此外，一大批工厂企业的诞生，尤其是经久耐用的优质工业产品，曾经是上海最好的名片，大大提升了上海的城市声誉。人们想到上海，就可以从产品联系到质量、信誉和诚信。可以说，工业文明是海派文化的重要组成部分。

还必须看到的是，近代上海风起云涌的工人运动，为中国共产党的诞生奠定了基础。当时，在全国范围内，上海有着建党的最佳条件。其中，最为壮大的工人阶级队伍，是上海这座城市独一无二的优势。在上海的各色企业中，诞生了第一批产业工人。据 1919 年《新青年》的调查，上海有各类工厂 2291 家、工人 18 万，加上交通运输码头工人 12 万、手工业工人 20 万，共计 50 万。当时，上海城市中人口才 200 万，工人占了四分之一。中国共产党在上海的成立有偶然性更有必然性，工人阶级人数最多、觉悟最高这一因素是不应被忽视的。

朱荫贵:近代上海为何始终处于航运业中心

中国近代轮船航运业的崛起经历了曲折的道路,有三个明显的发展节点:1895 年以前,主要的轮船公司只有轮船招商局一家;1895 年开启了发展的第二个时期,主要特点是华商小轮船业普遍兴起;第一次世界大战前后到抗战全面爆发是第三个节点,中国大中型轮船公司开始兴起。但无论哪一个时期,上海都处于航运业的中心位置。

中国轮船航运业的发展,无论是远洋、近海还是沿海,无论其总公司设在何处,上海都是一个不容忽视的枢纽。众多外国轮船公司也把上海作为远东的航运中心,这是由上海的地缘条件和进出口贸易情况所决定的。轮船航运业与近代上海城市精神之间存在着内在的关系。从这个意义上说,航运业是上海这座城市的重要组成部分。

在人类文明发展中,轮船具有关键性作用。自发现新大陆以来,各大洲之间相对隔绝和孤立状态的打破,要归功于水运业尤其是轮船航运业的巨大推动作用。今天,我们推进“一带一路”建设,同样有海上和陆上两条线。其中,“21 世纪海上丝绸之路”主要靠的还是轮船。

事实上,轮船航运业不仅直接推动商业和贸易的发展,促进分工和交换的进程,还推动了科学技术的更新扩展和近代城市的崛起。下面,我以近代中国特别是上海轮船航运业的诞生、发展为例,深入进行梳理和分析。

一、 中国轮船航运业诞生,背后有着三个历史契机

对近代中国而言,最先出现的是西方资本主义强国的轮船。

1820 年,中国开始组建轮船。但列强把轮船引进中国,目的不是为了帮助中国发展,而是为了掠夺中国的资源,攫取从经济到政治的最大利益。此时,轮船是列强侵略中国的工具之一。这种情况一直持续到第二次世界大战结束、中国成为战胜国时,中国和英国、美国的不平等条约取消了,才正式宣告结束。

在此之前,列强享受着不平等条约带来的极大便利,其中包括在中国的内河行驶轮船的“优待”。

1895 年,中日甲午战争失败后签订了《马关条约》,规定外国的轮船可以从苏州河进入杭州、苏州,从长江入江口一直到四川,而且可以在中国的土地上设厂。划分势力范围后,长江上最多的是英国轮船。后来,美国提出“门户开放”,这是把轮船及其所带来的商业贸易作为侵占势力范围的借口。

轮船作为列强的侵略工具,同时又是先进生产力的代表,客观存在着冲击落后的内在

规律性。由此，轮船航运业也就成了最早在中国出现的民用航运业。值得一提的是，中国自己的轮船航运业诞生，还有几个历史契机：

一是清政府官员对航运业的认识。

第一个对轮船先进性有所认识的是两江总督曾国藩。他奏称，轮船开的速度之快、洋炮打的距离之远，在中华大地上是过去没见过的。如果我们陆续购买，就能成为自己的东西，以后看到它就不奇怪了。李鸿章也注意到，俄罗斯、日本此前不知炮法，导致国家越来越弱。后来，这些国家上到国君下到大臣，不耻下问去求人，求得英法枪炮、轮船，学会后就能跟英法并驾齐驱。他还说，中国如果有大炮和轮船这两样东西，西国人也就只有收手了。

这个时候，清政府的主要官员看到更多的还是轮船在军事上的用途。左宗棠在论及跟英国人的冲突时说，陆地上我们的长处是骑马和冷兵器，他们的长处在于有洋枪、洋炮，在海上的话他们还有船，那用什么东西可以打击他们呢？李鸿章感叹，国家不亡而且要能够打胜仗就得靠轮船。所以，众人极力建议买船、造船、造炮、造枪，由此也就开启了洋务运动。

二是漕粮运输的困局。

漕粮运输长期依赖河运，后来因为战争和黄河泛滥淤塞无法通行，必须对河道进行通淤。这个工程非常大，加之沿途官地盘剥，进展缓慢。但不运粮是不行的，朝廷规定每年一定要运多少粮食到北方，否则解决不了北方粮食短缺的问题。东南漕粮依赖沙船起运，但要政府拿出一大笔钱来购买沙船。可是，此时的沙船因为外国轮船的冲击，已经由朽而烂化为乌有了。

这个困局怎么化解？有大臣建议，是不是可以雇外国轮船运一下。清政府一开始说不行，漕粮命脉怎能让外国船来运？后来说，是不是可以从外国买一些船来自己运，这就产生办轮船公司的需求了。但当时清政府里面顽固派非常多，幕后的阻碍很厉害，李鸿章主持《华商买用洋商或轮夹板等项船只章程》的修改，反反复复十多年，最后到 1872 年才办起了一个轮船招商局。

三是外商轮船争利。

1820 年开始，外商轮船在中国水域拉客载客，不断攫取厚利。这刺激了晚清朝野兴办轮船、与洋商争利的舆论和动议。1848 年，中国领水内出现了外国轮船公司。此后十多年里，旗昌、省港澳等外国专业轮船公司更是相继成立。它们资力雄厚，在各港口遍设分支机构，拥有各自的码头、仓栈、保险系统，构成了相当完整的外商轮船运输体系。

外国轮船运量大、快速、准时，受气候水流影响小，并受条约保护，故得以快速扩张。这种获取厚利的现象，刺激和吸引了众多华商投资外轮公司，或者购置轮船冒挂洋旗自己经营。起初，清政府不允许老百姓买轮船，但后来也明白了形势。

1895 年，清政府电令各省督抚，准许“内河行小轮以杜洋轮攘利”，但无具体措施法规。1898 年，《内港行船章程》公布，正式通告“中国内港，嗣后均准特在口岸注册之华洋各项轮船，任便按照后列之章往来，专作内港贸易”。到此，华商兴办轮船航运业正式解禁。

二、 并购美商轮船公司，打响近代商战第一捷

种种趋势预示着是变亦变、不变亦变之局。曾国藩、李鸿章、左宗棠等主张兴办洋务的大臣知道，兴办轮船的潮流势所必然，难以阻挡。而且，便捷的轮船、精巧的机器以及煤、铁的开采和利用，是互相依存的。

近代上海地理位置优越，具备成为航运中心的客观条件。上海在海岸线的中间段，又把着长江出海口这个天然的良港。轮船出现以前，北方的船不往南、南方的船不往北，都在上海这个地方交换货物。近代轮船出现后，打破了这个传统格局的限制。不过，凭借着优越的综合条件，上海的航运地位不降反升。

1872 年，李鸿章制定《轮船招商局条规》28 条，在上海设立总局，各口设立分局，轮船报关装货一切事宜均照洋商章程办理，并由其直接委派总办。李鸿章认为，该条规大致公允，当即向朝廷请示，得到皇帝批准施行。于是，轮船招商局正式取得合法身份。很快，招商局在上海以总办轮船招商公局名义正式开局。

马关条约签订之前，中国除了轮船招商局基本上没有第二家轮船公司。能够举出来的都是些小厂，而且打着外国人的名义。招商局成立以后，外国轮船公司马上低价竞争，希望把招商局一下子击垮，但招商局挺过来了。不过，一开始负责招商局的是上海的沙船商人朱氏兄弟，他们跟洋人打交道时表现不佳，导致损失很多。李鸿章于是决定，轮船的管理不能交给沙船商人。结果，把唐廷枢和徐润这两个买办招进来做了招商局的总办。唐廷枢是个了不起的人，从小接受英文和国文教育，能说一口很流利的英语。多年的经历让他一直有一个梦想，就是希望自己的国家富强。李鸿章找他来招商局的时候，他就毅然辞掉了洋行的职务。

唐廷枢利用自己经营管理企业的丰富经验，逐渐与同行建立起联系，加上李鸿章给予的专运权和贷款优惠，招商局开始有所起色。他指出，合计 3 年，中国之银少归洋商者，约已 1300 余万两。洋人轮船之入中国，为害最甚。但自创办招商局轮船以来，洋人不能尽占中国之利了。

1876 年，发生了一个巨大的转折事件，即并购美商旗昌轮船公司。中国轮船运输公司的迅速发展，使美国旗昌公司渐渐难以维持经营。加之美国内战的因素，当时的美国政府想把这个轮船公司卖掉，就托人找到徐润商议。徐润认为这是一个好机会，便请示李鸿章。李鸿章认为这是一件大事情，未马上答应。于是，徐润等人又跑到南京，找到沈葆桢。徐润发挥商人的才智说服了沈葆桢，获得了对方的 100 万元借款，就此一举把旗昌公司买下。

这样一来，招商局的船从头一年的 11 只，猛增一倍多达到轮船 29 只，并使各通商口岸进出中外轮船对比数从 0 增加到 36.7 比 63.3。此后，中国涉江浮海之货船，一半皆挂招商局旗帜。时人对此给予了很高的评价，说这是千百年来创见之事、近代商战第一捷。

三、 从小轮“如鸭衔尾”，到远洋近海沿海枢纽

19 世纪末 20 世纪初，中国民族资本主义轮船航运业得以较快兴起和发展。1895 年至 1911 年的 16 年间，船只数量增加 5.21 倍，吨数增加 1.76 倍。这些统计还不是很完全，

实际数字可能还要高一些。这一时期，中国的民间轮船航运业并无政府财政资助，且与外商轮船公司相比还要缴纳厘金等。在种种不利因素的困扰下，它们主要在外国轮船航运企业和轮船招商局尚未控制垄断的内河、内港地区活动。

这一时期，中国民族资本轮船航运业的发展，大体具有以下几个方面的特征：第一，小轮船公司创立十分活跃。第二，虽然发展比较快，但有实力的轮船公司和大吨位的轮船不多。第三，上海和苏州地区因为河港遍布、连接近海远洋，又为国内外商贸中心，自内河轮船开禁之后，便成为华商兴办小轮业的中心区域之一。

1899 年，《申报》有报道详细描述了每日上海小轮去往苏杭嘉湖等处的情形——“遥望苏州河一带，汽管鸣雷，煤烟聚墨，盖无一不在谷满谷、在坑满坑焉”。小轮船所占航道之地不多，重要的业务之一就是拖带民间木船运货，“多者十余艘，少亦五六艘，翩翩联联，如鸭衔尾”。

第一次世界大战前后，中国轮船航运业的发展越来越快。1913 年至 1924 年，轮船只数和轮船吨数均呈现逐年持续稳步增长的局面，轮船只数和吨数增加了 2 倍多。但最引人注目的部分，应当说是千吨以上轮船增长的状况。这一时期，千吨以上的轮船从 47 只增加到 149 只，甚至还出现了万吨轮船，大大改变了此前中国大型轮船短缺的状况，为中国轮船航运业在江海各条航线上与外国轮船公司抗衡，进而开辟远洋航线奠定了坚实基础。抗战全面爆发前，沿海共有轮船公司 34 家；内河航运方面，1936 年仅上海就有本地轮船企业 69 家。

依靠长江流域广阔的腹地市场和便利的交通条件，上海很快取代广州成了中国进出口贸易的中心。到 1911 年上海在中国对外贸易总值中占有 44.2%以上的比例。此后，这个比例进一步增加。到 1933 年已超过全国对外贸易总值中的一半，到 1947 年甚至占到了 69.4%，内外贸易愈趋活跃。此时，中国轮船航运业的发展，无论是远洋、近海还是沿海，无论其总公司设在何处，上海都是一个不容忽视的枢纽。众多外国轮船公司也把上海作为远东的航运中心，这是由上海的地缘条件和进出口贸易情况所决定的。

中国近代轮船航运业的崛起经历了曲折的道路，有三个明显的发展节点：1895 年以前，主要的轮船公司只有轮船招商局一家；1895 年开启了发展的第二个节点，主要特点是华商小轮船业普遍兴起；第一次世界大战前后到抗战全面爆发是第三个节点，中国大中型轮船公司开始兴起。但无论哪一个时期，上海都处于航运业的中心位置。

轮船航运业与近代上海城市精神之间存在着内在的关系。海纳百川、追求卓越、开明睿智、大气谦和在中外杂处和互动中孕育，外来的先进生产力、文化、制度等在这块土地上的交汇碰撞淬炼着上海市民的眼界和胸怀。轮船航运业在这个过程当中，尤其是在早期，起到了非常大的作用。从这个意义上说，航运业是上海这座城市的重要组成部分。

冯筱才:近代上海商会扮演了怎样的角色

1902 年上海商业会议公所的成立,可以被视作上海历史变迁中的一个重要里程碑,亦象征着中国经济近代化翻开新的一页。由此开始,商会不仅成为政府和工商界的重要沟通平台,而且使工商业的行业自律以及各业之间的合作进入一个崭新的发展阶段。自上海开始,全国各地纷纷成立商会,在经济社会发展中起到了日益重要的作用。到民国初年,商会既是中国社会里重要的法人社团,同时也在中外交流中扮演着关键角色。

一、 与外国人谈判的需要, 催生了中国人自己的商会

在重商主义氛围下,清政府到 1900 年之后开始认识到中外商约谈判的重要性。当时,外国政府在对华谈判时常与本国商会高度合作,而中国则缺乏此种官商沟通机制。因此,当 1902 年盛宣怀奉命来上海与外国人谈判时,首先想到的是赶紧成立中国人自己的商会。因为如果没有商会,政府对各个行业的状况缺乏了解,对外谈判中面临信息不对称的问题,于国、于商均不利。于是,盛宣怀到上海不久,便大力劝导各业绅董迅速组织上海商业会议公所。这便是中国最早成立的近代商会。

1903 年,清政府派员对上海商业会议公所进行考察,肯定商会的价值,并打破前规成立商部。商部一成立,就将劝导各地成立商会列为首要之事。1904 年,上海商业会议公所改名为上海商务总会,成为全国各地组建商会时的学习榜样。这种官商沟通的新平台随后几年迅速从上海扩展到全国,甚至连边陲之县城、基层工商集镇也开始出现商会组织。

商会成立虽然有官方倡导的背景,但无论是经费筹措,还是内部管理,基本上是商人自治性质,政府立于监督地位。维持这些机构需要经费,因此类似于晚清大型企业创办时的“官督商办”,商会则采取“官倡商办”。对于政府来说,有了商会,官员与商人打交道变得更便利,交易成本也更节省。

早期成立商会,显然还与经济民族主义有关。当时的报道曾反复强调国人在商战中要防止局势被洋商操纵在手,商人应该协力抵制。在这一问题上,官商的想法是一致的。第一届商业会议公所总理是严信厚,与盛宣怀非常熟悉。他曾经讲过,成立商业会议公所,就是要把商界的声音集中起来、沟通上下,让政府在对外谈判中知道商界的一些要求。因此,上海商会一开始主要是在对外商业谈判中为政府提供咨询意见。当然,后来商会承担的角色,不仅仅是对外,而且也包括对内。比如在很多事情上,当政府需要商界协助时,便会先想到商会。特别是在财政、税收、新兴产业倡导等方面都得到了商会的帮助,这也

使得商会拥有其他普通社团无法比拟的地位。

二、 更大范围内共享资讯，工商竞争合作也更加有序

中国工商业的健康发展，始终与行业自律制度分不开。

在传统时代，有悠久历史传统的工商业会馆或公所，是行业自律的关键机制。不过，传统工商业通常是按商帮组织起来的。在一些地方，为加强各行帮之间的合作，商人们也有可能创建集体商业组织。这种组织通常是以联盟性会馆形式建立起来的，如清代重庆曾有过的“八省会馆”。

上海开埠前后，还存在各种按地域或行业组织起来的会馆、公所，但缺乏联合组织。而当上海超过苏州、宁波等商埠，成为中国东南最重要的商贸中心时，工商社团仍是比较松散的状态。因此，1902 年上海商业会议公所的成立，使上海工商界进入一个新的时代，一个强调合作与共赢的时代。行业自律开始超越业界，并且有了更规范的要求。在此种背景下，上海工商业的发展势头更加迅猛。更为重要的是，这种合力在面临中外经济竞争时显得尤为关键。

上海商业会议公所刚成立时，其实带有很浓的各行业会馆公所联盟性质。从会员名录中可以发现，代表各商业行帮的“合帮会员”在早期占很高比例，到后来代表新兴工商业、以工厂商号名义加入的“分帮会员”数量越来越多。由此，我们可以看出上海经济发展的大致脉络。

正是由于工商业有新旧之分、大小之别，不同行业也可能存在利益交集，因此商会这种跨行业的整合性自律组织地位就日益重要。商会能够协调商界不同声音、不同利益，这对于上海的发展极为关键。上海成为中国第一通商口岸，与商会的这种协调整合力有密切关系。当然，商会的前后变化也颇大，但在行业自律方面扮演的角色是一贯的。

由于商会的引导和监督作用，上海工商业的发展总体上是从中受益的。政府当然也可以监管，但有时成本太高。面对政府各种管制政策，无良经营者也总是会想出各种应对办法。因此，行业自身的内部约束和规范就极为重要。它不但可以减轻社会成本，而且对于秩序、创新也很有利。商会的存在，使得上海工商界能在更大的范围内共享资讯，竞争合作也更加有序化。

近代商会的成立，也标志着行业自律的近代化。此前传统同业组织的自律行为，常常建立在行业惯习的基础上，一些规定未必符合工商界整体利益，抑或处罚过于严苛，与现代法制不合。上海总商会在 1913 年设立商事公断处，对争议各方以息讼和解为宗旨，减轻了司法行政压力。商会后来规定的商事仲裁条例，既有法律依据，而且其运用过程也更符合近代商人的一些诉求。

正是由于商会在行业自律方面有独特的权威性，因此各届政府在起草颁布与工商界有关法律时，往往会与商会再三磋商。后者也往往能代表工商界向政府陈情，提供专业意见，使得法律制定更符合工商业界的整体利益。为规范商会事务，各届政府还先后颁布了几次商会法，不但保障了商会的地位，还使商会主导的行业自律活动有了更为完善的政策准绳。

就上海商会来讲,其自身建设也越来越健全。到1916年,上海总商会议事厅落成。这幢漂亮的建筑后来成为重要的上海公共空间。1920年,上海总商会商品陈列所大楼建成。来自全国的物产商品有了一个布展陈列的地方,许多展览会也在此举行。同时,总商会亦开始办起自己的图书馆和杂志,创建为工商界举办的公益性商业学校,对青年职员或学徒进行文化教育与专业训练。

此外,商会人事制度从一开始就有一定的民主色彩。例如,会长和重要职员的选举,从早期的投黑白子表决,到后来的选票制,都有章可循,程序较严格。上海商会会长的选举竞争往往非常激烈,这也表明相关程序有一定的公正性。商会运作的制度化,为商会获得广泛社会声誉进一步提供了保障。

三、 每当面临各种秩序危机，都会出来斡旋解决减轻损害

在近代上海民众眼里,上海商会无疑是有信誉的经济社会团体。这种认同,自然是与商会成立后的社会作为有紧密关系。

就上海历史来看,上海总商会不仅是工商界的自律组织,而且是近代上海的重要社会枢纽。举例来讲,北京、天津、汉口等大城市在近代都曾发生过严重的兵变,这些骚乱对金融稳定和社会秩序破坏甚烈。不过,作为全国最重要的商业都市,上海并没有发生过此类严重兵变。个中原因很复杂,但商会的存在及其挽救秩序的积极行动,是上海转危为安的一个重要因素。

大家对北洋军阀时期社会的混乱都有一定了解。其实,不同的地方,面临相似的军阀武装冲突或同样有派系军队驻扎过,其变化态势是各不相同的。有没有负责任的社团或代表出来承担与军人交涉的事务,所产生的后果迥异。这里面,各地的商会便扮演着重要的社会责任团体角色。其中,上海总商会的地位尤为突出。

上海曾经发生过几次战事,每次打仗市民都很焦虑。此时,人们可能具体面临三种危险:一是许多战争难民的出现。如果他们得不到救济,社会秩序就会出现问题。二是参战各方的逃兵,特别是失败者会出现更多的溃兵。这些武装人员如果涌到城里,无序行动,市面肯定会混乱不堪。三是租界问题。外国人一直想扩大租界边界,每次出现战争混乱,都可能导致外人越界行动,甚至将管辖权延展到华界。在这种情形下,中外人士共同认可的上海总商会,便成为协调各方的重要机构。同时,商会也随之发展成可以调配各种资源、保护社会秩序的有力机构。

1924年的苏浙战争便是一个显著例子。战争爆发前,经由上海总商会和其他重要商会的调停,苏浙两省本来签订了一个"和平条约",使得战争延迟了一年爆发。战争开始后,总商会不仅承担难民救济责任,而且负责筹措大笔经费以安顿遣散溃兵,避免了严重的兵灾。六千名溃兵能迅速被安置到不同的收容所,收缴其枪械,并且紧急调运轮船北运人员,没有商会的支持显然是难以做到的。

近代上海商会在维持秩序方面的作为,当然不仅收容溃兵这一件事。每当上海面临各种秩序危机,商会都会出来斡旋解决、减轻损害。上海曾经出现过几次非常大的金融风潮,如1910年的橡胶股票风潮、1921年证券交易所疯狂投机热潮导致的信交风潮等。发

生这么大的金融风潮之际，如果没有商会和钱业公会、银行公会这样的机构出面协调解决并承担责任，可能导致市面动荡。

另外，上海是国际通商大埠，中外人士杂居一城，租界华界毗邻交错。上海商会总会成立之时，便面临调解俄国水手杀死宁波车夫的重大交涉事件。次年，更是发生了严重的大闹公堂案与抵制美货风潮。商会对这些事情的处理，都直接关乎社会秩序。之后，政治民族主义浪潮越来越激烈，商会始终处于风口浪尖。一方面，要肩负社会救济的责任；另一方面，工商界自然不希望秩序失宁、市面动荡。为此，上海总商会与上海各类工人组织需要加深合作。

纵观20世纪上半叶的风云变幻，商会无疑是上海经济繁荣与城市发展的砥柱。它不仅在沟通政府与商界、行业自律、社会秩序责任承担等方面积极作为，而且在其他诸如制度创新、技术移植、社会教育，风俗改良等领域亦发挥作用。相信上海总商会的历史遗产，对于今天经济社会的健康和谐发展都有借鉴意义。

东方讲坛·回首向来处——历史上的民众生活主题系列讲座

“回首向来处——历史上的民众生活”主题系列讲座首讲在同济大学举行

继 2016 年推出“走出历史　读懂中国”系列讲座 12 讲之后，2017 年“东方讲坛·文化中国主题系列”讲座再推“回首向来处——历史上的民众生活”主题系列讲座，邀请七位青年历史学者，从古人的起居坐卧、读书交友、休闲娱乐等民间生活切入，为广大听众讲述上下五千年中的那些人和事。

3 月 18 日下午，“回首向来处——历史上的民众生活”主题系列讲座首讲在同济大学启动。首讲题为“‘风’从何处来——魏晋风度的社会基础”，邀请复旦大学历史系副教授仇鹿鸣主讲，上海开放大学公共管理学院副院长伊晓婷主持。近 300 位来自社会各阶层和不同年龄阶段的历史爱好者前来聆听了讲座。

一、 引子

魏晋是一个动乱的年代，也是一个思想活跃的时代，这一时期的魏晋风度也是中国文化史上一个较为特殊的现象，魏晋名士率直任诞、清俊通脱的行为风格直到今天对我们当代知识分子都还产生着深刻的影响。他们在生活上不拘礼法，常聚于林中喝酒纵歌，清静无为、洒脱倜傥，得到后世知识分子的肯定与赞扬，甚至是羡慕和向往。

二、 魏晋时代的士族社会

仇鹿鸣指出，魏晋时代朝代更替非常之快，一个王朝短则几年，长则几十年就会瓦解，士族逐渐占据主导地位，皇权相对于士族权力受到制约。正是皇权的相对衰落和士族的相对稳定，使得魏晋南北朝就形成了中国历史上一个非常有特色的时代。并且这种士族社会在中华大地延续了很长一段历史，从西晋到东晋开始成型，到东晋时达到比较高的成熟度，并且一直延续到唐代。

三、 魏晋风度的由来

仇鹿鸣在阐述魏晋风度的形成缘由时，提到了 20 世纪现代文学史上两位研究魏晋风度非常具有代表性而且有影响力的学者、作家和美学家：鲁迅和宗白华。仇鹿鸣认为，鲁迅在《魏晋风度及文章与药及酒之关系》一文其实是在为通常人们认为的"放浪形骸，不受礼教约束"的魏晋风度平反，指出阮籍和嵇康等人才是真正的社会秩序崇尚者。鲁迅认为"阮籍和嵇康表面上看起来是毁坏礼教者，实际上倒是承认礼教"，这就纠正了人们一直对这两位在魏晋时期非常具有代表性的名士的误解。宗白华在《论〈世说新语〉和晋人的美》中提到，汉末魏晋六朝是中国政治上最混乱、社会上最痛苦的时代，但魏晋人士在精神上却是极自由、极解放、最富于智慧和最浓郁热情；因此，魏晋时代也是最富有艺术精神的一个时代。鲁迅和宗白华对魏晋风度的认识对大众的影响很大，一直到今天仍然深入人心。

仇鹿鸣认为，正是民国时期以鲁迅和宗白华等学者对这些放浪形骸的魏晋名士的关注和研究，才使得越来越多的人去关注魏晋风度。实际上，民国时期的学者重视魏晋士人的精神风貌，是有一定深刻原因的。晚清民国时期，社会动荡，国家内忧外患，儒家思想受到巨大冲击，这些和魏晋时期的社会状况有着许多相似之处，知识分子的思想也和魏晋士人有很多共同之处，相互之间产生深深共鸣。因此，像鲁迅、宗白华这样的民国知识分子特别关注魏晋士人的精神面貌和思想特征，其实也是自己思想和感情的外露。

四、 儒家意识形态的逐步瓦解

仇鹿鸣认为，正是魏晋时期儒家意识形态受到冲击并走向瓦解，才真正为魏晋风度的成型打下社会基础，在他看来，魏晋时代儒家意识形态逐渐走向崩溃的原因也是多方面的，值得深入挖掘，可以主要从三个方面进行阐释。第一，东汉政治在中期形成了外戚和宦官交替专权的局面，这种局面对传统儒家观念形成严重冲击，受到传统儒家士大夫的强烈不满。很多士大夫不再仅仅忠实于儒家思想，开始关注和研究其他思想学说，导致佛家、道家和"玄学"思想兴盛。第二，东汉末年以来一直到魏晋时代，"清议"和"清谈"运动的出现使得儒家思想受到严重挑战。魏晋时期对士大夫的评价标准不在于他的官职有多大，而在于是不是属于"清流"一派，这个标准对于传承儒家思想文化来说都是很不利的。第三，曹操重视法术，对于原有的儒家意识形态也起到一定的冲击和瓦解作用。例如，曹操所颁布的"求贤令"并没有把道德标准作为选拔官员的重要尺度，即使一个人品德非常之差，不仁不孝，只要有才能，拥有治国用兵之术，就会被得以重要。这样，曹操选拔人才的标准和就和汉代儒家"察举孝廉"有很大的不同，甚至可以说大相径庭，使得原来的儒家意识形态逐渐失去吸引力。这三个原因使得儒家思想在魏晋时代逐步走向瓦解。

五、 魏晋名士的入仕

仇鹿鸣认为，魏晋时代的名士是非常有才华的，他们从小就接受良好教育，饱读诗书，视野开阔；因此，这些名士不仅追求一种非常精致的文化，而且在政治上也有所追求，竭力地维护自己社会阶层地位的封闭性。仇鹿鸣以听众都非常熟悉的《三国演义》中魏国名士邓艾和钟会共同伐蜀为例描述了名士的入仕：钟会出身于曹魏高官世家，可谓士族出身，而邓艾则出生于庶族，完全是凭借自己的能力和功劳，在魏国崭露头角。当时士族看不起庶族，甚至是排斥邓艾这些出身比较低微、和士族"文化起点不同"的将士，反而赞赏自己的对手——蜀国的中原名士姜维，因此姜维的反间计很快奏效，钟会轻信姜维诬告陷害邓艾致死。由此可见，士族文化在官场上仍然对庶族文化形成排挤打压。

仇鹿鸣:魏晋风度倡导了怎样的社会风尚

大家如果去南京博物院参观的话,想来会对“竹林七贤与荣启期”模印拼镶砖画留下深刻印象。这一题材的模印砖画在南朝高等级墓葬中曾被多次发现,目前学界普遍认为“竹林七贤与荣启期”是判定南朝帝陵的重要证据。

竹林七贤作为魏晋风度的代表,以隐逸或高士的形象为人们所熟知,为何占有财富和权势的帝王要在陵墓中表现这些高士的形象?有观点提出,这类高士的形象代表着升仙的愿望。但大致来看,帝陵中发现隐士总是一件令人玩味的事情。某种程度上,它暗示了皇帝对隐逸生活的向往,也透露出魏晋南北朝作为士族社会的一些重要面向。

一、 士族身份的获取,“非皇权所能左右”

魏晋南北朝时期通常被视为士族社会,东晋南朝尤为典型。何谓士族社会,一个重要的标志就是士大夫具有自立于皇权之外的特征。

南朝齐武帝宠信出身寒微的纪僧真,纪僧真想要获得士大夫的身份,齐武帝说此事自己说了不算,让纪僧真去拜见当时的士族领袖。可在见面后,对方竟命人“移吾床让客”,硬是把纪僧真赶了出来,留下了“士大夫故非天子所命”的名言。在当时社会,皇帝可以给予一个寒人高官厚禄,但其士族身份的获取,则取决于士大夫群体的认可,而非皇权所能左右。士族社会的一大特征是以门第自高,甚至觉得联姻皇室也算不上什么荣耀。故唐文宗都抱怨:“我家二百年天子,顾不及崔、卢耶?”故相对而言,中古时期是一个阶层比较固化的时代。

提起魏晋风度,人们可能会想到嵇康的名言“非汤武而薄周孔,越名教而任自然”。学者们一般将其定位为一场文化革新运动,代表着对儒家名教罗网的冲决,竹林七贤这些人更是被视为政治黑暗时代中的反抗者。可是,对于魏晋风度的这一认识是如何形成的呢?这一看法主要是受民国以降学者的影响,特别是研究文学、哲学的学者意见起了很大的作用。就一般公众而言,可能更多受鲁迅《魏晋风度及文章与药及酒之关系》和宗白华《论〈世说新语〉和晋人的美》的影响。宗白华的文章开篇就说:汉末魏晋六朝是中国政治上最混乱、社会上最痛苦的时代,却是精神史上极自由、极解放、最富于智慧、最浓于热情的一个时代。鲁迅要给阮籍平反,则进一步敏锐地指出,“魏晋时代,崇尚礼教的看来似乎很不错,而实在是毁坏礼教,不信礼教的,表面上毁坏礼教者,实则倒是承认礼教,太相信礼教”。

将魏晋风度定位为破坏名教的反抗者,可以说是五四运动以来现代学术的产物。但有两个背景需要注意:一个是学术史的背景。五四时期的那批学者总体上持批判儒家主导的传统社会立场,因此注重发掘中国历史上反抗者的系谱,某种程度上可以说体现了这种批判性。另一个是历史本身演进的脉络。即使我们认定魏晋风度及玄学兴起是一场文化革新运动,也要看到与此同步发生的是士族社会的渐次形成。此种文化上的新面貌,实际上与社会阶层的固化之间存在着某种紧张关系。确实要追问,为什么一个被称颂为思想解放的时代,转身却塑造了阶层流动凝固的士族社会?

二、“君父先后”讨论,冲击儒家名教思想

魏晋风度的一大表现是质疑名教、不受礼法拘束。质疑名教风气的产生,大约可以追溯到汉末清议。清议是指在野的士大夫有感于宦官及外戚专权的乱象,批评政治、裁量执政。“风雨如晦,鸡鸣不已”,这种以天下为己任的精神获得很高的评价。但其倡导的凌厉激昂士风,最终却招来了党锢的打击。

党锢就是禁止党人及其家属做官。这大大动摇了地方精英对于王朝的向心力,儒家的意识形态开始瓦解。到了汉末,甚至出现了一个流行的话题叫作“君父先后”。所谓“君父先后”,用现在的流行语来讲就是“当女朋友和妈妈同时掉到水里,你先救谁”。话题本身是开放式的,但暗含的指向是当时士人开始意识到家族(父)与国家(君)之间是可能发生冲突的。而在此之前,总体上并不存在这样的问题。汉代察举最基本的名目就是“孝廉”,求忠臣于孝子之家,二者是同构的。汉末开始出现先“家”后“国”的转变,就是把家族利益置于国家之上,这是士族社会形成的一个重要特征。正所谓“与时推迁,为兴朝佐命,以自保其家世,虽朝市革易,而我之门第如故”。

汉末清议运动另一项重要的遗产是对“清”的推崇。从清议、清谈到官分清浊,可以说“清”构成了此后士族塑造自我认同的重要符号。不过,士人重清誉走到极端后,难免会出现沽名钓誉之徒,以至于留下了“举孝廉,父别居”这样的话语。

到了三国时期,原来塑造汉代士人道德与行为规范的儒家名教思想开始动摇。随之,汉魏以降出现了世官的现象。众所周知,汉魏易代是通过禅让方式完成的。我国传统王朝易代的方式主要有两种:第一种是革命,即以暴力的方式推翻前朝,汤武革命便是其中的代表。另一类则是禅让,模仿古代圣贤的遗意,通过和平的方式完成政权交替。这种禅让在巧取豪夺的背后,表面上要经过三让而受等一系列你推我让的仪式。所以,曹丕篡汉后讲了一句意味深长的话:“舜禹之事,吾知之矣。”

禅让与革命之间根本的不同在于,禅让并不否定前朝的合法性。因此,汉魏禅让过程中,汉末的官僚阶层基本上被完整地保留到新朝。曹魏中期后,官僚层中已经充斥贵戚子弟,加上之后魏晋嬗代也是通过禅让完成的,累世为官现象由此普遍出现,这进一步夯实了士族社会的根基。

三、精致文化共同趣味,折射阶层性和封闭性

一般印象中,魏晋名士是一群仪容秀美、谈吐风雅的士人。但这种令人企羡的风度是否代表这一群体的全部,是一个可以认真思考的问题。下面仅以邓艾、钟会伐蜀之役中发生的“二士争功”悲剧为例,来谈谈名士的另一面。

景元四年的伐蜀之役，因《三国演义》的渲染而为人所知，甚至可以说是这部经典小说中的最后一个高潮。事实上，伐蜀之役是一场受内政因素驱动的战争，而非司马氏有澄清天下之志。甘露三年二月平定诸葛诞后，司马昭扫清了嬗代路上的最后一个障碍，因此当年五月便有了“封晋公，加九锡，进位相国，晋国置官司”的动议，这意味着禅让连续剧的正式开场。此时，那位性格刚烈的年轻皇帝做了一个出人意料的举动，率领亲随冲出宫去攻打了司马昭，结果还没走到司马昭府邸便被刺杀了。但皇帝被弑给司马氏造成了巨大的道德压力，同时也揭破了禅让连续剧中你情我愿的面纱。此后五年内，尽管屡有九锡之议，但司马昭一直未敢接受，魏晋易代一时间陷入僵局。

在此背景下，司马氏被迫寻求建立不世之功，使魏晋嬗代重新具有道义上的合法性。直至司马昭决心伐蜀前一年，姜维依然有能力骚扰曹魏边境。因此，当时曹魏在西线最有声望的将领邓艾反对伐蜀，直至司马昭派人来说服后才勉强同意。

伐蜀之役由司马昭的亲信钟会为主帅，邓艾受命率领偏师。根据谋划，魏军最初的战略意图是发动一个钳形攻势：钟会统帅主力十余万，从骆谷、斜谷的大路进取汉中；邓艾与诸葛绪各统诸军三万余人从陇西进攻，进行战略牵制。希望通过邓艾、诸葛绪的前后夹击，阻止姜维退往汉中，使得钟会率领魏军主力能够迅速占领汉中，打开进攻成都的通道。但由于诸葛绪行动上的犹豫，差了一日而未能阻截到姜维，姜维最终得以从桥头突破，引军退往剑阁，并依仗天险，与钟会率领的魏军主力相持。

因此，尽管最初魏军取得了一系列胜利，但姜维依然保持战略上的主动权。不过，之前的胜利对于司马昭而言已经足够。在前线捷报传来之时，他便立刻接受了先前屡次辞让的相国、晋公、九锡之命。此时，邓艾决定放弃原来与钟会汇合的计划，改走阴平小径，从而绕开剑阁天险，直取成都，进而一举灭亡蜀汉。

钟会与邓艾二人背景迥异，钟会是名臣钟繇之子，出身于汉末最有声望的士人家族，与司马昭关系密切。《世说新语》中记载，司马昭、陈泰、陈骞、钟会相约出行，钟会迟到，司马昭戏谑时故意提及钟会父亲钟繇的名讳。时人重孝行，与人接谈中触犯对方家讳是严重的冒犯，但反过来，如果关系非常密切的朋友，也会用对方的家讳来开玩笑。素有捷才的钟会不甘示弱，用“矫然懿实，何必同群”予以反击。这八个字中巧妙地点到了车上三人的家讳，司马昭的父亲司马懿、陈泰的父亲陈群、陈骞的父亲陈矫。这种妙对是魏晋风度的重要体现，同时也是士人文化认同的重要标识。

邓艾出身低微，是襄城典农属下的部民，靠积累军功而致高位。更糟糕的是，邓艾口吃，与讲究捷悟的文化风气格格不入。或因如此，在争功一事上，邓艾最后可谓冤屈而死，跟随他灭蜀的部下也未能获得应有的封赏。

由此可见，魏晋风度虽然是一种精致高雅的文化，但也要注意这种文化背后的阶层性和封闭性。实际上，官僚阶层经过魏晋两代的生长发育，已经形成了一个通过婚姻、交游、同僚、征辟等方式凝结起来的政治利益共同体。加之魏晋之际玄学清谈的兴起，这些官僚家族又在文化上逐步形成了共同的趣味和认同。东晋南朝的士族虽然并非完全承自魏晋官僚阶层，但至少有两个重要的特征源自西晋：一个是具有累世仕宦倾向的政治群体；一个是以玄学清谈为共同文化特征的官僚阶层。

章毅:拨开纷繁事象,看到怎样的理学

一、深入历史现场,会产生不同的批判

我们今天对于历史的认识与历史学科的建立关系很大,实际上是近代的产物,与中国的文化传统颇有不同。今天的历史学者往往重视新史料的发现,强调新方法和工具的运用,认为由此展开研究,就能得到新知,从而推动历史学的发展。这些研究成果通过学校教育和大众传媒,又渐渐转化为公众视野中的历史知识。

这样一条产生历史知识的线索当然很完整,但也产生了一个结果,那就是历史越来越成为一个"客观"的对象,仿佛与人们的生活没有多少内在的关联。事实上,历史并不完全是客观性的,而跟我们的主观认同也密切相关。同样一个历史事象,如果站在不同的视角去观察,使用不同的文字去表达,所产生的结果可能就会有所不同。

具体到中国历史,这个矛盾可能更加突出一些。因为在传统中国文化中,历史扮演着更加紧要的角色。

孔子在《论语》中说:"周监于二代,郁郁乎文哉!吾从周。"这是把周代当作一种文明的类型,来对现实进行反观和批判。在这里,历史就有了一种超越性的意义。唐代诗人杜甫在《蜀相》一诗中赞颂三国时期的诸葛亮,"出师未捷身先死,长使英雄泪满襟",这是把历史人物当作了一种道德的典型。罗贯中在《三国演义》的开篇写道,"是非成败转头空,青山依旧在,几度夕阳红",这是在历史变迁之中看到了美感。

由此可见,对传统中国人来说,历史并不仅是客观认知的对象,而且是超越感、道德感以及美感的重要来源。历史充满了意义和价值。所以,在我们的文化传统之中,历史事实的所谓确定性,并没有占据压倒性的位置。即便如《史记》这样的经典作品,其中的历史叙述也不乏饱满的文学激情。

二、"为己之学"延续文脉,意在恢复人们的良善本性

具体再来看宋明时期,理学正是接近这段历史的重要思想资源。"理学"一词,西方汉学界的翻译是新儒学。所谓"新",是针对孔子已降以及两汉的旧儒学而言的。新旧之间,则是长达数百年的儒学衰落期,此时风靡的是自印度入华的佛教。正如宋儒朱熹所言,"有国家者虽隆重儒学",但"道之要妙无越于释老之中"。在朱熹看来,虽然不能够说当时的国家不重视儒学,但在那些高妙的义理方面,儒学是没有办法与佛教竞争的。

大约从中唐的韩愈开始,不断有学者致力于重新阐明儒学的义理,使之能够包容并超越佛教。宋代理学的形成,正是这一文化脉络的自然延伸。从宋初的周敦颐起,两宋理学

人物涌现，其中朱熹是集大成者。《宋史》中记载，熹登第五十年，仕于外者仅九考，立朝才四十日。其意思大致是：自从入科举中进士之后，朱熹任地方官只有九年、任京官只有四十天，其余的时间都在讲学、著述，因此是一位比较纯粹的学者。

理解朱熹的思想，比较困难的不是理学体系本身，而是他把“理”（一种包含了至善特性的抽象原则）置于宇宙本源地位的思维方式。对于今天的人来说，近代物理学早已指明，宇宙的运行遵循机械论的物理规则，不可能跟人的情感、社会的原则有什么直接关系。但朱熹认为，这种“天”和“人”之间的互通是真实存在的。因此，他才会说：只是这理，在天则曰“命”，在人则曰“性”。人的纯良心性，正是来源于至善的宇宙秩序。不过，朱熹同时也承认，不同人的禀赋是各有差异的，“就人之所禀而言，又有昏明清浊之异”。有些人资质极佳，“无一毫昏浊”，因此“不学而能”，即不用学习就能达到“清明纯粹”的境界。但更多的人则是“资禀既偏，又有所蔽”，因此需要“痛加工夫”，百倍用功且“进而不已”，才能最终有所成就。

朱熹还对这个下功夫的过程作了形象的比喻：“半亩方塘一鉴开，天光云影共徘徊；问渠那得清如许，为有源头活水来。”现在解释这首诗，通常是把“源头活水”理解为喻指学习，这当然是对的。但对于“渠”字，人们往往有错解的地方。这里的“渠”并不是“水渠”，而是作为代词指称“方塘”。朱熹的本意是用“方塘”来比喻人的内心。方塘看上去清澈透明，是因为有“源头活水”，就像人的内心，若要保持清明，则必须不断对其下功夫。

理学的本意是发展出一套无所不包的抽象体系，从宇宙论到心性论，以便在各个方面展开与佛教的文化竞争。但最终的结果是，它落实在了儒者的“格物致知”实践之中，成为一套极为注重学习和教育的思想。朱熹最负盛名的著作《四书章句集注》，其首篇《大学章句》的序言中就指出，设立学校的最终目的是为了“复性”，恢复人们被遮蔽了的良善本性。由此，这样的学习是“为己之学”，而不是一种功利的手段。

三、搭乘“科举之舟”，成为家读户诵的准则

或许正因为理学如此重视教育，因此在走向社会化的过程中，理学先与科举制度有了深入的结合。在南宋理宗年间，“四书”被立于学宫，获得了官方教科书的地位。元代仁宗年间，科举恢复，朱熹的集注成了标准科举用书，且直至清末，沿袭不改。而搭乘“科举之舟”的理学，由此成为家读户诵的文化准则。

如同理学一样，虽然科举的作用一直饱受争议，但就促进社会流动性而言，其功效已为社会史研究所证实。明代是科举全面推行的时代，历史学家何炳棣曾对明代进士做过比较周详的研究。他从明代 90 次科举中选取了 17 次进行统计，涉及 25000 多名进士中的 4700 多人。按照家庭有无功名的标准，将这些进士分为四类，结果发现：这些进士大约 50％来自“白丁”家庭，即三代之内没有人获得过任何功名；而三品及以上高官家庭出身的子弟，在进士中的比例平均不过 5％。显然，这个科举系统一定程度上有着“锄强扶弱”的功能，对社会阶层的流动是有利的。

正是这些科举出身的读书人，在入仕之后，常常会发展出强烈的正义感。海瑞是一个典型的例子，其他相关的事例也不罕见。《明史》中记载，正德元年，宦官刘瑾弄权，蒋钦身

为南京御史而“切谏”，结果“逮下诏狱，廷杖为民”。但在随后的一旬之内，蒋钦又两次“具疏”，最终竟被杖而亡。在最后一次撰写奏疏时，虽然“灯下微闻鬼声”，仿佛有先人暗中劝阻，但蒋钦依然表示“此稿不可易”，表现出极大的道德勇气，其中不难看到理学的影响。

理学社会化的另一个表现是，明显促成了基层宗族社会的发展。《家礼》是朱熹的著作之一，所论主要是士大夫的居家礼仪，涉及冠婚丧祭等日常活动。其中，尤为强调宗祠的重要性，“君子将营宫室，先立祠堂于正寝之东”。此外，记录宗族活动的“谱牒”，也被认为不可或缺。

这些产生于南宋的理念和规划，到了元明时代都逐步有了落实。现存最早的谱牒于元代形成，《汪氏渊源录》就是其中比较知名的一种。到了明代中后期，则出现了宗祠遍东南的局面。宗族固然是一种基层社会组织，但对理学家来讲，其意义并不完全是对地方社会的整顿和治理，还隐含着用自治的方式限制皇权的意图。

理学社会化并不仅是纵向的涓滴渗透，还表现为横向的融合。元代之前，云南地区有着独特的区域文化传统乃至地方政权。我们去参观大理剑川县的石宝山石窟群，就可以很直观地看到这一点。石窟造像基本上是佛教的概念，北方多有石窟，如云冈石窟、龙门石窟等，但南方其实并不多见。大理的石宝山石窟兴建于9世纪至12世纪，绵延300年，恰好印证了当地深受佛教影响的地方文化传统。

不过，进入明代之后，石窟内的造像逐渐为碑刻和题诗取代。其中，知名的《万古胜境》诗碑即出自当地士大夫李元阳之手。他是嘉靖五年的翰林庶吉士，也是云南最早的地方志编纂人，更是理学著作《心性图说》的作者。正是这些士大夫用另一种标准重新塑造了石宝山石窟。

最后，还是回到历史意识本身。我们今天谈论历史，固然应当关注纷繁复杂的历史事象，探究事象背后各种支配性的利益原则，但也应该关注历史情境中人们对于自身状况的理解，以及对于意义的追寻。这样，即便快速变化的现代生活会削弱“以史为鉴”的功效，但历史本身所包含的美感，还是始终会吸引人们的目光。

陈大为:敦煌画卷展现了怎样的都会景象

敦煌壁画作品展示了敦煌艺术和丝路文明的多样形态。

正如郑振铎先生所言:"研究中国任何学问的人们,殆无不要向敦煌宝库里作一番窥探的功夫。"敦煌社会生活是隋唐时代民众社会生活的一个缩影。从敦煌画卷角度入手,对敦煌这只"麻雀"进行解剖,可以使我们更好地体察隋唐时期民众的生产生活和文化样态。

一、佛道传瑰宝,"夷教"留经典

莫高窟又叫千佛洞,位于今天敦煌市东南 25 公里处的鸣沙山东麓断崖上,坐西朝东,前临宕泉,面对三危山。自十六国时期的前秦建元二年起,历代佛教徒便不断在这里凿窟造像,至武则天时期已有"窟龛千余"。隋唐时期,敦煌莫高窟成为著名的佛教圣地。宋元以后,由于种种原因,这里的佛教逐渐衰落,莫高窟也逐渐为世人所遗忘。

直到 1900 年 6 月 22 日,道士王圆箓雇人清理莫高窟洞窟内的淤沙时偶然发现藏经洞。此洞约一丈见方、六尺多高,洞内重重叠叠堆满了粗麻布包,其中包裹着五六万件从魏晋十六国至北宋时期的经卷和文书,还包括许多绢画、纸画和丝织品。这批古代文献,以隋唐五代时期最多,多数为写本,也有极少量雕版印刷品和拓本;其装帧形态有卷轴装、梵夹装、经折装、旋风装、蝴蝶装等;其文字多为汉文,但古藏文、梵文、回鹘文、于阗文、粟特文、希伯来文等其他文字的文献亦不在少数。

令人唏嘘不已的是,敦煌宝藏发现后,先后有英籍匈牙利人斯坦因、法国人伯希和、日本人橘瑞超和吉川小一郎、俄国人奥登堡、美国人华尔纳等前来劫掠,实乃"吾国学术之伤心史也"。

但总的来看,随着莫高窟藏经洞的开启,历代之积文终成后世之瑰宝。特别值得庆幸的是,锦绣的隋唐文化在敦煌卷子中展现得淋漓尽致。敦煌石窟和敦煌遗书中呈现出来的隋唐文化,包括儒家、道教等中国传统文化,也有来自印度的佛教文化,还有从西方传来的景教、祆教、摩尼教文化。

一般认为,敦煌石窟艺术是我国传统民族文化在外来佛教和佛教艺术刺激下,产生出来的一种艺术形态。它是石窟建筑、彩塑和壁画三者合一的佛教文化遗存。隋唐时期是敦煌莫高窟造窟最多的时代,佛教艺术发展达到顶峰。

当时,雄伟、壮丽、宏大成为艺术家追求的时代风貌。因此,塑像以整铺的群像为主,由一铺五身、七身而向九身、十一身发展,气势宏大,并出现了巨型造像。一尊是武周延载二年禅师灵隐和居士阴祖等造的第96窟北大像，高达33米；另一尊是开元年间僧处谚与乡人马思忠等塑的第130窟南大像，高26米。同时，还出现了巨型经变画，一部经一幅壁画，如阿弥陀经变(西方净土变)、法华经变、东方药师经变等。

就敦煌遗书而言，因为它是佛教寺院的藏书，故其主体为佛教典籍，大约占到总数的90%左右。其中，以传世佛经和未入藏佛典以及疑伪经为主。尤其是疑伪经的出现和流行，据此可以了解当时民众的信仰和社会习俗等。比如，《十王经》形象地展示了地狱的面貌，对了解隋唐五代中国地狱观念的演变和殡葬习俗具有重要价值。

敦煌遗书中还保存了800多件道经及相关文书抄本，其中超过半数的道教文献不见于传世的《道藏》。比如，敦煌本《老子想尔注》和《无上秘要》《太玄真一本际经》等都非常具有价值。

唐代把来自西方的祆教、景教和摩尼教合称“三夷教”。祆教，又称拜火教。隋唐时期，敦煌和中原地区的一些地方都有祆教教徒活动。例如，《沙州都督府图经卷第三》就记载有祆教寺院，主要信仰者为在华粟特人。基督教聂斯脱利派在唐代被称为景教，唐太宗贞观九年传入中国，至唐武宗会昌五年被取缔。敦煌遗书中保存了《尊经》《大秦景教三威蒙度赞》《大秦景教宣元本经》等数件汉译景教经典，为研究景教提供了重要资料。摩尼教是公元3世纪中叶波斯人摩尼创立的宗教。在唐代，它曾合法流行了一段时间，安史之乱后高昌回鹘地区成为摩尼教的最后一片乐土。敦煌遗书中保存了《摩尼光佛教法仪略》《下部赞》和《证明过去因果经》三件摩尼教文献，非常珍贵。

敦煌画卷中的隋唐文化，是东西方文明碰撞过程中产生出来的多元文化，是混杂居住于西域河西地区的汉族、粟特、于阗、回鹘、吐蕃、吐谷浑、龙家等交往形成的混合型文化。季羡林先生曾多次强调，世界上历史悠久、地域广阔、自成体系、影响深远的文化体系只有四个，中国、印度、希腊、伊斯兰，再没有第五个。而这四个文化体系汇流的地方只有一个，就是中国的敦煌和新疆地区，再没有第二个。敦煌扼据丝绸之路要冲、密迩西域，自古以来就是中西交流的咽喉要道。绚丽多彩的莫高窟艺术和国之瑰宝敦煌遗书，更是为隋唐盛世文明添上了浓墨重彩的一笔。

二、 有人挤牛奶，有人遇强盗

敦煌自古以来就是“华戎所交，一都会”。通过敦煌画卷，我们能看到隋唐时期民众生活的基本样式。

在衣服方面，敦煌石窟壁画中描绘帝王服饰，刻画了头戴冕旒、身穿衮衣的帝王形象；有展现唐代官员穿戴的长袍、襕衫和幞头等服饰。盛唐第45窟南壁大将军图，绘画了唐朝武官的衩衣(骑马服)。有的塑像、壁画中还雕绘了武士的兜鍪、战袍。在体现贵族妇女服饰的壁画中，贵妇们分别穿着大袖襦裙和窄衫小袖服装。一些壁画中，还有纤夫头戴斗笠、身着短袖衣服的下层劳动者形象。在表现少数民族服饰方面，吐蕃赞普头戴红毡高帽，身着左衽长衫；侍卫身穿大虫皮(虎皮)；回鹘公主头束高髻，身穿翻领小袖，通身红袍装扮。

在饮食方面，《呼吸静功妙诀》中的《神仙粥》，反映了唐五代时期道家养生饮食方式。

部分壁画中有蒸饼、胡饼、馓子、馒头等西北地区日常面食，文献中还记载了汤面、馄饨等水煮面食。蔬菜水果方面，有南瓜、葱、韭菜、萝卜、桃、杏、枣、梨、柑、橙、葡萄、枇杷、柿子、石榴、沙果等。《肉肆图》里，肉案上放着羊肉。《善事太子入海品》中有牛肉。有的壁画还描绘了人在挤牛奶的场面。

在居住方面，壁画中有西域城堡、北方民居宅院，还有别致的心形院落；有举办婚礼临时搭建的帐与帷；有修行者栖身之所草庵、穹庐。敦煌壁画中的家具也是琳琅满目的，出现了席子、方形四腿床、矮床、桌案、椅凳、箱子、柜子以及屏风等。

在出行方面，文书中有官方修订的出行交通图《沙州都督府图经》，描绘了盛唐时期敦煌地区的地理情况。远行还必须要有通关文牒，即州府颁发的过所文书，并接受关隘检查。壁画中有栈道、平桥和虹桥，还描绘了徒步、骑马等出行方式，甚至有骑驴者的形象。陆上交通工具中，画有马车、牛车、羊车、骆驼车、宝幢车（多轮车）、六抬帐式肩舆、八抬大轿，甚至有供婴儿使用的栏车。水上的交通工具包括小舟、有摇橹的帆船、双尾船、虎头双尾楼帆船，还绘有纤夫拉船的场面。

再来看看社会生产方面。壁画中绘有农业生产的七收场面，如《雨中耕作图》。《弥勒经变·耕作图》中出现了曲辕犁，说明当时农耕技术的一大进步。画中还有手推磨，表现了人们正在从事压面和舂米、踏碓等农事劳动和狩猎的场景。榆林窟壁画中，还出现了酿酒、冶铁的场面。

丝绸之路上，商业活动十分繁忙。画中有丝路商旅休息的场面，还绘有粟特商人在河西走廊遇到强盗时的情景。在壁画里，我们还可以看到酒肆和一家名为“太原新店”的旅店。建筑业也很兴旺，画中绘有建房和伐木的场景、修建房屋的景象以及拆楼的场面。

三、 这里嬉戏宴饮，那边拜堂成礼

敦煌画卷还给我们展示了隋唐民众丰富多彩的世俗文化生活场景。这对今人了解那个时代的文化全貌，提供了不可多得的视角。

在文化生活方面，《棋经一卷图》是围棋理论研究宝库中不可多得的珍贵资料。敦煌唐代寿昌城遗址中还出土了唐代围棋子。《维摩诘经变》中有二人弈棋的情景再现。敦煌壁画中，绘有射箭、舞剑、摔跤，有举钟、举象，类似于现代的举重运动，甚至有难得一见的《游泳图》。至于百戏杂技、钓鱼、音乐残谱、胡旋舞表演、宴饮俗舞场面等，更是多有绘及。可以看出，当时民众的文化体育休闲活动是非常丰富的。

在世俗习俗方面，有《净齿图》《洗头图》等，反映日常生活用水的场景。《佛传》中有蹲厕的场面。《福田经变》中绘有浴池，并配备排水沟。绘有卫生设施的壁画则说明，隋唐时代我国民众日常生活的卫生条件在世界上处于领先地位。《弥勒经变》中有老人入墓的场面，表现了当时的丧葬习俗。相面、占卜、看风水等习俗，在敦煌文献中也有体现。《福田经变》中还有为老人治疗疾病的场景，表现了时人的孝道观念。

壁画中，婚礼的场面非常隆重。《婚礼图》中有满头珠翠花钗的新娘。《婚礼奠雁图》中，新郎到女方家迎亲，献雁为贽礼，称“奠雁”。《藏汉婚礼图》描绘的是敦煌地区吐蕃新郎与汉人新娘拜堂成礼的历史画面，展现了男拜女不拜的习俗。有结婚就有离婚，唐代有

协议离婚书，即夫妻不和可以离婚，妇女再嫁随己意，并有对妻子离异后未来生活的祝福。隋唐时期，妇女地位较高，女子走出家门，社交活动频繁。这些都在壁画和文书中有所体现。

童年时光无疑是快乐的。莫高窟初唐第323窟中，有家长带儿童出游的图。此外，还有《童子叠罗汉图》《群童采花图》《儿童步打球图》《童子演奏乐器图》等。除了玩耍以外，敦煌儿童也是要接受教育的。莫高窟五代第468窟《学堂图》中，有老师体罚学生的场景。敦煌文献中，还有童蒙习字文书和小学生背诵乘法口诀的《立成算经》，说明当时对儿童教育的重视程度非常之高。

黄爱梅:战国秦汉妇女的婚姻家庭生活

秦宣太后芈月,秦始皇的母亲赵姬,西汉高祖的吕后,武帝的钩弋夫人,还有私奔的卓文君、救父的缇萦,这些是人们耳熟能详的战国秦汉时期的女性代表。她们或强悍或妩媚,或果敢霸气,或独立、追求自由,给后人留下了深刻的印象。这种印象,是这些女性的个人品质,还是战国秦汉时期的时代风尚?

1975 年出土于湖北省云梦县城关西郊睡虎地 11 号秦墓的秦简与 1983 年、1884 年出土于湖北江陵张家山的汉简,从战国晚期至汉初法律的角度,为我们呈现出当时女性婚姻家庭生活的某些真实侧面。其中,睡虎地秦简包括了大量秦律,反映了战国晚期到秦始皇统一初期的政治、经济、文化、法律、军事等方面的情况。张家山汉简中的《二年律令》《奏谳书》是不可多得的关于汉初法律的记录。

一、 秦汉时期女性其实挺独立的

从出土的秦简资料看,战国时期秦平民阶层的婚姻形态似以一夫一妻为主。不过睡虎地秦简《法律答问》中又有"夫妻子十人"的家庭规模。一对夫妻生育八个子女,可能就属于比较特殊的个案了,或许存在有侧室、收养等复杂情况。

待到西汉初年,由张家山汉简所反映出来的婚姻形态,则是一夫一妻多妾现象不在少数。文献中有诸多同类称谓,张家山汉简《二年律令》中"偏妻""下妻"两种称谓,都是证明。汉元帝时贡禹上书还有"故使天下承化,取女皆大过度,诸侯妻妾或至数百人,豪富吏民畜歌者至数十人"的话,表明当时仍是贵族以等级多妻,平民以豪富多妻。

一般来说,中国古代社会婚姻关系解除的主动权一直是在男性一边。男性休妻,称之为"弃",战国至汉又有"七出"之说。王侯之女亦有被弃者。如果女性主动要求解除婚姻关系,则必须获得男方同意。如《汉书》所记淮南王太子妃"求去,王乃上书谢归之",朱买臣"妻……求去。……买臣不能留,即听去"。

如果男方不允呢?从文献看,女方有可能以"逃亡"的方式,来解除原有的婚姻关系。《汉书·张耳传》中即记录了外黄富人的女儿看不起自己原来的丈夫,逃离夫家之后听从父亲门客建议,再改嫁张耳。而秦汉简中都有不少关于已婚女子"亡"的内容,称之为"为人妻,去亡"或"去夫亡",又有"取人亡妻",或称之为"取人妻及亡人以为妻""夫生而自嫁"。"去夫亡"描述了这类女性逃离夫家的事实,"夫生而自嫁"则表明她们在法律上的丈夫仍旧生存的同时,又与他人结成事实婚姻。与张耳妻的事例相对证,这其中当有出于逃离旧有婚姻关系的原因。在战国晚期至西汉初年的择日书《日书》当中另有"娶妻,妻不到”的表述，大概是举行婚礼的时候女方突然缺席，属于女方的逃婚行为。

再婚，主要是指弃妇再嫁或寡妇再嫁。纵观《汉书》，离异及寡居的妇女再婚的事例，西汉时期并不鲜见。江苏仪征胥浦101号西汉墓出土一份《先令券书》，记一老妪曾有过三次婚姻，以文中老妪对家中财产有支配权力看，朱母前两次婚姻的结束，当为夫死寡居。与之经历相类的，是汉初陈平的妻子，在嫁给陈平之前，曾经“五嫁夫辄死”。张家山汉简《奏谳书》亦有言：“夫死而自嫁，取(娶)者无罪。”

不过，如果是寡妇招夫入赘，当时还是要受到种种限制、歧视甚至惩罚。睡虎地秦简《为吏之道》之后附有两条战国时魏国律令，禁止给“赘婿后父”立户，不能予其田宇等。而从《二年律令》相关内容看，汉初虽然并不禁止寡妇再嫁或招婿入赘，但涉及财产的处置时，就会加上某些禁令。比如当寡妇受田为户(成为户主)且与夫家人同居，这种情况下就不允许招夫入赘，以保护原夫家的财产。

除上述寡、弃之后的再婚外，还有一种类型的再婚，就是女子“夫生而自嫁”，即“去夫亡”后的再婚。不过在法律意义上，这些女性并未解除“为人妻”的身份，加之又触犯了严禁“亡人”的律令，因此她们的第二次婚姻，不可能得到法律的保护。

二、 秦汉时代女性个性挺强势的

女性结婚之后，一般情况之下都是从夫居。当时的居住形态，有夫妻与子女同住、三代同堂的情况，也有与丈夫的兄弟或姐妹同住的现象，秦简反映，还有些家庭是与女方父母生活在一起的。这很可能是因为没有男性子嗣(无子或亡故)的缘故。另外，女子若招夫入赘，其家庭自然也是与女方亲属共居。

无论家庭关系或繁或简，秦汉法律显示，当时同样存在各种家庭暴力行为。值得注意的是，秦简和汉简都记录了妇女对丈夫及其家人实施暴力的内容。悍妇、悍妻在战国至汉初文献中并不罕见。《日书・星》中就有预言：若以某时娶妻、所娶的妻子一定为悍妇，甚至如果建造宅院安门不宜，也可能造成女子的暴烈性格。即使是秦律《法律答问》及汉初《二年律令》中有关“夫殴妻”的条目，所陈述的原因，居然也是由于妻子过于强悍从而引起丈夫方面过激反应。在秦简《封诊式》中，还记录了一个身怀六甲的孕妇与人斗殴的案例。汉初的《二年律令》，对于这样的案例甚至专门制定了相应的律条：“斗殴变人，耐为隶臣妾。怀子而敢与人争斗，人虽殴变之，罚为人变者金四两。”“变人”即流产。斗殴导致他人流产，自然要受惩罚；但身怀六甲尚敢与人争斗、大打出手，此女的剽悍强健亦可见一斑。而汉初甚至特为此类现象制定一条法律，显然表明这样的事例并非个别。

在不同的家庭里，妻子的家庭地位可能会因各种因素而有所不同。汉初《二年律令》中有关“置后”“代户”的法律条文。所谓“置后”，“其中心内容是关于爵位拥有者、官吏死事者及一般民户主死后，其爵位、特权和财产应由何人继承问题的规定”。汉初继承人选的相对次序是：丈夫死后，子、女是第一层次的继承人；其次以父母，再次以兄弟、姐妹；妻子也可能继承特权和财产，但次序在丈夫的直系亲属之后。而“代户”，是代替为户主。学者指出：“如有子男的情况，成为后子的子男就是将来的户主，可是没有子男的话，置后和代户次序完全不一致。其中最大的不一致，发现于死者之妻即寡妇的位置，在置后次序，寡妇占第七，可是，在代户次序却占第三。”可知，“置后”与“代户”的法律意义并不相同，尤其是在没有儿子的情况下，男方的其他直系亲属优先于寡妻获得继承权。但对于家庭生活实际的掌控和运作，有生活经验的男方父母和“未亡人”(寡妻)，就成了维持和支撑的中坚力量。

为了争取家庭地位，尤其是在多妾的家庭中，生育子女具有非常重大的意义。汉简《置后律》显示，“子男”在继承上拥有天然的优先权力，如果死者有多位子嗣，虽然只有正妻所生的嫡子才拥有继承的权力，然而万一正妻无子，其他女性配偶所生的庶子就有了机会。甚至连通常情况下不得与“后妻子争后”的弃妻子，在后妻无子的情况下，也能承继爵位、特权和财产。可以想见，如果一旦发生这样的情况，虽然主母(死者的正妻)尚在，但对继承人的生母而言，显然日后的保障会更为有利。而且根据法律，将来儿子长大成人，万一有不测发生，作为死者的母亲，不但占有较为有利的继承次序，而且能够比较容易地获得家庭中的主持权。至于具奴婢身份的御婢而言，为主人生下儿女，是她们可能改变自己身份地位的重要途径之一。

从出土的《日书》看，当时人们对于婚姻的期待，与后世类似：夫妻相爱，相伴终生，多子有后。而从上述秦汉法律简文显示，这一时期的女性婚姻选择较为主动，个性较为强势，在家庭中具有一定的地位。但从另一方面来看，当时的婚姻家庭关系并不稳固，婚姻家庭离异、重组现象并不罕见，生育情况对女性在家庭中地位的保障及改变起到较大作用。

三、 战国秦汉时期女性地位也不宜高估

上述现象和特征并非独立存在，它们深受当时的社会环境、民间风尚、国家政策的影响，同时也构成了当时社会风俗的一部分。

战国及秦汉初年，男性因战争伤亡较大，女性因此成为家庭中主要的生产生活支柱。为了恢复人口，政府政策也主导早婚格局。而民间礼教未深。秦与西汉社会的整体民风又剽悍。在这样的整体时代氛围之下，女性也往往强悍自立。

但对战国秦汉时期女性的地位也不宜估计过高。因为在中国传统的男权社会中，总体上女性处于依附的经济地位，很少有适合女性的社会职业，教育方面也受到极大限制，这都强化了男女在社会和家庭中不同角色的定位。

先秦贵族社会则主要实行宗法制婚姻，在一夫一妻多妾的情况下，已婚女性完全依附于男性家族，不仅地位不能与男性相提，就是在妻妾之间，地位也是不平等的。这种传统的婚姻伦理秩序，在秦汉社会稳定之后的贵族阶层首先重现，而国家也致力于在全社会建设和维护这种伦理秩序。可以看到，在汉初法律中，妻子一方的地位较秦律还有所下降——秦律规定，丈夫如果殴伤妻子，要处以耐刑；汉律则规定，只要不动兵刃，无论伤害如何，丈夫都无罪。

这一时期，儒家礼教的观念开始影响社会。西汉中期，刘向编著了《列女传》，提出“妇德”的要求，对春秋以来社会流行的女性观进行了继承、强化和系统化，体现出用儒家思想统一全社会意识的政治理想。写作《女诫》的东汉班昭，其“文章操行美俱全”，奉旨续写

《汉书》,被时人尊为“曹大家(姑)”,邓太后时特许参与政事,当时著名学者马融都曾向她学习《汉书》。班昭写《女诫》,的确是用礼教来教导家中女性;但也要看到,当时的思想资源有限,作为一名以才情文章受到尊敬的女性,她所能引用的也只能是儒家的君子修身要求和主流的婚姻伦理观念,这也是那个时代女性提升地位和赢取尊重的少数途径。

在此之前,《左传》记录了春秋晚期楚国有两位女性,一位是原嫁息国国君的女子息妫,灭国后成为楚文王夫人。她曾说过,“吾一妇人,而事二夫,纵弗能死,其又奚言?”另一位是楚昭王妹季芈,在吴国攻破郢都的时候,钟建曾经背负她出亡。后来昭王回都,要给她赐婚,季芈说:女子就是要远离男人的,既然钟建背过我,我就嫁给他吧。楚国在春秋时候被认为是蛮夷之国,其女子却提出了与后世儒家礼教贞节观相似的表述。很明显,这不可能是出自儒家礼教的要求,而是楚国贵族女性对传统诸如过继婚、转房婚等婚姻形式的反抗,也是对自己身体处置权的争取。这样的事迹,由于符合后世社会包括儒家礼教对于等级、尊卑的伦理要求,被重新塑造为女性的“榜样”,反倒失却了最初其抗争的本意。

李磊：他们靠什么成为“布衣将相”

一、 刘邦战胜项羽的关键：积极分配利益团结众人

项羽为何失败、刘邦缘何成功，是一个谜。不仅项羽不清楚，刘邦也不明白。

刘邦当上皇帝后，曾就此向列侯、诸将发问，并要求他们不要隐瞒，如实讲述。高起、王陵二人回答：“陛下慢而侮人，项羽仁而爱人。然陛下使人攻城略地，所降下者因以予之，与天下同利也。项羽妒贤嫉能，有功者害之，贤者疑之，战胜而不予人功，得地而不予人利，此所以失天下也。”

这段话首先比较了刘邦和项羽的个人教养：刘邦不尊重人，项羽仁义爱人。关于刘邦的素质，《史记》中有很多负面的记载。比如，司马迁就直言刘邦“好酒及色”。对于投奔他的儒者，刘邦动辄解其儒冠，小便于其中。有一次，周昌奏事，打扰了刘邦和戚姬的宴饮。刘邦起身追打周昌，还骑在周昌脖子上。这些都是“慢而侮人”的表现。

但高起、王陵认为，在争天下的过程中，个人教养其实没什么大用，重点在于能否分配利益。即便刘邦态度再恶劣，只要他愿意“与天下同利”，愿意给予追随者政治权益和经济利益，就能获得拥护。这是刘邦获得天下的关键所在。

高起、王陵的回答在很大程度上体现了那个时代的选择，即以私有财产为重要追求。刘邦当上皇帝几年后，在未央前殿为父亲祝寿，席间问道：“始大人常以臣无赖，不能治产业，不如仲力。今某之业所就孰与仲多？”刘邦寒微时，其父以刘邦兄长之勤奋来教训刘邦之无赖。这件事一直让刘邦耿耿于怀，故而在父亲的寿辰宴会上旧事重提，让父亲比较一下自己和哥哥的产业究竟谁更多。

这种后进者逆袭的快感，让群臣受到感染，皆呼万岁，大笑为乐。可是，在这场逆袭的狂欢中，刘邦似乎忘记了自己皇帝的身份，而如平民一般计较起产业的多寡。在刘邦的世界中，似乎始终未走出平民的精神状态。天下之于他，不过是一种大的产业而已。

刘邦曾经去过咸阳服徭役，并亲眼见到了秦始皇，还感慨一句“大丈夫当如此也”。皇帝排场的盛大与自己服役的卑微形成了强烈对比，由此激发了刘邦的权力欲望。陈胜的那句“王侯将相宁有种乎”，喊出了无数个刘邦内心对富贵的渴求。在这个意义上，陈胜是失败了的刘邦，刘邦是成功了的陈胜。

汇聚到刘邦身边的众人，大多数社会身份也比较低下。清人赵翼对汉初诸臣的社会出身有过概括，除了张良为六国旧贵族、张苍为秦御史之外，其他人社会地位都不高。例如，萧何为沛县吏掾，曹参为狱掾，陈平、王陵、陆贾、郦商、郦食其、夏侯婴等为白徒，樊哙为屠狗者，周勃为给办丧事者，灌婴为贩缯者，娄敬为挽车者……赵翼称他们为“亡命无赖

之徒”。

所谓“亡命”指的是从户籍中脱离出来,“亡命无赖之徒”为反体制的存在。商鞅变法以来,秦将民众按“什伍之制”编入国家户籍,户口成为赋税征收、兵员征发的依据。为扩大赋税征收的基数,秦制规定一家不能有两个成年男子,否则赋税加倍。这一政策将大家庭拆分为若干小家庭,由此确立了以小家庭为所有者的财产制度。这一制度成为私有财产观念的成长沃土,成为促使个人追求财富和权力的动力。

刘邦等“亡命无赖之徒”,在乱世之际由社会边缘人物一举成为时代的主角,其内在动力即在于此。但相较于项羽,刘邦显然更了解“亡命无赖之徒”的心理欲求,因而能以积极分配利益的方式予以团结。这是刘邦战胜项羽、获得天下的关键所在。

二、 为庞大帝国灌注灵魂:求富贵转化为求太平世

随着“亡命无赖之徒”创造出“布衣将相之局”,一场新的危机悄无声息地到来。它较之于秦代的统治危机显得不动声色,却更为严峻,甚至危及中华古代文明的存在基础。

《史记》记载,刘邦平定天下后,原本征战四方的群臣在朝堂上饮酒争功。有的胡乱呼叫,有的拔出剑击打立柱,刘邦十分担忧。此时,叔孙通对刘邦说:“臣愿征鲁诸生,与臣弟子共起朝仪。”刘邦闻言心动。之后,叔孙通到鲁地征召儒生30多人,与门下弟子100多人一起研习礼仪,并在长乐宫建成之日引导王侯将相朝拜刘邦。朝拜之日,刘邦高坐殿上,慑于朝仪威严,诸侯王以下莫不振恐肃敬,侍坐在大殿上的群臣也伏身低首。御史监督王侯将相,如有不符合朝仪者则当场带出。结果直到仪式结束,无人敢于失礼。刘邦感慨,今日始知皇帝之贵呀!

然而,“亡命无赖之徒”固然能够通过朝仪训练在举止上成为“王侯将相”的样子。但在精神层面,他们尚无法为汉帝国的庞大身躯灌注灵魂。洛阳城中的天才少年贾谊敏锐地发现了这个时代的精神困境。于是,他上书道,汉朝的统治依靠熟悉法令的官吏,他们能够解决事务层面的问题,却不能解决精神上的困境。作为“亡命无赖之徒”,渴求富贵能使其争夺天下;作为“王侯将相”,竞相奢靡会使其败坏风俗。

对贾谊的意见,汉文帝一度有所触动,并试图改制。然而,由于种种原因,皇帝最终放弃了改革,贾谊也被贬为长沙王傅。在湘水之畔,贾谊作《吊屈原赋》以自伤,未料自己也被司马迁写入《史记》并与屈原同传。千载以后,另一位大才子李商隐又为他写下了“宣室求贤访逐臣,贾生才调更无伦;可怜夜半虚前席,不问苍生问鬼神”的千古名句。

汉代精神的转向,要留待30年后的汉武帝予以实现。汉武帝罢黜百家、独尊儒术之事为众所周知。如果从儒、法、道之争的论域中抽身而出,便会发现汉武帝接纳董仲舒的策论具有比诸子门户之争更深远的历史意义。

董仲舒所阐发的公羊“三世说”,给予了汉朝统治者时空观念。在汉朝的政治实践中,“衰乱世”对应于汉高祖、吕后时期以关中制衡关东诸侯的时代;“升平世”,对应于汉文帝、汉景帝平定七国之乱及被动应对匈奴侵扰的时代;大一统的“太平世”,则是汉武帝需要实现的。这一时空体系,不仅解释了汉代历史的发展,而且赋予了汉武帝历史责任。由此,开创了一个群星璀璨的时代。卫青、霍去病、张骞等一系列彪炳史册人物的出现,一定意

义上都得益于这个时空定位。

从精神层面来看,汉武帝时代并未强行压抑秦汉以来渴求富贵的社会心理,而是将这种心理欲望引导至国家层面,为其追求大一统的国家战略服务。同样,汉武帝的学校制度、选举制度也建立在实现人心欲望的基础之上。汉武帝在长安城外立太学,设太常博士弟子 50 人,在太学中随博士学习。这些人在读期间免除徭役,学成以后有入仕的资格。同时,又令天下郡国设官学。官立学校的目标是培养官吏,但养成过程是知识教育和德性教育并行。尽管求学者的初始动机是求得富贵,但在接受教育的过程中渐渐得以转化心性。

察举制度也是如此。汉武帝规定郡国向朝廷举荐人才,举荐的标准有:德行高妙,志节清白;学通行修,经中博士;明达法令,足以决疑,能案章覆问,文中御史;刚毅多略,遭事不惑,明足以决,才任三辅令,皆有孝悌、廉正之行。举孝廉时,尤重德行和经学。经由这一选士标准,将求取富贵者改造为经明行修之人,求富贵者的心性得以转变。例如,汉元帝刘奭作太子时的师傅萧望之,其家族世代经营田业,到了萧望之这一代开始转向学术。萧望之研习齐诗多年,成为一代名儒。这是强宗豪族转为儒学家族的典型。

经由儒家教育而引发的心性转变,不仅发生在强宗豪族身上,而且也发生在最高统治者身上。刘奭即位后,成为我国历史上首位笃信儒家学说的皇帝。刘奭当太子时见到大臣杨恽、盖宽饶等获罪而诛,就向汉宣帝进言:“陛下执法太深,宜用儒生。”汉宣帝闻言怒而动声色:“汉家自有制度,本以霸王道杂之,奈何纯用德教,用周政乎……乱我家者,太子也!”自此以后,汉宣帝疏远刘奭并试图立淮阳王为太子,只是因刘奭为许皇后之子而作罢。

三、“清流”与“浊流”的抗争:舍生取义以澄清天下是非

汉元帝的出现,意味着儒家话语体系成为朝野共同的言说方式。在社会领域,由强宗豪族转化而来的儒学世家也成为中坚阶层。比如,三国时名士杨修的家族,四世皆为三公;袁绍的家族,四世出了五公。

经过数十年的思想浸润,秦汉之际求富贵的直白欲求递升为东汉时代担当道义的追求。《后汉书》说:东汉时“所谈者仁义,所传者圣法也,故人识君臣父子之纲,家知违邪归正之路”。此时,道义是非已成社会的普遍共识。影响中国近 2000 年的“三纲”,也在东汉汉章帝时期得以确立。

然而,到汉章帝之子汉和帝继位后,“君为臣纲”开始遭到破坏。汉和帝以后的 9 位皇帝都是未成年即位,其中最小的汉殇帝即位时不满百日,驾崩时年仅 2 岁。皇帝年幼时,由外戚执政;皇帝年岁增大、要求亲政时,所能依靠的力量则只能是身边的宦官。因此,东汉中期以来的政治便是外戚和宦官的轮流执政。汉顺帝时允许宦官以养子为后、世袭封爵,从此宦官势力发展为宦官家族势力,从朝廷延伸到郡国,并又发展为强宗豪族。

宦官势力的快速发展,与以澄清天下是非为己任的儒学士人之间产生了尖锐矛盾。在士人看来,宦官掌权是违背纲常之事。洛阳太学生 3 万余人与反宦官的官员一道,自命为清流,视宦官为浊流,攻击的主要手段是上书奏事、揭露宦官罪恶。汉桓帝时,双方矛盾

进一步激化。太学生以太学为阵地，激扬名声，议论朝政，形成所谓“清议”。《后汉书》描述当时的氛围为“处士横议”，太学生们形成了一股强大的舆论势力。不料，由宦官控制的政府于汉桓帝延熹九年和汉灵帝建宁二年，将清流官僚和士人，扣上“党人”罪名予以镇压。尤其是在第二次党祸中，将上百名士人处以极刑，禁止入仕数百人，并牵连众多族人。

在这一过程中，笃信正义的士人展现了非凡的精神力量。党锢名士范滂赦归回乡之际，汝南、南阳士大夫纷纷迎之。景毅之子为党锢名士李膺门徒，李膺入狱，景毅之子却未被追究，景毅于是自行上表免除官职。皇甫规曾为宦官下狱，为太学生所营救，却在党锢之祸发生后，向朝廷上表自述为党人。党人张俭亡命时，“望门投止，莫不重其名行，破家相容……其所经历，伏重诛者以十数，宗亲并皆殄灭，郡县为之残破”；孔融接纳张俭，事泄后“一门争死”。这些悲壮事例反映了东汉社会的宝贵价值共识——舍生取义。

东汉士人维护正义的努力虽宣告失败，却给我们留下了巨大的精神财富。明清之际的思想家有感于士风颓丧，故对东汉时期极为推崇。顾炎武就曾借《诗经·郑风·风雨》之“风雨如晦，鸡鸣不已”来赞赏“三代以下风俗之美无尚于东京者”。

赵思渊:15 至 19 世纪中国社会转型真相　乡土中国率先走向市场经济?

从今日回望明清时代的乡村,当时的乡村生活嵌入于市场之中。市场的力量,保障乡民可以通过努力获得富足的生活。财富在乡村中转化为宗祠、学校、庙宇,构成了乡村社会与文化的历史图景。今人所熟悉的乡绅及其文化,正是从这样的历史图景中出现的。但是,乡绅与国家力量,同时也构成了乡村社会中的身份与等级制度,约束了人们有关个人发展与社会福祉的想象力。

清时代的乡村生活与我们当下的日常有什么关系呢? 明、清两个王朝涵盖了从 15 世纪到 19 世纪的中国历史。这段时间中,尤其是十七八世纪,中国社会经历了显著的社会秩序上的转型。今天我们对中国乡村社会,尤其是何谓"传统"的印象,常常是来自 18 世纪之后的历史经验。

当下的社会经验中,城市是各种资源与人流的聚集地,乡村的吸引力显得没有那么大。但在一百多年前,情形可能并非如此。19 世纪 80 年代,浙江著名的文人俞樾曾说过一段话:"为子孙耕读计,则居乡自胜于居城。"也就是说,直到 19 世纪末,在中国的士绅看来,乡村才是家族繁衍、耕种也就是维持生计,以及读书也就是获得名望、考取功名的最理想的地方。在漫长的,直到离我们还不是很远的时代的历史过程中,中国社会与文化的主干力量,这些士绅们,都将乡村作为自己的安身立命之处。不论是在外做官,还是远游江湖,最终都要回到乡村。所以,我们有必要回到乡村的生活场景,从这里出发,我们才能理解由士绅所创造的,对于中国传统来说最具代表性的一个文化传统与社会秩序,也由此,可以提出我们的反思。

一、 乡村生计具有内在更新的力量

作为乡村生计基础的"耕"其实并非简单的"面朝黄土背朝天"。"耕"的技艺中包含了对自然环境的理解,也包含了对市场与社会的敏感。

例如,清光绪年间的《重修昭合志稿》卷四十曾记载:"谭晓,邑东里人也,与兄照俱精心计。居湖乡,田多洼芜,乡之民皆逃农而渔,于是田之弃弗洽者为池,余则周以高塍,辟而耕之,岁入视平壤三倍。池以百计,皆蓄鱼,池之上架以梁为茇舍,蓄鸡豕其中,鱼食其粪又易肥,塍之上植梅桃诸果属,其污泽则种菰茈而售之。室中置数十匦,日以其入分投之,若某匦鱼入,某匦果入,盈乃发之,月发者数焉,视田之入又三倍。晓、照俱纤啬惮费,无纨绮服，非大故不宰割，于是资日益饶。”

谭晓生活于明代中叶的常熟。谭晓兄弟所从事的“耕”已经是一组复杂的劳动组合。如何改造低洼地，如何整合渔业、牲畜与桑林，这其实需要对环境与农业的深刻理解。事实上，这样的农户并非个案，明清之际的江南乡村，这样的例子还有不少。比如常熟还有个人叫归椿，在白茆河边整修水利，利用水利设施改良盐碱地，不仅获得高产，而且吸引周围的农民迁徙过来，形成新的聚落，甚至“庐舍市肆如邑居”，也就说住在这里和住在城市里一样繁华。这就不仅是深刻理解自然环境与农业条件，而且也洞察社会的需求，并且懂得利用市场的力量了。

明末清初，也就是17世纪上半叶，我们在江南可以看到很多这样的农业经营家，明清乡村的面貌是经过他们之手，努力经营、改造而形成的，所以当时也有士绅总结农业与乡村生活的经验。比如明末生活于桐乡的张履祥，后世称他“杨园先生”，他把自己对农业与乡村生计的理解写成一本《沈氏农书》。这本书中列举了各种维持乡村生计、提高农业产出的方法。例如他说：“当得穷，六月里骂长工。”也就是要善待雇佣工人，“供给之法，亦宜优厚。炎天日长，午后必饥罢；冬日严寒，空腹难早出”。要给予长工充足的饮食，并且善待之，才能保证农业生产。张履祥还强调家庭中妇女纺织的重要性，从中我们可以看到，女性一直是江南乡村生计中的支柱，妇女纺织可获得大约30%的净利，远高于男性从事耕种。而纺织中收集桑叶、养蚕、抽丝、纺织的各个环节，又将农户紧密地连入广阔的市场。

二、 市场是传统中国乡村社会的基石

明清时代江南的乡村农户都具有经营的智慧，将自己的农田经营成一个综合经营的生产单位。他们不仅生产粮食，还有一些特色的产出，比如茶叶、漆树、木材等，只有这样才能获利。即使是种粮食，也要注意工人的价格和商品的价格。这意味着，一定要有市场，乡村的生计才能维持并且获得内在更新的力量。这个时候，乡村的生计就开始超越“耕”的内涵了。

明清江南的乡村市场中，最有名的是徽州商人，当时有“无徽不成镇”的说法。明代，由于当时的盐专卖制度，使得大量的徽州商人拥有了巨额财富，直到清代，徽州商人仍然控制着东南地区的商业。明代著名的戏剧家汤显祖有一首诗：“欲识金银气，多从黄白游。一生痴绝处，无梦到徽州。”

除了商人集团，徽州也保留了数量庞大的契约文书。从这些契约文书中，我们可以看到明清时代的乡村社会中存在着高度发达的市场机制与商业信用。事实上，契约文书曾经广泛存在于全国各地的乡村中，只是由于历史的原因，徽州保留数量最大，迄今已发现的数量可能超过一百万件。

常见的明清契约中，会写立交易双方的姓名，见证交易的“中人”以及书写契约的“代笔”也会署名。契约中还会写明交易标的与交易价格。契约中还会普遍地注明“报官受税，永远管业”，或者“其税候造册之年从买人过割”，或者“其四至照依清册为规”。也就是说，这些乡村中的土地交易，其背后有一整套的国家土地制度作为支撑。具体地说，主要

是明初确立的黄册与鱼鳞册等土地制度，土地制度在 17 世纪之后经过一条鞭法的推行，经历了巨大的变化。就乡村来说，依靠官方认可的一整套土地信息登记，土地自由流转的交易信用得以有效保障，乡村土地市场也得以蓬勃发展。

17 世纪以来的乡村社会中，也形成了对市场机制与交易信用的高度认可。我们在乡村契约中常常能见到这样的话："倘若内外人争论，自有卖人之当，不该买人之事。"这话读来平常，其实反映了乡村中对于交易中的权利分割与责任的深刻理解。如果我们对照明清时代的法律，在对应的"户婚田宅"律例中，其实对交易的规定是非常简单的。这意味着，更多、更复杂的市场机制，是在乡村社会的实际运作中，以及地方政府的司法实践中，逐渐形成的。如果从我们今天的生活经验来看待，这可以说是一种有中国特色的"契约精神"。甚至，这个时代的绝大多数土地交易都是不曾在政府登记的。同时，乡村社会中也存在着将各种经济权利以股份化的形式分割、处置的方法，也即学界经常称之为"一田两主"的惯习。以上的种种现象都意味着乡村社会中更多地依靠内在的秩序与信用维持所有的交易活动正常运转。

18 世纪之后的乡村社会也已经链接入广阔的国际市场。南方乡村的生计中，丝、棉、茶叶等曾经是最大宗的经济作物。至少到 18 世纪之后，依托这些作物的乡村生计已经与国际市场发生密切关系。在徽州，19 世纪曾经出产数种国际知名的茶叶品种，如"婺绿""祁红""屯溪"等。这些茶叶畅销欧洲，在 19 世纪初，每年有以十万磅计的徽州茶叶，通过广州源源不断地运往英国。今日人们所熟知的所谓英国红茶，最早正是以"祁红"为主要材料。乡村中，"茶市"成为村民们一年生活中一个重要的时间节点。我们常常从契约中看到"茶市"成为徽州乡村中金融借贷的计息起点或还贷结点。

如果对比同时代的欧洲，东西方的商业文化与市场秩序表现出微妙的差异。十七八世纪的欧洲具有丰富的教会档案，以及企业、行会档案。但欧洲较少中国这样乡村农户式的以一个个家庭为单位形成的契约、账簿等，这显示出两个社会中乡村与市场的关系相当不同。

三、"市场化"乡村社会的内在机制：文字传统、司法实践、礼仪秩序

我们可能不禁要问，是哪些因素支撑了传统中国乡村中如此发达的市场运作呢？其中最关键的三个要素，可能是发达的文字传统、高度尊重民间习惯的司法实践，以及具有股份制特征的礼仪秩序。

纵观 19 世纪之前的人类文明，中国是公认识字率较高的一个社会。不仅如此，17 世纪以降，中国社会中的出版业还大量出版被称为"万宝全书"及"日用类书"的各种出版物，这些书籍专门传授人们日常生活，尤其是商业往来中的必要知识，如计算、书信格式、契约格式，乃至于全国各地的物产及商路。这些知识的广泛传统，使得相距遥远的人们也能够使用相同的商业规则进行生意往来，也使得乡村中的人们更容易进入广阔的商业网络。更重要的是，格式高度类似的各类商业文书，更容易维持交易中的信用，而较少发生因规则不同引起的经济纠纷。

高度发达的文字传统也意味着人们更容易共享相同的价值观。在科举制度的约束

下，儒家思想是中国社会中知识精英、社会精英们共享的基本价值观。这些价值观也自然地向乡村中的不同社会群体渗透。尤其是，明清时代的不少士绅都致力于建设“义学”“族学”，这些基于儒家思想建立的学校进一步整合了乡村社会中的价值观与社会秩序。

另外，进入清代之后，地方政府在司法实践中特别强调遵循民间的惯习。在明代末年，江南士大夫陈确已曾经说过：“惟田与宅转相买卖，虽仁人君子不能以自止也。而忠恕之论亦可得而采述焉。其交从之，则太和之世也。”也就是说，士绅们已经承认民间的交易惯习不能拘泥于儒家伦理或者法律条文来看待。到了清代，地方政府就更加支持并依据民间订立的各种契约、账簿，进行司法裁判。这些“书证”虽然并无明确的法律条文规定其效力，在民间社会中却具有非常高的效力。

清军刚刚占领徽州时，就已经有当地人到政府中申诉，因为战乱，所有契约、账簿等文书全都遗失，希望政府能为其开具“执照”作为凭证，因为“切念契文约账，事关产业无凭”，乡村中如此看重这些文字凭证，又是与中国社会具有发达的文字传统相关的。

最后一个层面是社会秩序。明清时代中国南方的乡村中，给人印象最深的可能是随处可见的宗祠、牌坊、寺庙、义学等，这背后则是发达的宗族组织与民间信仰团体。宗族与民间信仰，常常不仅是为了血缘继承与神灵崇拜，他们更重要的是以特定的秩序将乡村中的人们联系起来，从而使乡村中的经济活动获得伦理上的合理性及更高的社会信用，甚至有时成为一种融资平台。

20 世纪 50 年代，英国人类学家弗里德曼(Maurice Freedman)通过观察广东的宗族组织，总结认为，中国乡村社会中的宗族组织，实际充当着“控产机构”(corporation)的功能。后来，科大卫进一步推进：“弗里德曼正确指出了这些宗族集团控产机构的特点，特别是它们掌控着共同的产业。但这并非是说共同产业由所有宗族成员均沾，而是宗族之内包含了以祖先名义控产的集团，因此宗族中的男子便成为不同控产集团中的一员。产业登记在祖先名下，里甲制继之而起，为宗族开了方便之门，让产权归在单一姓氏之下，使继承规例成为分产规例。”也就是说，宗族以其祭祀活动，为乡村社会提供了以股份制的办法处置经济权利的平台。

从今日回望明清时代的乡村，当时的乡村生活嵌入于市场之中。市场的力量，保障乡民可以通过努力获得富足的生活。财富在乡村中转化为宗祠、学校、庙宇，构成了乡村社会与文化的历史图景。今人所熟悉的乡绅及其文化，正是从这样的历史图景中出现的。但是，乡绅与国家力量，同时也构成了乡村社会中的身份与等级制度，约束了人们有关个人发展与社会福祉的想象力。

瞿骏:清末民初读书人是怎么交朋友的

一、 海轮开通：把人带出去，把新知带进来

1867年,日后成为一代经学大家的温州读书人孙诒让赴杭州参加乡试。

这真是一段艰难的旅程。那时由温州到杭州,只有陆路可走,需要经过丽水、金华、兰溪一线漫漫的丘陵山川,走上十天半个月不是什么特别稀奇的事。在这一路的漂泊中,他和同乡朋友结伴而行,偶尔还会遇上从浙江各地奔赴杭州的士子,在省城下榻的会馆和乡试的考场里也能碰见故雨新知,发榜高中后还会拥有一批同治六年丁卯科的"同年(科举考试同一批取中)"朋友。不过,这种传统朋友圈拓展的范围毕竟有限,并没有根本性的突破。

10年后,温州地区发生了一个当时并不起眼、现在看来却是翻天覆地的变化——往宁波的海轮开通了。此后,温州读书人开启了朋友圈的革命。他们可以乘坐海轮开往宁波,由宁波去向上海,然后再从上海调转头去杭州参加乡试。1909年沪杭铁路开通后,这条路线更是变成了航运和铁路的联动,来去往复更加便捷。

五口通商后,上海迅速发展为我国的金融、贸易、经济和航运中心,同时也成为当时最大的新文化生产和传播中心。几乎每一个来到上海的读书人都会感受到西人、西艺、西学带来的冲击,并在这种强烈的冲击下感受新潮、吸收新知、转换旧日的脑筋。由此,1893年从温州出发参加乡试的陈黻宸,其科举之路与孙诒让就大有不同。

有了便利的海轮,陈黻宸和同科考试的温州读书人大多已不选择从陆路去杭州,因为乘坐轮船只需26个小时就能到达宁波,而"沉闷漫长的翻山越岭、车马劳顿,除了死顽固,可能没人再愿意了"。除了时间成本的考虑,陈黻宸等人读了一肚子四书五经,懂得了孔孟经典中的道理,却基本未离开过生活的那个乡土社会。这次出远门参加考试,他们第一次看到了巨大无比、浓烟滚滚的轮船,稍觉得洋人的"奇技淫巧"或许有一定的可取之处。到了宁波,他们还可以发现更多与惯常生活不一样的新元素。而当轮船从吴淞入港、进入上海租界时,"新风"更是会全方位地笼罩他们。陈黻宸等人看到的是"香车骏马、电灯如昼,摩击喧阗,真称鬼国",更发现了上海坊间"多有有用之书,胜吾乡远甚"。这些"有用之书"绝大部分来自江南制造局,采用新的印刷技术,内容包括史志、政治、交涉、兵志、兵学、船类、学务、工程、农学、矿学、工艺、商学、格致、算学、电学、化学、声学、光学、天学、地学、医学、图学、地理等,五花八门,种类繁多。读了这些书,他们不禁会想和书的作者、译者乃至出版者交一个朋友。

进入教堂和教会学校,他们又屡屡看到教士们展示的"神迹"。这些"神迹"实际上就

是今日常见的入门级的物理实验、化学实验和生物实验，当时却为读书人打开了一扇通向新科技的大门。他们因为好奇而想去学习，因为渴望学习而跟上海洋场的读书人成了朋友。可见，海轮开通后的温州读书人，在去杭州参加古老科举考试之前先接受了一遍上海新潮的“洗礼”。“洗礼”过后，他们看世界、看国家、看自己的出发点都在悄然改变。之后，他们中的一些人从上海出发，去北京参加会试乃至出国留学。由此，会与“变法”“维新”“改革”“革命”等关键词相联系，其朋友圈的革命将更加彻底。

技术变迁不仅是能把人带出去，同时也能把新知带到以往所不能及的地方。1872年，《申报》创刊。1887年，不少温州读书人已经开始定期阅读《申报》。这相较不少其他地方早了好多年，原因在于当地新的交通环境。依托于海轮带来的新书报，地方读书人发展出了新的朋友圈。这一朋友圈将地方上提倡新学的人牢固结合在一起，成了有力量来影响地方社会的新学群体。

那么，新学群体又是如何互动的呢？我们来看温州读书人张棡的日记，里面记载了光绪二十八年(1902年)四月二十六日这一天的情况。那天对温州瑞安的新学群体来说是个“大日子”，因为盼望多时的招商局海轮到了温州，正和信局的人带着新书报乘这趟船从上海回来了。他给张棡捎来了《新民丛报》第三、五、六、七号、《政艺通报》第六号和四月份的《中外日报》。看到久盼的报纸，张棡“欣慰之至”。当天下午，他的新学同好余崧舫、项纫秋等闻讯来到张棡家看新书报，“均赞叹不已”。

这样以托购、聚看、借阅、交换新书报来交朋友的情形，在张棡日记中屡屡出现。同年五月十二日下午，张棡内兄林骏家的工人依常例给他送来正和信局寄来的《新民丛报》《政艺通报》《中外日报》和《同文沪报》。收到书报，张棡马不停蹄地写了三封信：一封回复林骏；一封给正和信局并附买报款四元；还有一封交庆元银楼老板石品南，因为这家银楼除了售卖首饰外，还是新书报的代办处和销售地。张棡等每次进城，银楼就是地方新学群体重要的聚会地点。张棡在寄信之余，还没忘记给林骏带一部中版《日本国志》，因为这位内兄已经拜托他寻觅此书很久了。

二、 报纸、学校和学会：塑造读书人“想象的共同体”

对清末民初读书人来说，交朋友的重要时间节点或许并不在1840年，也不在1911年，而在1895年甲午战争失败之后。

甲午战争的失败相较前几次战争的失败，对中国读书人的刺激尤大，因为输给了大伙原本并不放在眼里的日本。读书人痛定思痛，开始思考失败的原因。他们认为，其中一个重要的原因是“民智未开”，遂有人开始全力以赴办报刊、建学校和开学会。在此背景下，这三种人交朋友的新空间急剧扩大。

根据思想史家张灏的研究，1895年前中国报刊大概在15家左右；1895年至1898年间，数目增加到60家；1913年是487家。“五四”时期数量更为激增，《中国年鉴》的估计是840家，《申报》认为有1134家，美国人伍德布里奇在《中国百科全书》给出的数字是2000家。

在学校数量上，从1895年到20世纪20年代，全国共设立87所大专院校。在这些大专院校中，有 21 所公私立大学，包括北大、清华、燕京、东南诸大学。在中小学的数量上，1910 年除教会和私人设立者外，全国学堂已有 42444 所、学生 1270428 人。到 1914 年，学堂数增至 108448 所，学生增至 3643206 人。

从学会看，从 1895 到 1898 年，初步统计约有 76 个学会组织。此后虽因资料缺乏，难以确计，但从许多零碎的报道可以推想这种结社是相当普遍的。

这些新空间的增长，对于读书人有着深远的影响。其中最重要的有两点：

一个是塑造了"想象的共同体"。在明清时代，读书人的社会上升有一定的机制。首先，科举之路顺畅，斩获不低的功名；其次，要有拿得出手的文章和诗作；最后，要在各种诗酒饮乐、品鉴书画的场合表现出与群体相匹配的才华。这些机制不仅门槛高，而且传播力有限。

以文章和诗作为例，明清时代一个读书人编辑文集，刻上几百部已是了不得的事情，成本也相当高昂，以致读书人常常无力刻书。即使刻了也流传不广，轻易湮没。近代报刊出现之后，情况就很不一样了。因为近代报刊依托的是"资本主义生产方式"，印刷数量大，价格相对便宜，传播有力。因此，在清末民初，依托于报刊，结合学校和学会，出现了一批如梁启超、李大钊等年纪轻轻就已名满天下的明星读书人。地方上的读书人基本未曾见过他们的真容，却通过报刊上的文字被他们的思考所吸引、为他们的理论所折服，常常想着去请教一个问题、作一番讨论。同时，又真切地感到全国各地都有和自己一样的读书人在做同样的事、思考同样的问题。这种由报刊开启的想象性联结，成为那个时代读书人交朋友的新底色。

另一个是进入这些新空间的读书人，其日常生活的世界发生了巨大改变。因为清末民初的报刊、学校和学会基本在大城市，特别集中在上海、北京等中心城市，因而那些从乡村、小城镇来的青年面对的是一个从未接触过的新世界。在这个新世界里没有家族的规矩、父母的管束，故周作人离开绍兴来到南京江南水师学堂，就可以半夜就寝，睡到日上三竿，不去上课。每日不读课本，读的都是从同学那里借来的，以及鲁迅从日本寄来和他自己在南京城中找来的"禁书"。

在这个新世界里，读书人接触到形形色色的新人物，囫囵吞枣了形形色色的新思想，开始做起了以往读书人不曾梦见的激烈行动。在这个新世界里，他们中的一部分借助学校、报刊、学会提升了地位，获得了名声，几乎有一言而"搅动天下视听"的力量，却慢慢发觉自己正在脱离与中国社会的有机联系，成了漂浮在城市里一群自说自话、自成群类的人。

三、为何建"朋友圈"：不是吃喝玩乐，而是救国济世

清末民初的中国，是一个"打了大败仗、发生了大崩溃"的时代。1903 年，鲁迅在《自题小像》中说"灵台无计逃神矢"，刻画的就是当时读书人无比沉痛又难觅出路的复杂心情。在这样的大环境下，"救国"成了时代主题，也成为读书人为何交朋友的理由。

有人说："自入学之日，此身即非我所有，非父母有，非兄弟妻子有，直认为四万万同胞所离割，所牺牲之身，是以处亡决之世，存救亡之心，苦心热血，可盟天地而泣鬼神。"正是

这种“此身非我所有”而为“国家所有”的信念，推动着大批读书人脱离优裕的生活环境，投入到革命救国的进程中去。这从当时读书人社团的名称就可见一斑，如自治会、爱国会、誓死会、开知会、易知会、演说会、公强会、研究会、铁血会、联合会等。这些名目无关风花雪月，也无关饮食男女，有的是因国难而奋起，因奋起而联结的慷慨和激昂，足见时代塑造青年、青年影响时代的风貌与精神。

不过，“救国”成为清末民初读书人交朋友的一大理由，并不意味着他们在倡导当时欧美式凌驾他国、凌夷他种、弱肉强食的“狭隘国家主义”。他们倡导的是“世界的国家主义”，也因此而交上了更多的朋友。1921 年 1 月 1 日，“五四”时期最著名的学会——新民学会里的长沙友人召开新年大会。这场大会不是吃喝玩乐，而是操办“思想的嘉年华”，讨论“改造中国与世界”的学会方针以及改造的方法、目的等问题。毛泽东同志在讨论中提出要“改造中国于世界”，因为“从事中国改造不着眼及于世界改造，则所改造必为狭义，必妨碍世界”。

这证明，即使在国势最为黑暗沉沦的时代，中国读书人中的先进分子对于交朋友之后要“担负什么样的历史使命”都有着相当清晰的认识。所谓“改造中国于世界”当然说的是“救国”，但同时说的也是“济世”。这种救国济世的情怀，一方面脱胎于我们的传统中，中国读书人从来就是在天下的范围里思考国家，在世界的范围内定位中华；另一方面来自清末民初读书人面对舶来的林林总总的思想和主义进行的持续而深入的思考，最终发展构建出一条既有自身文明特性又重视“万国之上，犹有人类在”的人类命运共同体的中国道路。

科普活动

科技与人文的对话·虚拟现实狂想

作为科普活动周项目之一的"科技与人文的对话"活动，于 5 月 23 日 18:30，在复旦大学邯郸校区光华楼东辅楼 102 袁天凡报告厅如期举行。本次科技与人文的对话的主题为"虚拟现实狂想"，市社联与复旦大学学生会学术部邀请了复旦大学心理学系主任、心理研究中心主任孙时进，复旦大学哲学学院副教授郁隽喆，复旦大学软件学院副教授、交互式图形学实验室主任姜忠鼎和作为嘉宾主持的上海开放大学公共管理学院副院长伊晓婷，并吸引了上百名复旦学子和来自校外的虚拟现实爱好者前来聆听嘉宾们的真知灼见。

本次讲座活动创新化的以嘉宾现场 TED 和四位嘉宾交流形式呈现，在第一部分中，嘉宾们通过现场演讲的方式，阐述自己关于"虚拟现实"的主要思考和观点，介绍所在学科和研究方向的相关探讨。姜忠鼎老师从自己的研究领域——科技出发，用一系列影片、图片等浅显易懂的方式为我们带来对 VR 技术现状与发展的探索；郁喆隽老师则聚焦哲学，结合自己的所思所想，最终观点落在作为"被造物"的人需要在反思、定义、筹划和行动的过程中慢慢成长为人一句，发人深省、令人感动；第一部分的最后，孙时进老师又将虚拟现实与心理学实验以及应用联系起来，打破了观众们和同学们以往对虚拟现实就是游戏应用的思维障碍，让我们看到虚拟现实的广阔前景。三位嘉宾各自畅谈了自己所在领域与虚拟现实技术的应用发展之间千丝万缕的联系，各自有重心的同时又不失把主题最终回归到虚拟现实技术之中，让观众对这一技术有了崭新全面的认识。

第二部分由伊晓婷老师主持，四位嘉宾针对虚拟现实的现状和问题，进行集中的观点碰撞和讨论，加深对问题的探讨和挖掘。伊老师主持风格风趣幽默、亲和自然，由当天发生的 AI 技术对决：阿尔法狗与人的围棋之战入手，首先探讨了 AI 与 VR 等技术的飞速发展对人们生活的影响，紧接着四位嘉宾畅谈了自己对虚拟现实产生的伦理学、道德与法律等相问题的看法。结合第一部分的"TED"模式陈述，为对虚拟现实充满疑问的现场观众带来了一场高质量的学术交流与思维碰撞。最后，四位嘉宾集中回答了现场观众的相关提问，大家对于虚拟现实的今天到未来，有了更加深入的思考。

活动结束后，各位嘉宾表达了对于活动形式和内容的肯定，在更好地表达自己的观点的同时，可以进一步的在观点上进行碰撞和生发；现场同学们也表示，经过嘉宾们的讨论和争锋，对虚拟现实的思考更加深入了，收获很大。

科技与人文的对话·葛剑雄:"一带一路"倡议,这绝不是再一个郑和下西洋

现在有一种流行的观点认为,以欧洲、美国、日本为代表的海洋民族,由于更具冒险与拼搏精神,令西方海洋文明在近代战胜了东方大陆文明。

如何看待这种观点?海洋文明与大陆文明,有无优劣之分?伴随中国的和平发展,中国未来应有怎样的海洋观?7月10日,教育部社会科学委员会历史学部委员、复旦大学教授葛剑雄做客"东方讲坛"主办的"《人类与海洋》之多维视野下的南海"科技与人文的对话,从人文历史视角谈论了他对中国海洋观的看法。

葛剑雄认为,研究地理环境对历史文化的影响时,哪怕是很杰出的理论,也需审视一下是在什么地理条件下归纳出来的结果,是特例,还是通例?关于海洋的论述,很多都是根据地中海这个特例。

葛剑雄表示,西方海洋观的形成是有特定指向的,也是有特定历史背景的。跟中国同时代的西方人,最频繁接触的是地中海。地中海基本上是一个封闭的内陆海。它有两个出口,东部是土耳其海峡,西边是直布罗陀海峡,除了这两个海峡,还有人工开掘的苏伊士运河。但除了这几个以外,它基本上是封闭的。地中海还有很多半岛岛屿,最大的是意大利半岛,像一个靴子插在中间。这样一来,在地中海航行是最安全、最可靠的,因为它很快可以到一个岛上,所以,古代地中海的航行,相当发达。葛剑雄认为,更重要的是人类古代的重要文明,大部分是在地中海附近形成的。比如,希腊文明等。所以,地中海周围的人对海洋特别重视。他们通过海洋可以接触到各种文明,接触到外国人,因此,他们把海洋作为希望、财富和文明。

葛剑雄表示,中国没有西方意义上的海洋观念,这也是有其特定历史背景的。中国人不会像地中海边的人,觉得到了海边,就看到了希望,看到了财富。相反,中国古代的人,到了海边就觉得到了穷途末路,没有什么出路。中国主要的文明是在黄土高原,即黄土冲积平原这里产生的。对中国影响比较大的外国文明,也是通过陆路,比如丝绸之路等传过来的。地理位置的特殊性,是地中海沿岸国家诞生璀璨海洋文明的根源,这是中国无法复制的。只有深刻认识此规律,才能制定出正确的国家战略,评价不同文化。

葛剑雄认为,既要历史地看待中国文化的形成,也要辩证地看待中西方文化的优劣。中国传统文化以儒家文化为主,主张安贫乐道。以农业为本,接下来是其他手工业,商业是最末。这种文化的好处,是中国不愿意主动扩张,是爱好和平的,主张自力更生,但是也

缺乏去发现外界的奥秘的动力。在古代，我们能够养活自己，那就不对外扩张。但是到了近代，中国碰到了生存的危机，并且随着西方的发展，无论是他们的造船术、航海术，还是他们的工业革命发展，都比中国先进了。在这个时候，传统的概念就相对限制了中国。这时，如果大家的精力还集中在中国本土，对外界不感兴趣，就不行了，就造成中国的落后。所以，对此要两方面谈。但是，不能武断地说，中国人因为形成了漫长的大陆性文化，就丧失了"拓展"的意识。

如果今天人们依然像古人那样，到了海边就觉得到了穷途末路，肯定不行。那么，伴随中国的和平发展，中国未来应有怎样的海洋观呢？葛剑雄认为，从一般规律看，未来的文化传播和人员来往已不再依赖于海洋，但是，物资的运输、资源的开发和利用、环境的保护、战略控制等还是离不开海洋。海洋也提供了旅游、休闲、健身和竞技等方面的条件。随着社会的进步和民众生活质量的提高，海洋将越来越受到重视。今天，中国也在积极构建自己的海洋观、全球观，中国提出"一带一路"倡议，这绝不是再一个郑和下西洋，而是要面向世界，通向世界。当我们有了正确的观念，形成正确发展的理念、具体的政策措施，再加上国力的增强，中国才能真正在海洋科学探索上保持我们应有的地位和权利。

一"点"就通！12 集短视频沪上"社科专家带你读懂十九大"播出

为了帮助加深广大市民群众对十九大精神的理解和认识，由上海市社会科学界联合会、解放日报社、上海社会科学普及研究会共同合作录制的理论科普短视频"社科专家带你读懂十九大"，于 12 月 6 日起，在上观新闻 App"思想汇"栏目播出。

该系列短视频共 12 集，自 12 月 6 日起，每个工作日播出 1 集。12 位沪上社科专家将围绕当前干部群众在学习贯彻党的十九大精神中普遍关注的热点问题和存在的思想困惑，从不同角度深刻解读党的十九大报告的丰富内涵，系统阐释习近平新时代中国特色社会主义思想，深入分析党的十九大提出的一系列新的重要思想、重要观点、重大论断、重大举措。

"沪上专家带你读懂十九大"邀请了潘世伟、权衡、姜义华、童世骏、周振华、桑玉成、陈燮君、文军、诸大建、刘苏闽、黄仁伟、冯小敏 12 位沪上社科专家，围绕党的十九大报告，从不同角度对党的十九大精神进行了深入浅出的解读和阐释。视频中各分集标题采用了提问式，从问题切入，请专家释疑解惑，以较强针对性帮助广大市民群众学深悟透党的十九大精神。

陈勤建:二十四节气为何被称为“第五大发明”

2016 年 11 月 30 日,中国申报的“二十四节气——中国人通过观察太阳周年运动而形成的时间知识体系及其实践”,正式列入人类非物质文化遗产代表作名录。

中国民俗学会荣誉会长、国家非物质文化遗产保护工作专家委员会副主任刘魁立先生说过,二十四节气是中国人时间框架的一部分。虽然外国也有春分、秋分、冬至、夏至这样的划分,但是能再细分出二十四节气、七十二物候,使农业生产生活与自然结合得如此紧密的,只有中国人,而这对于中国人的文化认同和国家凝聚力,具有极为重要的历史和现实意义。

一、 地球每公转 15 度划分一个节气

什么是节气? 节气是指古代中国农历年,用来指导一年农事的二十四时节和气候的补充历法。它在国际气象界被誉为“中国的第五大发明”。

农耕生产与大自然的节律息息相关,二十四节气是我国先民顺应农时,观天察地,摸索、感悟、总结出来的一套时间体系。

地球自转一周为一天,围绕太阳公转一周为一年。由于地球在公转轨道上的位置不同,引发了气候和昼夜长短的变化。我们的祖先根据太阳直射在地球不同位置的气候变化情况,将一个太阳年结合农时周期进行二十四段的划分,也就是地球公转每隔 15 度,划分一个节气,24 个节气,表示地球在公转轨道上 24 个不同的位置。

每个节气相隔约 15 天。这样,每个月就有两个节气,一年 12 个月,刚好合成 24 个节气。其中,每月第一个节气为“节气”,即:立春、惊蛰、清明、立夏、芒种、小暑、立秋、白露、寒露、立冬、大雪和小寒十二个节气;每月的第二个节气为“中气”,即:雨水、春分、谷雨、小满、夏至、大暑、处暑、秋分、霜降、小雪、冬至和大寒十二个节气。“节气”和“中气”交替出现,各历时 15 天,现在人们已经把“节气”和“中气”统称为“节气”。

二、 物候曾是主要的历法样式

在每个节气时令中,古人又将自然界飞禽走兽的时令性活动,包括迁徙、蛰眠、复苏、始鸣、繁育以及各种花草树木萌芽、发叶、开花、结果和雷电发生等反映了气候、动植物变化的物象称为物候。

古代《逸周书·时训解》首先记载,以五日为一候,三候为一气,六气为一时,四时为一岁,一年二十四节气共七十二候。北魏《正光历》又将“七十二候”正式载入历书。

当代综合研究表明,物候的出现要早于节气,它是形成二十四节气的先河,也是我国远古最早的结合天文、气象、物状指导农事活动的历法雏形。它大致分为两大类:一类是生物物候,既包括植物的,也包括动物的;另一类是自然现象,如东风解冻、虹始见、大雨时行、水始涸等。由于某个年份气候的突变或观察错误,以致有些物候的发生及描述不那么准确,甚至不符合科学事实。但是在很长时间内,物候曾经是我们古人一个主要的历法样式。

中国二十四节气,最早成书于《淮南子·天文训》。而事实上,二十四节气的出现,是融合了各地先民长期的生产生活经验而缓慢形成的,很难找出一个确切的开端。

三、 不违农时,顺时劳作

二十四节气是中华民族独有的"农时"这一有关自然界和宇宙的时间知识和实践。

时间是怎么形成的? 这是一个深奥的科学问题。我们的古人凭着自身的农业生产实践以及对自然天地的感悟,作出了务实又易懂的独到解读。比如,流行在安徽省江淮流域的谚语有云:"一月有两节,一节十五天。立春天气暖,雨水粪送完。惊蛰快耙地,春分犁不闲。清明多栽树,谷雨要种田,立夏点瓜豆,小满不种棉。芒种收新麦,夏至快种田。小暑不算热,大暑是伏天。立秋种白菜,处暑摘新棉。白露要打枣,秋分种麦田。寒露收割罢,霜降把地翻。立冬起菜完,小雪犁耙开。大雪天已冷,冬至换长天。小寒快积肥,大寒过新年。"

还比如,"清明早、小满迟,谷雨种棉正当时","秋分早、霜降迟,寒露种麦正当时"。结合农事气候的变化转换,古人开创性地构建了人类社会中独特的与农事紧密连在一起的时间体系。

对农事而言,目前所使用的阳历和阴历都存在缺陷,阳历的缺陷在于无法体现月相的变化,而阴历的缺陷在于无法体现四季的变化。二十四节气的设置搭建起了阳历和阴历沟通的桥梁,阴阳调和农事节律,细分农业的季节。

其中,最重要的是顺时育种收获。二十四节气告诫人们,动植物和人类本身的生长节点,是受时间和气候先后有序控制的。日常生活中,我们深切体会到,瓜果不合时令地耕作,早种催生,不会有好的味道;唯有适时耕种,瓜熟蒂落,才会有上佳口味。

四、 人生也该顺时而为

在二十四节气中,中国古人还感悟到天人合一的生命节律。他们认为,除农事外,人生也应该顺时而为,顺势而行。

二十四节气的节律揭示了一个道理,茫茫宇宙和自然万物及生活其间的人类,是相依相存、相互关联的生命共同体,其生长发展有着共同的节律。人类的生存生活如果违背自然的生命节律,无疑是自寻末路。

顺时择食起居,就是这一智慧结晶的实践体验。例如:上海人流行的"吃时鲜","日出而起,日落而息","吹卯时风,淋卯时雨","踏地气",等等,对健康长寿都有极大好处。

古往今来,我国各地的民众都十分注意应时应地按照节令生活。苏州传统有"立夏见三新”之谚，“三新”为樱桃、青梅、麦子，用以祭祖。各地民间广泛流行“立夏吃蛋”的习俗。俗语说：“立夏吃了蛋，热天不疰夏。”相传从立夏这一天起，天气晴暖并渐渐炎热起来，许多人特别是小孩容易身体疲劳、四肢无力，食欲减退、逐渐消瘦，称之为“疰夏”。每年立夏之日，小孩子的胸前挂上煮熟的鸡鸭鹅蛋，可避免疰夏。

夏季第二个节气小满，标志着一年暑天湿热开始，民间流行吃苦菜。《周书》记载：“小满之日苦菜秀。”《诗经》曰：“采苦采苦，首阳之下。”“春风吹，苦菜长，荒滩野地是粮仓。”苦菜是中国人最早食用的野菜之一。

夏至，也就是大热天到了，民间俗称“大伏天”。“伏”即伏藏的意思，暑热难当，人们应当少外出以避暑气。民间度过伏天的办法，就是吃清凉消暑的食品。俗话说，“头伏饺子二伏面，三伏烙饼摊鸡蛋”。这种吃法便是为了使身体多出汗，排出体内的各种毒素。我国多地还有伏天吃羊肉的习俗，比如上海郊区多有饮食“羊肉烧酒”的风尚。营养学家对此进行过深入研究，认为羊肉在伏天吃营养程度最高。因为三伏天，人体内积热，此时喝羊汤，吃辣椒油、醋、蒜，必然全身大汗淋漓，这样可带走五脏积热，同时排出体内毒素，有益健康。

五、现代人应进行“再创造”

二十四节气表达了中国人与自然宇宙之间独特的时间观念，反映出中华民族杰出的生活智慧。

古人认为，人的生命中早已注入了和二十四节气变迁一样的节律，因此要身体健康，就要顺其自然。反季节的饮食起居的种种行为，是对自身生命的摧残，所以古人说“药补不如食补”，强调顺时顺势调养身体。

此外，二十四节气中还蕴含着循环往复的生命意识。在作物一岁一枯荣中，人们早就认识到生命的有限与无限。所以，顺天应时，既要善生，也要乐死。显然，对于死，古人比我们今人豁达得多。

反观当下，在中国的药店里，到处都是保健品。为了达到养生长寿的目的，很多人每天吃各种营养品，反而忽略了日常的饮食三餐。空调的出现打破了人们对四季的切身体验，我们在寒冬腊月里躲进温室，在烈日炎炎中吹着冷气，但是身体却越来越不健康。

因此，恢复二十四节气中有益的文化传统，对提高我国国民的身体健康和文化素质，无疑有着一定的现实意义。

二十四节气文化在现代社会应当进行“再创造”。而如何适应现代人的生活和精神需求，对二十四节气文化中蕴含的传统智慧进行提炼、升华，让古老的农耕智慧在现代社会焕发新生，这不仅需要民俗学者、农业史学者的广泛参与，更需要民众的大力支持。

上海开通地铁专列　宣传党的十九大报告

11 月 7 日下午，由上海市社会科学界联合会、上海申通地铁集团有限公司共同推出的“学习新思想　走进新时代”主题地铁专列在 1 号线人民广场站正式启动。中共上海市委宣传部副部长、上海市社联党组书记燕爽，上海市社联党组成员、专职副主席解超，上海申通地铁集团有限公司党委副书记葛世平出席启动仪式。

近年来，上海市社联与申通地铁集团大力合作，相继推出以哲学社会科学为主要内容的多主题地铁专列，以生动活泼、具有动感、“接地气”的方式，普及科学知识、弘扬科学精神、传播科学思想、倡导科学方法，为广大乘客送上丰富的人文体验。恰逢党的十九大胜利闭幕不久，市社联和申通地铁集团再度联手，积极响应市委关于党的十九大精神宣传“采取群众喜闻乐见的形式，因人施教，因材施教，因事施教”的要求，精选体现新思想、新论断、新提法、新举措以及与市民生活息息相关的十九大报告原文，涵盖党的十九大报告中关于政治、经济、文化、民生、生态、国防、外交、党建等方面，在地铁车厢展示，方便市民乘客在乘坐地铁时可以读到原汁原味的十九大报告精彩内容，推动党的十九大的思想精髓走进群众，深入人心。

燕爽在讲话中指出：当前，全党全国上下都在深入学习宣传贯彻党的十九大精神，上海也应积极响应中央部署，要把党的十九大精神送进农村、进机关、进校园、进社区、进军营、进网站，今天我们送进地铁，我们一起来把学习党的十九大精神推到一个新高潮。

上海市社联、上海市哲学学会举办“世界文明与中国话语”主题论坛

5月19日下午，由上海市社会科学界联合会、上海市哲学学会主办、上海财经大学人文学院承办的“第16届上海市社会科学普及活动周主题论坛——世界文明与中国话语”在上海财经大学行政楼一楼报告厅举行，会议由上海财经大学人文学院副院长郝云教授主持，上海市哲学学会会长、复旦大学教授吴晓明和全国经济哲学研究会会长、上海财经大学张雄教授分别作主旨演讲。上海市哲学学会副会长兼秘书长李家珉教授、上海市社会科学界联合会科普工作处副处长姚丽莎出席了论坛。

吴晓明教授的演讲题目是“摆脱学徒状态，构建中国特色哲学社会科学”。他认为，“摆脱学徒状态，获得自我主张”是中国学术得以确立的重要标志。中国近代以来，从总体来讲，整个学术进入一种“学徒状态”当中，这个“学徒状态”可以说波澜壮阔、内涵丰富。无可置疑，学术发展进程中的学习过程是必要的。然而，人文社会科学的创新尤为重要，只有学术上有所创新，才谈得上自我主张。吴晓明教授指出，最为关键的一条就是研究中国社会、探讨中国问题、把握中国道路和经验。我们现在有时候谈论现实，但太多的是谈论肤浅和表面的现象。我们必须清醒地意识到，自我主张的获得绝对不是纯粹拒绝和排斥一切外来文化，而恰恰是需要经历文化结合的锻炼。他认为中国学术话语建构的一个实质性方面，在于中国的学术能够真正切中并揭示中国的社会现实。

张雄教授则以“中国话语与世界历史进程”为题展开演讲。他认为，从哲学角度来反思中国话语，中国话语应当是中国精神的表达，即中国核心价值观的表达。张雄教授指出，习近平总书记注意到了开拓中国精神资源的重要性。这里的中国精神在社会主义核心价值观中得到了定义和表达。同时，一个国家的话语离不开世界文明的历史进程，中国话语的坐标应该是世界文明的历史进程。当我们开始从世界历史进程看中国的时候，我们就看出了差距，改革开放就是由此开始的。从世界历史进程出发，我们就能够获得当代的时间意义和世界的空间意义。他指出，一个国家的话语与话语权是不可等同，后者依赖于国家的生产力与军事实力的强大以及国家话语能够影响世界的精神张力。话语体系建设生态环境既严峻又复杂，理论工作者任重道远。

演讲结束后，两位演讲嘉宾与在场师生积极互动，回应了学生提出的问题。两位嘉宾的主旨演讲论述问题视野开阔、内容丰富、信息量大，让与会师生受益匪浅，对我们加深认识当前世界文明与中国话语之间的内在联系很有帮助。上海市哲学学会副会长兼秘书长

李家珉教授对本次论坛进行了简要的总结，指出两位嘉宾的演讲充满思想性、学术性和思辨性，是对习近平总书记关于哲学社会科学座谈会重要讲话精神的积极回应，对我们每位听众有很大的启迪。上海市社会科学界联合会科普工作处副处长姚丽莎女士介绍了本次主题论坛的背景，对上海财经大学承办该次活动表示感谢和高度肯定。

最后，本次活动主持人郝云教授代表上海财经大学人文学院对“世界文明与中国话语”主题论坛的主办方和上海市哲学学会对财大哲学学科的大力支持表示衷心感谢。

一年一度的科普文化节庆——上海市社会科学普及活动周开幕

5月17日，第16届上海市社科普及活动周在长征社区文化活动中心拉开帷幕。开幕式后举行了“梦的中国——习近平总书记系列重要讲话诵读会”。诵读会聚焦习近平关于“民族大梦”“改革攻坚”“发展之翼”“坚强核心”“民生关怀”五个方面的重要论述，邀请本市知名主持人和朗诵专家，发挥有声语言的魅力，以诵读的形式，为党的十九大召开凝心聚力，提振共筑中国梦的信心。

本届活动周以“普及社科成果 推进上海新作为”为主题，吸引了来自本市学会、公共文化场馆、企事业单位、街镇等200余家单位的参与。5月17日至23日，活动周面向广大市民推出精彩纷呈的社科普及大餐，包括百名青年专家义务咨询、主题展览、主题论坛：世界文明与中国话语、科技与人文的对话，以及人类与海洋、诵读会、专题科普活动、社科普及进地铁、新媒体科普等“十大板块”的300多项社科普及活动。

市委宣传部副部长、市社联党组书记、专职副主席燕爽致开幕辞时表示，正如习近平总书记所说，“这是一个需要理论而且一定能够产生理论的时代，这是一个需要思想而且一定能够产生思想的时代”。社科普及工作就是要积极推动这些理论和思想的转化和普及，使它们转化为人民大众的思想自觉，融入生动具体的社会实践中，成为加快推进“四个新作为”的伟大力量。市社联专职副主席、秘书长解超主持开幕式。开幕式上，还表彰了2016—2017年度上海市社科普及工作先进集体、优秀个人和优秀科普项目。

社科普及活动周是面向全市的群众性社会科学普及活动平台和品牌项目，旨在培育公众人文精神、科学精神，提高市民思想道德水平和人文科学素养等。自2002年创办以来，已连续举办了15届，共开展了2500余场弘扬正能量、特色鲜明、内容丰富、广受市民欢迎的科普活动。

学会服务平台

XUE HUI FU WU PING TAI

学会工作会议/社团党建会议

上海市社联举行2017年度学术团体负责人暨党建工作会议

3月15日，上海市社联举行2017年度学术团体负责人暨党建工作会议。来自市社联所属学会及民办社科研究机构的200余位负责人参加了会议。市委宣传部副部长、市社联党组书记、专职副主席燕爽出席会议并就新一年上海市哲学社会科学学术团体的工作进行了部署。

市社联党组成员、专职副主席任小文主持会议，市社联党组成员、专职副主席解超宣读了获得上海市社联2016年度第十届“学会学术活动月”优秀组织奖和组织奖的学术团体名单。市社联学会处处长王克梅布置了本年度学术团体的几项具体工作。

燕爽充分肯定了2016年学术团体工作取得的成绩，传达了中共中央关于加快构建中国特色哲学社会科学的意见精神，通报了市社联第七次代表大会的筹备情况，并指出2017年市社联将继续在市委、市委宣传部的领导下，认真学习宣传贯彻党的十八大和十八届三中、四中、五中、六中全会精神，以习近平总书记“5.17”重要讲话精神为指导，突出迎接、宣传、贯彻党的十九大的主线，聚焦学术话语体系建设等年度重大社科专题，围绕重大时间节点，依托社科界力量，跨部门、跨学会、跨学科联合开展专题学术研讨活动，为党的十九大胜利召开做好思想理论准备，营造良好氛围。

燕爽还对上海市哲学社会科学学术团体工作提出要求：一是提高社科工作使命感，明确社科战线重任。市社联所属各学术团体要抓住社科类学术团体发展的历史机遇，凸显社科类学术团体的重大作用。增强政治意识、大局意识、核心意识、看齐意识，自觉在思想上政治上行动上同以习近平同志为核心的党中央保持高度一致，加强对社科工作者的影响力、凝聚力，扩大党在社科界的工作覆盖面，夯实党在社科界知识分子中的工作基础。要汇聚社科界专家学者的聪明才智，研究回答好时代提出的问题，为繁荣发展哲学社会科学服务，为社会主义经济、政治、文化、社会和生态建设服务，更好地发挥认识世界、传承文明、创新理论、咨政育人、服务社会的重要功能。二是坚持培育学术功能，推进社科理论创新。各学术团体要进一步培育自己的学术功能，大力推进学科体系、学术体系、话语体系建设和创新，推动哲学社会科学的创新发展。紧紧围绕深入贯彻习近平总书记系列重要讲话精神和治国理政新理念新思想新战略，加大工作力度，拓展研究深度。要加强对中国特色社会主义发展道路、理论体系、基本制度的研究，围绕中央提出的重大思想观点、重大战略部署、重大工作举措，围绕“五位一体”总体布局、“四个全面”战略布局、五大发展理念、“一带一路”建设等重大课题，围绕“两会”期间习近平总书记参加上海代表团审议时对上海提出的在深化自由贸易试验区改革、推进科技创新中心建设、推进社会治理创新、全面从严治党上的四个“新作为”等时政热点，围绕市委宣传部“改革开放40周年、建国70周年、建党100周年”三大系列课题，回顾总结走过的历程，努力为构建中国特色社会主义理论体系作出重要贡献。要加强基础学科研究，深化多学科综合研究，培育新的学术领域和学科增长点。要利用自身优势，充分发挥整合协调功能，汇集分布在不同高校、党政机关，企事业单位从事本学科或相关研究领域的专家学者，最大限度发挥整体效应，对重点、难点问题组织课题攻关，提高社会科学资源的使用效率，提升上海哲学社会科学研究的水平。三是不断加强组织建设，确保学术团体规范发展。各学术团体要按照中央精神和有关法规依法治会、治院所，按章办会、办院所，按照学会和民办社科机构的宗旨和业务范围开展各项活动，建立行之有效的内部管理结构、运行机制和自律管理模式，形成重大事项民主决策的机制，实现自主活动、自我发展、自律管理。学术团体领导班子要树立做好学术团体工作的自觉性，提高做好学术团体工作的责任心，以高度负责的精神做好学术团体工作。要把青年人才的培育和发展作为学术团体工作的重要任务，促进青年人才的全面发展，使学会成为发现青年人才、吸引青年人才、培育青年人才、成就青年人才的重要学术组织，在推动社科理论队伍建设取得新进展、推动社科理论工作迈上新台阶中发挥自身的独特作用。要在学术团体内倡导“百花齐放、百家争鸣”，坚持弘扬优良学风，共同营造上海哲学社会科学界良好的学术氛围。四是加强学术团体党建工作，把握正确政治方向。要深入贯彻落实习近平总书记关于加强党的建设、全面从严治党的系列重要讲话精神，牢牢掌握意识形态领域的领导权主动权，充分发挥学术团体党工组在领导班子中的政治核心作用、在学术活动中的政治导向作用，坚持执行学习制度、学会重大事项党工组先行研究讨论制度、重大情况向市社联党组报告制度、学会换届与党工组成员同步调整制度，使党的建设渗透到学术团体的核心工作中去。进一步探索学术团体党工组的工作机制，保证社科类学术团体始终坚持正确的政治方向。学术团体在开展学术活动、形成学术成果、出版各类刊物中，要保持清醒的头脑和坚定的立场，确保正确的政治方向和舆论导向。要坚持用马克思主义的世界观、方法论指导理论研究，进一步增强理论自信和阵地意识，自觉用一元化的指导思想引领多样化的社会思潮，不断巩固壮大主流思想舆论。五是加大学术团体扶植力度，不断提高服务水平。建构中国话语体系，是当今中国哲学社会科学研究和意识形态建设领域的一个紧迫而重大的课题。市社联所属学术团体特别是基础学科学会，要积极参与中国哲学社会科学话语体系构建，把学术探讨和课题研究与话语体系建设紧密结合，突出中国特色、中国风格、中国气派，用马克思主义指导下的中国理论学术话语分析中国问题、阐释中国观点、指导中国实践。智库是国家软实力的重要组成部分，也是一个国家治理能力和治理体系现代化的重要部分，在决策体系里发挥着非常独特的作用。市社联所属学术团体特别是应用学科学会和民办社科研究机构，要充分发挥自身优势，聚焦经济社会发展中重要问题的研究，以务实与创新并重的积极态度，群策群力，各展所长，为解决各级领导部门科学决策做好咨询服务。市社联将在继续开展合作项目申报、跨学会学术活动、学术活动月的基础上，从活动场地、经费、宣传报道、学术成果推介与转化等方面进一步加大对于所属学术团体的支持力度。同时，将继续组织各类学术团体业务培训与学会工作交流活动，提高业务能力，学习先进工作经验，做好服务工作，为社科类学术团体发展提供更加有力的支撑。

会上，上海市信用学会会长洪玫、上海市信访学会常务副会长李晓辉、上海市经济学会轮值会长干春晖还分别围绕“跨学会论坛——多学科协同创新研究的新领域”“深化理论实践良性互动，推动信访工作创新发展”“上海市经济学会青年学者活动的几点做法”作了交流发言。

上海市社联召开学术团体党建工作会议

4 月 26 日,上海市社联召开学术团体党建工作会议,组织部分学会、民办社科研究机构党工组负责人学习近期中央、市委有关意识形态工作的重要文件精神。市社联党组成员、专职副主席任小文出席会议并传达文件精神。学会处处长王克梅主持会议。

会上,任小文代表市社联党组就学术团体加强意识形态方面工作提出了三点要求:一是要把握正确政治方向,确保学术团体在政治上、思想上、行动上与党中央保持高度一致。二是要聚焦重大议题,围绕“构建中国特色学术话语体系”“改革开放 40 周年、中华人民共和国成立 70 周年、中国共产党建立 100 周年”“中华创世神话”等课题开展学术研究。三是要着力提高解疑释惑、凝聚共识、舆情研判的能力,充分发挥学术团体党工组在领导班子中的政治核心作用。与会学术团体党工组负责人结合自身学会特点,就加强意识形态工作谈了认识想法。

上海市社联召开学术团体工作交流会议

9 月下旬,上海市社联以学科划片,组织所属社科类学术团体举行了 7 次工作交流会议,共计 130 余名学术团体负责人参加。市社联党组成员、专职副主席任小文向与会人员传达了近期中央和市委关于社会组织建设与管理方面的主要文件精神,介绍了市社联的主要工作,要求各学会按照要求,做好四个服务,以优异的成绩迎接党的十九大。

学术团体负责人主要围绕学会基本情况、年度工作、思考与建议等展开了交流。

一、 坚持正确政治方向是学术团体发展的根本保证

与会负责人介绍了党的工作小组开展工作的情况,高度肯定了党工组在确保政治方向、参与学会重大决策、组织学习等方面的重要作用,对党工组以党建引领、促进社团发展的方式方法作了进一步探讨。例如,上海市国际关系学会通过建立党工组和会长联席会议制度,加强政治学习,牢牢把握学会活动的正确政治方向。

二、 举办高水平的学术活动是学术团体发展的首要任务

各学会坚持把学术作为立会之本,把举办高水平的学术活动作为学术团体发展的首要任务,围绕党和政府工作大局,针对学术热点、难点,通过跨学会联办等方式,在年内举办了一系列高质量的学术论坛和研讨,同时加强了媒体报道和学术成果转化。例如,上海炎黄文化研究会联合多家学会,连续多年举办“多学科视野”跨学会学术活动,2017 年聚焦“商务印书馆与中华文化自信”这一主题,获得了很好的社会反响,展现了社科类学会的学术担当;领导科学学会在注重学术创新、关注实践经验的基础上,针对基层领导工作的实际问题开展学术活动,对基层工作起到了积极的指导和促进作用;政治学会注重扩大学会的学术传播和社会影响,积极与各媒体联系,使学会的各项学术活动得到及时的报道;上海市农村经济学会主办的期刊《上海农村经济》,是中央了解上海农村经济发展的重要窗口;上海市城市经济学会上半年启动了多个课题研究,同时还在认真筹备第 11 届上海城市发展创新论坛;上海市宏观经济学会围绕“服务中国改革开放、服务上海经济社会发展、服务政府决策、服务企业经营管理”的宗旨,每月开展一次高水平的学术活动。

三、 培育青年人才是学术团体发展的持续动力

各学术团体充分认识到培育青年人才是学会发展的持续动力,也分别介绍了推动青年学者成长的做法。相当比例的学术团体建立了青年工作机构,搭建了青年学者交流平

台,促进了青年人才的成长,提高了学会对于青年人才的凝聚力和向心力。例如:东方青年学社充分发挥自身特点,开展上海年度社科新人评选,加强了青年学者学术交流,促进了青年学术人才进步;会计学会每年举办潘序伦中青年会计、审计优秀论文评选活动,为会计、审计届培养了一大批青年人才,在业界享有极高声誉;上海党建文化研究中心坚持开展青年研究人员定期述学制度,主动开展课题研究,成效明显。

四、 按期规范换届是学术团体发展的重要抓手

相当比例的学会在年内完成了换届工作,还有部分学会正在换届过程中。与会负责人深刻认识到:按期规范换届是学会健康有序发展的重要抓手,学会的规范化换届是学会组织建设创新、运行机制创新的重要契机,有利于学会全面工作和长远发展。许多学会在换届后都形成了新的工作机制,增强了活力。例如上海市远距离高等教育学会在换届中,积极稳妥处理好了挂靠单位变更,新、老领导班子交替以及具体工作人员交接事宜,学会各项工作有条不紊。

五、 发挥平台功能是学术团体发展的存在价值

与会人员在谈到学术团体地位和作用时表示,学术团体应该广泛联系、团结、引领本学科、本研究领域的专家学者,整合各单位相关学科的力量,广泛动员挂靠单位、理事单位和会员的力量,把学会的平台功能作为学术团体发展的重要依靠。

各学术团体还将社会考察与工作交流相结合,分别考察了中国极地研究中心,听取了极地战略研究室主任张侠作的“北极发展新态势和我国北极战略思考”的学术报告,参观了中国极地科普馆,考察了二工大“上海电子废弃物资源化协同创新中心”和上汽通用汽车有限公司的自动化生产线,考察了上海航天技术研究院,考察了松江区社会主义新农村建设,参观了上海证券博物馆和上海银行博物馆,还考察了中欧国际工商学院。通过考察活动,社科工作者开阔视野,开拓思路,有利于理论联系现实。

上海市社联第十一届学会学术活动月开启

在万众瞩目的党的十九大召开之际，10 月 20 日，上海市社联举行第十一届(2017)学会学术活动月开幕式暨学术报告会。本届活动月主题为“学习贯彻十九大精神，构建中国特色哲学社会科学”。

市社联主席王战致辞并宣布开幕，市委宣传部副部长、市社联党组书记、专职副主席燕爽，市社联党组成员、专职副主席、秘书长解超出席，市社联党组成员、专职副主席任小文主持开幕式和学术报告会。市社联所属各学术团体负责人和专家学者 200 多人参加会议。

本届“学会学术活动月”各项活动于 10 月 20 日至 11 月 20 日举办。其间，市社联所属的多家学会、研究会联合有关高校、科研机构及党政机关等单位共同举办学术年会、专题研讨会、学术论坛、跨学会学术研讨和青年学者学术活动等各类学术交流活动 130 多项。

王战在致辞中指出，学会、研究会和民办社科研究机构是市社联工作的重要基础，“学会学术活动月”是市社联为提高学术团体学术创新能力、培育学术团体学术引领能力而搭建的重要交流、展示平台。11 年来，上海市社联对“学会学术活动月”精心培育、着意引导。上海社科界学术团体借助“活动月”这个平台，日益形成了学科交融、学术交流、学派交锋的良好氛围，上海社科界学术团体的整体地位得到了不断提升，哲学社会科学类学术团体建设得到了有力推动，市社联作用得到了充分发挥。市社联所属各学术团体积极参与“学会学术活动月”系列活动，发挥学术团体在社会科学领域内的独特地位和作用，联系、团结、引领本学科、本研究领域的专家学者，整合各单位相关学科的力量，围绕理论创新和经济社会发展的重点、热点、难点问题开展研究和探讨，为学科发展作出了学术团体应有的贡献，也为党和政府的决策发挥了智囊团作用。“学会学术活动月”已成为上海学术团体展示整体形象的盛会。

王战强调，党的十九大是在全面建成小康社会关键阶段、中国特色社会主义发展关键时期召开的一次十分重要的大会，对鼓舞和动员全党全国各族人民继续推进全面建成小康社会、坚持和发展中国特色社会主义具有重大意义。各学术团体要进一步明确社科战线重任，从全局和战略的高度，充分认识学习宣传贯彻党的十九大精神的重大现实意义和深远历史意义，增强思想自觉和行动自觉，把学习、宣传、贯彻党的十九大精神作为首要政治任务，把构建中国特色哲学社会科学作为主攻方向，把持续深化群团改革作为基本保障。汇聚社科界专家学者的聪明才智，把学习贯彻十九大精神与“活动月”的各项学术活动有机结合起来、与构建中国特色的哲学社会科学的各项学术实践有机结合起来，研究回答好时代提出的问题，为社会主义经济、政治、文化、社会建设服务，更好地发挥认识世界、传承文明、创新理论、咨政育人、服务社会的重要功能。

学术报告会上，市社联副主席、上海市哲学学会会长、复旦大学教授吴晓明，中国民间文艺家协会副主席、上海交通大学教授叶舒宪，市社联副主席、上海市经济学会副会长兼秘书长、上海社会科学院研究员权衡，上海市国际关系学会会长、上海国际问题研究院研究员杨洁勉，上海市大数据社会应用研究会副会长兼秘书长、上海财经大学教授张学良分别围绕“新时代条件下的哲学任务”“神话中国说的理论诉求”“‘逆全球化’思潮与中国对外开放新战略”“中国外交前五年回顾和新五年展望”“大数据时代的中国新型城镇化发展”作了学术报告。

上海市社联组织召开“中华创世神话”研究大系评审会

上海市社联抓紧落实中华创世神话学术高地建设的各项工作。6月22日，市社联组织召开“中华创世神话”研究大系评审会。市社联副主席沈国明、郭新立、吴晓明、熊月之，市哲社规划办主任李安方、市民俗文化学会会长仲富兰、上海古籍出版社社长高克勤等参加评审。市社联专职副主席任小文主持评审会。与会专家普遍认可大系编撰方案，并就不断深化研究提出了意见建议。

一、 专家对大系内容表示肯定

“中华创世神话”研究高地建设是一项开创性、长期性任务，“中华创世神话”研究大系是一项打基础的重要工作。任小文在评审会上介绍了大系的定位、框架、内容及编撰出版的相关考虑。大系以“学理上能贯通，学术上集大成”为目标，聚焦创世神话的本体研究，为不断深化学术研究和文化传播创造条件。目前的大系分为“中华创世纪系列”“田野调查系列”“古籍系列”和“多学科交叉研究系列”共4个系列30余个专题，成为国内首个系统展开中华创世神话研究的专题丛书。专家们认为，中华创世神话研究大系很有价值，是对习近平总书记重要讲话精神、中央关于实施中华优秀传统文化传承发展工程意见的贯彻落实。沈国明认为，大系充分体现了各民族的优秀传统文化，应当保证充足的经费支持。郭新立指出，丛书设计很好地体现了研究背景，即寻找文化之根、民族之魂。熊月之认为，大系选题极有价值，设计全面，内容丰富。吴晓明表示，丛书设计体现了上海在弘扬中华优秀传统文化方面的责任担当和学术水平。李安方认为，大系梳理中华文明起源，对中华创世神话进行学理上研究，将为中华民族复兴的伟大事业提供文化源头上的学理支撑。仲富兰表示，在较短的时间能够形成这样的大系内容实属不易。高克勤认为，大系从不同层面构成了中华创世神话研究的三个层面，极有意义。

二、 专家对不断深化研究提出建议

与会专家在评审会上还就研究高地建设提出了真知灼见。沈国明认为，要充分挖掘创世神话项目所蕴含的时代精神、民族精神。具体研究推进时有所侧重，首先集中力量把“古籍系列”做好，保证研究的学术性、严谨性。“田野调查系列”需要充足的预算作保障，宁可少些也要出精品，切忌做成“夹生饭”。同时，该部分不必拘泥于研究范式，可以有演绎的成分。在研究的初期，可以通过丰富、形象、自圆其说的演绎，使研究成果得到社会各届更多的关注，从而推动中国神话的研究再上新台阶。郭新立认为，要把神话学的研究成果上升到思想层面，离不开哲学、文学、史学、人类学、社会学的广泛参与，学术高地建设要推动多学科汇聚交融，形成中华创世神话跨学科研究的生动局面。此外，“文化之根、民族之魂”建设要注重文化“走出去”，丛书的研究成果要起到文化走出去的桥梁、纽带作用，要有国际视野的学科建设作支撑。因此，加强学科研究，特别是注重国际视野下的开发研究，就显得尤为必要。熊月之认为，随着项目深入开展，对创世神话的认识也会不断深入，挖掘提炼神话中蕴含的深层次意义就显得十分必要，如愚公移山体现出人对自然不屈服的精神等。在目前形成的大系框架基础上，还应有一部探讨创世神话与人文精神的总论性著作。吴晓明认为，要发挥学术研究高地建设对神话学学科建设的推动作用。学科建设是一个周期性很长的工程，要加紧对国外经典神话学著作的引进翻译工作，加大这方面的人才培训，使更多的青年学者投身于神话学相关学科的研究中去。通过丛书建设，力争上海神话学研究在全国占有一定的高度，取得优势地位，建立起神话学学科的学术高地。李安方认为，研究大系的体系关联度还可进一步优化，如“古籍系列”的课题名称，有的是神话历史研究，有的是文学人类学阐述，有的是文化阐述，从学术严谨性考虑，有必要规范统一名称。仲富兰认为，“田野调查系列”要做得更加细致，贴近实际，同时注重和文化创意产业做一些结合。民俗学与神话学联系紧密，这部分内容在未来的研究中应补上。高克勤认为，“田野调查系列”应有明确传承，切忌今人创作。20 世纪五六十年代，我国曾经对民间故事做过大量的搜集、整理工作，但是目前只有很少的一部分出版面世。还有大量当年搜集整理的素材尘封在各地的民间文学资料馆里，开展田野调查时，应该重视并且用好这些文史资料。此外，“古籍系列”从目前列出书名看，《周易》《诗经》《山海经》《楚辞》等与创世神话研究联系紧密的书籍并未在列，若相关著作已出版，也可以修订版的形式再版。

三、 评审专家将深度参与学术高地建设

研究大系评审会的召开标志着创世神话学术高地学术委员会正式开始发挥作用。评审专家将担任大系编委会的委员，为大系的立项、编撰、出版把好政治关和学术关。在大系编撰和项目推进的过程中，将广泛吸收专家意见建议，推进评审专家将在各方面发挥重要作用。

中华创世神话的研究体系庞大，需要填补的学术空白多。目前，大系课题研究的承担者正根据“市特别委托课题”要求填写表格。根据专家的意见建议，将进一步完善大系研究设计：一是调整现有大系框架，从跨学科角度充实中华创世神话研究；二是提升课题研究承担者所属院校的广泛性和代表性，鼓励吸引本市高校、研究机构尽可能多地参与课题研究；三是围绕多学科关照神话学，组织召开跨学科系列研讨会。

“中华创世神话上海论坛”举办

12月22日，由中共上海市委宣传部主办，上海市社会科学界联合会、上海市文学艺术界联合会和上海交通大学承办的“中华创世神话上海论坛”在上海交通大学举行。中共上海市委宣传部副部长、上海市社联党组书记燕爽出席会议并致辞。来自全国各地和上海的专家学者以及沪上文艺界知名人士、高校文科处负责人等百余人出席会议。论坛由上海市社联党组成员、专职副主席任小文主持。

燕爽在致辞中指出，中共上海市委宣传部组织实施“开天辟地——中华创世神话文艺创作与文化传播”工程，目的就是萃取文化精华，延续中华文脉，传承弘扬中华优秀传统文化，让中华文化展现出永久魅力和时代风采。中华创世神话学术研究是工程的基础，承担着为文艺创作和文化传播打下坚实基础、提供有力支撑的重任。他强调，要统一思想，充分认识开展中华创世神话学术研究的重要意义；要聚焦重点，扎扎实实推进中华创世神话学术研究高地建设；要团结各方，共同推进中华创世神话学术研究高地建设。

“中华创世神话上海论坛”是上海围绕中华创世神话研究所举办的首届学术论坛，论坛以“中华创世神化的文化精神”为主题，力求通过学术与人文的对话交融，共同推动中华创世神话研究沿着创造性转化、创新性发展的路径扎实前行。

论坛举行了中华创世神话研究基地揭牌仪式，并为首批承担学术课题研究的15位专家颁发特聘研究员聘书。中华创世神话研究基础作为新一轮上海社会科学创新基地评选的第一个基地，具有示范性、先锋性、典型性的重要意义。

上海交通大学讲席教授、中华创世神话基地首席专家叶舒宪，中国人民大学原副校长杨慧林教授，上海市文艺评论家协会主席、复旦大学中文系汪涌豪教授，上海交通大学人文学院院长杨庆存教授分别在论坛上做主题发言。来自全国各地和上海的知名学者和文化人，围绕“创世神话的理论研究及当代意义”“中华创世神话的类型与谱系”“中华创世神话的艺术性转化研究”等议题展开热烈探讨。

本次上海论坛的召开，既是中华创世神话学术高地建设的重要内容之一，也标志着学术研究高地建设工程的全面启动。

学会学术交流

XUE HUI XUE SHU JIAO LIU

语言、教育、文化、新闻

上海市社联等单位联合主办“多学科视野：商务印书馆与中华文化自信——纪念商务印书馆创立120周年学术研讨会”

为纪念商务印书馆创立120周年，6月8日下午，上海市社会科学界联合会和上海市静安区人民政府联手主办“多学科视野：商务印书馆与中华文化自信——纪念商务印书馆创立120周年学术研讨会”。研讨会由商务印书馆协办，由静安区文化局、上海炎黄文化研究会、上海市历史学会、上海市哲学学会、上海市伦理学会、上海市民俗文化学会承办。会议在商务印书馆旧址(今静安区天通庵路190号)举行。包括30余位专家教授在内的百余位各界人士与会。静安区区委副书记、区长陆晓栋，上海市社联党组成员、专职副主席任小文出席研讨会并致辞。商务印书馆总经理于殿利、商务印书馆前驱张元济之孙张人凤专程从北京前来出席研讨会。

研讨会议程分为两阶段。第一阶段为20篇学术论文发布，由上海炎黄文化研究会常务副会长杨益萍主持，作者分别为于殿利、熊月之、陈思和、杨扬、董丽敏、邹振环、叶舟、柳和城、赵修义、张亚月、何华湘、仲富兰、洪九来、蔡志栋、汤颖、胡岩、樊志辉、杨剑龙、胡申生、朱少伟、汪耀华。第二阶段为嘉宾对话，主持者为上海市哲学学会副会长陈卫平，三位嘉宾分别为上海市历史学会会长熊月之、华东师范大学教授杨扬、上海大学教授董丽敏。

专家学者们深情回顾商务印书馆120年历史，赞颂张元济等诸多前驱者抱持“昌明教育，开启民智”的使命，促成商务印书馆以世界的眼光，以现代学术的方法，竭力继承中华文化，积极传播海外新知，成为推动中国现代化进程的重要引擎。犹如赵修义所言：“商务印书馆在中国的文化史上是一座丰碑。一个多世纪以来，无数的读书人都是读商务的书长大的。翻翻这些书，不由得深深地敬佩这家以‘昌明教育，开启民智’为初衷的中国历史上曾经的最大的出版企业。”

研讨会上，既有总体宏观上研究商务印书馆的历史和现实贡献的，又有在中观、微观上紧扣某些侧面阐明商务印书馆的重要业绩的；既有弘扬前一甲子老商务的璀璨，又有称颂后一甲子尤其是进入改革开放新时期以来新商务的再铸辉煌；既有深入切磋商务印书馆的各门类各学科的创新，又有由事及人，充分肯定主持、推动这些创新的前驱者的精神风貌。大家一致认为，分析商务印书馆的历史成就，足证中华民族具有强大的文化创造力；透过商务印书馆的昨天，尽可展望中华文化繁荣兴盛的今天和明天。

就同一历史课题，进行多学科多视野研究，这种研究模式经由上海炎黄文化研究会和历史学会等五家学术团体坚持数年不辍。在本次研讨会中，由前述五家学术团体推荐的专家学者从各自的专业角度，就总结商务印书馆的文化成就及其成因，推进当代中国的文化自信，作出各具特色的阐发。熊月之论证近代上海城市对于商务印书馆的意义，他指出："商务印书馆在上海诞生、发展与繁盛，与夏瑞芳、张元济、王云五等人精心经营有密不可分的关系，同时与上海比较发达的印刷资本主义市场有密切关系，与新型文化人在上海的高度集聚有重要关系，与上海发达的交通、运输与通讯网络、广泛而密切的国际联系、充沛的劳动力市场，也有内在关联。"陈思和阐述商务印书馆对于现代出版和现代知识分子的形成具有重要作用，他认为："现代出版事业自觉介入中国现代文化建设，这个起点是商务印书馆的建立。这是中国现代史上非常重大的事件。整个现代知识分子的转型由此开始。"杨扬提出商务印书馆出版的《小说月报》，作为引领中国新文学潮流的大型文学杂志，"不仅为新文学挣得了最重要的发表作品的平台，而且培养了一大批新文学家，为新文学发展奠定了最坚实的基础"。董丽敏则关注早期商务印书馆的古籍整理，作出商务"利用铅印、摄影等新技术，借助于公共图书馆等知识传播的现代途径，主动探索了在历史转折时期古籍的整理和传播的新空间，以及传统文化如何转化为现代知识的新路径"的结论。

上海市高等教育学会召开第十次会员大会

6月9日,上海市高等教育学会召开第十次会员大会。上海市社联党组成员、专职副主席任小文出席会议并讲话。会议审议并通过了第九届理事会工作报告和财务报告;审议并通过了修改后的学会章程;选举产生了第十届理事会成员。随后举行的第十届理事会第一次会议上,选举产生了新一届学会领导班子,印杰为会长,晏开利、熊庆年、黄一如、闫光才、吴明红、黄钢为副会长,董秀华为秘书长。

任小文在讲话中对会议的召开表示了祝贺,肯定了上海市高等教育学会取得的工作成绩,并希望学会未来在上海高校和科研院所的高等教育教学与研究方面发挥整合和引领作用,调动各方积极性,集中突破,争取在中国的高等教育领域发出上海的最强音;希望学会能够创造更好的平台,调动学者积极性,发挥会员特长,潜心研究,为哲学社会科学话语体系建设贡献上海智慧;希望学会发挥自身优势,加快培养上海发展需要的人才,为上海高等教育事业贡献力量,为上海继续当好全国改革开放排头兵、创新发展先行者贡献力量。

上海市外文学会召开第十二次会员代表大会暨成立六十周年庆典

6 月 30 日，上海市外文学会召开第十二次会员代表大会暨成立六十周年庆典。上海市社联党组成员、专职副主席任小文出席会议并讲话。会议审议并通过了第十一届理事会工作报告和财务报告，审议并通过了修改后的学会章程，选举产生了第十二届理事会成员。随后举行的第十二届理事会第一次会议上，选举产生了新一届学会领导班子，叶兴国为会长，史志康、彭青龙（兼秘书长）、张春柏、魏育青、曲为国、胡开宝、查明建为副会长。

任小文在讲话中对学会成立 60 周年表示了祝贺，肯定了上海市外文学会取得的工作成绩，并希望学会在未来工作牢牢把握好政治标准、学术标准、价值标准、管理标准、团结标准。希望上海市外文学会成为联系学术界、教育界与出版界的桥梁和纽带，成为充满生机、思想活跃、成果丰硕的学术团体，成为各会员单位之间、外语与其他社会科学领域亲密协作的联谊平台，为进一步推动全市外语教学与研究、开创外国语言文学科研工作新局面、服务全市教育与文化事业的发展做出新的更大贡献。

哲学、史学

上海市世界史学会等举办中东变局与中国中东外交研讨会

4月12—13日,上海市世界史学会与上海社会科学院国际问题研究所、中国中东学会共同的主办“中东地缘政治变局与中国特色大国中东外交”学术研讨会于在上海社会科学院举行。

上海市世界史学会会长、中国中东学会副会长潘光致辞,上海社会科学院副院长黄仁伟主持报告研讨会,外交部亚非司参赞郭伟、中国中东学会会长杨光作主旨报告。来自北京、陕西、河南、云南、福建、宁夏和上海多家研究机构和高校的四十余位专家学者到会。杨光和上海市世界史学会副会长兼秘书长、上海社会科学院国际问题研究所副所长余建华作会议总结。

2010年末以来,中东政治大变局在地区动荡与阵痛中延续与发展,新老热点问题交织并存,极端主义恐怖势力“伊斯兰国”严重危及地区内外社会安宁,特朗普执政后大国在中东的博弈互动令人关注,中东国际关系格局变化正处冷战后的重要转型过渡期。作为全球关键的地缘战略板块,中东也是当今中国探索具有自身特色大国外交、与沿线国家共建“一带一路”、共促地区安全与发展重要舞台。

与会专家学者围绕中东变局与中国中东外交这一研讨会主题,先后就中东变局与地区地缘政治格局的演进、特朗普执政前后大国(集团)在中东的博弈竞合、“伊斯兰国”动向与中东热点问题应对、新时期中国特色大国中东外交等议题展开深入研讨。研讨会是2017年世界史学会重要国内学术交流合作项目。

上海市世界史学会 2017 年学术年会成功举办

5 月 6 日，上海市世界史学会与上海大学历史系联合主办的“上海市世界史学会 2017 年学术年会暨第十二届青年论坛和第三届教学论坛”在上海大学举行。上海市世界史学会会长潘光，上海市社会科学界联合会副主席陈恒，上海社会科学院历史研究所所长王健，复旦大学顾云深教授、李宏图教授，华东师范大学沐涛教授、孟钟捷教授、梁志教授，上海师范大学刘子奎教授，上海中学高级教师刘庆刚，徐汇中学副校长姚虹以及来自上海各相关机构的 150 余人出席会议。

开幕式由上海大学研究生院常务副院长、世界史学科带头人、上海市世界史学会副会长郭长刚教授主持，上海大学副校长欧阳华致欢迎辞。上海市世界史学会会长潘光总结了学会在过去半年来的发展，并特别感谢上海大学对此次年会的支持和组织工作。上海市世界史学会秘书长余建华作了学会工作报告。

主题报告部分由上海市社会科学界联合会副主席、上海师范大学人文与传播学院院长陈恒主持。上海市世界史学会会长潘光发表了“‘一带一路’与文明交汇”的演讲。他指出，不同文明、民族、宗教谋求共同发展，才能为“一带一路”倡议的实施奠定坚实的基础。即将召开的 2017 年“一带一路”国际合作高峰论坛会是 2017 年我国重要的主场外交活动，对推动国际和地区合作具有重要意义。闵行中学副校长林唯以“这是最好的时代，也是最坏的时代——高考新政下中学历史教师的思考”为题，就上海市高考改革新形势下中学历史教师的教学思路和方法提出了宝贵的建议。她指出，中学历史教学不能仅仅关注各个分散的知识点，而且应该更加注重历史发展的脉络，关注整个社会的变迁。

复旦大学冼若冰博士作了题为“希罗多德《历史》结尾新探”的报告。他提出希罗多德的《历史》分别以两个爱情故事作为开头和结尾，这必然不是巧合。华东师范大学李海峰教授作了“古巴比伦时期‘雇佣劳动’现象探析”的报告，以原始的资料为基础，从契约、雇佣期限、工资、使用领域等方面对这一问题做了详细专业的剖析。上海师范大学李腾博士发表了“礼仪、权威与政治的纠葛——1054 年东西教会大分裂再审视”的报告，对这一重大历史事件的相关问题进行了纠偏和分析。上海大学王三义教授作了“地中海世界无‘均势’——试析奥斯曼帝国与西班牙的冲突”的报告。

青年论坛共收到了 45 篇论文，以亚太、欧美、中东为区域分为三大会场，涉及了殖民主义、经贸关系、民族宗教、史学理论等重要主题。教学论坛收到了 15 篇论文，通过具体的案例对教学思维和方法都问题进行了详细的研讨。经过激烈的角逐和公平的评审，青年论坛最终评选出一等奖 2 名、二等奖 5 名、三等奖 8 名；教学论坛评出一等奖 1 名、二等奖 3 名、三等奖 5 名。学会领导和评审专家给获奖的学者颁发了证书和奖品。

上海市美学学会举行第九届会员大会

6月18日下午，上海市美学学会第九届会员大会第一次会议在东华大学延安校区举行。市社联党组成员、专职副主席任小文出席会议并致辞。他在致辞中，高度肯定了学会四年来取得的成就，赞赏学会内部团结和谐，希望今后把好政治方向、研究导向和价值取向，大力弘扬健康的快乐，拒绝恶俗的快乐，为建设风清气正、其乐融融的和谐上海、和谐中国尽到美学应有的职责。

会议审议了第八届会长朱立元所作的理事会工作报告，以及副会长庄志民所作的财务报告、章程修改说明。大会选举产生了第九届学会理事会。在随后召开的第九届理事会第一次会议上，选举产生了新一届学会领导班子。祁志祥当选会长，庄志民、杨燕迪、朱志荣、陆扬、张宝贵、夏锦乾、王云、刘旭光为副会长，刘旭光兼秘书长。上届会长朱立元为名誉会长，顾问为许明。

陈伯海先生作了关于生命体验美学的专题演讲。新任会长祁志祥作任职讲话。他首先回顾了26年来作为会员伴随学会共同成长的收获，表达了对学会引领与哺育的感恩。随后他重点阐述了学会未来四年工作的基本设想。即从君子风范、民主作风、多元共存、面向实践、活动机制五方面保持学会的优良传统，促进中国特色、中国风格、中国气派美学学科体系、话语体系成果的孵化，坚持美的价值标准，为美化社会风气尽责，开展更加丰富多彩的活动，加强对学会活动及其学术成果的推广，争取学会工作的更大光荣。同时期待新一届学会班子成员以及理事同仁们团结协作，群策群力，在奉献中彰显价值；也希望会员朋友多参与、多包容、多展示、多作贡献，让学会成为彼此释放爱意、交流学术的园地，共同建设美学家园，谱写学会美好的未来。

上海市美学学会举办“创意设计与美学”青年论坛

9 月 23 日，上海市美学学会联合拾玥设举办的“创意设计与美学”青年论坛在上海黄浦区国际文化众创空间成功举办。上海市美学学会副会长张宝贵教授、副秘书长张永禄副教授、上海交通大学汪济生教授、上海戏剧学院科研处支运波副处长、上海外国语大学贤达学院文化产业与管理学院石莹副院长、上海建桥学院珠宝学院任艳老师、泰迪之家徐野岩总经理等嘉宾出席。论坛由上海美学学会副秘书长、复旦大学汤筠冰副教授主持，近 90 位艺术和美学爱好者冒雨出席了论坛。本次青年论坛上沪上多位美学理论研究者与创意设计的艺术实践者就创意设计与美学的关系问题展开对话。

在当下的消费社会，信息和意义已然大量进入商品生产中，商品消费也就不仅仅是功能性需求的满足过程，更是意义的满足和对美的享受过程。因此，致力于实现功能与美的双重满足的创意设计应运而生，而如何更好实现产品与美的结合便是创意艺术实践与美学研究共同面对的问题。与会嘉宾一致认为，创意设计应当与美学及人的生存密切联系起来。在论坛的主题发言中，上海视觉艺术学院陶奕骏博士分享了其学生的纪录片《我的眼睛我的歌》，认为纪录片的创意应该秉持真实性原则，去挖掘和表现人的生活美。

东华大学服装与艺术设计学院李雪飞博士则通过其在日本“虚拟设计世界杯”中获得金奖的作品，分享了国际设计的美学趋势。他认为，设计创意不仅要满足基本的功能需求，而且要有趣。设计艺术要追求功能性之外的情感性和美，以实现人在生活中对美的追求，而这离不开设计者对人生存的关切。

青年艺术家麻进展示的“多元立体书法”，是将传统文化与当代 3D 打印等技术结合的绝佳案例，他明确说，他的“天地和”“生死义”等立体书法作品，是对生活体验和感悟的结果，生存体验是其作品的灵魂。上海政法学院文学与传媒学院副院长张永禄在评议上述发言时认为，三位的创意设计作品冲击了学院派的美学观念，将需求与艺术、功能与趣味结合了起来，将艺术创意与当代生活结合了起来。

在论坛下半场的嘉宾讨论中，与会者就文化创意及其领域内出现的“原创已死”“IP变现”等话题发表看法。大家认为，如果确实存在“原创已死”，那也不应该是灾难，而应该是解放。张永禄认为，应该放弃现代性的原创焦虑，创造不是“无中生有”，而是有基础的。文化创意应当从个人的生存感受出发，去表现个人生活的美，于其中发现普遍的美。复旦大学张宝贵教授认为，创意设计艺术和其他生活方式一样，最终要落在解决生存问题上面，原创与否问题不是关键。上海交通大学教授汪济生认为，原创出自个人感受，但要有辨别美丑的能力。上海建桥学院任艳以绘画为例，说明能从个人经验出发，形成自己艺术个性的就是原创。在讨论“IP 变现”这样更为务实的问题时，与会者依然强调对人的重视，认为变现不一定是要变钱，使人生活幸福快乐也是变现。上海外国语大学贤达学院石莹认为，实现“IP 变现”，需要对文化创意的服务对象有明确定位，抓住其文化认同，同时坚持以内容为王，通过合适的渠道来推广。上海戏剧学院科研处副处长支运波认为，在数字化时代，文化创意行业要实现“IP 变现”，就应该在追求“数字资本主义”时，坚持数字人文主义。

美学与创意有密切关系，“创意设计与美学”青年论坛明确了美学研究与创意设计之间的这种相互促进的关系，加强了美学理论发展与创意设计艺术实践的交流，也坚定了创意设计实践的生活美学追求。

上海市医学伦理学会等单位联合举办“健康中国视域下的道德创伤与道德修复”学术研讨会

11 月 2 日，由上海市医学伦理学会主办，上海市伦理学会、上海市戒毒学会等多家学会协办的“健康中国视域下的道德创伤与道德修复”学术研讨会在海军军医大学人文社会科学部举行。

上海市医学伦理学会会长、海军军医大学人文社会科学部主任杨放主持了会议。杨放教授指出在全党形成习近平新时代中国特色社会主义思想指引下，上海市医学伦理学会在理论研究方面也在不断深化拓展，召开“健康中国视域下的道德创伤与道德修复”学术研讨会，是以实际行动践行党的创新理论的发展。

上海市伦理学会会长、上海社科院经济伦理研究中心执行主任陆晓禾出席会议并致辞。她指出：今天研讨会的主题属于医学伦理学、军事伦理学，也是社会伦理学的前沿课题。道德创伤这个概念，来自战争创伤，来自军事医学伦理研究，但它有不容忽视的社会价值和普遍意义，它提醒政府、社会和有关行为主体要重视我们的政策、法律、执行、行为、个案对社会造成的影响，不仅是经济的、政治的、社会的，而且更有道德的；官兵的信任关系，社会经济的公平正义、党群关系、干群关系、企业经理与员工关系等，处理不当，就会造成深层的，远比物理的、生理的、心理的更为根本、长久和难以修复的道德创伤，影响个人、群体和社会的道德的健康发展，从而影响社会和人的健康和谐发展。

会上，围绕“道德创伤与健康”的论题，来自不同学科领域的专家做了精彩的报告与分享。反腐倡廉是公众极为关注的话题，腐败导致的社会公平性缺失也是道德创伤的重要原因之一。海军军医大学人文社会科学部卫琦副教授在“健康中国视域下的反腐倡廉与道德建设”报告中提出：加强道德建设是健康中国的核心要义，对反腐倡廉具有的基础性作用，必须正确认识人的自律与他律的关系，正确评价道德在反腐倡廉上的时效性与可靠性。心理健康是健康的重要组成部分，并直接影响身体健康和社会适应，道德创伤研究中的诸多理论概念和实践经验也源于对心理创伤的研究。解放军第 102 医院全军精神医学中心程祺副主任医师汇报的“健康中国视域下的心理创伤与心理健康”中指出：应激与创伤是危害心理健康的重要因素。道德创伤都伴随有心理创伤。在不良环境中表现出的心理韧性同样是心理健康与道德健康的保护因素。同济大学附属同济医院特需医疗科汪浩主任，基于多年的临床实践分享了“巴林特小组在道德修复中的作用”。巴林特小组为起源于欧洲的团体心理动力学治疗方法。在医护人员之间建立起有效的互动和支持，聚焦于案例报告者面临的医患关系困扰展开案例讨论，有助于医务人员解决自己的心理问题、提高医患沟通技巧，有望成为修复道德创伤的有效手段。生物—心理—社会医学模式是现代医学实践与研究的理论起点。上海中医药大学马克思主义学院医学伦理学教研室李久辉主任在“传统病因学模式研究与道德创伤致病因素病因学研究”报告中指出：近年的研究表明，非生物致病因素愈发成为导致疾病发生的重要因素。研究传统病因学模式与道德创伤致病因素在疾病发生中的作用及其关系可能是更好、更全面认识疾病的有效途径。毒品泛滥一直是危及社会公共安全和公共卫生的重大问题，也对道德健康有重要危害。上海市戒毒管理局生活卫生康复处徐定做题为“体育运动治疗在成瘾领域中的应用”的报告，从生理、心理、行为三个层面，对利用体育运动预防与戒治毒品滥用的依据解读，对体育运动戒毒项目效果进行评估。近年来，相关研究表明，道德创伤已逐渐成为外军老兵自杀率提高的重要原因，如何有效治疗与预防道德创伤受到学者们的普遍关注。海军军医大学人文社会科学部常运立副教授、海军军医大学博士研究生肖楚兰，分别就“道德创伤的发生机制探析”“道德创伤的治疗与预防”进行了探讨。道德创伤的发生始于打破了有关公平正义、善恶判定、生命价值等伦理规则的作战行为，内化成一种道德事件，与道德情感的道德韧性相互作用，决定道德事件是走向自我宽恕或是道德创伤。目前，道德创伤的治疗方法主要来自三个方面：基于道德信仰的教牧关怀疗法和灵魂修复疗法，基于心理关怀的正念疗法、消除战争中杀戮影响疗法、认知行为疗法和适应性披露疗法，基于社会扶持的社会支持疗法和互伴互助小组，并提出了通过提升凝聚力、领导力和加强训练，以减少道德创伤的预防策略。

专家报告结束后，与会学者围绕道德创伤与道德修复展开了专题讨论，来自不同学科观点碰撞的火花为学科未来的研究提供了新思路，学者们也一致表明道德创伤与道德修复研究是一个大型课题，需要集合多专业学者同共探讨，形成切实有效的修复策略，更好地助力健康中国建设。

上海市伦理学会等联合举行伦理学理论研究前沿第 16 届论坛

11 月 7 日上午，上海市伦理学会与上海社会科学院哲学研究所联合举行了伦理学理论研究前沿第 16 届论坛和哲学研究所人文演讲系列第 14 期讲座，邀请了华东师范大学哲学系伦理学教研室主任颜青山教授作学术报告，题为“与类人 AI 相处的选言命令式：基于他心难题和图灵测试困境的康德式义务论论证”。此次报告由上海市伦理学会会长陆晓禾研究员主持。来自上海多所高校的伦理学会专家学者 60 多人出席了本次论坛。

在报告中，颜青山教授指出，AI 悲观者认为它已具备超越人类的能力，如果它反过来控制人，那就是灾难；乐观者则认为，如果 AI 不是人，只是工具，它控制了人，那么就是科技事故；如果 AI 是人，且能力比人强，那么作为人应该感到高兴。但问题是我们如何知道 AI 是人或不是人？我们如何确定 AI 的道德地位？确定 AI 的道德地位是一个新的伦理学问题，一个元伦理学问题，与胎儿、动物的道德地位问题不一样，是关于人工制造物的道德地位问题。

确认 AI 为人的前提是 AI 必须有心灵能力。这种确认将会遇到他心难题和图灵测试失效困境（即机心难题）。他心难题是一种较强的怀疑论，即：假如我们可以凭直接经验确定自己有心灵，那么，我们如何确定自己以外的他人有心灵？机心难题则是一种较弱的怀疑论，即：如果我们能够通过某种方式确定他人有心灵，但是否能够确定一个与人的行为无法区分（即通过了图灵测试）的人工智能有心灵？颜青山教授认为，对他心难题的解决模式有四种：（1）类比推论。代表是 S. T. Mill，Mill 相信，作为结果，我的行为必定有原因，而这原因只能是我的心灵。他人也有作为结果的行动，因此，他人也有引发行动的心灵。然而，正如赖尔所反驳的那样：第一，我不可能经验到他人的内在状态，因此，他心类比无法检验；第二，类比推论是一种归纳法，但样本却只有一个即我的心灵，这极不可靠。（2）最佳说明（best explaination）理论。这种理论试图以科学说明的方式解释他心，消除心灵的自我中心观念，忽略我对我心的直接性，把心灵作为理论实体。但是它却无法说明我们对自己心灵的直接经验和现象学特征。（3）判据（criteria）论。它的核心观点是：心灵与行为之间的关系是一种概念性关系（先天综合或分析），具有必然性，行为是心灵的判据。例如，心灵状态“痒”与行为“搔”就是概念性关联，“搔”的总是“痒”，而感知“痒”总意味着“搔”的行为倾向。但是它一方面无法说明我们的某些心灵现象，例如，一个人持有一个认知信念时，他可能没有任何行为表现；另一方面，它无法说明我们在互动时为什么不把没有心灵的物体建构为有心灵的实体。(4)纯粹态度—消除推论方案。主要是解决为什么在互动中不将其他物体互动为心灵实体的难题。它认为,我心与他心同时形成,我心本身并不特别重要。这种方案在明晰化过程中也可能存在推理困难。

颜青山教授进而介绍了图灵测试及他心解决方案对机心难题的失效。图灵测试设想,将图灵机与人同时关在两个房子里,并让测试人员分别向房子里的人和机器提问,如果测试者从问题的回答中无法区分出哪个房间是人、哪个房间是机器——这种测试可以无限制进行下去——那么,机器就是能够思考的。但如果我们对图灵测试稍加修改,拆掉房间,把机器做得跟人的形象一样,并让它依据程序活动,使其行为与人无法区分,那么,人在与其互动时,就会把它直接经验为有心灵的实体。然而问题是,这样一台与人相似的图灵机是否真的是人呢?塞尔认为,图灵机只是一种语法程序,并没有语义学内容,即使它们在形式上能够模仿人的思维,但它们实际上并没有理解能力。但理解能力是一种内在能力,不能够从外部(旁观者视角)加以判断。因此,我们无论是从科学检验(图灵测试)上,还是从日常经验上,都无法解决机心难题。但如果无法确定人工智能是否属于心灵实体,那么,我们就无法确定人工智能的道德地位,从而,人工智能是否属于心灵实体的机心难题就对道德哲学构成了一个严重的挑战。

接着,颜青山教授试图从规范伦理学的角度来绕开机心难题。他认为,以往的规范伦理学对于手段的规范性论述是不充分的。一个工具之为工具,在于他具有特定的使用价值。其使用规则确定它是这样的工具,而不是另外的工具。这些规则规定了工具的自我同一性或“身份”。工具伦理学的这种个特征不同于人的伦理学。颜教授认为,依据手段伦理学(工具伦理学)和康德的人格伦理学原则,可以解决或回避机心难题。他将这种解决方案称为基于手段伦理学的“选言命令式(或析取命令式)”,并认为该选言命令式包含有两个层次的析取:

第一个层次:一个实体及其运行,要么冒犯了人,要么尊重了人。应当将一个冒犯人的实体看作既非目的也非手段:当它是心灵实体时,限制其自由;当它是非心灵实体时中止其运行(这就是对机心难题的消极解决方式:阻止或限制自由)。

第二个层次:应当尊重一个尊重人的实体的运行规则:当它是心灵实体时,尊重其本身;当它是一个非心灵实体时,尊重制造它的人(这就是对机心难题的积极解决方式:尊重)。

在问答交流环节,与会学者围绕着AI的理解力、道德地位、未来前景等问题展开了热烈讨论。成素梅研究员补充说明,塞尔讲图灵机和人的区别在于它没有理解力,但这是已经被批驳过的观点,计算机是能够理解语法程序的,要不然它无法正常运行,计算机通过语法程序的运行来与人互动,这也是一种理解。因此存在两种理解力,一种是直接对文本的理解(即塞尔所说的语义学理解),还有一种是通过运行一种程序来理解文本,这是一种二阶的理解。塞尔对这两种理解并没有区分。而且目前许多科技哲学方面的理论还只是一种想象和假设,如果在尚未得到科学验证之前,把这些不成熟的理论用过来,作为我们讨论AI的基础,那么可能依据就不太有说服力。哲学所汪志坚博士认为,颜教授通过工具伦理学来回避机心难题不失为目前的一种可行方案,不过问题并没有真正解决,因为

AI是否具有心灵,是否道德主体,这是人在制造它的时候就需要思考的问题,如果它只是工具,而不是主体(人),那么我们赋予它的规则就会完全不同。

最后,陆晓禾研究员代表大家感谢颜教授的精彩报告,认为这是从哲学伦理学对类人AI问题具有原创性的深入研究。

上海市世界史学会等单位联合举办“丝路精神与文明交流”学术研讨会

11月8日，由上海市世界史学会、上海市俄罗斯东欧中亚学会、上海欧洲学会、上海社会科学院国际问题研究所联合举办的“丝路精神与文明交流”学术研讨会在上海社科院举行。

党的十九大报告指出，要尊重世界文明多样性，以文明交流超越文明隔阂、文明互鉴超越文明冲突、文明共存超越文明优越。上海市社联学会处处长王克梅认为，“一带一路”是中国全面对外开放的升级版，是中国特色大国外交的重要组成部分。当前，欧美等西方国家在全球化上“退、缩、反、逆”，而中国提出的“一带一路”为国际社会带来了新鲜空气，掀起了新的进步潮流。“一带一路”不仅是一条经贸合作通道，更是一条文明交流之路。古代丝绸之路将灿烂辉煌的几大文明连接起来，促进了经济和文化繁荣发展，积累了珍贵的文明财富。努力发掘“一带一路”沿线地区国家文明的时代价值，使其在交流互鉴中发扬光大，是对古丝路精神的传承，是文化自信的体现。同时，坚持弘扬“丝路精神”也彰显了绵延5000多年中华文明的内涵和特色，为文明交流互鉴贡献中国价值，对于推动文明交流互鉴具有重要意义。

上海市世界史学会会长潘光作了主旨发言。潘光指出，古代丝路精神是商品、文化、技术的交流，而“和平合作、开放包容、互学互鉴、互利共赢”很好地概括了现代的丝路精神。他同时指出，人类文明的多样性决定了不同文明涵盖区域之间存在连接地带或断裂带，因此在文明交流过程中既包括交融、交汇，也包括摩擦与冲突。但交融、交汇是主流，摩擦、冲突是支流。消除摩擦、避免冲突的有效路径是文明对话，其基础是消除不同宗教和民族之间的误解和偏见，特别要防止极端思想影响青少年。只有这样，才能推动不同文明核心价值观之间的对话。

在交流发言中，多位学者围绕中俄人文交流、“一带一路”与中国丝路学的振兴、欧亚文明对话等进行了深入讨论。

上海市俄罗斯东欧中亚学会副会长、上海外国语大学俄罗斯研究中心主任汪宁指出，近几年来，中俄人文合作力度非常大、项目非常多、范围非常广。两国高层均十分重视人文合作机制。中俄民间往来也越来越密切，两国的文化、产品、品牌、教育、语言等元素正越来越被对方民众所接受。上海市俄罗斯东欧中亚学会副秘书长、上海国际问题研究院俄罗斯中亚研究中心副主任强晓云指出，随着“一带一路”建设不断推进，对人文合作、文明交流提出了更高要求。欧亚地区在人文领域也出现一些新动向，包括民族主义思潮抬头、民粹主义思潮的进一步加强等。对中国来说，增信释疑是人文合作的总目标，而这并非短期就能收到成效。中国应该继续坚持平等对待和坦诚交流的原则，同时重视新媒体的作用，以年轻人能够接受的语言和方式进行沟通。上海外国语大学欧盟研究中心常务副主任、上海欧洲学会学术研究部主任忻华指出，中欧关系需要进一步加强文明对话。一方面，中国要丰富思想资源、理论资源、对话资源，更好地与欧洲开展交流。另一方面，在投资、贸易和商务合作中，要通过对话与沟通化解欧洲与中国的分歧。

上海外国语大学丝路战略研究所所长马丽蓉围绕构建中国的“丝路学”作了发言。她指出，“丝路学”的根基是史学，是对区域、国别、问题进行研究。现在，美欧关于“丝路学”的名家和名作不断涌现，但中国的研究仍是碎片化的，“一带一路”倡议再次把中国的“丝路学”建构提到议事日程上来。自“一带一路”倡议提出以来，中国“丝路学”研究掀起了一轮研究热潮，但也面临一些挑战。从外部挑战看，其一，全球“丝路学”西方中心阐述框架对中国“丝路学”话语体系有解构作用；其二，西方的智库时常炒作中国议题，将其政治化。从内部挑战看，其一，学界对“丝路学”的认知还有所欠缺；其二，“丝路学”具有“双核”特质，即包括理论研究和实证研究两方面，但是国内不少研究往往只重一面，没有将两者结合起来。她建议应从三方面振兴中国的“丝路学”，第一，加强著书立说，既要注重理论借鉴，也要做好实证分析；第二，在深度的实证和国别研究中，加强建言献策，注重绩效评估和经验总结；第三，打造丝路学术共同体，彰显“学术中国”的文化自信。

上海社科院历史所所长王健分析了“丝路精神”与“一带一路”的关系。“和平合作”是“一带一路”的基本条件和基本前提；“开放包容”是“一带一路”的本质要求；“互学互鉴”是“一带一路”的价值追求；“互利共赢”是“一带一路”的最终目标，即构建利益、责任和命运共同体。民心相通的最高层次是认同，但却是很难立马见到效果的。他认为，认同分为三种，即回应性认同、功能性认同、归宿性认同。归宿性认同是一种休戚与共的命运共同体，而历史记忆确实会对归宿性认同产生影响。当然，历史记忆不仅包括冲突性记忆，也包括一致性记忆。

与会者还就“一带一路”建设推进中的宗教对话、中国对外交往等议题展开讨论。

上海社科院国际问题研究所副所长余建华在会议总结中谈到，两千多年前，陆上与海路多条“丝绸之路”的开辟，不仅构架起东西方文明交汇的桥梁，而且成为连接亚欧非几大文明的人文经贸交流通道，推动人类历史和世界文明车轮的前进。当今中国提出共建“一带一路”的倡议，得到国际多方共鸣与响应，一系列早期成果收获正在显现。但也要看到，从历史到现实，亚欧非大陆各地区、各国家、各民族以及形形色色的不同社会政治力量之间，矛盾冲突、对立争斗乃至战争此起彼伏。民心相通是“一带一路”建设的社会根基，为“五通”（政策沟通、设施联通、贸易畅通、资金融通、民心相通）中最为根本、最需持久努力而逐渐见效的一环。相关各方要在共商共建共享的原则上有效推进“一带一路”建设，推进人类文明进步，必须传承与弘扬“和平合作、开放包容、互学互鉴、互利共赢”的丝路精神，促进人文交流更加广泛深入，不同文明互鉴共荣，各国人民在对话沟通、相知相交、友好合作中构建利益、责任和命运共同体，在各地区各国的和平安宁、繁荣发展中实现互利共赢。

上海市伦理学会举行2017年学术年会

11月11日下午，上海市伦理学会2017学术年会在上海社会科学会堂举行，会议主题是“当代中国伦理学话语体系研究”。来自上海社会科学院、复旦大学、华东师范大学、上海师范大学、上海财经大学、上海大学、华东理工大学、上海体育学院等10余所高校百余位学会会员出席了本次年会。大会还邀请了南京师范大学特聘教授高兆明、上海市哲学学会副会长陈卫平教授专家和媒体代表出席了这次年会。闻讯赶来与会的还有对会议主题感兴趣的沪上教师和学生。

陆晓禾会长首先指出，2016年5月17日，习近平总书记在哲学社会科学工作座谈会上提出要加快中国哲学社会科学建设，最近党的十九大报告又提出了新变革、新时代、新使命、新思想和新征途，为我们伦理学话语体系建设提供了新时代的社会背景和政治方位。儒学在中国传统文化中长期处于主导地位，但鸦片战争以来，中国落后挨打的痛苦教训使当时的许多中国人对以儒学为代表的传统文化失去了自信，中国传统伦理学也逐渐失语。新中国伦理学话语体系虽然建立了起来，但却难以反映今天中国特色的社会主义伦理道德生活实践。

高兆明教授首先就“再写中国伦理学”这一议题发表意见。他提出，“如何再写中国伦理学”和“用什么样的话语体系再写中国伦理学”是摆在当今中国伦理学理论工作者面前的重大学术课题。他认为，“中国伦理学”是一个文化特殊性概念，相对于欧美等其他文化而言，指的是基于中华民族历史与现实、用中华文化概念范畴和运思逻辑所写的关于伦理道德的专门系统理论。它立足东方生活世界，拥有东方经验，以东方运思与认知方式，用东方语言，围绕普遍问题，揭示普遍之理。他主张，书写出有生命力的当代中国伦理学理论，必须重视以下四个问题：一是坚持区分“实然”与“应然”；二是坚持道德价值标准的客观确定性；三是坚持“伦理”与“道德”、心灵秩序与生活秩序的统一；四是坚持中国问题意识与人类情怀的统一。

华东师范大学朱贻庭教授在他最近出版的《中国传统道德哲学6辩》基础上，进一步提出了“伦理与道德之辩”。他认为，如何理解中国传统伦理文化所固有的“伦理”和“道德”范畴及其关系这个问题非常重要，只有把这个问题梳理清楚了，才能把握中国传统道德的真实状况，在此基础上，才能从学理层面把握中国传统社会的伦理关系和道德观念的特征，进而为再写中国伦理学打下基础。他指出，在中国古代，“伦理”是等级人伦关系的实体存在，而“道德”是等级角色个体的内在德性，是以“伦理”的存在为前提的，有“伦理”才有道德可言。“伦理”正则“道德”兴，“伦理”乱则“道德”衰。所谓“道德失范”，正在于

“伦理失序”。不讲“伦理”而只讲“道德”，是本末倒置。至于什么才是现代中国社会的“伦理”和“伦理精神”？或者说什么才是当代中国社会转型中所要建立的“伦理实体”？什么才是应该肯定和倡导的能以推进新的“社会伦理”建构的新的道德和道德观念？朱贻庭教授认为，这是我们今天应当研究的重要课题。

华东师范大学赵修义教授的发言题目是“再写中国伦理学需要重视‘人伦关系’的研究”。他认为，应该注意德国 19 世纪末社会学家滕尼斯对“社会”和“共同体”的区分，结合中国语境，可以将当代中国现实生活中存在的人伦关系区分为契约关系和礼俗关系。他指出，以规则和互利为基础的契约关系，随着改革开放以来市场经济的发展蔚为大观，但契约关系不能涵盖全部伦理生活。好的生活更需要有温暖和亲密的非市场关系，包括血缘亲情和家庭关系，这些非市场关系即中国传统中的礼俗关系。赵修义教授认为，只有将契约关系和礼俗关系结合起来，才能构建好的生活世界。

陈卫平教授的发言题目是“中国传统认识论与伦理学：见闻之知与德性之知”。他认为，要建立当代中国伦理学话语体系，首先要搞清楚传统文化本来是什么，讨论的基本问题有哪些，再谈创造性转换。基本问题之一，就是要搞清楚传统伦理见闻之知和德行之知的关系问题。中国传统哲学没有“认识论”这个词汇。但是，作为哲学总是指向认识世界和认识自己。如何认识世界和认识自己，在中国传统哲学里称为“致知”之道。中国传统哲学的认识世界和认识自己以把握“性与天道”为主旨：把握天道是认识世界的问题，而对人自身的理解则以认识人性为核心。因此，致知之道围绕把握性与天道而展开，就不能不是认识论和伦理学的结合。

上海师范大学陈泽环教授认为，在研究当代中国伦理学话语体系建设时，有必要弄清“意识形态与伦理学科建设”的关系，并以此为题阐述了他的观点。他认为历史和现实已经昭示我们，没有由马克思主义奠定理论基础的中国共产党的领导，中华民族的伟大复兴是不可能的。因此，要构建充分体现中国特色、风格和气派的当代中国伦理学，特别是其话语体系，就应该推进马克思主义伦理学中国化事业。为此，我们既要克服“马克思主义的资源被忽视甚至被放弃”的现象，同时也要克服对待马克思主义的教条主义和实用主义倾向，更好地实现伦理学话语体系的创新。而在构建当代中国特色伦理学话语体系的过程中，马克思主义的指导地位，当然是意识形态指导和文化创新的统一，政治指导和学术研究的统一，但主要是马克思主义的意识形态指导和政治指导。

当代伦理学话语体系建设，涉及对中国古代话语体系的理解。施炎平教授认为，中国古人思维的基本结构是把人和周遭环境融为一体，这就形成了中国古代综合和系统的思维方式。他认为，在讨论当代中国伦理学话语体系建设时，应该回到中国哲学的本义，不要教条地用西方的哲学伦理学话语来谈今天的中国伦理学体系研究和体系构建。施教授还强调，朱贻庭教授的《中国传统道德哲学 6 辩》是当代中国伦理学话语体系研究不可绕过的重要著作，值得重视。

在年会第二场“主题研讨”中，复旦大学吴新文教授对“中国伦理学”中的“中国”作了三层含义的阐述。首先，“中国”指的是中国伦理的伟大传统，当代中国是历史中国的发展和延续，照搬西方不可能获得成功。这里的传统包括两个方面，一是伦理生活的传统，我们要探究中国古代伦理生活是怎样的，即中国古代人们对美好生活的理解；二是伦理学术传统，我们要了解中国古代知识分子是怎么思考这些问题的，即中国古代知识分子对伦理思想的建构。其次，“中国”指的是中国正在展开的变革实践，这是建设当代中国伦理学话语体系的基础。就西方而言，不管康德还是黑格尔的哲学术语如何抽象，其哲学内容都植根于现实关怀。要建立当代中国伦理学话语体系，就要谦卑地沉浸到老百姓的现实生活中去。最后，“中国”指的是“我们”，即生活在当下的中国人民。当代中国伦理学既不是西方人的伦理学，也不是中国古人的伦理学，这就决定了我们既不能照搬西方，也不能照搬中国古代。我们要建立的不能是为少数资本家服务的伦理学，而要是为大多数老百姓服务的伦理学。

华东理工大学王荣发教授讨论了中国伦理学的语境定位问题。他认为，任何话语体系都要在一定的语境中发挥作用。伦理学作为一种哲学社会科学，就要有科学理论的指导、科学方法的运用和科学态度的坚持。相比语义学、符号学等其他方法，辩证唯物主义和历史唯物主义方法更为科学。伦理学涉及各个领域，我们可以用科学生态共同体的成果来丰富伦理学的表达。比如良心这个概念，我们既可以从伦理学，又可以从心理学、生物学角度去谈。“当代中国伦理学话语体系”中的“当代”既指社会主义初级阶段，又指改革开放新时期，又是习近平总书记所说的中国社会主义新时代。“中国”是语境现实，包括文化、实践、全球化三个方面的语境。

华东师范大学在职博士生、安徽师范大学的王振钰副教授辨析了“文化本位”和“民族本位”这对概念及其与建立当代中国伦理学话语体系的关系。他认为，任何客体的设立都要有一个检验标准，这一标准影响客体的展开和结果。由于“中国”一词同时具有文化和民族双重内涵，所以文化本位或民族本位就自然成为建立伦理话语体系标准的备选项。文化指千百年来积淀的价值观体系，民族指特定人类组织的人类共同体。他认为，构建中国伦理学话语体系的标准既可以是文化复兴，也可以是民族复兴。

同济大学邵龙宝教授认为，之所以要提出“构建当代中国伦理学话语体系”这个问题，实际上是因为对现在的话语体系不满意。传统中国伦理学是有成熟的话语体系的，近代中国中、西碰撞，传统伦理学话语体系的合法性受到挑战。新中国成立后的伦理学话语体系以苏联马克思列宁主义意识形态为主导；改革开放以来，西方话语体系产生了较大影响。习近平总书记近几年的重要讲话把传承和弘扬传统文化看作意识形态建设的重要内容。我们今天面临如何回归传统的问题。他认为，伦理学话语体系是特殊性和普遍性统一，灵魂是马克思主义，西方是借鉴对象，传统中国是源头。

当代中国伦理学话语体系研究主题以及相关发言，引起了与会者的热烈讨论，大家积极发言并提出了许多问题进行对话交流。上海财经大学徐大建教授认为，党的十八大提出的社会主义核心价值观，凝聚了当代中国人的共识，有丰富的内涵和严密的逻辑，我们应该以此为基础构建当代中国伦理学话语体系，并从传统文化资源中找到支撑。上海师范大学潘文岚副教授认为，朱贻庭教授所说的伦理与道德的区分，在现代社会中面临困难。中国传统社会是宗法社会，而现在中国的伦理实体是个人，这就面临当今现实生活的伦理关系伦理实体究竟是怎样的问题。朱贻庭教授坦言，对于中国当代伦理实体究竟是怎样的关系和具有怎样的结构，目前有待研究。我们过去讲阶级关系，跳过了伦理关系。现在建设市场经济，相当于黑格尔讲的市民社会，这里的伦理关系包括企业与企业的关系，企业老板与员工的关系，即使是社会公共领域都涉及诸多伦理关系。如何构建适当处理这些伦理关系的伦理学理论，正是伦理学工作者当前面临的任务。

本次年会对当代伦理学话语体系建设的指导思想、建设途径、面临问题等展开了比较充分的讨论，与会者在以下三方面达成了共识：一是伦理学话语体系建设要以马克思主义为指导，基于社会主义核心价值观来建构；二是要有文化主体意识，传承和弘扬中国传统优秀伦理思想，重视中国文化特有的伦理话语及其表达方式；三是在全面深入改革开放的今天，还应该研究西方优秀伦理思想，为我所用，与时俱进，努力建设具有国际视野和中国特色的当代中国伦理学话语体系。

上海宋庆龄研究会和上海中山学社联合承办“孙中山、宋庆龄与国际共产主义运动”学术研讨会

11月29日，上海市孙中山宋庆龄文物管理委员会和民革上海市委联合主办，上海宋庆龄研究会和上海中山学社联合承办的“孙中山、宋庆龄与国际共产主义运动”学术研讨会在沪举行。民革上海市委副主委董波，市机关事务管理局党组成员、副局长陆清冬，中国福利会党组副书记、上海宋庆龄研究会副会长季红星，市孙中山宋庆龄文管委原巡视员、上海宋庆龄研究会副会长兼秘书长匡成鸣等出席开幕式。上海市社联副主席任小文出席研讨会并讲话。民革上海市委副主委、上海中山学社常务副社长王慧敏主持开幕式。

任小文在讲话中指出：孙中山先生题词“大道之行、天下为公”是穿越时代的强音，将激励着我们在以习近平同志为核心的党中央坚强领导下，在习近平新时代中国特色社会主义思想的指导下，为实现“两个一百年”奋斗目标和中华民族伟大复兴中国梦砥砺奋进，为构建习近平总书记提出的“人类命运共同体”作出中国人民更大的贡献。

陆清冬在致辞中强调：今天，我们纪念十月革命，缅怀孙中山、宋庆龄为实现中华民族复兴梦而不懈奋斗的伟大一生，就是要紧密团结在以习近平同志为核心的党中央周围，以习近平新时代中国特色社会主义思想为指导，沿着社会主义道路继续前进，为实现伟大梦想，进行伟大斗争，建设伟大工程，推进伟大事业，凝聚起同心共筑中国梦的磅礴力量！

董波在致辞中表示：这次研讨会是一次对历史和传统的重温，也是我们开展党的十九大精神学习，以及“不忘初心，携手继续前进”专题教育活动的一次良好的契机。

开幕式还举行了《孙中山的理想与奋斗》图集首发赠书仪式，孙中山曾外孙王志雄等接受了赠书。《孙中山的理想与奋斗》图集是2016年纪念孙中山先生诞辰150周年时，在市政协、市委宣传部指导下，由市孙中山宋庆龄文管委和民革市委等6家单位联合主办的大型图片展的同名画册。这本画册出版作了精心修订，研究功夫扎实，图片资料丰富，对于纪念孙中山先生，弘扬爱国主义主旋律将发挥积极的作用，同时也为深刻理解把握孙中山、宋庆龄与国际共产主义运动的关系提供了较为翔实权威的文本依据。

研讨会共有20位专家教授和青年学者提交了19篇学术论文，他们分别从十月革命对孙中山的影响、孙中山宋庆龄的社会主义思想、宋庆龄的莫斯科之行、宋庆龄与中国共产党领导的事业等多个角度，就国际共产主义运动对孙中山、宋庆龄的革命思想和政治活动的影响进行了深入探讨，深化了对孙中山、宋庆龄的研究。

在大会学术交流中，复旦大学历史系教授戴鞍钢指出，孙中山新三民主义的提出与国

共合作，是他长期以来紧随历史发展潮流，为探索救国真理孜孜以求的必然结果。华东师范大学历史系教授谢俊美认为孙中山是共产主义运动在中国最早的受益者，他受国际共产主义运动的影响和苏俄十月革命成功的启发，使中国民主革命进入崭新阶段。上海师范大学历史系教授邵雍聚焦孙中山与列宁的“神交”过程，说明两人的交往最终促使孙中山给自己的事业注入了新的动力。国防大学政治学院教授华强指出宋庆龄与孙中山一直强调祖国统一并为祖国统一而奋斗。市孙中山宋庆龄文管委业务处副处长朱玖琳通过梳理 1927 年陪伴宋庆龄去莫斯科的美国女记者雷娜·普罗梅的书信和日记，初步揭示了宋庆龄等 1927 年在莫斯科建立国民党新党计划的提出经过、实施过程和最终结果。

上海中山学社副社长、上海市文史研究馆原馆长沈祖炜在综合学术总结报告中指出：纪念十月革命 100 周年并研讨孙中山、宋庆龄与国际共产主义运动，可以从历史中汲取经验教训，从而转化为我们振兴中华的正能量。希望以本次研讨会为起点，出现更多的后续研究成果。

政治、法律、社会、行政

上海科学社会主义学会举行第九届代表大会

上海科学社会主义学会第九届代表大会于6月16日在上海师范大学召开，大会听取并通过了学会第八届理事会工作报告、财务报告和修改章程的报告。中国科学社会主义学会秘书长刘俊杰向大会发来寄语，浙江科社学会会长董建萍出席大会并致辞。上海市社联党组成员、专职副主席任小文出席大会并作了讲话。

大会通过无记名投票的方式，选举了中共上海市委党校丁长艳等69位同志为学会第九届理事会成员，马西恒等37位同志为常务理事，解超同志为会长，孙力、吴解生、周智强、张明军、郝宇青、王公龙、许玫、黄福寿8位同志为副会长，吴解生同志兼任秘书长。夏军同志为学会名誉会长，朱坚强同志为第九届理事会监事。

大会要求全体学会成员紧密团结合作，在上海市社联与新一届理事会领导下，坚持与习近平同志为核心的党中央保持一致，坚持以习近平新时代中国特色社会主义思想为指导，坚持正确的办会方向和宗旨，坚持服务国家与社会发展大局和人民的需求，坚持发扬学会勇于探索、开拓进取、无私奉献的优良传统，坚持实事求是、理论联系实际。立足长远，固本培基，努力凝聚学会的学术资源和力量、不断激发学会的学术创新活力；努力提升学会学术质量和水平，发展中国特色的学科体系和学术思想，推进马克思主义中国化、时代化、大众化，不畏艰辛、不辱使命，始终站在时代的前沿；努力将学会办成引领创新、不可替代的一流的学术社团命运共同体而与时俱进。

上海科学社会主义学会举办“构建人类命运共同体与道路自信”学术研讨会

6月16日，由上海科学社会主义学会与上海师范大学联合举办的“构建人类命运共同体与道路自信”学术研讨会在上海师范大学徐汇校区会议中心召开，夏军会长，市社联专职副主席解超、任小文，上海师范大学副校长张峥嵘等领导与来自党校、高校、科研院所、政府机构与媒体的120多名学者参加了研讨活动，研讨会由上海科学社会主义学会副会长、上海立信会计金融学院党委副书记副校长许玫主持。

中共上海市委党校王公龙教授、南京政治学院上海分院孙力教授等作了主题研讨发言。

研讨会认为，习近平同志提出的构建人类命运共同体思想是对马克思共同体思想的继承和发展，其哲学基础是马克思的历史唯物主义，是当下改变人类生存环境面临严重挑战的必然回应，是中国共产党人坚持马克思主义促进人的全面发展理想追求、实现执政党的纲领、国家现代化建设与促进世界和平发展的必然选择，为社会主义事业发展和参与全球治理注入了新的动力，具有理论创新和实践创新的双重价值。人类命运共同体的理论模式重构具有目标、重心、向度和思维四个层次，涉及了国家之间的合作、制度变革、利益分配、安全稳定、风险防范、生态文明治理等一系列重大问题。

研讨会认为，中国道路是构建人类命运共同体的国家规定，为全球治理提供了中国方案。西方发达国家崛起曾采用的侵略殖民的霸权方式已经一去不复返。社会主义运动已成为全球治理的重要组成部分，在社会主义与资本主义两种制度共存的前提下，合作共赢共享成为全球治理的共同理念，治理比制度更重要。中国“一带一路”倡议的实施是构建人类命运共同体的重要标志。

"一国两制与统一战线——纪念香港回归 20 周年"学术研讨会在沪举行

6 月 16 日,"一国两制与统一战线——纪念香港回归 20 周年"学术研讨会在上海师范大学西部外宾楼 101 会议室隆重召开。会议由上海科学社会主义学会、上海市统一战线理论研究会、上海市人民政协理论研究会、上海师范大学马克思主义学院、上海师范大学比较政党研究中心联合举办。近 40 位学者专家以及《解放日报》《探索与争鸣》《社会科学报》《党史与党建》等媒体参加了研讨。与会者从科学社会主义、哲学、法学、政治学、社会学等多学科视角探讨了"一国两制"的理论内涵、"一国两制"的实践路径、"统战工作"推行过程中产生的问题及解决策略等问题。

研讨会开幕式由上海师范大学副校长张峥嵘主持。上海科学社会主义学会会长、上海市社联专职副主席解超,上海市政协副秘书长、上海市人民政协理论研究会常务副会长徐海鹰先后致辞,并就新时期中国特色社会主义道路的发展与"一国两制"伟大构想的历史意义以及亟须解决的问题做了引导发言。

上海市政协研究室主任邢邦志、上海科学社会主义学会副会长兼秘书长吴解生分别主持了研讨会,共 7 名学者专家作了主题发言。

复旦大学港澳台行政研究中心主任周帆教授、上海社会科学院殷啸虎教授分别从政治学、法学的视角,对"一国两制"伟大构想做了深入解读。周教授从"一国两制"在香港实行的经验出发,对"一国两制"实行过程中面临"变与不变""大同与大异"的挑战、"民意和政治诉求"原因等问题,做了深入阐述分析。殷教授则强调,保证宪法在特别行政区的适用,是实行"一国两制"的首要要求。复旦大学浦兴祖教授对"一国"前提下,内地、香港两种政治制度的关系复杂性做了深入思考陈述,引起了会议代表的热烈讨论。上海市社会主义学院许家鹏博士则围绕"一国两制"的两个基本前提作了发言,认为国家具有"维护公平正义""调解社会矛盾"与"缓和冲突"的职能。

上海科学社会主义学会副会长、南京政治学院上海分院孙力教授,从科学社会主义政治发展的历史进程角度提出:"一国两制"打破了单一的国家治理主体模式,是中国特色社会主义制度创新治理的伟大实践,促进了国家现代化治理体系和能力建设,同时也为推动全球治理提供了"中国方案"。上海市社会主义学院副院长姚俭建教授,则从社会学的角度,关注香港新生代代表人士队伍建设的现状和问题,提出应当及时将香港新生代纳入统战工作的主要对象,充分了解他们的需求,并用中华民族复兴的目标凝聚香港新生代的向心力和增强责任感。上海科学社会主义学会副会长、上海师范大学黄福寿教授则阐述了香港公民教育的历史变迁过程，探索香港青年价值取向的发展轨迹。

主题发言结束后，参会学者围绕“一国两制”与统一战线的问题展开了热烈讨论，上海科学社会主义学会监事、立信会计金融学院朱坚强教授，解放日报社党委副书记、上海科学社会主义学会副会长周智强，《探索与争鸣》原主编秦维宪教授，上海市政协《浦江纵横》杂志社执行主编叶明献，上海师范大学赵福浩、陈亮等参与研讨作了发言。

吴解生副会长对本次研讨会作了总结发言。他指出，随着中国的全面改革开放和融入全球化进程，香港作为国际政治斗争的舞台以及两种社会制度比较借鉴功能不断弱化和消解。习近平同志“全面依法治国”等四个战略布局和“构建人类命运共同体”的新思想新理念为当前和长远的统战工作理论和实践创新都提出了新要求。我们要继续运用马克思主义分析社会矛盾发展的基本立场和方法，团结一切可以团结的力量，继承和发展小平同志提出的大智慧，以执政党“海纳百川”的气魄、“高瞻远瞩”的包容和“民生为本”的情怀，直面资本全球化的严峻挑战，创造性地推进“一国两制”伟大构想的新实践，让香港这颗屹立在祖国东方、繁荣稳定的明珠，不断散发出璀璨的光芒，为实现民族伟大复兴、维护世界和平和人类文明做出新贡献。

上海人类学学会举行第七届会员大会

6 月 24 日上午，上海人类学学会在复旦大学江湾校区召开第七届第一次会员大会。会员大会由第六届理事会副会长张海国主持。

第六届理事会会长金力作了工作报告、财务报告。会议审议通过了第六届理事会的工作报告和财务报告及章程修订。

会议选举产生了第七届理事会。在随后举行的上海人类学学会第七届理事会第一次会议上，选举产生了第七届理事会领导成员。张海国为会长，李辉为常务副会长，纳日碧力戈、陈杰、汪思佳为副会长，李辉兼任秘书长。

新任会长张海国教授主持了第七届理事会第一次会议，商讨今后第七届理事会工作的开展。

首先确定了原先设立的四个专业委员会的方向和负责人。科普专业委员会，由李辉副会长担任主任；体质人类学专业委员会，由汪思佳副会长担任主任；社会文化人类学专业委员会，由纳日碧力戈副会长担任主任；考古学专业委员会，由陈杰副会长担任主任。此外，经过与会理事的商议和举手表决，同意增设应用人类学专业委员会，由潘天舒理事担任主任。理事会还就学会今后的学术活动、科普活动、社会服务、人才队伍建设和相关的可利用资源进行了深入的讨论。

新任会长张海国代表第七届理事会领导成员及第七届理事会理事讲话，表示将再接再厉，使上海人类学学会继往开来，撸起袖子加油干。

上海市领导科学学会等共同主办“将军学子共牵手，戎装领巾相辉映”主题活动

6月27日下午，由上海市领导科学学会、上海市百名将军活动中心、上海市静安区教育局共同主办的“将军学子共牵手，戎装领巾相辉映”主题活动，在静安区青少年活动中心举行。11位经历中国革命的老将军莅临现场，中国浦东干部学院首任常务副院长、中国领导科学研究会副会长、上海市领导科学学会会长奚洁人，上海市社会科学界联合会专职副主席任小文，静安区人民政府副区长鲍英菁，上海市少先队总辅导员赵国强，上海市百名将军活动中心主任、上海市百将公益基金会执行理事长潘振秋，上海市教委德育处副处长江伟鸣，静安区教育局局长陈宇卿，静安区团区委书记陈力等出席活动。静安区中小学校长代表、区红领巾理事会成员、学生代表以及上海市领导科学学会专家学者等200余人参加了活动。

鲍英菁、任小文、奚洁人先后致辞。鲍英菁介绍了静安区在开展青少年教育工作中的探索和实践。她从部署组织、发动深入、方法举措等方面，向与会者展示了静安区在工作中的经验、体会以及今后进一步推进该项工作的思路。

任小文强调，少年儿童是祖国的未来。“百名将军进校园”活动，对于弘扬爱国主义，培育学生的社会主义核心价值观、系好人生的第一粒扣子，推进中国特色社会主义伟大事业、实现“两个一百年”的奋斗目标和中华民族伟大复兴的中国梦具有深远意义。他说道，上海市领导科学学会紧跟学科发展的时代步伐，深入基层，走进学校和社区，为上海学术社团创新发展树立了良好形象。本次活动是学会服务社会、服务基层的生动实践，希望继续保持下去。

奚洁人指出，老将军与少先队员们携手，共同纪念建军90周年，显示了永远铭记先辈功绩，将红色基因和优良传统代代相传的坚定决心。上海市领导科学学会是从事领导学理论和实践研究、提升领导者素质和能力的社会学术团体。今天的纪念活动，旨在发挥老将军这个优秀群体独特的教育资源、着力探索培养中小学生优良品格的新途径、新方法。通过让学生与将军相处，在学习和实践中得到锻炼，未来能成长为一名优秀的领导者，成长为国家的栋梁之材。

接着，潘振秋介绍了“百将进校园”活动项目的开展情况。他感到，青少年是国家的未来和希望，让他们了解我党我军的革命历史，继承光荣传统，坚定共产主义信仰，树立正确的人生价值观，意义重大。上海田家炳中学学生杨睿泽、上海市育才初级中学校长马玉文

分别代表学生和校长作了发言。

原济南军区副司令兼北海舰队司令王继英中将向大家讲述了我党、我军走过的光辉历程，回忆了老将军们在壮烈岁月里的亲身经历。他深情寄语广大学子牢记历史，继承革命传统，与时俱进，在建设中国特色社会主义、振兴中华的伟大事业中，努力奋发，立志成才。

在热烈的氛围中，将军们为在静安区雏鹰争章活动中军事板块表现突出的学生们颁发了“国防奖章”。

最后，与会领导和将军代表共同启动静安区中小学“百名将军进校园”活动仪式，同时拉开了静安区中小学纪念中国人民解放军建军 90 周年系列活动的序幕。

活动中，现场通过展板形式宣传将军们的经历和英雄事迹，并以“忆峥嵘岁月，品钢铁军魂”“领巾漫联盟，创意少年路”“童心系国防，雏鹰争章行”三大板块 12 个军事互动主题项目，展示红领巾社团军事主题创意作品，营造出纪念中国人民解放军建军 90 周年的浓厚氛围。

上海市信访学会等联合召开“法治化进程中信访工作机制创新研究”专题研讨会

8月25日，上海市信访学会等联合召开“法治化进程中信访工作机制创新研究”专题研讨会，市信访学会常务副会长、市信访办副主任李晓辉主持研讨会，市信访学会会长、市信访办主任王剑华出席研讨会并讲话。来自上海交通大学、华东理工大学、上海市委党校、上海市社科院、上海政法学院等院校的专家学者和市信访办各处室、部分区信访办、委办局信访部门负责同志共40余人参与研讨。

会议认真梳理改革开放近40年来、特别是党的十八大以来信访工作机制的发展历程和创新成就，站在新的历史起点，展望未来、谋划发展，深入推进信访工作制度改革和信访法治化建设，为迎接党的十九大和改革开放40周年作信访理论上的准备。

与会者指出，改革开放以来，尤其是党的十八大以来，信访工作在全面依法治国的引领保障下，不断推动机制创新，有效提高了信访工作法治化水平。要深刻领会习近平总书记关于信访工作的系列重要指示精神，牢牢把握以习近平同志为核心的党中央关于信访工作的重大决策部署，深入研究当前信访法治化进程中面临的重点热点难点问题，从战略、生态、基础等层面推动功能定位、工作机制、办理程序等法治化。与会者还分别对信访责任落实、信访流程再造、扩大社会参与、加强基层治理等工作机制提出了许多有针对性的意见和建议。

王剑华指出，做好信访工作，必须自觉地将信访工作制度改革放到全面深化改革、全面依法治国的大背景下去谋划和推动，坚持法治定向，以人民为中心，以百姓心为心，更好地了解民情、集中民智、维护民利、凝聚民心，注重源头预防，夯实基层基础，加强法治建设，健全化解机制，依法及时就地解决群众合理诉求，进一步密切党群干群血肉联系，巩固党的执政基础，充分发挥信访工作在完善和发展中国特色社会主义制度、推进国家治理体系和治理能力现代化中的积极作用。

上海金融法制研究会等单位联合举办青年沙龙

9月5日下午，由上海金融法制研究会主办，上海对外经贸大学、华东政法大学协办的青年沙龙“大数据时代金融消费者信息权保护面临的新问题和新风险”在市社联七楼清雅厅举行。研究会副会长兼秘书长吴弘，学术委员会主任李克渊，副主任许慧诚、刘晓明，学术委员会委员、广发银行上海分行纪委书记刘平以及来自本会会员单位、司法机关、高等院校的青年学者、专家，金融界实务工作部门的代表等出席会议。青年工作委员会虞瑾，上海对外经贸大学法学副教授、金融法研究中心执行主任张继红主持沙龙，并对本次青年沙龙的背景进行了介绍。

上海交通大学凯原法学院博导、教授许多奇从理论层面分析个人信息权、金融消费者信息权的权利内容、权利构成、保护方式等问题，聚焦信息的收集环节，提出大数据运算的决策风险、限制收集敏感信息、信息权的权利性质、征信信息等，探讨美国在该方面的应对措施。大成律师事务所律师、教授陈文君从实务角度探讨金融信息保护与信息开发利用之间的利益平衡问题，结合如何做大数据交换提出了分布式存储、时间轴留痕等措施，特别指出贵阳政府的“主权区块链”实例，倡导重视代码阅读。棱镜征信 CEO 赵杰以“民营征信机构在我国的发展将何去何从”为议题，提出了目前数据征集过程中存在的问题，指出征信的价值在于使用和分析。

上海市公安局经侦总队曹琦珉警官从公安的角度对大数据的收集和使用作了介绍：从信息的利用来看，公安机关的掌握度较为全面，但目前仍需要一个数据归结点，将各类数据整合成总数据，形成全社会的信息数据保护体系。上海市徐汇区检察院检察官赵景梅，对大数据时代征信业的相关法律规制与保障问题做了探讨，结合自身办案经验，从刑事角度分析可能非法获取数据的实例。上海市高级人民法院研讨室高明生以华为发布人工智能芯片为例，建议从技术壁垒手段加大对信息权保护，由政府部门牵头，管理信息处理。

沙龙参与者进行了充分的讨论，并进行即兴问答和互动交流。各位青年学者结合亲身经历，以“电信诈骗”等问题为切入点，深入交流了银行等金融机构在大数据背景下对信息的收集和保护。公、检、法机关的同志与金融机构人员从不同的角度充分交流意见，气氛热烈。学术委员会委员、广发银行纪委书记刘平对此次青年沙龙做了肯定，并提出建议：希望能够更多关注社会中需要迫切解决的问题，发动更多业内一线工作者参与，形成完整的解决方案。学术委员会主任李克渊指出，专家的研究需要考虑现实社会客观发展的情况，拓宽思路，从更微观的角度研究当前现实的问题。

吴弘在综述时点评认为，金融消费者信息权保护的研究具有现实意义，建议重新界定大数据环境下的“诚信”概念，对初始数据收集的归属问题进行探讨，并提出在现今科技发展的背景下，要注意谨慎处理数据信息，重视信息安全的合规。

上海市妇女学学会等单位联合举行“现代女性领导力建设与发展”论坛

9月20日下午，由上海市妇女学学会、上海市领导科学学会、上海市女性人才研究会联合召开的“现代女性领导力建设与发展”论坛在巾帼园举行。著名天文学家叶叔华，市妇联副主席孙美娥，市领导科学学会会长奚洁人及来自本市各高校的专家学者、企业家、社会组织负责人、妇女干部近百人出席论坛。论坛由市妇联秘书长、市妇女学学会秘书长余伟星主持。

会上，上海交通大学妇女研究中心邱吉青博士、中共市委党校社会教研室主任马西恒教授、上海对外经贸大学蒋莱副教授、长宁区委党校培训部刘爱国主任、上海蚂蚁筑巢投资管理有限公司CEO李梅、徐汇区妇联副主席周莹分别作了“全球治理中的女性领导力研究”“社会治理中的她力量与女性领导力”“全面二孩背景下女性领导力发展趋向”“群团改革背景下女性领导力提升路径初探”“如何在‘大众创新　万众创业’中发挥女性领导力的优势”“女性领导力发展与社会组织发展的互动分析”的主题交流。

与会者认为，在大变革、大发展、大融合的时代，赋予女性领导力的作用也日益凸显。从全球治理上看，女性领导力在全球治理中发挥了独特的作用。据不完全统计，当今世界共有25个国家或地区在女性的领导之下，中国从1979年至2017年之间，历任中国驻外使馆女大使和女总领事100多位。2012年数据显示，女性在世界500强跨国公司担任CEO和高管的约占14.3%。从中国社会治理上看，如今上海女性在政府管理、学术研究、自然科学、人文艺术等领域扮演着重要角色。除了国家保障的女性参政议政比例，女性在职场中高层管理岗位中的比例达到了30%，女性在互联网领域创业者中占比高达55%，女企业家约占了全国企业家总数的25%。尤其在社会治理创新中，女性领导力的优势得到充分的发挥。截至2016年底，在市民政局登记的社会组织有14178家，其中女性任核心领导者和发起者占40%，女性从业人员占70%。她们成为基层社会治理的重要力量和公益事业的生力军，社会组织成就了一大批女性领导者发展的新空间，女性在社会治理中的影响力迅速崛起。与会者指出，在女性领导力发展过程中将遇到职业发展的瓶颈、工作繁重的压力、双重角色的冲突、社会性别的歧视等困惑，这些因素影响着女性领导力的发展。与会者建议，要坚持性别平等导向，加强对男女平等基本国策要义的解读和宣传。在大中小学校要坚持文化先行导向，帮助女学生树立女性领导力的自信心。要坚持环境驱动导向，女性在多元化类型的岗位上开发女性领导力。完善社会公共服务机制，逐步形成

“政府购买服务、企事业鼎力支持、社会组织承办、女性人才共享”的社会化服务保障体系。

会上,华东师范大学人才研究中心名誉主任叶忠海教授、上海女性人才研究会会长徐佩莉研究员作了精彩的点评。市领导科学学会会长奚洁人、市妇联副主席孙美娥分别作讲话。孙美娥指出,促进女性领导力开发的工作任务艰巨、意义重大,任重道远,需要加强理论研究,获得学理上的支撑。在过去几年里,市妇联以群团改革为契机,不断提高妇联组织的领导力;实施妇女发展规划,推进女性领导力可持续发展;拓宽教育平台,提升女性领导力的内涵;充分挖掘人才,展示女性领导力的魅力。对于今后如何提升女性领导力,她认为,一是以促进性别平等的法律政策为依据,为女性领导力创造良好的发展环境;二是以上海人才发展规划为引领,为女性领导力创造更多的机会;三是以完善社会服务体系,为开发女性领导力提供社会支持;四是以正确的舆论导向,弘扬女性领导力的精神价值。

国家信访局在沪建立信访理论研究基地

9月21日,国家信访局信访理论研究(上海)基地在沪正式成立。国务院副秘书长、国家信访局局长舒晓琴,上海市委常委、市委政法委书记陈寅为研究基地揭牌。副市长时光辉出席研究基地成立仪式并致辞,市委副秘书长、市政府副秘书长、市委政法委副书记赵奇出席成立仪式。

成立仪式上,国家信访局研究室与上海市信访学会签署了相关框架协议。

上海研究基地的成立充分体现了国家信访局对信访理论研究工作的高度重视,必将在推进信访工作法治化、深化信访工作制度改革等方面更好地发挥智库参谋的作用。上海信访系统将以上海研究基地成立为契机,充分发挥基地平台作用,用好上海理论研究资源,创新方式方法,完善研究机制,不断增强信访理论研究的前瞻性、系统性和指导性,圆满完成好国家信访局和上海市委、市政府交给的各项任务。

上海市大数据社会科学应用研究会召开成立大会

9月24日，上海市大数据社会应用研究会成立大会暨首届会员大会正式举行。上海市委宣传部副部长、上海市社联党组书记燕爽出席会议并讲话。上海市社联党组成员、专职副主席任小文，上海市委宣传部理论处处长朱鸿召，上海市哲学社会科学规划办公室主任李安方等领导出席会议。

燕爽在讲话中指出，当今世界科技革命正在迅猛推进，每个人都身处其中。今天的中国正前所未有地走近世界舞台的中心，走进科技革命创新的前沿。这场科技革命具有以下特点：一是未知远远大于已知，引发生产方式、生活方式、思维方式变革。现在中国在一些领域不仅与发达国家并跑，甚至已开始领跑。二是学科、知识大融合。原来一直倡导学科交叉融合，但在很长一段时间只是一种号召，而现在如果不融合是搞不好科研的。三是人文与科技在最高层面的一次融合，集中体现在人工智能的发展上。他希望上海的青年学者们能够通过这个研究会体现应有的担当，以时不我待的精神，为构建中国特色哲学社会科学贡献自己的力量。

上海市大数据社会应用研究会是根据上海市社联、市社团局的有关规定，由上海交通大学、上海财经大学、华东政法大学、复旦大学、上海对外经贸大学五所高校共同发起成立的专业性、学术型的社会团体。研究会的成立旨在响应国家“十三五”规划提出的“重点建设50—100家国家高端智库”，以及2015年中央“两办”推出的国家大数据发展纲要和战略，将以国家治理和社会发展深切关注的重点、难点问题为导向，协调和集成国内外资源，实现科研协同和持续科研攻坚，形成具有跨学科、跨院校、高品质、重实效的“引领性研究成果群”，为繁荣社会学科、服务政府决策、辅助企业发展和透视社情民意等提供“以大数据为特色”的前瞻性研究与应用成果。

上海市大数据社会科学应用研究会的成立，将能更好发挥上海作为国际大都市的高端智力资源的聚集优势。研究会的主要任务是开展大数据社会应用领域的学术研究、政策咨询、人才培养、国际交流，以及接受有关单位委托开展大数据社会应用相关的指数评估和管理测评等。研究会着力打造五个特点：一是人员构成年轻，131个会员的平均年龄为35.9岁，20世纪70年代以后出生的会员占92%；二是研究人员与研究领域跨学科，会员来自经济学、法学、统计学、管理学、社会学、地理学、城市规划学、计算机科学、电子工程、建筑学、心理学、政治学、历史学、新闻学、哲学14个不同学科；三是聚焦前沿热点问题；四是学会组织形式创新，会员来自34个上海的单位与机构，成为大数据社会应用的大平台与研究联盟；五是运用创新的众包、众筹、众创等“互联网＋”方式来组织科研，发展高端智库。

首届会员大会通过了《上海市大数据社会应用研究会章程》，并选举产生研究会的第一届领导班子。根据选举结果，上海交通大学杨力担任会长，上海财经大学张学良、华东政法大学高奇琦、复旦大学吴力波、上海对外经贸大学齐佳音担任副会长，张学良兼任秘书长。

会后，中国科学院褚君浩院士作了“大数据与智慧城市建设”的学术报告，会员们就相关学术问题进行了热烈讨论。

苏浙皖沪“三省一市”政治学会年度学术研讨会在安徽金寨召开

苏浙皖沪“三省一市”政治学会一年一度的学术研讨会于 9 月 23—24 日在安徽省六安市金寨县委党校举办。本次研讨会的主题是“贫困治理与共享发展”。三省一市政治学会共计 40 余位学者参加研讨会。上海市政治学会会长桑玉成主持了主题发言阶段的会议。

研讨会上，发言代表各抒己见，围绕主题，从不同的角度讨论了贫困的多元性质与产生原因；中国农村贫困现状与减贫成就，中国农村全面扶贫治理方式创新与坚持共享发展理念，在“十三五”期间打赢中国农村全面脱贫攻坚战的战略等热点问题。

与会代表实地考察了习近平总书记 2016 年 4 月 24 日视察过的贫困村——花石乡大湾村。陪同习近平总书记视察的大湾村扶贫领导小组组长（党的十九大代表）与贫困户代表，详细介绍了贫困村的现状与减贫的成绩。全体与会代表获益匪浅，对于在党中央坚强领导下打赢脱贫攻坚战充满信心。

上海市政治学会周敏凯副会长作了主题发言、华东政法大学姚尚健教授作了点评、上海财经大学曾纪茂副教授作了一般发言。上海代表递交的与会文章与大会发言，给全体与会代表留下深刻印象，并给予积极评价。

经三省一市政治学会会长协商后，明确了 2018 年联合研讨会由上海市政治学会主办。上海市政治学会代表明确表示，结合十九大报告的新精神与 2018 年改革开放 40 周年的节点，积极筹备，努力办好 2018 年度上海研讨会。

上海金融法制研究会主办“华资银行业的产生与变迁”座谈会

2017 年恰逢中国华资银行业诞生 120 周年，也是上海银行公会正式成立 99 周年。10 月 19 日，“华资银行业的产生与变迁”座谈会在复旦大学光华楼 2001 室会议室召开。座谈会由上海金融法制研究会与复旦大学中国金融史研究中心联合主办，来自美国、日本及全国各地银行和高校的专家学者出席会议。座谈会由复旦大学中国金融史研究中心主任、复旦大学历史学系教授吴景平主持。

上海金融法制研究会学术委员会主任李克渊认为，华资银行业在苦难中产生，风风雨雨 120 年后进入了一个新的时期，温故而知新，讨论历史问题，对当下金融界的发展也大有裨益。

华东师范大学章义和从资料入手，提出因处于战争时期，银行在磨难中选择往山区发展，比如重庆西部地区就留存有很多资料，这些资料亟待整理与挖掘。西南大学历史文化学院、重庆中国抗战大后方研究中心教授刘志英也提到，西部地区金融的发展得益于抗战。原来的金融网是以上海为中心，而抗战时重建的西南与西北金融网则完全是国家行为。三期金融网建设以四大行为中心，而四行无法深入的小地方便依靠省银行和县银行，因此县银行在当时迅速崛起。今天我们纪念华资银行诞生 120 周年，不得不说华资银行带动了西部地区的发展，没有银行网络的建立，抗战难以维持。

上海财经大学燕红忠认为，虽然中国通商银行的建立标志着官办的开启，但其实国民政府成立也是一个很重要的时间点。解读银行业的发展历程，1928 年之后是最好的一个时代，逐步由政府来替代资本。从清末时起，企业家、银行家在银行业的发展中起到很大作用。然而，不论是市场主导还是银行主导，都有两面性。

复旦大学历史系学博士研究生宁汝晟则关注到中国通商银行的发钞问题，认为其不仅仅牵涉一个银行，而是整个银行界的问题。中国通商银行和洋务企业的联系、中国通商银行如何融入体制而成为国家银行等，这些问题均值得我们思考与研究。

安徽师范大学经济管理学院教授马陵合强调金融史、银行史研究有两点需要注意。一是在多大程度上把西方银行制度引入中国，其他银行是怎么学的，学的过程中有没有什么改变，和国外银行的交流如何等。二是很少看到银行与基础建设和公共事业之间的关系，比如银行对铁路投资整体的判断，现在所能见到的资料比较有限。

上海科学社会主义学会举行第七届青年学者论坛

10 月 21 日，上海科学社会主义学会第七届青年学者论坛“新的历史起点——中国特色社会主义理论与实践的创新发展”学术研讨会在中共上海市委党校举行。此次论坛也是上海市社联第十一届(2017)学会学术活动月系列活动之一。

市社联专职副主席、上海科学社会主义学会会长解超在致辞中表示，党的十九大报告指出，中国特色社会主义进入了新时代。“新时代”是我们经常使用的一个时间概念，而这次习近平总书记在报告中是把它作为一个重大的创新理论概念提出来的，具有非常丰富的内涵。改革开放的大幕开启之际，邓小平同志曾依据对世界形势和国际环境的深刻分析，极具远见卓识地提出时代主题已由战争与革命转变为和平与发展的重要判断。这一重要判断，为我们党实现工作重心的转移，即从以阶级斗争为纲转到以经济建设为中心，提供了重要依据。今天，在全面建成小康社会的决胜阶段、中国特色社会主义发展的关键时期，习近平总书记敏锐提出中国特色社会主义已经进入了新时代，这是我国发展新的历史方位，具有重要的理论意义、历史意义与现实意义。

上海市委党校副校长郭庆松表示，本届青年学者论坛在十九大这个大背景下举行，可谓“恰逢其时”。在党的十九大报告中，习近平总书记提出了一系列新思想、新观点、新论断。这些新思想新观点新论断，不仅有战略层面、宏观视角的，高瞻远瞩，发人深省；而且也有方法论意义、微观手段的，见微知著，给人指导。这些新思想新观点新论断进一步凸显了这份纲领性文献的理论意义和实践意义。

论坛上，举行了第七届青年学者论坛征文颁奖仪式。本次征文活动一等奖空缺，丁长艳、李海平、孙会岩、马春晓、陈鹏撰写的 5 篇论文获得优秀论文二等奖，秦志龙、刘诗铭、王晓斌、张润峰、甄海娟、常俊等撰写的 17 篇论文获得优秀论文三等奖。中共上海市委党校、上海交通大学、华东师范大学、国防大学政治学院、上海师范大学 5 家单位获得优秀组织奖。在交流发言中，获奖代表围绕“习近平网络执政安全思想”“习近平政治建军方略”“十八大以来习近平总书记的国家治理观”“中国特色社会主义阶段性特点”“马克思主义价值论视域下的中国生态文明建设”等发表了观点。

在点评环节，多位专家学者表示，要从社会主义发展的大背景下理解“新时代”的深刻内涵，在这一历史进程中，中国将在人类文明中处于非常重要的地位。

与会者表示，有幸生在这样一个伟大时代，对于青年学者提出了新要求，那就是：不仅要关注“新时代”，还要融入、拥抱、贡献这个时代，这是时代赋予的责任，也是青年人应有的担当。

三家学会联合召开“卓越的全球城市与创新发展”研讨会

10月27日下午，“卓越的全球城市与创新发展”研讨会暨浦东区情研究中心成立仪式在浦东新区区委党校举行。本次研讨会由上海科学社会主义学会、上海生产力学会、上海社会学学会与中共上海市浦东新区委员会党校和复旦大学城市发展研究院共同举办。浦东新区区委党校常务副校长周小平，浦东新区区委组织部副部长高国忠，解放日报社党委副书记、上海科学社会主义学会副会长、上海生产力学会副会长周智强，上海科学社会主义学会副会长兼秘书长吴解生，复旦大学城市发展研究院院长梁鸿，浦东新区地区工委副书记郑耀扶，浦东新区发改委副主任常志平等出席会议。会议由浦东新区区委党校副校长阴群主持。

主题发言阶段，上半场由浦东新区区委党校副校长、上海科学社会主义学会副秘书长毛力熊主持。

复旦大学赵德余教授就“健康城市”进行主题发言，他认为，健康中国已经列入党的十九大报告，作为提升民生和人民美好生活的国家战略，上海城市的健康发展要走在全国前列。

上海科学学所研究室主任、研究员孟海华就“卓越全球城市智能化的未来发展”发言。他从“卓越全球城市”概念、智能化愿景、智能化创新、上海城市智能化细致地分析了卓越全球城市的内涵。

浦东新区区委党校副教授桂家友就“构建与卓越的全球城市相适应的社会治理创新体系”发言，重点阐述了社会创新治理的体系构建及卓越全球城市发展相适应的配套设施完善。

下半场主题发言由上海科学社会主义学会副会长兼秘书长吴解生主持。

上海市委党校三分校副教授谢钢认为：上海发展的重要经验是胸怀全局，着眼大局，坚持服从服务国家战略，紧密结合本市实际情况和自身优势进行发展。对标现有的全球城市，上海在提升居住保障能力、改善生态环境、增强城市“韧性”、提升城市文化等方面有很大空间，打造新型的更加包容的海派文化来更好促进城市发展。

南码头路街道党工委副书记、办事处主任高天，结合浦东新区南码头路街道多年发展的实际经验，提出从之前的“小政府大社会”的“一元”治理方式到现在的“强政府强社会”的“多元”治理，社会的快速发展与政府治理方式的转型与能力的提高相结合，使得“善治”

成为可能。

陆家嘴街道办事处副主任张磊分享了陆家嘴街道多年发展过程中所取得的成绩，并为其他街区及城市的发展提供了良好的范式与可借鉴的经验。在发展过程中要充分发挥基层政府的主导作用，进行教学培训引导，持续不断实现创新发展的要求。

自由发言与讨论阶段，李晓明就城市的发展与周边区域的关系进行分析讨论，提出参考性意见。谢钢就此点进行回应分析指出，卓越不只是城市内部人的体验，也是外部人的评价。上海建设卓越全球城市要充分发挥辐射作用，要与“一带一路”建设、长江经济带建设等结合起来。

周智强在总结发言中指出，本次研讨会是学习宣传贯彻上海十一次党代会精神和党的十九大精神的最好结合。周小平指出建设令人向往的卓越的全球城市，是上海面向2040年的一个目标和美好愿景。浦东作为排头兵中的排头兵、先行者中的先行者，应该在这方面走在全市前列，积极打造具有国际大都市风貌的现代新城区。浦东新区区委党校认真贯彻全国党校工作会议精神和习近平总书记提出的党校要努力成为党和国家的重要智库的指示精神，主动作为，成立区情研究中心，并与复旦大学城市发展研究院共同成立浦东社会治理研究中心，意在围绕区委、区政府中心工作，区委、区政府重大决策部署，浦东承担的国家战略以及浦东经济社会发展改革领域的战略性、全局性问题开展研究，以提供政策思路、政策设计方案为重点，致力于为创新工作思路做好咨询服务，为解决重大实践问题做好破题服务，为实践创新成果做好推介服务。同时，积极承接区委、区政府有关委办局的决策咨询研究课题，努力提供咨询研究报告和政策建议。站在新一轮发展的起点上，浦东比以往任何时候都需要理论和智库支撑，上述两个中心的成立将以第三方视野，为浦东发展提供专业意见，努力将党的十九大精神落到浦东发展创新的实处。

上海市领导科学学会召开"上海 2040:卓越的全球城市与建构新型领导力"专题研讨会

10 月 28 日下午,上海市领导科学学会 2017 年学会学术活动月项目——"上海 2040:卓越的全球城市与建构新型领导力"专题研讨会在东华大学举行。会议由上海市领导科学学会和东华大学人文学院共同举办,会议主题是认真贯彻落实党的十九大精神,围绕上海 2040 年建成"卓越的全球城市"的战略目标,进一步提升上海城市领导力,推进上海新一轮城市治理创新。上海市领导科学学会会长、中国浦东干部学院首任常务副院长奚洁人教授,东华大学人文学院党委书记王英,上海市社联学会处处长王克梅,上海市理论界城市治理方面的专家,《解放日报》理论部等有关学者约 70 人与会。东华大学秦德君教授和中国浦东干部学院于洪生教授分别主持了会议。

2040 年要建成"卓越的全球城市",给上海领导力建设提出了新挑战、新契机。实现这一战略目标,涉及城市结构、城市体制机制、城乡一体化、城市治理模式等诸多领域和诸多问题。2017 年 3 月 5 日下午,习近平总书记在参加全国"两会"上海代表团审议时指出:"走出一条符合超大城市特点和规律的社会治理新路子,是关系上海发展的大问题。城市管理应该像绣花一样精细。"会议以十九大精神和习近平对上海城市治理的指示为指导,围绕"卓越的全球城市建设"与城市新型领导力建设的重点与战略方位、城市领导力的国际视野与国际比较、上海城市领导力建设的阶段、重点与举措分析、地方党委人大政府政协在城市领导力体系中的角色功能分析等展开。东华大学人文学院党委书记王英,上海市领导科学学会会长、中国浦东干部学院首任常务副院长奚洁人、上海市社联科研处胡赟先后致辞并作专题发言。

市领导科学学会副会长鲍宗豪发言围绕"全球卓越城市社会治理"问题展开。将上海建设"卓越的全球城市"置于中国特色社会主义现代化建设的国家战略背景下,认为全球卓越城市的社会治理的建设过程,是现代社会治理格局形成过程,也是上海逐渐成为卓越的全球城市的过程。他阐述目前上海作为全球卓越城市社会治理面临着五方面挑战,涉及人口快速集聚及多元化、社会分层化、城市功能过度集聚、信息和资源过度集中、大数据对社会治理的挑战等。根据五个挑战他从社会面、公共场所、社区这三个层面提出了应对思路:一是以三社联动促进社区治理模式,进行社区建构;二是聚焦社区单元和社区综合体,破解空间治理的难题;三是以"云治理"提升卓越全球城市的社会治理水平。

梁鹤年教授的发言围绕"国际视野中的卓越城市建设"展开。认为应把西方的理论跟中国的中用、中国传统的使用,跟西方古代的思维,包括柏拉图、亚里士多德的思维结合起来,来处理中国目前的事情。梁鹤年教授从人性角度来解读上海建设"卓越的全球城市",认为人类城镇化的目的是生存和幸福,基于理性和物性的人性应该是城市建设的基本价值取向。

王多博士的发言围绕"卓越全球城市需要一流国际传播能力"展开,着重从传播学视角出发,阐述国际一流城市需要一流的国际传播能力这一问题。他分析了传播平台弱小,传播技术人才匮乏等影响上海国际传播力建设的因素,并认为上海要破除传播旧的理念,注重更新传播的思路,用新时代、新思维、新技术、新手段着力城市形象塑造与传播能力的重构,用全球的眼光、历史的厚度重视高端思想的传播;发展城市的硬实力等有助于提高上海的国际传播力,进而助推上海建设国际一流城市和"卓越全球城市"。

王震国教授的发言围绕"现代城市战略与战术领导力的多元契合理性"展开,以内生的领导力为突破口探讨了城市领导力问题。认为应从战略的把控能力、整体的运营能力、内涵的提振能力、治理的创新能力、机体的适应能力等方面提升上海城市领导力。

邱素琴发言围绕"超大型城市创新社会治理领导力拓展与应用"展开,以城市基层党建,引领基层治理为角度,阐述城市领导力问题。她厘清了上海城市领导力提升的四种挑战,界定了六个方面的具体问题,最后提出了现代城市社会治理领导力内涵的深化及其开发的六个方面:政治领导力、战略领导力、跨界领导力、融合领导力、平台领导力、项目领导力。

于洪生教授发言围绕"卓越城市治理实践催生着中国领导理念变革"展开。认为在"党领导一切"的新背景下,上海建设"卓越的全球城市",要发挥党的领导作用,思考党的领导作用如何发挥,如何起到主导引领的作用。好的城市一定是关注人的,以人为本的城市。他提出城市管理者不能把任何人排斥在外,并希望城市有一种氛围,即每个人都把城市建设当成自己的一部分。

贺善侃教授发言围绕"城市发展的文化驱动力"展开。认为卓越的城市必须要有卓越的城市文化,"文化强国"要体现在文化强市,城市文化作为文化载体的综合体,为提升文化的软实力提供了坚实的反馈。建设卓越城市必须在卓越文化上下功夫,其中既包括城市文化设施,也包括发扬光大城市精神。

与会者还就城市建设路径问题、城市领导力等问题进行提问和交流发言。

秦德君教授对专题研讨会作了总结。指出刚刚闭幕的十九大,提出习近平新时代中国特色社会主义思想,提出新的社会主要矛盾的论断,提出了新的治国理政方略,中国进入了新时代,为上海城市治理提供了新的战略方向。上海目前正处于由本土创新扩散向国际创新中心升级阶段,面临着更为深刻的创新驱动、转型发展的动力和压力。在十九大精神下构建起多维、协同的新型领导力体系,对于上海开拓特大型城市治理的新境界至关重要。根据2040建成卓越的"全球城市"的目标,上海城市领导力方面应进行聚焦,突破主线:上海一是要"从跟跑到领跑",参与全球创新;二是要"从国内到国际",扩展全球影响力;三是要"从制造到创造",强盛科技产业;四是要"从二元到一体",加强城乡统筹;五是要"从社区到社会",发展活力形态;六是要"从安居到宜居",提升城市质量;七是要"从实力到魅力",塑造人文之城;向"国际文化大都市"迈进。

上海市社会学学会举行“改革开放与社会学话语体系建设”学术年会

11 月 5 日，上海市社会学学会召开“改革开放与社会学话语体系建设”学术年会。本次活动由上海市社会科学界联合会、上海市社会学学会主办，同济大学社会学系承办，并得到了来自复旦大学、上海大学、华东师范大学、华东理工大学等高校和学术机构社会学学者的大力支持。

会议首先在逸夫楼一楼报告厅举行了“改革开放与社会学话语体系建设”研讨会优秀论文的颁奖仪式。本次学术会议在征文阶段得到了上海各高校和学术机构的老师、学生的踊跃参与，共评选出一等奖论文两篇、二等奖论文五篇和三等奖论文十篇，获奖作品涵盖了本次论坛的多个主题，多角度、全方位地展现了社会学研究的魅力。

会议设有五个平行论坛，由同济大学社会学系王甫勤副教授、华东师范大学社会发展学院李向平教授、上海师范大学社会学系冯猛副教授、复旦大学社会发展与公共政策学院李煜教授、上海大学社会学院马磊博士和华东理工大学社会学系副系主任赵方杜副教授主持，分别以“城市空间与治理”“阶层互动与社会治理”“转型过程中的不平等与融合”“社会工作与社会治理”和“国家・人口・治理”为主要议题，在理论建构、实证研究和政策创新等方面进行了多维度、多层次的学术探讨，在思想碰撞中收获了更深入的社会学理解。

本次研讨会汇集了来自上海各高校和研究机构的社会学学者，以党的十九大胜利召开为契机，将社会学研究与新时代中国发展紧密结合，以饱满的学术热情迎接属于社会学研究的春天。

“妇女与性别史研究的理论、方法与实践”学术研讨会举行

为促进妇女与性别史研究的领域的学术交流与对话，由上海师范大学人文与传播学院世界史学科、上海师范大学女性研究中心主办，上海市妇女学学会协办的“妇女/性别史研究的理论、方法与实践”学术研讨会于12月9—10日在上海师范大学会议中心举行。上海师大副校长高建华教授、首都博物馆学术委员会主任与北京师范大学郭小凌教授、全国妇联妇女研究所副所长姜秀花研究员、上海市妇女儿童工作委员会办公室竺倩伟副主任出席会议并致辞。上海师范大学世界史学科带头人与上海师范大学女性研究中心常务副主任裔昭印教授主持开幕式，刘文明教授、薄洁萍教授分别主持大会研讨会。上海师范大学女性中心主任朱易安教授、上海师范大学学术委员会主任苏智良教授以及来自上海、北京、天津、浙江、江苏、陕西、山西、河南、德国、英国等高校的妇女与性别史的专家学者70余人出席会议。

本次研讨会围绕“妇女与性别史研究的理论与方法”“中外历史上女性和性别关系的状态”两个主题展开研究讨论。

会上，南开大学高世瑜、王以欣，天津师范大学杜芳琴、上海师范大学裔昭印、Sven Günther教授和复旦大学陈雁等专家分别就妇女史的史料、中国大陆妇女口述史理论与范式、古希腊宗教节日的性别文化特征、罗马共和时代女性的经济活动以及中共早期武装力量中的女性问题进行了探讨。同时，与会专家还对中国近代竹枝词诞生女性图景、宋代女性游览、20世纪女性在生产与消费中的作用、中世纪英国接线女工等进行深入的阐释，对全球史视角下的性别研究的新视野和新问题、新时代中国妇女理论研究的着力点展开讨论。与会者认为，妇女史自20世纪80年代后期兴起，现已成为一门新兴学科，受到史学界的普遍认可和重视，学术研讨会有助于交流学术信息、拓宽学术视野、启迪学术思维，对形成中国的妇女与性别史研究的学术共同体，具有十分重要的意义。与会者指出，目前妇女与性别史研究呈现出新的发展趋势，即研究对象由上层妇女向下层妇女转变，史料搜集资料从文献资料向影像、口述资料拓展，研究思路从单学科向多学科融合的跨越。与会建议妇女与性别史研究要肩负起政治使命和学术使命，坚持以新时代中国特色社会主义思想为指导，以史为鉴主动回应党和国家发展的大局，回应妇女群众的迫切关切的问题，回应妇女运动和妇女工作的发展，积极构建起哲学与社会科学话语体系、学科体系、理论体系，树立女性的文化自信，推动史学研究创新发展，促进男女两性和谐发展。

上海市妇女学学会等单位联合举办“2017 年女性·创新·未来:拥抱美好　智创未来”上海妇女理论研讨会

为深入学习贯彻党的十九大精神,上海市妇女学学会、市婚姻家庭研究会、同济大学妇女工作委员会、同济大学妇女研究中心联合举办“2017 年女性·创新·未来:拥抱美好　智创未来”上海妇女理论研讨会。市妇联副主席孙美娥、同济大学副校长顾祥林、市教育妇工委副主任彭超波分别在会上作了致辞。同济大学党委副书记马锦明以及来自本市的专家学者、各级组织妇女干部、女大学生 60 余人出席研讨会。同济大学妇委会常务副主任肖辉教授主持研讨会。

会上,同济大学党委副书记马锦明,上海社科院哲学所副所长成素梅研究员,同济大学教授罗瑾链、董华、于一凡分别作了《建设美丽中国的个体责任与行动路径》《新时代女性的社会角色及其创新思维》《女性领导价值、境遇与未来》《从包容行设计的视角看性别平等》《“老年友好城市”离我们有多远?》等主题报告。

与会者从多维度、多视角阐述了坚持以人民为中心的发展思想,时刻把妇女的需求和冷暖放在心上,增强为妇女服务的行动自觉,用智创精神,顺应广大妇女对美好生活的期待,促进男女和谐发展。成素梅研究员从哲学视域讨论了新时代女性的创新思维。她认为,在智能化社会中女性要树立经营型思维,将兴趣融入角色之中,有机统一家庭、社会、职业的角色,摆脱消费主义,树立立身、立德、立言、立业和“四自”精神;董华教授建议从环境设计、组织设计、政策设计上采用“包容性设计”,为女性潜能发挥创造良好的氛围;罗瑾链从政治人才、经营人才、科教人才中寻找女性成才的规律,提出要素规律、匹配规律、进阶规律、制胜规律等,是构成女性领导力开发和促进女性个体成长发展的新出路;于一凡教授针对老人身体机能逐渐退化,活动空间日益缩小的状况,提出建设适宜老人宜居环境、“老年人友好城市”的城建规划的行动框架;马锦明副书记则从环境保护上提出,生态文明是人民美好生活的前提,也是国家富强美丽的重要标志,建议要构建生态文化,推动形成节约资源和保护环境的行动认同,为美丽中国增添亮点。

研讨会收录论文 20 篇,涵盖女性与职业、女性与文化、女性与婚姻、女性与未来等,同时还发布“中国艺术视频”。

理论经济、综合经济、产业经济

上海生产力学会举办“海派文化的传承与推广”青年学者学术研讨会

4月14日下午，上海生产力学会主办的青年学者学术研讨会“海派文化的传承与推广”在上海视觉艺术学院举行。上海生产力学会专家、上海视觉学院的领导、青年教师和部分学生参加了研讨会。

海派文化是基于中国江南传统文化，融合上海开埠后传入的对上海影响深远的源于欧美的近现代工业文明而逐步形成的上海特有的文化现象。

上海星空时尚总经理、观念艺术家邬立强首先发言，他为我们表述了海派文化的特质："海派文化是海纳百川、兼容并蓄、推陈出新的文化。"

李昌慧介绍了《海派服饰——旗袍》。李昌慧一直从事海派旗袍定制，并在上海开设了旗袍工作室，坚持将现代审美与传统元素融入海派旗袍服饰设计中，“静怡而高雅”，迎合消费者的需求。

上海华泰珠宝的市场企划总监许梦佳女士介绍了华泰珠宝品牌如何在新海派文化背景下对产品进行开发与时尚设计，推荐展示了尚未上市的新海派风格的首饰产品。由于许多人认为老上海文化就是海派文化的全部，而上海华泰珠宝就是将海派的生活方式融入品牌文化中，传承海派文化的经典之处。作为时尚设计学院校企合作品牌，上海华泰珠宝旨在与学校一起孵化培养有潜力的首饰设计人才。在2016年的合作基础上，企业将于2017年5月以冠名赞助时尚设计学院毕业设计展的形式，开启新一轮的校企合作项目。

上海视觉艺术学院林芹老师为在座的与会者介绍了海派妆容的现代体现。海派风格的妆发造型既有西方美感，又有东方韵味，两种文化的碰撞产生了海派的潮流。作为造型设计专业老师，林老师已经多次参与海派服饰文化的展演造型合作。

上海视觉学院吕品老师以模特走秀表演为例介绍了“海派文化背景下的时尚演绎方式”，就模特走秀如何与经典绘画作品结合，创作“人从画中来”服装剧，提出了自己的构思和推广方式。

时尚设计学院吴亚初副院长、时尚设计学院服装与服饰专业学科带头人袁仄教授、客座副教授周睿老师、上海戏剧学院杨墨老师先后发言，探讨海派文化背景下的时尚服饰发展与时尚演绎方式。作为中国服装业史论专家袁仄教授还特别提出应该对海派文化更深入地进行研究，他提到“海派文化”与“京派文化”相比，本质不同。上海作为最早的移民城市，很早接受了江南文化、西洋文化的影响，再加上各地移民所带来的文化交汇交融，使得这个城市从很早就有了自己独特的文化韵味和包容心态，这是非常珍贵和罕见的文化现象，值得现在的上海人尤其是新上海人珍惜和传承。

上海生产力学会的曹如中老师和金嘉晨老师也发表了各自的见解：海派文化与开埠、航运港口密切相关，上海是国际化的大都市，需要有特色鲜明的属于这个城市的文化标示。语言是文化的载体，所以上海话也是十分有必要保留和继承的。上海生产力学会副秘书长顾其南老师对此次研讨会给予了很大的肯定，并希望将会议探讨的课题内容继续延伸下去，获得更好的科研成果。

上海邮电经济研究会举办如何落实"取消漫游费"研讨会

4 月 19 日，上海邮电经济研究会举办研讨会，邀请相关团体会员单位代表就如何落实李克强总理在全国两会上提出的"取消手机国内长途费和漫游费"的目标进行深入研讨。

当前手机已成为老百姓生活的重要部分，我国手机普及率这些年大幅提高，截至去年6 月上半年，我国移动电话用户总规模达到 13 亿，人口普及率达 94.6%；移动宽带用户（即 3G 和 4G 用户）总数达到 8.38 亿户，占比达 64.4%；4G 用户总数达到 6.13 亿户。因此，取消手机国内长途和漫游费，大幅降低中小企业互联网专线接入资费，降低国际长途电话费，既是改善民生的组成部分，又是敦促运营商转型发展、改变经营方式、提升管理能力、提高服务水平的有效措施。应该说，落实李克强总理的要求已成为三大运营商的共识，并纷纷亮出了具体举措。

中国电信推出六大新举措：一是新增千亿投资，打造智能化高速网络；二是全面取消手机国内长途和漫游费；三是助力双创，大幅降低中小企业互联网专线接入资费；四是降低国际及港澳台长途通话资费；五是加快推广六模全网通手机，让用户得到更多实惠；六是践行信息惠农，进一步开展精准扶贫。中国移动则表示，一要围绕客户感知，持续打造精品 4G 移动宽带网，在完善覆盖水平基础上，让用户在高速度、高流量、高层建筑等特殊场景下感受到网速的提升；二要打造高品质有线宽带网络，新建宽带全部采用光纤到户；三要推进电信普遍服务。中国联通表示，2017 年除固网宽带带宽翻番，实现"宽上加宽"以及 4G 网络速率翻番，实现"快上加快"，还要在通信消费优化组合方面，实现"惠上加惠"。

与会代表希望运营商能够细化目标措施，真正落实工信部向社会的承诺，即 10 月1 日起取消上述这些费用。

上海邮电经济研究会举办世界电信和信息社会日学术报告会

5 月 17 日上午，上海邮电经济研究会携手上海通信学会、上海市通信行业协会联合举办“纪念 5·17 世界电信和信息社会日学术报告会”。

世界电信日创立于 1969 年，2017 年为第 49 届。随着信息技术的发展，2006 年 3 月，联合国大会通过决议将每年的 5 月 17 日同时定为世界信息社会日。2006 年 11 月召开的国际电联全权代表大会作出决定，将“双节”合并，自 2007 年开始，每年 5 月 17 日正式成为世界电信和信息社会日。2017 年的主题是“发展大数据，扩大影响力”。这是国际电信联盟首次以大数据作为主题，旨在充分发挥大数据的潜力，使之转化为可促进发展的信息机遇。为此，研究会邀请了中国移动上海公司计划发展部副总经理许闹帷、复旦大学计算机科学技术学院教授朱扬勇、上海数据交易中心专家申翔宇等三位专家就这一主题进行深入浅出的解读，了解国际电联确立这一主题的意义，以及电信和信息业发展的前景和对社会的影响力、推动力。

许闹帷在报告中指出：大数据产业链中，运营商是重要的数据拥有者，同时也是服务提供与技术提供的实践者。中国移动目前建设的大数据平台，发挥了“科学决策之器”“精细化管理之器”“针对性营销和客户挽留之器”的重要作用。因此，她认为 5G、物联网、AR/VR、云计算、大数据、人工智能等相关技术的飞速发展，将推动社会加速进入万物互联新时代。万物互联新时代催生全新的蓝海市场，而新的应用又产生了海量数据，成为驱动大数据演进发展的重要燃料，持续支撑万物互联新时代。

朱扬勇在报告中指出：信息化是一个生产数据的过程，数据被大量生产而在网络空间中形成了数据资源；大数据是网络空间数据资源开发利用的过程。简单地说，信息化生产数据，大数据开发数据，二者不对立不混淆。数据资源开发利用将形成一个战略新兴产业——数据产业。数据产业集第一产业的资源性、第二产业的加工性和第三产业的服务性为一体，是新型的产业形态，基于大数据的产业创新如火如荼。为此，他在报告介绍了大数据、国家大数据战略、大数据与信息化的关系，重点介绍了数据资源的开发利用。

申翔宇的演讲题目是“数据互联，引领智慧未来”。他在演讲中介绍了大数据市场背景、上海大数据产业布局、上海数据流通生态体系规划、上海数据交易中心的业务概况以及电信运营商的大数据服务展望。

专家的报告令与会者对大数据业务的发展、应用以及未来对信息社会的推动，有了更深刻的了解和认识。

上海市房产经济学会等单位联合举办“构建房地产市场基础性制度和长效机制”研讨会

6月9日，上海市房产经济学会、上海市城市经济学会、上海市土地学会和上海财经大学不动产研究所四家单位联合举办“构建房地产市场基础性制度和长效机制”研讨会，业内人士百余人参加了研讨，演讲嘉宾就“基础性制度和长效机制”“供给侧改革”“土地制度创新”和“住房租赁市场”等房地产市场的热点问题展开讨论，为探索房地产业持续健康发展之路出谋划策。

一、关于建立房地产基础性制度和长效机制

（一）房地产基础性制度和长效机制

房地产基础性制度，是指房地产经济运行的起点性和根本性的制度，它包括房地产生产、流通、消费等各个环节的制度体系，即有关房地产稳定发展的一系列制度，包括土地制度、税收制度、信贷制度、住房保障制度、交易制度、房地产登记制度、业主大会议事制度等等，还包括房地产信息体系，例如房屋状况信息统计、房价统计、住房普查制度、住房权籍登记等等。

房地产长效机制是以房地产基础性制度为核心的一种长远制度的安排，还包括房地产市场自我调节和政府调控的长期稳定和有效的运作机制。“基础性制度”和“长效机制”两者的主要区别在于“基础性制度”相对稳定，执行操作比较固定化，而“长效机制”中的调控部分的内容相对灵活，执行操作需根据市场的发展而有所选择和侧重。“基础性制度”和“长效机制”两者的互相协调、互相配合，就使其内涵更加全面、更加丰富，功能得到最大的发挥。

（二）建立房地产基础性制度和长效机制的指导思想

建立房地产平稳健康发展的基础性制度和长效机制意义重大：一是有利于解决房地产现存的矛盾和问题，特别是解决一些深层次的矛盾和问题；二是有利于抑制房地产泡沫，防止大起大落，实现房地产长期稳定健康发展；三是有利于全体人民住有所居目标的实现。

建立房地产基础性制度和长效机制，要充分认识和把握新发展理念所确立的发展思路和方向、发展动力与着力点——在新发展理念中，创新是发展的核心与灵魂，协调是发展的基本方法，绿色是发展的内在要求，开放是发展的时代特征，共享是发展的出发点，也是根本归宿。建立持续稳定健康发展的房地产市场：一是要协调发展，即与国民经济协调

发展、房价波动与国民收入增长幅度相适应的房地产市场；二是要绿色环保，即符合功能混合、资源节约、环境友好的紧凑城市要求的房地产市场；三是要开放，即建立以法制为主要手段调控、公平、公正、规范的房地产市场，让房地产资源充分流通；四是要共享，即建立市场配置和政府保障相结合，满足市民以居住为核心多层次住房服务需求的房地产市场，实现"人人享有适当住房"目标。

（三）房地产发展长效机制的基本框架

一是建立供应机制。其包括商品住房建设用地供应、保障性住房建设用地供应、各类住房的销售供应和住房租赁等，其内涵包括编制住房发展规划、确定建设用地总量、结构和布局，贯彻商品住房建设和供应坚持"三个为主"的方针、保障性住房"四位一体"的建设和供应模式。必须把握若干平衡点：土地供应量与住宅需求量的平衡，是抑制房价涨势的必要举措；城市规划中对土地、人口、产业规划的科学性与宜居生活的平衡，是房价持续保持稳定的基础；城市资源配置的平衡，即通过公共服务、产业发展、户籍制度、基础设施建设等方面的整体规划和区域规划，防止资源过度集中于某一个大城市。

二是建立监测机制（预警机制）。即建立房地产库存和交易监测平台，密切关注房地产市场后续变化，始终以总量基本平衡、结构基本合理、房价与消费能力基本适应的尺度，及时跟踪分析，加强研判，反应要灵敏，措施要果断，有效防范房地产市场大起大落；始终守住城市常住人口规模、规划建设用地总量、生态环境和城市安全等四条底线，主动应对，持续用力补好短板，有效防范各种风险。

三是建立调控机制。楼市调控的政策工具主要有三大项：货币政策、财政政策、产业政策。通过对楼市调控三大政策工具的作用机理分析，可以作如下归纳：货币政策掌控着流动性的"总闸门"，提供着房地产经济和金融市场的"血液"。财政政策的功能在于促进房地产市场结构调整。产业政策主要是政府规范、指导和调控房地产业的政策。

四是建立监管机制。其包括三个方面：一是强化地方政府调控主体的责任，坚持"因城施策"和"一区一策"的方针，鼓励因地制宜出台和实施房地产调控政策。二是建立监管平台，实现全国住房信息联网，建立房地产信用管理平台，实施动态管理与信用管理相结合的市场监管模式，加强房地产信息发布管理，建立存量房交易资金第三方监管制度、完善房地产经纪机构备案管理、加强房地产金融服务领域的监管等。三是建立守信激励和失信惩戒机制，对于违法违规扰乱市场的行为，依法严肃处理，以维护房地产市场健康稳定。

二、关于房地产市场供给侧改革的思考

（一）供需矛盾是推动房价上涨的主因

从需求侧看，住房是人的生活必需品。人口增长和人口进入婚育高峰期构成上海住房主要刚需。从供应侧看，上海住房建设力度虽持续加大，但与迅速增长的需求相比仍不相适应。人口增长是城市发展必然规律，上海发展对人口的吸引力不言而喻，为此，住房增加应与人口增长及结构变化相匹配。

与需求增长相对应的是资源的紧缺，最突出的是土地。长期以来，以增量扩张为主的

开发模式已使上海土地资源走向枯竭，建设用地正在接近极限。为此，土地价格居高不下，从而推动房价上涨。在这种背景下，采取限购措施是必要的。其目的主要应是为供给侧的调整赢得时间。但需求不能长期抑制，否则供给侧面临的压力会越来越大。

（二）保持房地产市场平稳发展供给侧应发挥作用

1. 内涵挖潜，增加土地供应。长期以来，上海偏重于工业发展，工业用地产出效益大部分很低且污染严重，通过结构调整可腾退的土地数量可观。同时农村建设用地通过土地流转制度改革及宅基地置换也有较大腾退空间。

2. 改善结构，调整供地比重。多年来，上海不断加大住宅建设力度，同时增加土地供应，但结构不合理的状况仍未改变。由于欠账较多，需要加快节奏、持续提高住宅用地的配比，使供需失衡的状况尽快得到改变。

3. 研究政策，释放供给能量。上海居民住房存在一定空关率。要研究政策，提高住房持有成本，同时从减少交易环节和交易费用入手，促使居民将多余住房出租出售，释放供给侧的能量。

4. 加快配套，提升供给效率。上海近年建造的大型居住区不少，由于交通不便，配套设施不全，拿到住房的居民实际入住率不高。当前要抓紧配套设施建设，同时要改进和完善机制，提高住房入住率，提升供给效能。

5. 发展交通，拓展供给空间。要通过发展综合交通，实现长三角城市群的同城化，用便捷的交通缩短城市间的距离，形成 90 分钟交通圈的城市群格局，拓展上海住房供给更大空间，同时发挥上海对周边地区的辐射和带动作用。

（三）一些观点与思考

1. 短期来看要降杠杆，对转让交易进行控制，如 T+5 或 10，即商品住房购买后，需过 5 年或 10 年才能入市交易，通过延长商品住房上市交易时间，来突出居住功能。长期从供给侧着手，可以通过品种创新，更多地发展社会住宅和自住房。

2. 住房制度改革是走住房市场化发展道路，初衷是解决老百姓的居住问题。实际操作下来，更多地把住房看作市场，通过房产交易增加了家庭财富，但同时也弱化了居住功能，市场需求阶段性波动，市场内部存在结构性不平衡，居住成本增加。走市场经济道路不可逆转，关键是要固化住房的两大功能。

3. 居住房屋应以租金收益为主，非居住房屋要增加投资功能，可以让社会资金参与投资。近期需要做：(1)完善税收，增加住房交易利得的税，压缩增值空间；(2)保持市场活力，支持合理梯度消费；(3)完善信贷支持体系；(4)完善住房供应体系，共有产权房是值得推进的模式。

三、关于土地供应制度的创新

（一）处理好供需关系，创新土地供应制度，促进土地供应与产业发展目标有机结合

1. 土地出让年限的确定要与企业生命周期紧密结合。按照企业生命周期确定土地出让年限，实行工业用地出让弹性年限制或租赁制，有利于降低企业拿地成本，也有利于工业用地的及时退出和产业更新换代，同时增强产业园区对土地利用的掌控能力。借鉴

英国、新加坡等地做法，积极探索以租赁的方式供地，可以是土地租赁，也可以是工业厂房租赁。

2. 土地供应方式要与产业发展目标紧密结合。在新增用地方面，对新产业、新业态的用地指标予以重点保障，实行用地指标单列。在供地方式上，可对一些急需引进的高新技术产业项目实施“带项目出让”或定向挂牌的方式。在存量用地方面，为了支持新兴产业发展，可采取协议方式供地，并且不改变土地权利人。在符合规划、不改变土地用途的前提下，土地权利人可以利用现有房产，或对原土地使用者利用已取得的非经营性用地发展文化、信息等新兴产业的，可以协议出让、作价出资、租赁等方式供地。

3. 土地供应结构要与产业结构调整目标相结合。在新增用地方面，严格禁止向不符合产业发展导向的项目或产能过剩的项目供地。在存量用地方面，严禁利用存量用地或存量房产发展不符合产业发展导向的项目或产能过剩的项目。

4. 加大对创新创业企业的用地支持力度。在研发用地方面，对依托国家实验室等现有科研设施构建创新平台的，允许其继续保持土地原用途和权利类型不变；对于科研院所企业化改革，允许其按国有企业改制政策进行土地资产处置。为了降低企业拿地的门槛和成本，可探索推行先租后让、租让结合等方式，并根据实际情况允许分期缴纳土地出让金。

5. 推进工业用地由分割管理向混合管理转变。借鉴新加坡经验，探索实行产业用地的混合管理体制。建议我国的工业用地管理也可采取类似的管理体制，即在统一土地出让规则和交易平台的基础上，先由国土资源部门将工业用地分批次出让给产业部门（园区管委会），然后再由产业部门（园区管委会）按照产业发展要求逐个引进项目。

（二）处理好变与不变的关系，创新土地用途管制制度，增强供给的弹性和适应性

1. 为了减少规划调整的麻烦以及更好地适应产业融合的新趋势，在规划编制时增加混合用地或“白地”的比重。建议城乡规划部门在符合控制性详细规划的前提下，按照用途相近、功能兼容、互无干扰、基础设施共享的原则，根据当地实际，研究制定有助于新产业、新业态发展的兼容性土地类和相关控制指标。例如，科教用地可兼容研发与中试、科技服务设施与项目及生活性服务设施。对于暂时未考虑发展方向的区域，可以“留白”。在土地供应上，要适当增加混合用地和“白地”的比重。

2. 在特定区域范围内或符合相关条件的，可增加土地用途变更弹性。一是增加产业园区内不同类型土地用途的变更弹性。二是结合城市更新，允许部分商服用地改变用途，以消化过剩的存量商服用地。三是对于自由贸易区内的土地，探索实行负面清单式的土地用途管制模式。

3. 为了防止擅自变更用途造成的混乱，还要明确自由变更的区间。建议在放松土地用途管制的同时，要明确相关规则，规定各类用途土地面积的调整上限或下限。

4. 建立土地用途变更的快速审批机制。建议加强规划、国土和产业等部门之间的协调，优化审批流程，简化审批环节，提高审批效率。对于因产业发展需求、确需变更土地用途的地块，建立用途变更的快速调整机制。这样，既有利于促进产业的转型升级，也有助于防止因规划调整滞后可能导致违法用地行为的发生。

（三）处理好收与放的关系，创新土地收储制度，形成多元化、灵活性的土地供应格局，降低用地成本

1. 压缩政府收储的范围和规模。考虑到我国许多大城市的土地供应已由增量用地为主向存量用地为主转变，建议我国政府收储的主要目标是，为了弥补市场的不足，提供一些市场不愿做的公共产品。同时，凡是在法律许可的范围内，依靠市场机制能够建设的项目，原则上都由市场来做，不建议纳入政府收购的范围。

2. 推进土地储备主体和供应主体的多元化。打破由城市政府垄断土地储备的现行格局，形成在统一交易平台的基础上，多元主体平等储备和供地的局面。重点推进三方面探索：一是集体经济组织可以实施土地储备，直接供应土地。赋予农村集体建设用地与国有土地的同等权能，可以在统一的土地交易市场实施土地供应和交易活动。二是对于从事经营性开发的存量土地，允许土地权利人自行开发。对于部分旧城区改造、城中村改造、旧厂房改造等项目，可以不纳入政府收储范围，允许由土地权利人自行改造或联合开发。三是对于一些土地权利人自己无条件或无能力进行再开发的地块，通过降低转让成本、允许分割转让等方式，调动土地权利人的积极性，及时将土地转让给第三方进行开发。

3. 近期采取政府收储和企业自由转让并重的发展策略，远期实行以企业自由转让为主、政府收储为辅的发展模式。在当前的过渡期，可推进政府和企业联合储备，建立合资入股、共同开发的收储机制。即通过建立股份合作方式，由原土地使用权人与地方政府的资产经营公司以一定的股份进行联合储备和开发，并由政府的资产经营公司控股。这种收储方式让原土地使用权人参与储备和开发，以调动国企、上市公司等存量土地持有主体参与主动开发的积极性，但对地方政府资产经营公司的资金实力要求比较高。

4. 处理好进与退的关系，创新土地税费制度，构建良好的低效用地退出机制。一是增加持有环节税费，提高土地保有成本，实行差别化的税收征管政策，引导低效用地及时退出。二是减少土地转让成本，降低企业退出门槛。三是探索建立低效用地退出的利益补偿机制。

四、关于大力发展上海住房租赁市场

（一）努力倡导租房消费理念

世界上一些发达国家民众买房意愿其实并不强，就连收入颇丰的教授、企业高管也常常是一家人住在租来的房子里，年轻人选择租房的比例则更高。他们宁愿租房而把省下来的钱用于旅游、投资，也不去买房。相比之下，我国住房消费理念明显落后。中国人历来有存钱、盖房、置业和为儿孙积攒家产的文化传统，老百姓普遍“重买轻租”，并且希望“住房一步到位”。对此，政府要引导公众树立理性的居住观，大力倡导租赁消费、“先租后买”的理念。

（二）大力发展规模化、机构化租赁企业

由于过去十几年房价的快速上涨，房地产企业更愿意采用开发—卖房—回款—再开发的快速周转模式。不过近年来随着地价的逐步走高，房企融资难度的加大，房地产行业已经呈现出少数大型房企寡头竞争的格局，多数中小型房企面临着转型升级的考验。在

这种情况下，政府如能因势利导，提供各种优惠政策使中小型房企进入住房租赁市场，那么上海一定会涌现出一批规模化、机构化租赁企业。同时建立商品租赁住房运营企业资质认证体系，向满足条件的运营企业提供税收优惠，建议对租金定价实行政府指导价格的运营企业免征增值税款。

（三）加快建设公共租赁住房，保障中低收入者住房需求

增加公共租赁住房供应，使大部分中低收入者有房可租，可有效降低市场上对住房的需求。由于房地产价格受供求关系影响较大，可以说公共租赁房制度或多或少起到稳定房价的作用。在当前房地产刚性需求日益加大的情况下，保障方式应以保障供应为主。政府应直接组建保障性建设公司，以住宅生产者的身份直接从事公共租赁住房生产，按特定的价格出租给保障对象。此方式能快速有效地将政府政策落实，并直接干预整个房地产市场的供需情况。

（四）拓展租赁房源供应渠道

由于目前租赁市场中仍存在市场供给不足、租金居高不下，对于目前空置的商用住房或有问题的类住宅，允许开发企业将其盘活，改建为长租公寓，进而增加商品租赁住房房源供应。

（五）保障住房租户利益

将商品租赁住房租户进一步纳入公共服务体系，实现与购房者均等化享有社会服务，对于在一个区域内租赁达到一定年限的家庭，从教育、医疗、社会保障、就业、户籍等方面加快推进其公共服务均等化进程。

上海市渔业经济研究会等举办崇明世界级生态岛建设与上海河蟹产业发展研讨会

7 月 14 日，上海市渔业经济研究会、上海市水产学会与上海市河蟹行业协会共同主办的“崇明世界级生态岛建设与上海河蟹产业发展”研讨会在上海海洋大学军工路校区举行。来自学会、高校、研究所、水产管理部门和企业等单位近 60 余人出席研讨会。研讨会由上海市水产学会理事长、上海海洋大学党委书记吴嘉敏主持。

崇明生态发展研究院陆裕平常务副院长、上海海洋大学王成辉教授，上海海洋大学胡庆松副教授，上海市环境科学研究院郭春霞高工，上海社会科学院姜卫红研究员分别以“建设世界级生态岛，探索人类生态文明发展”“上海河蟹产业发展现状、目标与方式”“新装备、新科技在河蟹产业中的应用”“崇明水产养殖业污染现状及控制对策”“品牌建设与蟹文化”为题作主题发言。在自由讨论阶段，上海海洋大学王春高级工程师、马旭洲副教授、上海市河蟹行业协会黄春会长发表了自己的观点。

上海市农委水产办公室唐中文副主任在发言中指出，上海河蟹产业一定要走品牌之路，河蟹产业发展要与生态环境保护相结合，并做好三个转变。一是理念与思路的转变，对生态环境保护的重视要超过对产量、技术、病害的重视，没有生态，就没有产业；二是科研导向转变，应以帮助产业解决问题、实现产业目标为导向；三是水产推广工作重点转变，应关注社会发展的宏观层面，加强培训，改变旧的观念。吴嘉敏书记在总结发言中指出，今天的研讨会各位专家从不同角度对上海河蟹产业发展提出了思路和对策，世界级生态岛建设的理念在河蟹产业发展中要进一步加强，希望通过大家的努力，上海河蟹产业沿着标准化、产业化、组织化、品牌化、科技化的方向发展，实现生态绿色、解决民生的目标。

上海生产力学会举办“社会主义制度下资本运营规律研究”研讨会

8月30日，上海生产力学会在东华大学举办“社会主义制度下资本运营规律研究”研讨会。会议列入上海市社联2017年度基础学科学术研究合作项目。出席会议的老中青学者和企业界人士共30余人。学会常务理事、东华大学戴昌钧教授作了《社会主义制度下资本运营的特征及优势》的主旨报告，参会者各抒己见，对报告进行了热烈讨论。

戴昌钧教授首先辨析了西方经济学和社会主义市场经济条件下资本概念和内涵的区别，进一步指出，社会主义制度下资本运营与资本主义制度下资本运营有两点本质差别：一是资本运营的终结目标不同。资本主义制度下资本运营的最终目标就是资本增值，因此，追求利润最大化是资本运营的直接目的。为实现利润最大化，资本可以不顾一切，即如马克思所述：“一旦有适当的利润，资本就胆大起来；如果有10%的利润，资本就保证到处被使用；有20%的利润，资本就活跃起来；有50%的利润，资本就铤而走险；为了100%的利润，资本就敢践踏一切人间法律；有300%的利润，资本就敢犯任何罪行，甚至冒绞首的危险。”因此，资本主义制度下资本运营伴随着巨大的外部性，即社会经济风险与成本。社会主义制度下资本运营的终极目标是社会物质财富和精神财富的增长和人们福利的改善，尽管利润的增长是一个考核指标，但不是唯一指标。资本增值只是财富增长和社会福利改善的基础和手段。因此，社会主义制度下资本运营必须考虑社会经济和生态环境的制约，不能以牺牲多数人的利益为代价来换取少数利益集团的高收益，不能以牺牲生态环境为代价来换取经济的高速增长和资本的高收益，要实现两者的有效兼顾。

二是实现资本增值的手段不同。在资本主义制度下，资本家为实现资本增值的手段除马克思所描述的通过延长劳动时间或提高劳动生产率即绝对剩余价值和相对剩余价值的生产手段实现资本增值和利润最大化的目标，还通过金融垄断的手段扭曲社会资源的分配，将资本从实体经济领域引向金融等虚拟经济领域，并通过所谓金融创新转嫁金融风险，由此带来经济的泡沫化和社会财富分配的巨大失衡。在社会主义制度下，资本增值的手段必须服从于资本增值的终结目标，一方面主要通过科技进步提高劳动生产率实现资本的增值；另一方面通过社会资源的合理配置，以保证实体经济健康发展为重点，控制金融和房地产等虚拟经济发展规模和经济泡沫化，实现社会财富的合理公平分配。

戴昌钧教授还提出了提高社会主义制度下资本运营效率基本路径。首先，明确资本运营的终结目标是社会财富的增长和人民福利的改善，一切资本增值和利润的增长的手段必须服从和服务于这一根本目标，资本增值和利润增长只能是社会财富的增长和人民福利改善的手段和基础。

其次，要明确在社会主义制度下除了技术创新和科技进步外，不存在其他任何捷径使资本快速增值和一夜暴富，为此要堵住一切通过金融投机实现资本快速增值的制度性漏洞，加强对金融机构的监管，引导金融业和房地产业逐步走上健康发展的轨道。

第三，提高政府对宏观经济的调控能力，完善国家产业政策，建立以鼓励和服务实体经济发展为重点的产业政策体系，引导资本和社会资源向物质资料生产和服务部门集聚，建立以先进制造业和现代服务业相互协调发展的产业生态体系。

第四，建立对资本运营效率宏观和微观统计评估体系。资本运营效率宏观评估体系不仅包括资本的增值比例（产业和行业利润率），还包括财富的增长和社会福利的改善；资本运营效率微观评估体系不仅包括企业的资金利润率，还包括企业所产生的正负外部效应，以此作为政府在政策上对企业进行奖惩的依据。

第五，深化国有企业的改革，提高国有企业对资金运营管理的能力与效率。在社会主义市场经济条件下，外资企业和民营企业出于天生的对利润追求的冲动，政府对其监控管理主要集中于企业是否合法经营，是否符合国家的产业发展方向。但对国有企业由于传统的观念和管理模式的影响，企业对资金管理和运营效率的提升动力不强，必须通过深化改革建立有效的激励机制，提升提高国有企业对资金运营管理的能力与效率。

上海生产力学会举办生产力发展规律研究专题研讨会

10月13日，上海生产力学会在徐家汇社会科学会堂举行“生产力发展规律研究：过去、现在、未来”专题研讨会，来自上海生产力学会的与会专家及青年学者共30多人，共同围绕会议主题进行研讨，会议取得了预期的效果。本次会议被列入上海市社联重大学术活动。

会议首先由上海交通大学的唐元虎教授作了题为“从生产力发展规律看中国如何实现弯道超车”的发言。唐教授从当前我国经济社会发展实际出发，对生产力概念进行了解构，从政治、经济、军事、地理、人口、科技、文化等几个方面，分析了中美两国之间的发展差距，并总结了中国强于美国的发展优势，认为必须坚持“发展才是硬道理”的基本原则，最后提出了我国在哪些领域能够实现弯道超车的可能性与可行性。

随后，来自东华大学的戴昌钧教授作了“提高知识工作的生产力——实现我国经济弯道超车的关键”的报告。戴教授从当前知识经济社会的时代背景出发，提出知识工作者是知识经济的核心资源，实现我国经济弯道超车必须强化知识工作意识，努力培育高素质的科技创新人才。戴教授认为，随着以信息技术为标志的知识经济社会的到来，生产力评价内容和评价标准都发生了重大变化。联合国科教文组织专门就知识工作者的作用与贡献进行了论述，认为知识工作是现代社会生产力的重要特点，无论是从投入要素还是产出形态来分析，知识无疑已经作为一种要素形态参与到生产力发展过程中。戴教授结合自己多年的研究成果，呼吁知识工作者为我国生产力发展和实现经济社会的弯道超车作出应有贡献。

周智强副会长就弯道超车的措施与策略提出了自己的看法，认为在当前弯道超车这一问题上，我国必须找准弯道，然后有针对性地进行超车。常务理事张占耕研究员从农业发展的角度论述了农业如何实现弯道超车，从而助力中国生产力发展；常务理事李庭辉研究员从科技创新角度发表了自己对当前中国如何实现弯道超车的看法。学会副秘书长顾其南从人力资源储备和科技发展的角度发表了自己对中国弯道超车的观点。其他与会学者纷纷就着自己的角度对中国如何实现弯道超车和生产力发展分享了自己的观点。最后，会长真虹教授对会议进行了总结。

上海市固定资产投资建设研究会举行"投资创新与城市更新"学术年会

10月27日下午,上海市固定资产投资建设研究会召开了2017"投资创新与城市更新"学术年会。会议由副理事长兼秘书长杜静安主持。上海市从事固定资产投资建设的理论与实际工作者,以及研究会团体和个人会员代表50余人参加了会议。会议遴选了9篇论文汇编成集并作为书面交流。戴晓波、胡剑虹、范波文、顾一峰四位代表围绕年会主题作了交流发言;副理事长、上海财经大学教授丁健就学习贯彻党的十九大精神谈了初步体会,并就大会交流作了综述点评。王志强、谭企坤、孙熙宁、钱耀忠、陈海、王智勇等参加会议,并在会上围绕"投资创新与城市更新"的主题谈了感想,提出了诸多有价值的意见和建议。理事长王志强最后作了讲话。

戴晓波在题为《供给侧结构性改革与城市更新模式》的发言中紧密结合上海实际,从城市更新的需求侧:工业化城市到新型城市化和城市更新的供给侧、固定资产投资与结构调整,提出城市更新;从投资促进转变为创新推进的必然趋势,特别强调了以现代服务业促进和制度创新等引擎驱动,通过城市更新,满足需求侧居民消费结构变化和消费水平升级;以科技创新和金融创新等引擎驱动,通过城市更新,解决产业服务功能供需不对称矛盾;以科技创新和环境建设等引擎驱动,通过城市更新,实现产业层次的提升。

胡剑虹代表在题为《区域性空间更新——新江湾城规划与实践案例》的发言中围绕2017年新江湾城开发20年,顺应上海城市发展脉络,从机场华丽转身成为承载上海城市新梦想的生态型花园城区,提供了一个生态保育、生态恢复、生态建设的角度,解读了城市区域性空间更新的案例,展示了逐步向生态城市目标迈进的上海。

范波文代表在题为《PPP项目引入产业基金的投融资模式在城市更新中的应用城市更新下土地盘活模式与路径研究》的发言中结合城市更新PPP项目的融资需求,阐述了PPP产业基金投融资模式在城市更新中的运作方式,并对主要步骤进行了分析和设计。

顾一峰代表在《PPP在上海水务行业的应用及展望》的发言中,以上海水务行业大量生动案例展示了PPP模式的应用轨迹,并以小见大,感受上海和全国各地加快探索PPP模式的应用步伐及发展趋势,其提出的注意事项具有一定的针对性和操作性。

丁健在综述点评中认为:戴晓波的《供给侧结构性改革与城市更新》一文,论述了城市更新从需求侧转变为供给侧的历程,揭示出城市更新从投资驱动转变为创新推进的必然趋势,具有理论前瞻性和指导性。他提出了上海应率先走出城市更新升级转型和创新引领发展之路，即不仅注重硬件的更新，更要重视软件的更新，为未来有效推进城市更新指明了方向。从供给侧的角度提出了城市更新的新的三大任务：第一，城市更新必须满足新需求，满足消费水平的提升和适应消费结构的快速变化。第二，依托科技和金融创新通过城市更新，解决城市服务功能供需不对称的矛盾。第三，通过城市更新，提升产业层次以及创业环境的质量。胡剑虹在《区域性空间更新——新江湾城规划与实践案例》一文中，从规划策略、系统铺垫、开发模式三个方面，介绍了新江湾城从原先的旧机场通过更新华丽转身为生态型花园社区的案例，谱写了上海城市更新精彩的乐章，树立起一面更新成功的旗帜。他提出的规划理念超前，系统建设完备，更新模式创新，具有很强的示范效应，其成功的经验值得推广。从生态文明建设出发，为该社区未来的发展提出了新目标：提升生活品质，保障设施使用便捷，增强人性体验，建立了未来城区更新的标杆——多元化、智能化和国际化。范波文的《PPP 项目引入产业基金的投融资模式在城市更新中的应用》，提出了 PPP 模式在城市更新中可应用的新工具——PPP 产业基金。设计了 PPP 产业基金从发起到退出的流程，对未来建立类似基金提供了相应的理论指导。以 PPP 模式参与城市更新的工具，有创新意义，有利于 PPP 多元投融资机制的建立，进而加快城市更新步伐。顾一峰在《PPP 在水务行业的应用与展望》中，以案例为基础陈述了 PPP 模式在上海水务系统推进的实践与成效，对 PPP 模式在水务系统应用推广的前景作了展望，可供借鉴。特别适合在制水行业推广，这将有利于提高供水能力，确保供水质量，使广大用户受益。同时，文章对 PPP 模式的运作也提出了风险防范的观点，将在 PPP 模式运用中引起重视。总之，这是一个很好的应用范例，其经验值得推广。

研究会理事长王志强最后讲话指出，本次学术年会召开正值党的十九大胜利闭幕之际，会议以党的十九大精神为指导，围绕投资创新与城市更新的主题认真进行交流研讨，有高度、有新意、有实践操作性，取得了很好成效。研究会要以学习贯彻党的十九大精神为契机，进一步深化理论研究和学术研讨，围绕党的十九大提出的社会主要矛盾新变化、以人民为中心的思想、使市场在资源配置中起决定性作用等重要内容，不断深化投资创新与城市更新学术研究活动。其次要坚持学界和业界的融合，不断壮大学术研究队伍的力量，发挥专家学者、各理事会员单位、高校专业教师和优秀学生的积极性，增强研究会学术研究的活力，提高研究会的凝聚力，进一步拓展研究会的影响力。

上海市集体经济研究会等单位联合举行“城镇集体经济产权保护”专题研讨会

10月26日，上海市集体经济研究会和上海市经济学会所有制结构研究专委会联合召开上海市社联第十一届“学会学术活动月”——“城镇集体经济产权保护”专题研讨会。上海市工业合作联社副主任、上海市集体经济研究会副会长范杰主持会议。

上海市集体经济研究会秘书长、上海市工业合作经济研究所所长苏雪明介绍了课题选项的来源和研究的目的与意义。他认为，集体经济仍然有其优越性：第一，集体经济有制度优势。第二，集体经济有管理优势。第三，集体经济有发展模式优势。第四，集体经济有文化优势。但是在现实情况下，城镇集体经济又碰到了很多问题，特别是在产权保护方面，一方面缺少法律依据，另一方面很多操作又很不规范。因此，城镇集体经济产权保护这一课题需要研究，该课题已被上海市联社列入2017年年度课题计划。

上海市工业合作经济研究所调研室章晟代表课题组作《城镇集体经济产权保护研究》专题报告。专题报告分为三个部分，首先从城镇集体企业相关概念入手，阐明集体经济存在的重要性、保护集体经济产权的紧迫性；然后通过对城镇集体企业发展历史的回顾和现状的梳理，归纳整理出集体企业产权保护中存在的主要问题；最后根据实际存在的问题，深入探讨并提出实施城镇集体企业产权保护制度的相关建议。

参会专家们踊跃发言、热烈讨论，一致认为集体经济是社会主义公有制经济的重要组成部分，保护城镇集体经济产权、发展新型城镇集体经济，完全符合党的十九大报告提出的加快完善社会主义市场经济体制、以完善产权制度和要素市场化配置为重点推进经济体制改革的新要求。专家们围绕会议主题，回顾了城镇集体经济在新中国成立后和改革开放以来，经过不断的实践和发展，所取得的显著成就；历史上城镇集体经济发展的三次高潮，为我国国民经济发展和社会主义现代化建设作出过重要贡献，是发展社会主义市场经济的一支重要力量。但是，随着改革改制的深化和政策环境的变化，当前城镇集体经济依然面临产权主体不清、归属不明、界定困难和产权制度不完善等一系列问题，集体资产被平调、侵占、挪用的现象时有发生，对新时代下进一步推动集体经济改革发展迈出新步伐形成了重大障碍。对此，与会专家们建言献策，认为产权制度是社会主义市场经济的基石，保护产权是坚持社会主义基本经济制度的必然要求。在新时代下，必须以习近平新时代中国特色社会主义思想的科学理论体系为指导，不忘初心，增强“四个自信”，针对城镇集体经济面临的现实情况，加强城镇集体经济产权理论研究，探索城镇集体企业产权保护制度路径，深化城镇集体经济产权制度改革，促进城镇集体经济健康持续发展，使新型城镇集体经济在新时代中国特色社会主义的伟大实践中，更好地担当起实现中华民族伟大复兴的历史使命。

本次会议还交流了由黄文忠教授撰写的《从实例看民营经济发展的历史必然性》和上海市工业经济联合会吴永华撰写的《关于城镇集体经济产权保护》两份书面报告。

黄文忠教授对课题报告进行了点评，认为报告抓住了关键问题，研究城镇集体经济的产权问题很有现实意义。对本次专题研讨会给予了高度评价。他提出了几点思考：第一个思考，是对于城镇集体经济的概念，能否放在市场经济当中来研究。他认为在市场经济当中，集体经济更科学的概念应该是合作经济、合作社。假如这个概念能够转换，对研究集体经济问题将会有很大帮助。第二个思考，是他在书面交流报告中提到的，是否可以把集体经济看作是民营经济的一个有机组成部分。他认为把集体经济作为民营经济的一个重要组成部分、有机组成部分，比单纯研究集体经济发展的功劳要更大；同时，把集体经济作为合作社、合作经济形式放在民营经济当中来研究，对研究的深入会更容易一些。第三个思考，就是产权界定问题，也是集体经济最大的难题之一。

范杰副会长在会议总结时指出，从广义的角度来分析集体经济跟民营经济的关系，值得大家认真思考。当前，我们要深刻把握习近平新时代中国特色社会主义思想的精神实质、丰富内涵和基本方略，结合实际工作来做好城镇集体经济产权保护制度的课题研究。党的十九大已经明确了我国发展的战略目标，提出了从 2020 年到本世纪中叶分两步走全面建成小康社会到基本实现现代化，再到全面建成社会主义现代化强国。城镇集体经济要从这个新目标来凝心聚力，紧密结合新的时代条件和实践要求，把智慧和力量凝聚到落实党的十九大确定的目标任务上来，在深化改革、在现代化建设的进程当中发挥集体经济应有作用，为决胜全面建成小康社会、夺取新时代中国特色社会主义伟大胜利、实现中华民族伟大复兴的中国梦而不懈奋斗。

上海邮电经济研究会举办“万物智联时代的机遇和挑战”课题研讨活动

10 月 26 日下午，上海邮电经济研究会举办“万物智联时代的机遇和挑战”课题研讨活动，由吴文巍代表课题组作《万物智联时代的机遇和挑战》主题报告。本次课题研究作为上海市社联第十一届学术月活动的一项内容，得到了业界领导、专家的关注与指导。上海邮电经济研究会秘书长杨锡高主持了会议。

吴文巍在报告以大量的实例，包括国内外法律、现代农业、医疗器械、互联网金融、国防安全等，通过信息技术创新和商业模式创新，阐述了上述技术与业务在行业、企业、民生方面的应用。报告注重实践与应用，指出：“信息化发展正逐步演进成一场全方位的社会变革，不仅改变了人们的交流方式和生活方式，也深刻影响着国家的政治、经济、社会、文化、军事等领域。为适应经济发展新常态，增强发展新动力，需要将信息化贯穿我国现代化进程始终，加快释放信息化发展的巨大潜能。”

报告贴近时代，贴近社会，贴近实际，因而引起与会者的强烈共鸣。会后，大家还纷纷交流，表示：党的十九大确立了习近平新时代中国特色社会主义思想，其中一个重大判断就是当前我国社会主要矛盾已经转化为人民日益增长的美好生活需要和不平衡不充分的发展之间的矛盾。而电信业在实现美好生活方面承担着责无旁贷的使命，有责任为社会提供美好的信息生活。

上海市世界经济学会主办“世界经济新格局下的新兴经济体合作与发展”专题研讨会

11 月 10 日，上海市社联第十一届(2017)“学会学术活动月”系列活动“世界经济新格局下的新兴经济体合作与发展”专题研讨会，在上海大学举行。本次论坛由上海市世界经济学会新兴经济体专业委员会主办，上海大学经济学院承办。上海经贸学界人士以及来自多所高校的经济学专家学者和学生近百人参加论坛。

上海大学副校长聂清教授在欢迎辞中指出，新兴经济体之间的深度合作，对于世界经济的走向至关重要，但新兴经济体国家之间的了解还并不充分，亟待对相关问题进行深入研究，准确判断、精准施策，助推新兴经济体协同发展。在新的发展阶段，中国要团结各新兴经济体国家，探寻各国共同的诉求点，探索有特色的沟通机制，成为新兴经济体发展的引领者、合作机制的建设者和持续崛起道路的开创者。

上海市世界经济学会会长张幼文研究员在“中国进入新时代与新兴经济体的国际合作”主题发言中，强调了发展战略具有时代内涵，我国发展已进入新阶段，应充分认清我国当前国情，对开放战略进行调整。对新兴经济体的研究对象提出了四位一体逻辑链。研究应针对四个方面进行，首先研究新的国际格局，其涉及国家环境、特征、时代背景，强调中国走进世界舞台中央，为世界做出更大贡献。其次，研究开放战略及发展道路，并结合党的十九大中强调的“引进来和走出去”并重。第三，研究中国特色的建设，包括“一带一路”等更多发展路径。最后，应结合相应的学术研究对以上的实践进行理论提炼，如中国式全球化和欧美式全球化的区别。欧美式的全球化是承诺—协议—制度与组织为平台的模式，中国式的全球化是共识—共商—项目为平台的模式。要对人类命运共同体进行理论研究。

上海对外经贸大学国际经贸学院院长黄建忠教授对“逆全球化”进行了结构分析。他认为，根源于美国的“逆全球化”浪潮具有鲜明的结构化特征；中美最近一轮战略对话结果打破了历经 10 年的战略“默契”，特朗普东亚之行是重构中美战略“新默契”的有利时机；中国经济进入“新时代”，中美之间的结构性政策博弈与政策的结构性互动，对于全球经济稳定复苏和全球化的前景影响至关重要。他分别从区域结构、产业结构、国际关系结构三个方面对“逆全球化”进行了分析，认为“逆全球化”并非新的现象，但当前这轮“逆全球化”与以往有很大不同，世界经济的服务化、中间品贸易占比下降和全球价值链向“区块化”方向重构导致的增速下降与利益分化的作用不可忽视。我国可在以下几个方面谋求美方的支持或配合：在增强政治、军事互信的同时加强经贸互信与合作关系；在世界经济逐步向好和美国经济复苏势头趋稳的当下，抓住时机劝导、缓解美国的贸易保护主义立场；努力协调中美双方在重大国际事务中的立场，构建良好的中美新型大国关系；引导美国更多地参与中国主导的全球行动计划（如“一带一路”）。并从国内贸易与产业政策、对外贸易、利用外资与对外投资、多、双边经贸合作、推进 FTZ 的制度系统集成创新等方面提出了应对逆全球化的对策与思路。

复旦大学世界经济研究所党支部书记、副所长沈国兵教授作了“世界经济新格局、‘一带一路’下自贸试验区策略及带路上口岸经济增长”的报告，对世界经济的新格局进行了阐述，包括 GDP、商品贸易、服务贸易、投资分布、人口结构等方面，认为中国式增长抓手是国家“一带一路”倡议、国内自贸试验区建设；通过分析世界服务贸易与商品贸易的差距、中国人口结构，强调中国应大力发展服务业、深度挖掘生产性服务业；通过分析全球 FDI 分布产业，提出需要关注中国对外投资过度集中于长期性基础设施投资的收益风险；同时认为“一带一路”将形成全球第三大贸易轴心、带动中国对外投资、构筑新的雁阵模式。沈教授梳理了自贸试验区的建设路径，分析了自贸试验区 1.0 版的上海自贸试验区旨在制度创新、先行先试；自贸试验区 2.0 版的广东、天津、福建自贸区旨在粤港澳、京津冀和海峡两岸协同对接；自贸试验区 3.0 版的辽宁、浙江、河南、湖北、重庆、四川、陕西等自贸试验区旨在区位布局、缩减区域不平衡不充分发展。而且，沈教授从 GDP、人均 GDP、工资水平、贸易等方面对比了“一带一路”沿线中国主要边贸口岸经济，提出了对“一带一路”沿线边贸口岸区域经济增长的建议：立足区位优势，发展口岸经济；强化制度创新，提升贸易便利化水平；积极学习和借鉴同类海关经验，强化横向联合；基于边境特色、民族特色，积极发展边境旅游业；根据进口物品构成，完成初步加工，再到深加工；积极学习浙江区域经验，构建北方商品集贸市场等。

上海社会科学院世界经济研究所国际贸易室主任沈玉良教授作了“新兴经济体发展数字贸易面临的问题和政策取向”的报告，介绍了 ICT 技术与数字产品和数字贸易，分析了新兴经济体在多边贸易协定中的需求，以及区域贸易协定中的数字贸易规则，指出新兴经济体发展数字贸易面临的问题，如国家网络安全、文化核心价值观（数字内容、新闻等）、数字贸易国内规则不完善、与数字贸易相关的税收问题和数字服务提供商的垄断问题等，提出了新兴经济体发展数字贸易的政策取向。报告认为应认清两大经济体的差异，并通过中美两国提案的差异，强调中国在多边贸易中的作用，一是推动跨境电子商务在区域、多边层面尽快达成协定，二是与货物相关服务领域的数字贸易形成，三是加快国内规则的形成。

广东工业大学经济与贸易学院新兴经济体研究中心主任、金砖国际研究中心主任蔡春林教授认为，近年来，金砖国家在首脑峰会常态化，与国际机构的互动合作，合作机制实体化等机制化建设方面做出了很多探索和尝试，尤其是以金砖银行及应急储备安排为代表的机制创新对全球经济新格局的形成有着非常重要的影响。金砖合作机制促使着全球对国际关系认知、全球治理方式、全球治理主体及客体逐渐发生改变。政策上，一是要做好全球治理新理念认知的研究及国际传播工作；二是要持续强化金砖国家机制化建设；三是要逐步优化全球治理主体；四是要提供更多国际议题和方案，丰富全球治理客体。

上海大学经济学院沈瑶教授在发言中，以铜版纸为例讨论了贸易政策与产业政策对发展中国家的意义，提出了政策制定与实施的协调问题，一是加强各个政策制定部门的交流和联系；二是及时寻找市场拐点，就是从供不应求到大量投资进而出现产能过剩，当市场满足这个拐点条件的时候，我们就应该适当撤除保护；三是设立合理的政策评价及退出机制；四是平衡产业保护和外商投资。

上海社会科学院世界经济研究所副所长赵蓓文研究员强调，中国实施"一带一路"建设，不仅是中国新形势下开放型经济发展的重大选择，同时也将引领中国的新型开放经济发展："引进来"与"走出去"双向互动与开放发展。以"一带一路"建设为动力，实施双向投资和对外贸易的协同发展；以"一带一路"建设为契机，实现国家战略和地方战略的协同发展；以"一带一路"为依托，加强双向投资下产业发展建设的协调；以"一带一路"建设为平台，实施体制改革与政策开放的协同。此外他还介绍了"一带一路"建设与投资贸易金融合作，分析了"一带一路"建设对相关国家的影响，并对"一带一路"沿线国家和地区的总体投资环境进行了评估。

华东师范大学经济学院院长殷德生教授作了"'一带一路'、胡焕庸线西移与中国收入分配格局"的报告，报告将开放因素纳入潜在经济增长率的度量之中发现，改革开放以来潜在增长率两位数增长的时期恰是开放政策改革最显著的时期。中国经济潜在增长具有区域传递特征，即从东部沿海地区向中西部地区梯度延伸，潜在增长率高的地区日益向西部扩展，要素向西部地区流动，这为"一带一路"倡议的实施提供了国内经济地理层面的现实依据。胡焕庸线的东南壁体现出的大地理范围和小地理范围的空间效率高，而西北壁体现出小地理范围空间效率低，大地理范围的空间效率尚未形成的格局。所以，胡焕庸线向西突破的关键是加快西部城镇化进程，交通等基础设施建设及其与胡焕庸线东南壁互联互通。在中国海岸线只分布在东部沿海纯地理格局下，一个地区的要素收入与其到海岸线的距离呈反比，离海岸线越近，要素从西往东流动导致地区收入差距扩大。中国推动"一带一路"建设的西向战略，将打造中国对外贸易和投资的新"海岸线"，改变原来东部单一"出海口"的格局，不仅能够提高胡焕庸线西北侧的要素回报，进而吸引要素流入和集聚，而且有利于缩小东西部地区的收入差距，实现地区协调发展。

复旦大学世界经济研究所副所长罗长远教授提出借助"一带一路"倡议提供的新功能这一政策选择，中方应通过放宽欧盟对华投资，缓解欧盟在贸易问题上对中国的担忧，欧方应降低中国对欧投资的门槛，强化欧盟内部的垂直专业化分工，深化欧盟的一体化。

上海海关学院姚海华副教授就"一带一路"对中国加工贸易企业贸易利益的动态演化进行了评价，指出"一带一路"倡议提出以来，"一带一路"市场在贸易数量层面拓展了加工贸易企业的微观出口关系，在质量层面有效提升了加工贸易企业的出口附加值。支撑这种现象的直接原因在于存活企业自身的附加值增长效应；深层次原因在于进入和退出企业通过频繁地进出"一带一路"市场，给存活企业带来了技术外溢与学习效应。总体而言，"一带一路"市场目前扮演了中国加工贸易出口提质增效试验田的角色，但存活企业之间以及进入退出企业带来的资源再配置效应尚未显现，如何更好地发挥"一带一路"市场的资源再配置效应，值得进一步关注。

上海市经济学会举办第12届上海青年经济学者论坛

改革开放是决定当代中国命运的关键一招，也是决定实现“两个一百年”奋斗目标、实现中华民族伟大复兴的关键一招。在改革开放迎来40年之际，如何回顾总结改革开放经验？站在新的历史起点上，又如何把改革开放事业进行到底？回答这些重大时代问题，需要学界贡献智慧。

1月13日，在沪举行的第12届上海青年经济学者论坛以“改革开放40周年与中国特色社会主义政治经济学”为切入口，从经济发展维度对改革开放的历史经验、未来方向进行了深入研讨。

一、把握改革开放的内在逻辑

40年前，中国共产党带领人民以“摸着石头过河”的勇气、杀出“一条血路”的决心，开启了改革开放波澜壮阔的航程，抓住了加快发展的历史性机遇，使中国大踏步赶上了时代前进的步伐，书写了震撼世界的中国故事。

回望40载来时路，人们不禁要问：什么成就了改革开放的伟大奇迹？改革开放的内在逻辑是什么？“改革开放伊始，很多事情并不是像今天这样理所当然，当时中国面临的不是十字路口，而是‘五岔口’、‘六岔口’。在每一次面临选择的关口，中国经济为什么都能找准方向，沿着正确的道路前进而没有偏离？这中间有大量课题值得研究。”作为亲历改革开放的一代人，复旦大学经济学院院长张军经常思考这样的问题。

在张军看来，中国改革开放找到了一条符合国情的发展之路，它以解放发展生产力、提高人民生活水平为目的，从增量改革入手，充分调动各方面积极性发展经济。中国是一个体量庞大的经济体，不同地区发展差异大、层次多，必须激励县、市、省等一个个基本经济单位发挥主动性，才能为改革转型和经济发展注入强大动力。从20世纪80年代的财政分权改革，到90年代的分税制改革，中国改革巧妙抓住了调动地方积极性这一重要因素。

“经济体制改革所释放的经济动力与活力是中国经济在过去40年取得增长奇迹的关键。”上海社会科学院经济研究所所长沈开艳表示，从1978年党的十一届三中全会到1992年党的十四大，为确立社会主义市场经济体制改革目标进行了一系列理论和实践探索。这一时期，体制变迁的内在动因是纠正计划经济体制缺乏效率的弊端，外在动因是中国外交战略调整，外部世界改变对华外交孤立。从党的十四大到党的十七大，建立了社会主义市场经济体制的基本框架，为丰富市场配置方式提供了平台。这一时期，体制变迁的内在动因是各类市场主体对财富增长的正当追求，外在动因是对国际环境和平与发展时代主题的正确判断。党的十八大以来，社会主义市场经济体制不断完善，为完善市场运行规则提供了框架。此时，体制变迁的内在动因来自各类市场主体更加自主地支配财富，外在动因是中国以更加开放的姿态融入国际社会。

二、 继承改革开放的宝贵经验

凡是过去，皆为序章。总结改革开放40年来的宝贵经验，对在新的历史条件下继续推进改革开放、发展中国特色社会主义，具有重大现实意义和深远历史意义。

解放思想、实事求是，是推动改革开放的强大思想武器。40年的实践证明，改革开放和社会主义现代化建设的每一次重大推进，都以解放思想为前提，以观念变革为先导。张军表示，无论是小岗村村民搞“大包干”还是年广久卖“傻子瓜子”，当时都面临着不合时宜的思想观念和体制机制的束缚。正是因为坚持解放思想、实事求是，把解放和发展生产力作为衡量改革成败的标准，中国才冲破了阻碍生产力发展的条条框框，开辟了社会主义市场经济改革的广阔天地。

以开放促改革、促发展，是我国现代化建设不断取得新成就的重要法宝。华东师范大学经济学院院长殷德生分析，开放是国家繁荣发展的必由之路。40年来，通过扩大开放倒逼改革，中国经济加快由要素驱动向创新驱动转变，由规模速度型向质量效益型转变，由成本、价格优势为主向以技术、标准、品牌、质量、服务为核心的综合竞争优势转变。在深刻把握改革开放的这一重要经验基础上，党的十九大报告强调，“开放带来进步，封闭必然落后”；“中国坚持对外开放的基本国策，坚持打开国门搞建设”。

把促进改革发展同保持社会稳定结合起来，是改革开放的又一条成功经验。上海市经济学会会长周振华表示，40年来，中国坚持把改革的力度、发展的速度和社会可承受的程度统一起来，正确处理了改革、发展、稳定的关系。稳定的社会秩序、经济秩序是改革的前提，中国根据风险的可控性程度对不同领域的改革进度进行了差异化探索，对改革风险大的领域强调创造条件、打好基础，在确保避免系统性风险的前提下推进渐进式改革。

三、 改革开放永远在路上

“苟日新，日日新，又日新”，改革开放只有进行时没有完成时。当前深入推进改革开放所遇到的新情况、新问题，丝毫不亚于改革开放之初。拿出“虽千万人吾往矣”的英雄气概，拿出逢山开路、遇水架桥的闯劲儿，朝着党的十九大指引的改革开放方向奋勇前进，是对改革开放40年最好的致敬。

金融是国之重器，是国民经济的血脉。金融领域的改革开放，是全面深化改革和构建开放型经济新体制的关键之一。党的十八大以来，我国金融改革发展取得新的重大成就，金融业保持快速发展，金融产品日益丰富，金融服务普惠性增强，金融改革有序推进，金融体系不断完善，人民币国际化和金融双向开放取得新进展，金融监管得到改进，守住不发生系统性金融风险底线的能力增强。交通银行首席经济学家连平期待，下一步金融改革按照既定方向推进，在利率市场化、发展直接融资、改善间接融资结构、完善金融机构公司治理等方面取得新进展。

上海海关学院副院长干春晖对深入推进改革开放的光明前景充满信心。他认为，中国经济转型升级成功至少具备三方面巨大优势。第一，作为一个大国，中国不仅拥有巨大经济体量，还具备非常完备的产业配套体系。第二，中国有丰裕的高素质劳动力资源。虽然中国人口老龄化趋势引发劳动力减少，但劳动力结构发生了重大积极变化，每年中国高校和科研院所能够向市场输送约 800 万受过高等教育的劳动力。第三，中国庞大的内部市场及内部市场的异质性，让中国经济具有巨大的增长韧性、市场空间和回旋余地。例如，东部地区已经完成工业化的城市，可以把已不适应当地经济发展阶段的产业和技术，向中西部梯度转移，继续带动我国经济发展，从而避免当年亚洲“四小龙”地区经济高速发展以后，因产业空心化导致的长期经济停滞。

此次会议由上海市经济学会、上海市人民政府发展研究中心、上海市社会科学界联合会主办，华东师范大学经济学院承办。

金融、财税、会计审计

上海市保险学会举办最新保险疑难案例研究会

4月14日，上海市保险学会与华东政法大学保险法研究所联合举办了最新保险疑难案例研究会，会议由上海邦信阳中建中汇律师事务所承办。来自上海市高级人民法院、上海市一中院、二中院、上海财经大学法学院的专家学者，部分保险公司的法律合规主管，以及一些法律从业者参加了本次会议。此次研讨会在人身保险和财产保险领域各选取了一个最新疑难判例，与会嘉宾就判例涉及的法律争议问题进行了充分交流和深入讨论。

会议讨论的财产险判例涉及财险公司运营中普遍存在的保费收取困难之的痛点。争议焦点为“保险人对保费支付前发生的保险事故不承担保险责任”这一保费支付条款的法律性质和法律效果，法院裁判结果认为该条款应解释为保险责任起算时间的约定。部分嘉宾认为，该条款免除了保险人的责任、限制了投保人和被保险人的权利，属于保险法第十九条“内容控制规则”所规制的无效免责条款，如保险期间内出险而投保人未交保险费的，保险人仍然应当承担保险责任。

部分嘉宾支持判决认定，认为该条款属于保险责任期间起算的约定，投保人不付保费，保险人有权不支付保险赔偿金。另有嘉宾认为，保险合同当事人缔约的根本目的是“保险人赚取保费、分散风险”，因此保费支付条款的解释应尽可能促进该合同目的之实现，应同时注重保护保险公司的保费支付请求权和被保险人的保险赔偿金支付请求权。保险业界的专家指出，设置此类保费支付条款的初衷之一是为了进行保费确认等财务做账的需要。其他专家学者还从附生效条件合同、先履行抗辩权等不同角度阐释各自观点。

会议讨论的人身险判例是一起典型的杀妻骗保案，争议焦点可归纳为“丈夫以妻子为被保险人、以丈夫自己为受益人，在第三方网上平台咨询并投保意外险，而保单记载的投保人为妻子时，投保人如何认定，保险人能否依据保险法第四十三条的规定免除对被保险人的继承人的赔偿责任”，判决认为应以保单记载认定投保人，保险公司无充分证据证明投保人为丈夫，故保险公司不能免责。

部分嘉宾认为，投保人的认定应以实际作出投保意思表示的主体作为考量标准；部分嘉宾从行业实践角度出发，考虑到保险公司网销保险产品的业务量庞大，保险公司在承保时逐一核实实际投保人不具有可操作性，纠纷发生时应当以保单记载为准，因为保险公司应自行承担疏于审核的风险。还有嘉宾指出，丈夫具有骗保意图，但在保单记载妻子投保人时，应注意区分丈夫究竟是欺骗保险公司还是欺骗其妻子进行投保。另有嘉宾赞同判决观点，认为保险合同作为商事合同，应以保单记载为准，除非保险人有充分证据证明实际投保人并非保单所记载的投保人，则应以实际查明的投保人为准；同时涉及刑民交叉的民事案件审判，不能拘泥于刑事判决的认定，而应根据民事案件的证明责任和证明标准独立判断和认定相关法律事实。还有嘉宾学者从保险合同效力、冒名行为、第三方欺诈、道德危险规制等不同角度阐述了各自观点。

与会嘉宾分享各自的理论与实务经验，讨论热烈，对于推动沪上保险法理论和实务研究起到良好作用。

上海市保险学会举办 2017 上海国际保险论坛

6 月 22 日，由上海市保险学会、上海市保险同业公会和大西洋再保险公司联合举办的 2017 上海国际保险论坛在沪举行。2017 年的论坛主题为“保险发展：新前沿、新科技、新动能”。来自保险监管部门、国内外保险机构、国际知名投资集团及科研院校的专家学者近 200 人参加了此次论坛。

上海保监局党委书记、局长裴光，上海市金融办副主任李军、大西洋再保险公司首席市场官 James Whitelaw、大西洋再保险公司北亚区总监谢哲强出席并致辞。

裴光在致辞中表示，上海国际保险论坛已具有广泛影响力，成为国内外保险业思想碰撞、学术交流的标志性品牌，成为上海国际保险中心建设听取意见、汲取智慧的重要平台。回顾过去，上海国际保险中心建设持续深化，突破不断，令人振奋。展望未来，“十三五”时期是上海国际保险中心建设启航的崭新时期，上海保险业将进一步提高政治站位，抓住各种机遇，站在新前沿，掌握新科技，发现新动能，在国际保险中心建设上努力有新作为，做出新贡献。

李军在致辞中指出，近年来，上海保险业立足国家战略和上海发展大局，坚持以制度创新为核心，以服务自贸试验区改革为突破，充分发挥保险作为上海经济运行“助推器”和社会发展“稳定器”的功能，在市场体系建设、机构集聚、开放创新、环境优化等方面取得了积极成果，有力支持了上海经济社会的发展，为加快推进上海国际金融中心建设贡献了重要力量。当前，上海正按照国家部署，加快“四个中心”和具有全球影响力的科技创新中心建设，这既对保险业的改革发展和对外开放提出了新的要求，同时也为保险业带来了难得的创新发展机遇。

在论坛的主题演讲部分，中国人民财产保险股份有限公司党委委员、执行副总裁降彩石就中国经济全球化进程中保险公司的角色进行了深入分析。中国平安财产保险股份有限公司副总经理史良洵对保险公司积极借力新科技发展的实践与经验进行了分享。中国太平洋人寿保险股份有限公司副总经理、健康养老事业中心总经理郁华就“健康中国 2030”战略下，商业健康险发展的新趋势、新动能和新路径进行了分析。江泰保险经纪有限公司董事长兼首席执行官沈开涛就经纪人在实体经济发展中的风险管理职能进行了介绍。

大西洋再保险公司国际运营首席运营官 Julian Spence、责任险临分业务核保人黄筱薇、网络风险保险业务负责人 Kara Owens、区块链铅笔创始人龚鸣分别就政治风险、无人驾驶车之挑战与机遇、网络风险、区块链介绍及其应用进行阐述。

上海市商业会计学会主办“财务共享与价值创造”学术研讨会

9月15日，上海市商业会计学会主办、市会计学会证券工委协办的“财务共享与价值创造”学术研讨会举行。本次研讨会是市社联2017年学术活动合作项目，百余人出席了研讨会。

研讨会分“财务共享”与“财务转型”两部分。与会专家指出，经济全球化、企业全球化、科技革命、管理变革带来的“财务共享服务”，促使财务必须转型，要从“核算型”的账房先生转变成“管理型”的军师参谋，由“向后看”的价值守护者转变成“向前看”的价值创造者。

研讨会上，海通证券财务部总经理、高级会计师马中作“财务共享服务在海通的尝试”的演讲。他指出，财务共享服务作为一种新型的管理模式，其本质是由信息网络技术推动的运营管理模式的变革和创新，通过将分散于各单位、重复性高、易于标准化的财务业务进行流程再造和标准化，集中到共享服务中心统一进行处理，达到整合资源、降低运营成本、改进服务质量、提升业务处理效率、提高客户满意度、加强风险管控的目的。实践证明，由于建立了标准化、流程化的共享服务模式，更多的财务力量投入到了公司的战略支持中去。

上海财经大学会计学院博士生导师张鸣教授作“财务转型——生存与发展”的演讲。他从中兴财务云、德勤财务机器人、华为集团的财务转型的典型案例中引导大家深入思考何为挑战、何为转型。他指出，当今决策者对财务信息的要求，更加关注相关性、系统性和趋势性，而不是简单绝对的因果性，大数据的简单算法比小数据的复杂算法更有效。财务转型的本质内涵是：理念转型——决策型财务、功能转型——系统型财务、目标转型——价值型财务、知识转型——文化型财务，解决干什么、如何干、为何干、能否干的问题，财务转型目前主要有三条出路：战略财务（财务决策）、共享财务（财务会计）、业务财务（管理会计）。因此，一方面企业要完善财务管理体制机制，实施财务组织再造和财务流程再造，提供良好的成长空间和工作平台，另一方面财务人员要开拓视野，更新知识结构，加强与业务的融合，提升价值创造能力、运营支持能力和风险管理能力，做一个学习型、有思想、有决策力的财务人。

上海市金融学会等召开“金融科技与监管”讨论会

10月26日，上海市金融学会、上海城市金融学会联合举办“金融科技与监管”讨论会。此次活动入选“上海市社联第十一届学会学术活动月”项目。复旦大学经济学院教授杨青、金丘科技创始人CEO左鹏、星云数字资产托管创始人CEO陈彦丰、上海银行信息技术部在线直销银行部总经理助理童欣、中国银联战略与投资部高级主管郜书鹏分别作了“金融科技与互联网金融”“监管科技与区块链征信实践”“区块链监管科技”“金融科技创新实践与监管建议”“美国对金融科技的监管框架及对第三方支付业务的监管”的主题发言，平安金融壹账通研究副总监周辉、上海交通大学安泰经济与管理学院副教授周志中参与了讨论。

一、 金融科技与互联网金融

金融科技(FinTech)起初指的是用于成熟的客户和贸易金融机构后台的科技，在21世纪第一个十年后期扩展到包括在金融领域的所有技术创新，涵盖金融知识和教育、零售银行、投资以及比特币等加密货币等领域的创新。

复旦大学杨青教授认为，互联网金融是金融科技在中国的演绎。由于我国小微金融压抑，市场需求旺盛，互联网金融的长尾优势推动其迅猛发展。从互联网金融与创新产业之间的逻辑关系看，互联网金融生态系统具有自然垄断性，赢者通吃、一网独大。互联网金融服务更加匹配互联网创新产业的融资需求，针对互联网创新企业的主要融资服务模式包括众筹、P2P、新三板和海外融资、垄断企业的兼并收购、战略联盟。

当前，上海银行直销平台客户数量达到1200万。上海银行童欣指出，这主要是通过平台获客以及研发和合作，创造新的产品。建立上行快线App(理财、生活、支付、信贷、特色业务)，跟渠道伙伴合作共同发展业务，主要产品体系包括新型支付、财富管理、同业与结构、互联网资产、在线跨境、场景创新。依托在线账户体系，银行在生态圈中提供存、贷、汇、支付等服务，与合作企业共建金融业务板块，建立风险共担、利益共享机制，形成互联网+产业+金融的合作模式。

二、 金融科技的风险

主要风险包括技术风险、操作风险、系统风险与厚尾风险、道德风险、信息不对称风险和政策风险。

金丘科技左鹏认为，从单个金融机构角度看，金融科技可能分流部分银行业务，对现有银行的盈利模式和盈利能力形成挑战。金融机构更多运用新技术并外包部分金融业务，伴随而来的是风险管理难度增加。金融科技企业在增加金融服务可获得性的同时，有可能降低客户门槛，引入更多高风险客户。由于金融科技尚未经过经济周期性检验，缺乏历史数据，可能造成风险低估和错误定价。全天候金融服务可能会增加金融机构受到外部冲击的时间和概率，对实时监测和突发事件管理能力形成挑战。此外，还存在合规风险。从金融行业角度看，金融科技将加深金融业、科技企业和市场基础设施运营企业的融合，金融行业变得更加复杂。部分科技公司在信息科技风险管理方面的局限性，有可能导致相关风险在三类企业之间传递，增加系统性风险。在金融服务效率提升的同时，风险传导速度可能加快，金融市场参与者的行为更易趋同，放大金融市场波动。以智能投资顾问为例，金融机构在运用智能化系统为客户提供程序化的资产管理建议时，如果采用相似的风险指标和交易策略，可能在市场中导致更多的“同买同卖、同涨同跌”现象，加剧市场的波动和共振。

上海银行童欣也指出，金融科技企业交易潮汐式特点，导致合作银行面临较大系统压力。金融科技企业相对传统银行在风控、数据安全方面存在不足。相对金融科技企业受到更强监管与舆论压力，银行可能面临不对等风险处置压力。

三、 金融科技的监管

为促进金融科技发展，需要加强行业自律，拥抱监管，以监管科技（Regtech）应对金融科技（Fintech），初创期采取沙盒监管，成熟期采用大数据监管，协同共享。

复旦大学杨青教授建议，一是打通金融全业务监管渠道，建立健全互联网金融规章制度和司法制度；二是明确监管主体职责，实施多样化的监管方式和手段；三是多部门联动协同监管，建立统一、开放、信息共享的监管机制；四是建立全国征信体系，实现“大数据监管”；五是采取多层次金融监管体系，政府监管、行业自律与公司风控并行；六是鼓励金融科技创新，培育良好生态体系；七是加速推进国际治理，开展双边合作。

上海银行童欣认为，一是进行穿透式监管。实施监管全覆盖，避免监管空白，根据涉及的金融业务性质纳入对应监管体系内。二是把金融科技公司纳入功能监管框架。金融科技巨头凭借丰富的产品线，汇集大量数据，客观上形成了数据垄断、数据寡头，造成信息孤岛，不利于行业健康有序发展。三是创新式监管。注重利用网络信息技术改进金融科技监管的流程、水平和能力，积极探索监管科技、监管沙箱等监管新模式在我国的适用性和可行性。

以监管科技应对金融科技带来的这些挑战，关键技术包括 A（人工智能 AI）、B（区块链）、C（云计算）、D（大数据）。金丘科技左鹏认为，当前，区块链对于银行业务没有明显的效率提升。区块链技术的分布式存储、数据存证、价值传递、智能合约特性适用于金融。通过使用区块链分布式账本作为底层技术，建设一个具有公信力、公正、公平的监管服务平台。小贷征信服务平台可以解决监管时效性、重复抵押、小贷信息孤岛、贷款申请人多头借贷。对贷款服务机构而言，监管服务平台有助于促进良性借贷和信息整合。对监管机构而言，监管服务平台有利于贷款监控、客户评级、准入控制、黑名单管理。

星云数字资产托管陈彦丰认为，现有监管以中心化为准则，比较依赖 KYC（了解你的客户），而区块链上的数字资产则具有匿名性、分布式，对监管有一定的便利。区块链是公开账本，需要所有矿工的共识监督，而且账本数据、金额无法造假。为应对区块链的匿名性，可以运用交易大数据分析、风险预警、钱包创建时进行 KYC、资金托管技术辅助监管。区块链技术配合监管，能够在实际应用中发挥作用。从金融机构看，能够获得交易行为监控报告，成为客户尽职调查工具，并做好网络危险预案。从接受加密货币的商户看，可以进行风险评价，提高银行合规标准。从监管看，对交易所进行冷热钱包监控，对交易 IP 地址进行分析，设立加密货币黑名单。

此外，中国银联部书鹏指出，支付服务是金融科技应用渗透的最主要领域，美国将支付作为货币转移业务进行监管。一是建立了按业务实质进行监管的框架。二是货币转移机构被归为非银行金融机构进行监管，整体上与对商业银行的监管体系近似。三是货币转移法的法律层级高，处罚严厉。四是市场准入按照地域管理，限制性较强。我国应将从事金融业务的金融科技企业纳入金融业务监管框架。借鉴美国相关监管思路，比照银行业监管要求对非银行支付机构、网络小额贷款机构和互联网消费金融机构实施监管，加大监管力度。从对第三方支付业务的监管看，提升支付业务监管的法律层级，重新制定非金融机构支付服务的划分标准，以揭示支付的内涵，对支付机构的备付金缴存方式和数额做适当的调整，将业务规模发展较大的单用途预付卡纳入监管。

上海市信用研究会等单位举办“社会信用环境综合治理——伦理·法治·文化”跨学术研讨会

10月27日，由上海市社会科学界联合会和上海市教育委员会指导，上海市信用研究会、市伦理学会、市法治研究会联合举办的“社会信用环境综合治理——伦理·法治·文化”跨学术研讨会在上海市社联举行。研讨会主旨发言由上海市信用研究会会长、上海立信会计金融学院信用管理专业教授洪玫主持，交流发言由上海市法治研究会副秘书长、市司法局法宣处调研员包志勤主持。来自国内信用、伦理、社会学和法律领域的专家学者从伦理、法治、文化等不同视角从理论和应用研究两方面探讨构建社会信用环境综合治理机制的途径和方法，为推进社会信用环境综合治理，开展了一场跨学科的学术论坛。

一、 社会信用环境中的伦理道德建设

上海市伦理学会副会长、华东师范大学社科部余玉花教授从诚信是社会信用的道德基础研究，提出社会信用与经济学领域的信用一样，其作用的正向发挥同样需要诚信给予道德支撑。目前，我国已经启动社会信用体系建设工程，征信系统作为制度性的社会信用的主要建设工作正处于建立或完善的过程中，这将有助于推动社会信用的良性化发展。但是，社会信用的推进和发挥作用目前还存在两大问题：一是社会信用推进的条件问题，包括社会征信系统的技术支持的问题，各征信机构的统合问题，征信活动开展中的各类复杂性关系的处理问题等，这些关系到征信体系能否正常运转的必要条件。二是支持社会信用的道德诚信观念深化性的问题，诚信是社会信用的道德基础，这是一个关系到诚信价值观培育的难题，但又是不得不去做的精神文化建设。因此，诚信价值观的培育与社会信用推进应当同步的进行。

上海市伦理学会副会长、上海财经大学哲学系徐大建教授认为，所谓良好的社会信用状态或普遍的社会信用，是指人人都可以在交易中预期，对方是值得信任的，不会通过欺骗和失信侵犯自己的权益，从而愿意进行交易；社会上欺骗和失信的事情很少。如果欺骗和失信是常见的事情，那就既不存在也不可能形成普遍的社会信用。因此，社会信用是建立在私有产权能够不受侵犯、社会普遍尊重私人产权的基础之上的；其关键在于不断地打击欺骗和失信，由此促使社会在产权保护上形成共识并自觉地身体力行。能让社会达到良好信用状态的社会信用体系，以产权的明晰和保护为基础，由道德、法律与社会征信系

统三种制度构成，其中法治是抓手。

上海市伦理学会常务理事、上海财经大学人文学院郝云教授从社会信用体系中的信用伦理建设研究，提出社会信用环境的建设是综合系统工程，如何充分认识各个学科在社会信用环境建设中的作用十分重要。信用伦理建设只有嵌入于经济、社会等生活中才能找准自己的位置，并发挥应有的作用。要充分发挥伦理的优势，进行社会信用的综合治理。金融化的时代，不仅要调节金融市场，同时也是调节社会中人与人的关系，集体与集体的关系乃至国家与国家的关系。这些领域并不是单纯的经济所能涵盖的。此外，现在经济创新、金融创新层出不穷，旧的制度越来越不适应经济社会的发展，新的制度尚未建立，出现明显的制度滞后和监管滞后，出现了信用建设的空白地带和灰色地带，需要伦理信用建设来补充。伦理的特点由于比法律和经济涉及面更广，且具有即时性和超前性，可以在社会诚信体系建设中发挥更大的作用。

二、 社会信用环境中的法治建设

上海市人大立法研究所常务副所长郑辉从上海社会信用立法的实践与思考，介绍了“上海市社会信用条例”的主要的内容。从遵循“社会信用”基本概念，谨防信用泛化；遵循“目录管理”科学方式，明确归集边界；遵循“信息保护”法定要求，权衡公私利益；遵循“权限＋关联”惩戒底线，开展信用约束等方面提出了自己的思考。

上海市法治研究会副会长、华东政法大学法律学院白冬教授从信用、契约、法治的共性关系；法治维护信用关系的四个维度；法治精神下社会信用制度建构之边界研究等角度提出法治应该维护信用，要提高关键制度的层级，增强制度设计的针对性、强制性和操作性。

上海市信用研究会理事、华东师范大学法学院熊琼教授从中国社会信用法治建设问题研究，提出中国社会信用体系建设的根本途径是加强和完善社会主义法治建设，不仅要加快信用立法，还要强化法律执行，要善用法治思维防范和化解各种信用缺失问题，综合治理信用缺失行为，并从加快信用法律法规的立法建设、完善司法建设、建立健全失信惩戒制度、提升社会信用服务水平、加强征信数据质量管理五个方面提出相应的建议对策。

上海市信用研究会理事、上海交大凯原法学院黄韬副教授认为，法治社会，需要创造一个理解法律、尊重法律的环境，让每个人能够根据规则行事并多少意识到可能产生的结果。市场主体的有限理性和机会主义倾向致使出现失信逐利行为，这种破坏市场经济秩序的失信行为具有明显的不确定性与间隔性。法律作为一种社会规范，其确定性与反复适用性恰好应对了机会主义市场行为的特性。社会信用体系建设旨在提高全社会的诚信意识和信用水平，建立相互信任的信用环境。

上海市教委政策法规处处长助理陆海佳认为，在教育领域贯穿信用法治教育，要强化诚信教育内容，培养职业操守，正确引导大学生诚信教育的知行合一，建立健全诚信监督机制，优化社会信用环境，营造诚信氛围。通过信用教育体系的建设来重建社会的信任环境，引导人们养成良好的信用观念，从而达到从根源上化解社会信任缺失的目的。

三、社会信用环境中的文化建设

上海市信用研究会副会长、上海大学经济学院沈瑶教授认为，在市场经济条件下，信用是两个经济主体或多个经济主体之间，为了某种交易和经济生活的需要，建立在诚信基础上的履约能力。在整个信用经济的发展、相关法律制度的建立和完善过程中，通过宣传教育和制度实践，信用意识环境不断，市场主体信用意识较强，塑造了发达的信用文化。

上海市宗教学会副会长、华东师范大学社会学院李向平教授从文化信仰的视角、公共与私人等关系方面，讨论当代社会信用的结构及其建构问题，提出需要更加注意社会诚信文化环境建设，通过宣传、教育等途径，从根本上确立诚信的体制机制和社会氛围，从而以诚信的社会环境带动社会信用体系建设。

上海市信用研究会理事、上海海事大学袁象副教授从营造良好信用环境，护航上海科技创新中心建设研究，提出要加强园区高科技企业信用体系建设的宣传培训。利用电视、广播、报刊、政府公共信息网络以及发放宣传资料等途径和形式，广泛开展高科技企业信用体系建设的宣传。积极开展企业信用管理知识培训，为企业诚信体系建设提供人才保障，引导企业将诚信教育、法制教育、信用实践和企业文化建设有机结合起来。

上海市信用研究会理事、上海大学钱海梅副教授提出，社会诚信建设是一个综合性社会治理问题，制度失败和制度的脆弱性呼唤社会诚信秩序生成中治理工具创新与道德重建之意义。当代社会管理体制处于"传统依赖—解构—体制转换"三重张力之中，由个体失范行为演变为整体性社会诚信秩序破坏的机制、过程具有复杂性和多样性，诚信文化建设和道德缺位对社会公共秩序的挤出效应增强了社会诚信秩序的破坏性。转轨时期社会诚信秩序的生成需要在制度和道德文化双重建设基础上，通过开发和创新社会治理工具，激发社会内生性秩序活力，从而引领社会道德规范，构建社会诚信秩序。

上海纽迈律师事务所律师方正宇、上海捷华律师事务所律师万玲娣、虹口区委研究室主任王佩军从实务界的角度提出以法律手段保护诚信，才能促进弃恶扬善。"老人摔倒不敢扶"，是当今人与人之间缺乏信任的一个侧面。现实中，既有可能做好事被诬陷，也有可能为逃避责任而冒充做好事，所以，只有忠于事实与法律，才能既避免出现悲情英雄，又不会纵容投机者。从这个意义说，法律是社会诚信的有力保障。

复旦大学博士后、上海社会科学院哲学研究所韩玮，华东师大哲学系博士王成峰，华东师范大学博士赵建波认为，党的十九大报告指出新时代中国特色社会主义社会的主要矛盾已经发生变化。这一矛盾表现在市场经济领域，最突出的问题是经济和道德的失衡。但是，人们对于道德在市场信用治理中的作用还没有足够的认识。有学者从经济视角分析市场经济信用治理，忽视道德诚信的伦理约束作用。这种"工程学"的逻辑方式缺乏对市场治理限度的探究。实际上，道德诚信是市场经济信用治理的伦理基石。它可以有效地规范和推动市场自我治理作用的发挥，调节和规导信用行为，提供信用制度的道德资源。当前，中国市场经济信用治理，需要在制度形塑、社会导引、道德文化治理层面践行诚信核心价值观，助推市场经济信用治理。

上海市信用研究会会长、上海立信会计金融学院信用管理专业洪玫教授阐述了在市场经济下，信用行为受到自律和他律两方面因素影响，其中自律源于经济利益权衡和道德观念，而他律源于制度和法律约束。信用建设需要一定的社会环境和氛围。而这种良好的环境和氛围，在很大程度上需要依靠信用文化提供。

洪玫教授认为社会信用环境是一项复杂的社会系统工程，不仅要从体制、机制、组织、技术、法律等多方面进行考虑、设计，而且需要政府、银行、中介组织及各有关部门密切配合、多管齐下。社会信用环境首先包括与信用交易相关的规范信用交易主体行为的法律、政府管理制度、信息公开制度等信用制度。除此之外，社会信用环境还包括人们的信用意识、有关信用的行为习惯，以及社会对各类信用服务的需求等方面的内容。信用作为一种规则要求和制度安排产生新的强制力和道德约束力，这是交易安全的保证。这就是说，在市场经济运行中，仅靠良心、道德，是不可能有效约束债权人和债务人的经济行为的，必须依靠法律力量，把一切信用活动纳入法制的轨道，才能维护经济秩序。建立社会信用制度、治理社会信用环境，已成为目前我国经济体制改革的主要任务之一。

上海市信用研究会主办的“互联网征信:作用、监管与规则”青年学者论坛召开

11月5日,由上海市信用研究会主办,华东政法大学互联网金融法治研究中心承办的“互联网征信:作用、监管与规制”上海社联青年论坛在华东政法大学召开。

上海市信用研究会会长、上海立信会计金融学院信用管理专业教授洪玫在致辞中指出,征信服务体系是社会信用体系的重要组成部分,当前征信环境正在发生重大变化,随着互联网普及、物联网快速崛起,互联网征信成为征信领域新课题。征信可以帮助交易双方合理确定授信规模,更好地达成交易。但是征信体系发展仍面临三个限制因素:基础环境、市场约束、个人隐私法和商业秘密法等相关法律的限制。在这三大因素限制下,互联网征信需要高度关注个人隐私、商业秘密保护,需要充分考虑征信的本质特征,遵循法律法规、客观规律,符合现实情境。

会议由华东政法大学互联网金融法律研究中心主任、经济法学院副教授何颖和上海交通大学凯原法学院副教授黄韬主持。

一、 互联网征信市场的发展与监管

苏宁消费金融法律合规部总经理徐静、人人行科技有限公司副总裁曾军、复旦大学经济学院教授杨青、富友支付董监事会办公室总经理朱捷、上海普兰金融服务有限公司产品部副总经理黄维分别从互联网征信市场的监管制度、从盲人摸象到囚徒困境、金融科技创新与监管、支付的金融科技与金融信用结合初尝试和金融系统的征信模块设计研究阐述了互联网征信市场的发展与监管面临的主要问题和解决对策。

华东政法大学经济法学院副教授贾希凌、上海交通大学凯原法学院副教授黄韬、上海财经大学法学院讲师樊健认为,考察互联网征信市场的发展必须结合当前中国经济社会的特点,其中的一个重要因素就是在于中国金融市场的规模和广度,这决定了在我国发展互联网征信服务所具有的得天独厚的优势;这也是为什么在中央银行所主导的金融征信体系之外,我们仍然可以期待市场涌现出更多的自发动力。

互联网金融服务的运作离不开法律法规的保障,所以第一,必须加快立法步伐,尽快以立法的形式明确互联网金融服务的性质和法律地位,对其必备要素、准入自治、运行模式、风险管理、监督检查和违规处理等进行明确规范。打通金融全业务监管渠道,建立健全互联网金融规章制度和司法制度。第二,明确监管主体职责,如果没有明确监管主体的

话就谈不到责任的明确。第三,必须建立全国征信系统,实现"大数据监管"。通过大数据中心平台的统一信用评级系统,可以有效解决互联网金融市场信息不对称、未来发展不确定性等问题,为投资者和政府监管部门根据评级作出投资和监管策略提供了可靠的决策依据。

二、 互联网征信的信用评价机制与风险控制机制

盈灿集团副总裁、网贷之家联合创始人石鹏峰,华东政法大学经济法学院讲师窦鹏娟,中吴集团上市基地总裁高修缘,上海维氏盾企业征信有限公司创始人兼总经理潘凌佶,从互联网征信的信用评价机制、我国互联网个人征信的信用评价机制:问题与展望、互联网征信与风控的具体运用、房抵业务的风险控制等方面阐述了互联网征信的信用评价机制与风险控制机制的构建与运用。

上海财经大学法学院讲师苏盼、华东政法大学经济法学院讲师李慈强认为,部分互联网企业以普惠金融为名,行庞氏骗局之实,线上线下非法集资多发,交易场所乱批滥设,极易诱发跨区域群体性事件。可见,互联网金融的快速发展对金融体系的结构性、系统性风险冲击已经显现,信用评级对互联网金融的主体和融资工具有较好的风险防范功能和作用。

科学防控风险,处理好治标和治本的辩证关系,要把握四个基本原则:一是回归本源,服从服务于经济社会发展,避免金融脱实向虚和自我循环滋生、放大和扩散风险。二是优化结构,完善金融机构、金融市场、金融产品体系,夯实防控风险的微观基础。三是强化监管,提高防范化解金融风险能力,将金融风险对经济社会的冲击降至最低。四是市场导向,发挥市场在金融资源配置中的决定性作用,减少各种干预对市场机制的扭曲。因此,在鼓励互联网金融发展的同时,需要加快互联网金融行业协会的建设,加强行业自律和监管,引入信用评级体系,为互联网金融快速、规范、有序、安全发展做好必要的制度安排。

三、 互联网征信与个人信息保护

腾讯专家法律顾问赵冉冉,大成律师事务所高级合伙人刘新宇,华东政法大学互联网金融法律研究中心主任、经济法学院副教授何颖,华东政法大学博士研究生许亚洁从我国个人信息的规则框架、互联网征信中的个人信息保护、数据共享与金融隐私保护、互联网征信中个人信用信息的刑法保护阐述了互联网征信与个人信息保护的重要性及防范措施。

华东政法大学教授张勇,华东政法大学互联网金融法律研究中心主任、经济法学院副教授何颖,中央财经大学副教授缪因知,上海尧正律师事务所合伙人律师沈吉利等认为,金融隐私权是隐私权理论在金融领域的延伸,金融消费者信息安全权以及金融机构对应的保密义务仅是金融隐私保护的内容之一。良好的法律约束机制是平衡金融业经营者的信息共享需求与消费者的隐私权益冲突的有效手段,需借鉴欧美金融隐私保护制度经验,特别是《一般数据保护条例》的规制做法,在允许信息共享的同时保护消费者的基本隐私权利。

2016年中国互联网金融行业市场规模约为17.8万亿元，未来五年行业年均复合增长率预计约为24.67%，到2020年将达43万亿元。而我国目前拥有超过1000万家传统金融机构覆盖不到的实体企业，互联网金融市场发展潜力巨大。对于互联网金融企业来说，个人信息具有很直接的经济意义，所以，信息共享与金融隐私保护之间存在的利益冲突日益凸显。由此产生了一个重要议题，即基于大数据技术的互联网金融新业态迅速发展的背景下，法律应当如何保护个人隐私。

可见，征信的过程中，对征得的用户信用信息的保管是一个非常重要的问题。特别是在互联网金融行业，个人信息数据日益显示出其商业利用价值，因此需要处理背后各方的利益冲突问题。所以，上海市信用研究会会长、上海立信会计金融学院信用管理专业教授洪玫指出中国征信体系建设应完善信息基础与法律制度环境建设。在当前信息共享与金融隐私保护之间存在的利益冲突日益凸显的背景下，良好的法律约束机制是解决问题的有效手段，必须加快立法步伐，建立全国征信系统，实现“大数据监管”。

上海股份制与证券研究会等联合召开“证券市场对中国经济影响”专题研讨会

11 月 7 日，上海股份制与证券研究会、上海对外经贸大学工商管理学院联合召开“证券市场对中国经济影响”的专题研讨会。研讨会上，会长魏农建教授，副会长曹俊、杨见钧、韩华林作专题发言。

副会长曹俊以“不忘初心、砥砺前行”为题首先发言，他从邓小平送给美国友人的第一张股票——上海飞乐音响公司股票切入，清晰地描绘了中国证券市场发展的历程，并把其归纳为探索试点阶段（1979—1986）、实践推广阶段（1987—1991）、规范发展阶段（1992—1997—2009）以及完善建设阶段（2010 年至今）。

副会长韩华林认为，证券市场发展对中国经济的正能量十分明显。目前股市市值与 GDP 的比值达到 72%，总市值世界第二，证券市场是中国经济的重要组成部门。党的十九大又引领中国股市发展进入新时代，比如经济增长和结构调整为资本市场展现了宏观前景，新型工业化、信息化、城镇化、经济转型和升级又为证券市场提供了巨大的产业前景，也为证券市场的发展提供了扎实的产业基础。

副会长杨见钧认为，只有证券市场的规范发展，才能对中国经济产生正面影响。因此，从法律上规范证券市场的交易行为尤为重要，他列举案例作了详细分析。

会长魏农建教授把中国证券市场发展历程提纲挈领地归纳为四句话，即：一张股票带来了一亿股民；一家集体所有制企业带来了中国企业所有制改革；一位美国人用中国企业的股票在中国股票交易市场的雏形门店进行交易，带来了中国股票交易市场的形成；一个几十平方米的股票交易营业厅发挥了中国经济的造血功能。他还把中国证券市场放到国际大背景下加以分析和考量，他认为国际经济形势发展也为中国的证券市场提供了有力的条件和机遇。但必须以守住不发生系统性金融风险为前提。因此，规范中国证券市场的发展显得十分重要。理事吴冬、会员史坚等也从具体的证券交易、新股发行等方面谈了自己的看法和见解。值得一提的是，参加专题探讨的还有来自上海对外经贸大学的研究生和本科生，他们从自己的专业角度探讨了证券市场对中国经济的影响。

上海市审计学会举办“准确把握‘三个区分开来’ 促进审计职能发挥”专题研讨会

11 月 10 日，上海市审计学会举办“准确把握‘三个区分开来’ 促进审计职能发挥”专题研讨会。来自市、区审计局的 50 余位审计业务和理论研究骨干出席研讨会。市审计局副局长段际凯出席研讨会并讲话。市审计局财政审计处、市审计局经贸审计处、松江区审计局、崇明区审计局等单位的代表作主题发言。与会人员围绕审计工作中如何贯彻落实“三个区分开来”要求、审计责任界定、如何处理好创新发展与依法审计的关系等问题做交流研讨。

一、 深刻认识“三个区分开来”对审计工作的重要意义

2016 年 1 月 18 日，习近平总书记在省部级主要领导干部贯彻党的十八届五中全会精神专题研讨班上的讲话中首次提出“三个区分开来”，即“要把干部在推进改革中因缺乏经验、先行先试出现的失误和错误，同明知故犯的违纪违法行为区分开来；把上级尚无明确限制的探索性试验中的失误和错误，同上级明令禁止后依然我行我素的违纪违法行为区分开来；把为推动发展的无意过失，同为谋取私利的违纪违法行为区分开来。”这一论述明确区分了领导干部立足本职推动改革和发展、带领群众干事创业过程中的正确行为和错误行为的标准，意在更好地保护那些作风正派又敢作敢为、锐意进取的干部，最大限度调动广大干部的积极性、主动性、创造性，激励他们更好地带领群众干事创业。2016 年 2 月 5 日，审计署向全国审计机关印发《审计署关于适应新常态践行新理念更好地履行审计监督职责的意见》，其中明确提出要严格遵循宪法和基本法律法规，以是否符合中央决定精神和重大改革方向作为审计定性判断的标准，做到“三个区分开来”，审慎作出结论和处理。2017 年 7 月 20 日，审计署党组书记、审计长胡泽君同志在推进“两学一做”学习教育常态化制度化专题研讨班上的讲话中也特别强调，要认真落实习近平总书记“三个区分开来”的要求，历史全面客观地看待审计发现的问题，要依据有关法律法规、规章制度，认真甄别、准确定性，要客观审慎作出评价，做到依据准确、范围适当、结论客观。

市审计局财政审计处张嫵在主题发言中指出在新时代让新发展理念得到更好的建立与贯彻落实，把握好新形势的规律，将现有的审计工作质量水平进行提高，都要按习近平总书记提出的“三个区分开来”思想，鼓励被审计单位鼓励大胆创新，鼓励人们看待问题时

应报以发展的眼光，对新兴事物以科学的尺子来衡量。审计工作不能简单地“背对背查找问题”，应该将其作为指导思想，发现问题、分析原因、解决问题，从而加快各行各业的发展，从真正意义上推动改革与创新。崇明区审计局孙文渊在主题发言中指出“三个区分开来”的重要论述，体现了客观求实和与时俱进相结合的理念，对审计工作提出了新的更高要求。它是新形势下审计工作进行定性处理时必须把握的一把“标尺”，是新时期下做好审计工作的“试金石”。

与会人员在交流发言中也纷纷指出“三个区分开来”思想应该作为当前开展审计工作中的一项重要原则，审计人员必须深入学习领会和准确把握“三个区分开来”的精神实质，防止片面和走极端。审计机关要落实好“三个区分开来”的要求，进一步转变思想，树立“三个区分开来”的理念，坚持问题导向、坚持鼓励创新、坚持推动改革。

二、 进一步发挥审计推动鼓励创新的作用

“三个区分开来”的提出，对于全面推动改革创新、进一步建立容错免责机制、促进广大干部解放思想和解除后顾之忧等，都具有十分重要的意义。

市审计局财政审计处张嫵在主题发言中指出审计机关要更注重法理精神，开展“能动审计”，促进法律法条优化。当某些法律条文阻碍了国家的发展脚步，就应该对其进行改革与完善，而不是一味遵守。在实际的审计工作中，应鼓励审计人员可对于一些不符合法理精神的事情，不能简单地套用制度政策；对于不适合审计工作的法律条文也应鼓励其提出修改意见。松江区审计局付晶在主题发言中指出，在审计工作中我们不能机械地理解依法审计，在当前和今后很长的一段时期，审计范围不断发生变化，审计定性所依据的法律法规也逐渐成为审计的对象，审计需要运用工作成果综合判断法律法规的合理性，揭露体制机制方面存在的问题及缺陷，提出审计建议，推动相关法律法规的修改和完善。特别是在改革创新的大环境下，对于某些突破现有法律法规，但是符合中央精神和改革方向、有利于党和国家事业发展的做法，即使失败，也应本着“容错”的谨慎态度，绝不能机械地套用现有法规将其定性为重大问题。如果只是用新出台的规定制度去查处以前的老问题，用不符合改革发展要求的旧制度来衡量当前的创新事物，审计监督就成了改革创新的阻碍，就失去了其参与国家治理的意义。

与会人员在交流发言中一致认为审计人员要建立双向思维，辩证地看待问题，要正确把握改革和发展中出现的新情况新问题，既不能以新出台的制度规定去衡量以前的老问题，也不能生搬硬套或机械地使用不符合改革发展要求的旧制度规定来衡量当前的创新事项。对突破原有制度和规定的创新举措，要从事项的本身出发，判断其程序是否符合现行的法律法规，对于没有明确规定的事项要以是否符合中央决定精神和重大改革方向作为审计定性判断的标准，只要符合改革方向，有利于调结构、利长远，有利于整合资源、提质增效，有利于扩大供给、增强后劲，有利于化解矛盾、防范风险，有利于节约资源、保护环境等，就要予以支持，还要适时总结，即对于审计过程中发现的那些按照“三个区分开来”应“容”的情况和问题，审计机关应及时进行归纳，并提供给有关主管部门，推动完善相关体制机制和制度规定，不让小偏差变成大的漏洞。

三、严格依法审计，完善审计纠错机制

审计工作贯彻落实“三个区分开来”的首要要求就是坚持依法审计、应审尽审、凡审必严、严肃问责，即首先保证那些错误和偏差都被发现出来，然后才能依据现有法律和原则判断其属于应“容”的还是应“纠”的错误，并实事求是地进行评价和处理。

松江区审计局付晶在主题发言中指出审计人员在审计过程中必须要把握好依法审计与实事求是之间的度，对审计问题进行正确适当的处理，避免审计执法的随意性。崇明区审计局孙文渊在主题发言中指出，“三个区分开来”重要论述要求审计人员在审计过程中辨明无心和有意、辨明无禁和严禁、辨明为公和为私，在对审计发现问题进行定性处理时，科学地对问题产生的原因进行分析，准确对被审计对象应承担的责任进行定性。上海市审计局经贸审计处杨潇在主题发言中指出，实践“三个区分开来”重要论述关键在于厘清“容错”与“问责”的边界关系。他结合国有企业审计实践指出，在国有企业审计中除了要“容错”，还要对审计中发现的各种新情况、新问题的根源进行深层次的剖析和总结，从体制、机制上有提出“准确、科学、可行”的改进建议，切实帮助被审计单位进行“纠错”，真正解决改革创新中出现的新情况和新问题。要突出审计建议的时代性、创新性、针对性，从根本上提出提升国有企业健康、规范运行的审计建议。

与会人员在交流发言中均表示审计人员要增强底线思维，把握好“三个区分开来”的精髓，不能将“三个区分开来”作为挡箭牌，法律面前不存在松绑，审计机关不仅不能减少监督，还要通过审计能力的提升来实现精准的审计监督。对于问题应该查实、查透、查全，要全面揭示问题，不能因为“三个区分开来”而忽视查出的问题。审计过程中要提升审计取证的质量，更好地发现现象背后的深层次原因。同时，审计人员应该不断加强学习，增强政策把握的敏感度，增强对被审计单位所属行业的认知度，从而提升审计判断的合理性。此外，与会人员还提出审计机关应加强与纪委、组织、督察等部门相互配合，推动审计问题的查实及整改。

上海财务学会召开中国高科技产业特征与成因探索专题研讨会

11 月 11 日，上海财务学会召开中国高科技产业特征与成因探索专题研讨会。会议由财务学会副会长刘幌松研究员主持，来自上海各大高校的专家学者、证券期货公司的研究员以及上海社会科学院的博士、硕士 20 余人出席会议。复旦大学教授李治国、财务学会副会长刘幌松分别作“$PM_{2.5}$减排的经济政策与绿色金融体系构建”“股票市场未来走势预判”的报告。

李治国教授的报告内容主要以党的十九大报告中提出的“加快生态文明体制改革，建设美丽中国”为主旨思想。他认为，构建绿色金融体系主要目的是动员和激励更多社会资本投入到绿色产业，同时更有效地抑制污染性投资。构建绿色金融体系，不仅有助于加快我国经济向绿色化转型，支持生态文明建设，也有利于促进环保、新能源、节能等领域的技术进步，加快培育新的经济增长点，提升经济增长潜力。建立健全绿色金融体系，需要金融、财政、环保等政策和相关法律法规的配套支持，通过建立适当的激励和约束机制解决项目环境外部性问题。同时，也需要金融机构和金融市场加大创新力度，通过发展新的金融工具和服务手段，解决绿色投融资所面临的期限错配、信息不对称、产品和分析工具缺失等问题。

刘幌松研究员主要为大家介绍了中国股票市场的现状以及未来走势。他指出，对于中国股票市场的未来走势不要太悲观，2018 年的股票市场形势有望好转。股市是一个非常复杂的市场，影响市场的因素有很多，但在中国最主要的因素有三点，即经济、政策、资金，其中资金是短期变量、政策是中期变量、经济是长期变量，这三者在各自周期中对市场的影响占据主导，但同时又不能完全独立。它们相互影响，相互制衡。在中国股市二十多年的发展历程中，政策导向、资金导向都会对股票市场产生趋势性影响。分析当前中国经济发展形势迅速，股票市场资金充足，因此 2018 年股票市场的未来走势预计会有所好转。

上海市行为科学学会举办“基于双创驱动的行为科学前沿”学术研讨会

11 月 15 日，上海市行为科学学会主办、上海交通大学安泰经济与管理学院承办召开“基于双创驱动的行为科学前沿”学术研讨会。100 多名来自百联股份及各大相关零售企业的负责人、上海市女企业家协会的部分女性老总参加这次研讨会。

市行为科学学会会长、上海交通大学安泰经济与管理学院党委书记余明阳教授作主旨演讲。余教授指出，今天的社会真的是个变革的时代，“现在的竞争不一定是竞争对手之间把你打败，而是不知不觉间发现自己已经被边缘化了”。余教授鼓励广大电商零售行业要抓住创新驱动的机遇，努力做出更大创新、从而赢得持续的竞争优势。

上海商业企业管理协会秘书长盛小洪则是用简短直接的语言向大家介绍了协会“服务企业、服务社会、服务政府”的宗旨在这个变革的大时代背景下是如何找寻新的服务模式和平台来为企业提供更高端更贴切更需要的服务的具体做法的，让人耳目一新。

市行为科学学会秘书长、上海交通大学安泰经济与管理学院张新安教授在随后题为“基于双创驱动的行为科学研究”主题演讲中指出，“双创”背景下的组织环境、组织目标与一般企业相比有很大不同，员工的心理活动和行为也会有所差异。例如，初创型企业各项制度的不健全会造成组织员工忠诚度低、人才流动性大等问题；而创新是一个学习的过程，需要组织内部成员团结协作、共创共享，组织需要能够容忍失败，为员工提供必要的创新空间。“双创”背景下的组织内外部环境的特殊性，将导致组织内的员工行为也必然具有特殊性。

本次研讨会主要引导大家识别出“双创”背景下具有特殊性的行为科学问题，针对“双创”背景下的行为科学问题，探索性地提出解决方案，形成一系列行为科学创新成果，较为系统地弥补“双创”背景下的行为科学的研究空白，为行为科学领域提出新的研究视角，促进行为科学理论发展。

上海市信用研究会举办第四届“诚信上海”信用创新论坛

12 月 2 日，上海市信用研究会举办第四届“诚信上海”信用创新论坛。国家发展和改革委员会财政金融司副司长罗艳君、上海市发展与改革委员会社会推进处处长赵瑞颖、上海市社会科学界联合会学会处处长王克梅出席会议并致辞。来自政府、高校、研究机构、金融机构、信用服务机构和企业的近 100 位信用领域的专家学者和实务工作者参加论坛。论坛由上海市信用研究会会长洪玫主持。

国家发展和改革委员会财政金融司副司长罗艳君在致辞中指出，国家社会信用体系建设近年来取得了丰硕的成果。上海市信用研究会主办的“诚信上海”信用创新论坛形式多样、主题内容针对性强，是上海市在推进社会信用体系建设中积极调动社会各方面力量，共同推进本市社会信用体系建设的重要体现。

上海市发展与改革委员会社会推进处处长赵瑞颖在致辞中指出，十多年来，上海市委、市政府一直将社会信用体系建设作为推动行政管理体制改革、创新社会管理和提升城市软实力的重要举措。可以说，上海市的社会信用体系建设工作起步较早，各项工作都取得了重要进展，整体水平处于全国前列。

上海市社会科学界联合会学会处处长王克梅在致辞中充分肯定了上海市信用研究会近年来取得的成绩，并指出上海市信用研究会在上海市社联、政府相关部门和上海市高校的支持下，积极组织全体会员对我国社会信用体系建设中的一系列重大理论和实践问题开展全方位的信用研究和研讨活动，为扎实推进上海社会信用体系建设建言献策，引领了国内社会信用体系建设的热点和前沿问题研究，在国内形成了一定的影响力。

本届论坛围绕“政府及公共信用基础环境建设——信息 · 法规 · 奖惩征信”“市场交易主体信用建设——行业 · 金融 · 企业”两个主题展开深入研讨，从理论和实践两个维度对我国社会信用体系建设中的热点和难点问题进行思考。

一、 社会信用体系建设的重点思考

商务部国际贸易经济合作研究院信用研究所所长、高级国际商务师韩家平作了“关于社会信用体系建设的思考与建议”的主旨演讲。他围绕当前社会信用体系建设的各种质疑，通过对中西方社会信用主要矛盾不同，分析了不同信用问题的解决思路，提出社会信用体系建设已成为国家实现治理体系和治理能力现代化的有效途径，成为简政放权、放管结合、优化服务，推动供给侧结构性改革的重要抓手。韩家平指出，社会信用体系由内到外可分为三个层次，内核是金融信用体系，中间部分是商务信用体系，外围部分是社会诚信体系。随着我国社会信用体系建设的推进，社会诚信缺失问题将逐渐减少，直至降为次要矛盾；而同时由于信用交易日益活跃、规模越来越大、创新越来越多，商务及金融信用风险管理将日益成为信用问题的主要矛盾。

中共中央党校政法教研部主任王伟教授作了“我国信用立法的定位与法治逻辑”的主旨演讲。他分析指出，当前我国社会信用立法缺失，使得我国的社会信用建设处在法治的真空地带，实践远远走在了法治的前面。我国在信用制度建设方面，呈现出以下特点：其一，政策推动，行政主导。其二，立法“碎片化”，效力层级低。中央和地方开展了相应的信用立法，但与信用政策在实践中发挥的重要功能相比，我国的信用立法还呈现“碎片化”的特点，存在效力层级较低、法律规则不统一、治理功能不足等缺陷。第三，信用建设实践与现代法治的要求仍有较大差距。王伟指出，我国在信用领域亟须制定一部《信用法》，《信用法》应当着眼于从整体上构建国家的信用法治体系，重点规制三个层面的信用关系，并形成不同层面的信用法律规则。个体层面：信用旨在衡量不同主体的诚信状况；社会层面：信用是社会评价的重要内容；国家层面：信用是政府监管的重要内容。信用立法过程中要重点关注几对关系，第一是政策和法律的关系，第二是法律和道德的关系，第三是权利义务的关系。

上海市食品药品安全研究会会长、原上海市食品药品监督管理局副局长唐民浩作了“加快推进行业信用建设，促进食品药品安全从监管向治理的转型”的主旨演讲。他认为，食品药品与公众健康直接相关，是民生的最基本需求。近年来因食品药品造成的群体性安全事件多有发生，并多数与食品药品生产经营者的诚信缺失有直接关联。唐民浩指出，食品药品安全不仅要靠政府最严的监管，还需要多种制约措施多管齐下，需要社会力量齐抓共管。促进行业诚信建设，要发挥好行业和独立第三方机构的作用，推动企业行为的持续合规，促使诚信生产经营成为其自觉的行动，这是食品药品安全实现“社会共治”的重要内容。失信惩戒机制是由信用市场各授信主体共同参与，以企业和个人征信数据库记录为依据的，通过信用记录和信用信息的公开，来降低市场交易中信息不对称程度，约束社会各经济主体信用行为的社会机制，是信用管理体系中的重要组成部分。

上海市公共信用信息服务中心发展应用部主任王晓辉认为，随着市民信用获得感不断增强，根据国家33号文关于加强联动奖惩的要求，市信用平台结合重点领域监管要求，积极对接本市政府部门，通过制度设计，批量核查等多种手段，提升部门应用的主动性，从广度和深度上挖掘部门应用潜力，形成了具有代表性的典型案例应用，表示上海市在信用相关制度建设、信用平台建设、信用信息和信用产品应用上都取得了相当进展，一些部门和行业以相对人信用状况为依据实施分类监管，在一定范围内形成了信用奖惩制度。

上海市信用研究会副会长兼秘书长、上海交通大学安泰经济管理学院刘海龙教授认为，信用数据库系统、信用档案建设的目的是为了信用信息的共享、开放与应用。信用惩戒机制有三个基本要素：企业和个人的信用信息对征信机构的开放；专业征信机构通过联合征信形式采集征信数据，构筑征信数据库，并合法公开不同级别和类型的资信调查结果;由政府倡导,建立一个由所有授信单位参加的社会联防,使失信企业或个人及时被曝光并受到处罚。

二、 政府及公共信用基础环境建设——信息·法规·奖惩

上海交通大学国际金融学院教授费方域教授分析了信用信息和公共信用信息的内涵,从信用市场的细分、结构、管理和生态;数据保护和反垄断;奖惩机制和司法执行阐述了如何利用公共数据中的信用信息。

上海行政法制研究所王松林博士认为,政府数据在开放中,国家要及时启动制定相关数据开放条例的调研,对开放的主体、原则、方式、程序、技术要求等作出规定,一旦时机成熟及时发布实施。在现阶段,要将其纳入政府信息公开条例的范畴;扩大数据开放的范围。逐步推进行政机关内部监管数据,向部分主体开放的可行性。同时,公共企事业单位应当履行向政府部门提供监管所需数据的义务,需要建立企事业单位出于公共利益、公共秩序的需要,向政府部门开放数据的机制。授权要明确,企事业单位收集、运用个人信息的需要有个人的授权。他认为,对以下问题要有所思考:是否需要区分普遍性授权与排他性授权;建立政府内部的数据开放审核机制;对于利用爬虫等技术手段,获得企业或者个人敏感信息的,需要从其获得手段、信息类别、运用场景等角度在执法或者司法上有个是否为非法状态的判断标准。

上海第二工业大学经管学院信用管理专业赵迎东副教授认为,在我国现阶段,社会信用体系中的公共信用体系,相对于个人信用体系和企业信用体系,约束性不足,外部的硬性监督不够强。存在的主要问题为存在政府的无效或过度担保、朝令夕改、领导换届导致项目无法持续等,根本的原因是缺乏契约精神,地方政府信用缺位,契约意识淡薄,社会资本顾虑重重。一个公共产品的设计、建设、融资、运营、维护、移交需要相当长的过程,需要按照合同来办事,契约各方在一定程度上拥有对等的权利和义务,须有一个透明公开、可预期的政策制度安排。

中吴集团上市基地总裁高修缘认为,要着力构建信用奖惩多方参与、社会共治、诚信自律的运行机制。加强信用协同监管,综合运用司法、行政、社会和市场等手段建立守信激励和失信惩戒联动机制,强化失信约束、提高市场主体失信成本,强化守信激励,营造"一处守信、处处收益,一处失信、处处受制"的社会诚信发展环境。

上海市浦东新区科技和经济委员会副主任、浦东新区政府首席信息官办公室主任张爱平认为,从维护社会主义市场经济健康有序发展的角度出发,改革传统的行政管理体制和监管方式,提升行政监管水平和执法效能,有必要将信用作为行政监管的主要手段。在建设法治政府的背景下,这一监管手段的强化离不开法律规则的有效构建和运行。

上海市信用研究会副会长、上海大学经济学院沈瑶教授认为,社会诚信体系将是一个长期而艰巨的任务,决非一蹴而就的形象工程。要通过立法立规、基础设施建设、信息技术应用和信用技术研发、信用宣传和文化建设等促进我国社会信用体系的建设。通过信用信息交换共享,实现多部门、跨地区信用奖惩联动,使守信者处处受益、失信者寸步难行。

三、 征信及市场交易主体信用建设——行业·金融·企业

上海资信有限公司总裁刘小英认为,征信机构的良性发展是社会信用体系建设的推动力。征信体系本质上是建立一个“守信激励,失信惩戒”机制,可以有效加强对借款人的约束,避免过度负债,改善信用环境。要创新征信服务,规范发展征信机构,引导征信机构的业务创新和产品创新,为社会提供多层次、多样化的征信服务,更好地为金融发展服务。

上海财经大学金融学院信用研究中心副主任李宏教授认为,随着技术的大幅度推进和演变,大数据、云计算等技术创新层出不穷,在前沿技术广泛与传统金融全面对接的背景下,信用风险管理所涉及的各个环节就必须实时加以应用、调整和提升。要打破原来传统信用风险管理的局限,大数据和生物识别技术的运用,成功印证了资产风险管理流程、投资者适当销售流程以及反洗钱、反欺诈的在线管控等。区块链技术的应用,完全改进了原有信用数据获取、信用风险管理的困境。总体上,信用风险必须适应新技术变革,进行从数据采集、风险测度和管理等全过程创新。

浙江财经大学金融学院信用管理系主任叶谦教授认为,信用是市场经济的基石,金融是现代经济的核心,金融服务实体经济的能力是解决我国经济发展“不平衡不充分”问题的关键因素。当前,从金融服务的结构来看,中小企业、农村农户农民融资难、融资贵的问题,反映了我国金融服务领域现实存在的发展不平衡不充分的问题。建立覆盖全社会各主体信用信息的征信数据库,特别是健全农村信用体系,有利于大力发展普惠金融,着力解决传统金融授信不足和融资成本高的问题,实践证明一个健全的信用体系有利于互联网金融发展,对于规范金融机构合规经营、加强金融监管、防范系统性金融风险起到举足轻重的作用。

上海海事大学经济管理学院袁象副教授认为,商事制度改革的基本目标就是要放松市场准入,强化事中事后监管,实现宽进严管。目前,我国在宽进方面做了大量工作,宽进的力度很大,尤其是我国对公司法进行修改,降低注册资本门槛、从实缴资本制改为认缴资本制、从年检制改为年报制等改革措施,极大地释放了社会活力。但是,在以信用监管为基础的事中事后监管方面,却有很多的不足和缺憾。当前,我国亟须加强信用监管,为市场经济的运行和商事制度的改革奠定基础。

上海联合信用管理有限公司副总经理胡欣成认为,随着这几年政府制度建设、平台建设、数据建设及信用宣传的普及,给征信市场起到了一定的基础支撑作用,未来国内市场空间应该是巨大的,但目前业务拓展难度大,市场接受程度,尤其是金融机构的接受度不高,仅在一些类金融领域和非金融领域拓展业务,虽然是一个方向,但市场空间、作用和影响力有限。所以,征信市场的发展,需要监管部门出台一些政策加以引导,营造规范的业务场景。

中国人民银行上海总部征信管理处处长张丽红认为,要思考我国征信业发展的未来,在大数据征信时代如何开展征信服务,突破信用信息共享,实现征信领域的技术创新。

上海市信用研究会会长、上海立信会计金融学院信用管理专业教授洪玫总结指出,我国社会信用体系建设应该坚持以科学发展观为统领,以党的十九大精神和国务院关于社会信用体系建设的战略部署为指导,以推动政务诚信、商务诚信、社会诚信和司法公信为

建设的重点内容，以建立有效的信用信息共享机制、健全法律和标准体系为基础，政府主导与市场化运作相结合，大力发展信用服务行业和市场，推动公共征信机构与社会性征信机构共同发展，个人征信与企业征信区别管理、综合性的信用信息基础服务与专业化的增值服务相辅相成，促进形成社会化的守信激励和失信惩戒机制，培育与我国社会主义市场经济相适应的诚信文化，最终建立一个多层次、全方位的社会信用体系。

上海市会计学会举办第一届管理会计案例竞赛

12 月 6 日，上海市会计学会主办、国际注册专业会计师公会（AICPA/CIMA）协办的“上海市会计学会第一届管理会计案例竞赛”，在上海汽车集团延锋大厦多功能厅成功举办。进入决赛的六支参赛队尽展风采，通过案例陈述、主题演讲和专家提问互动三个环节的激烈竞争，由专家裁判和现场观众共同打分评价后，上海电气代表队荣获一等奖，上海铁路局和国网上海电力代表队荣获二等奖，上海汽车集团、上海鑫淳财务公司和新时达公司代表队荣获三等奖。市会计学会副会长、学术委员会主任邵瑞庆教授到会致辞，并对各队现场表现进行精彩点评。

本次管理会计案例竞赛活动历时 4 个多月。各区会计学会和各工作委员会积极组织、报名踊跃，13 支代表队报名参加了初赛，并按照要求提交了案例分析报告。经专家独立评审，6 支参赛队进入决赛。各参赛队积极投入赛前专题培训、提交决赛资料并多次进行彩排等，为决赛的顺利进行奠定了坚实基础。

本次竞赛是市会计学会成立 30 余年来举办的首次大型赛事活动，也是宣传贯彻财政部关于全面推进管理会计体系建设的重要举措。决赛现场气氛热烈，参赛队热情高涨，观众全程踊跃参与，竞赛的学术性、参与性、竞争性有机结合，达到了竞赛的预期目的。部分参赛队表示，管理会计案例竞赛是学会学术活动的创新之举，各路英才同台竞技，各展其才，为拓展会计人员新思维、锻炼会计人员综合能力素质提供了难得的平台和机会。

本次竞赛活动呈现出以下几个明显的亮点：一是初赛和决赛相结合，扩大了参赛的广度和深度，部分参赛队还通过层层选拔确定参赛人员，较好地调动了会计人员参赛的积极性，营造了良好竞赛氛围和学习热潮。二是形式新颖，各参赛队通过对同一案例见仁见智的分析，充分展现了各队的实力和水平，增强了竞赛的公开性和公平性。三是充分利用现代媒体技术和舞台演讲艺术，各参赛队使用了包括视频演示、PPT 演示以及专家访谈等多种艺术表现形式，全方位地展示了会计人员的综合能力和专业水平。四是专家评价与观众评价相结合，互动性和参与性较好，充分调动了观众参与竞赛、融入竞赛的积极性。五是组织严密，大气的竞赛场地、专业化的主持、专业摄影摄像以及精准的屏幕切换和现场控制，有效地提升了竞赛品质，增强了观赏性，为选手充分发挥能力和水平提供了良好的条件和广阔的舞台。六是开启了学会与大型国际专业会计组织合作举办赛事活动的先河，积累了宝贵的经验。本次竞赛由国际注册专业会计师公会（AICPA/CIMA）协办并提供全程学术支持，提升了竞赛的专业性、学术性和影响力。同时，上海汽车集团公司和上海电气集团公司为决赛提供了优良的竞赛环境和专业的现场技术支持，保障了竞赛的顺利进行。

上海市保险学会等单位联合举办保险合规及争议处理研讨会

12月7日，上海市保险学会与华东政法大学保险法研究所、律商联讯联合举办保险合规及争议处理研讨会。会议由市保险学会法律专业委员会主任、华东政法大学保险法研究所所长李伟群教授主持，上海市保险同业公会、保险学会副秘书长伍国良致开幕辞。

上海市第二中级人民法院金融庭庭长竺常赟，华东政法大学保险法研究所博士、原资深法官尤冰宁，上海汽车集团保险销售有限公司合规法务高级经理李召宽以及安杰律师事务所高级合伙人夏毅斌等嘉宾围绕保险机构风险防范及合规的主题做主旨演讲。现场座无虚席，来自保险公司和保险中介公司的法务及合规负责人、律师以及保险法研究机构的百余名代表全程聆听了本次研讨会。

竺常赟庭长以“协同诉讼视野下的保险纠纷解决”为主题对于保险纠纷诉讼特点、保险企业如何协同参与诉讼进行了阐述，并对保险纠纷协同主义诉讼模式提出了建议。尤冰宁博士以“保险欺诈的风险防范及处理”为主题，从一名资深法官的视角用大量生动典型的案例从我国保险欺诈的现状、保险欺诈的类型及特点、建立反诈保风险防范体系的建议等几个方面进行论述。李召宽则从实务角度出发，通过介绍保险专业代理公司业务中的法律合规问题，包括保险专业代理机构的业务范围、专业代理机构的收入及业务支出和费用，与其他保险机构的合作等，围绕保险中介机构法律合规问题进行分享与探讨。安杰律师事务所高级合伙人夏毅斌就“保险销售卷入非法集资后刑民交叉的处理”进行了分享，他结合保险业非法集资案件的类型、形势特点、代售第三方理财产品被动卷入非法集资等多方面的真实案例对于该类案件的风险防范方案、刑民交叉程序处理等进行了建议。

本次会议旨在帮助保险公司化解更加严峻的法律合规挑战、探讨保险机构合规发展新路径，得到了会员公司及保险业界、学界风控专家们的热烈响应。

国际问题

上海市俄罗斯东欧中亚学会召开第六届会员大会暨学术研讨会

3月18日,上海市俄罗斯东欧中亚学会召开第六届会员大会暨不确定时期的俄美欧关系及其影响研讨会。上海市社联专职副主席任小文出席会议并讲话,他肯定了学会多年来所取得的成就,希望学会加强内部管理,依法办会、按章办会,在话语体系建设、发挥新型智库作用、围绕“三个系列”研究等方面进一步发挥桥梁纽带、平台搭建的功能。

会员大会由副会长汪宁主持,审议并通过了副会长兼秘书长杨烨所作的工作报告、财务报告、章程草案;副会长余建华代表第五届理事会作关于新一届理事会理事候选人、监事候选人的说明。大会投票选举产生了新一届理事会和监事人选。随后召开的第六届理事会第一次会议,投票选举了常务理事和新一届学会领导班子,范军任会长,汪宁、杨烨、李新、余建华、刘军梅、刘军、胡键任副会长,杨烨(兼)为秘书长。

随后举行了“不确定时期的俄美欧关系及其影响研讨会”,由范军会长主持。李新副会长、胡键副会长、刘军副会长、杨成教授分别围绕“中美俄大三角之中俄关系”“当前欧亚形势”“乌克兰危机后俄罗斯与北约”“国际新失序”等主题进行专题发言。与会专家学者还就近期各理事单位的学术信息进行了交流。

上海市俄罗斯东欧中亚学会举办"一带一路"高峰论坛

5 月 26 日下午，上海市俄罗斯东欧中亚学会举办了主题为"'一带一路'高峰论坛：共建国际与地区合作平台"的学术研讨会。出席活动的有华东师范大学、复旦大学、同济大学、上海外国语大学、上海对外经贸大学、上海大学、上海政法学院、上海社科院、上海国际问题研究院的专家学者与研究生。

研讨会由上海市俄罗东欧中亚学会副会长汪宁教授主持。八位专家学者分别就"一带一路"国际合作峰会的解读、"一带一路"建设的制度化前景、"一带一路"建设在欧亚地区的进展与面临的问题、"一带一路"倡议落实中的人文合作、留学生培养模式与"一带一路"建设中的人文互通、孔子学院与"一带一路"的文化互通、中国与俄罗斯中亚地区国家农业合作的反思、上合组织国家投法律风险评估体系的建立等话题进行了专题发言。与会专家学者围绕会议主题进行了深入的交流与探讨。

上海市国际关系学会成功主办纪念上海国际关系理论讨论会三十周年会议

6月24—25日,“纪念上海国际关系理论讨论会三十周年会议”在上海外国语大学虹口校区举行。此次会议由中国国际关系学会、上海市国际关系学会、复旦大学、上海国际问题研究院、上海外国语大学主办,上海外国语大学国际关系与公共事务学院承办,会议以“中国国际关系理论创新与中国特色大国外交理论发展”为主题展开深入探讨。国内一百余位知名专家学者与会。

在开幕式上,上海外国语大学校长李岩松介绍上外“建设国别区域研究和全球知识领域具有鲜明特色的世界一流外国语大学”的办学目标,表示将融合多学科、多语种造就能够参与全球事务的通才和通晓国别区域与领域的专才。中国国际关系学会常务副会长秦亚青则提出通过一流智库建设推动中国国际关系理论发展。中国国际关系学会副会长韩方明提出当今国际关系中公共外交的重要性,强调非官方力量在公共外交的主导作用。中共中央对外联络部政策研究室主任栾建章认为,在新形势下需进一步加强党的对外工作的理论研究。上海市外事办公室副主任金雷以上海为例,探讨如何增强社会主义国际化大都市外事工作的本领。上海市国际关系学会会长杨洁勉和中国国际关系学会副会长陈志敏专注于思考如何打造和创新中国特色大国外交理论。上海外国语大学中东研究所名誉所长朱威烈作为1987年会议亲历人,在回顾中提出理论需要创新引领。

上海市国际关系学会会长杨洁勉、中国国际关系学会副会长刘德斌、上海外国语大学国际关系与公共事务学院院长郭树勇分别做“中国特色外交理论创新研究”“中国特色大国外交中的公共外交”“中国国际关系理论建设中的中国意识成长及中国学派的前途”的主旨演讲。

30年来,中国学者在国际关系理论研究领域走出了一条博学广纳、借鉴批判、融会贯通、理论创新的发展道路,本次讨论会的召开,有助于学者凝聚力量,积极参与当代国际关系和中国外交的伟大实践,深入进行理论探索和创新建设。会议也选取过去三十年间发表的国关学界研究国际关系理论的部分重要成果,汇编成《中国国际关系理论研究文献选编》。

"金砖合作与全球治理学术研讨会"在沪举行

9 月 8 日，上海市俄罗斯东欧中亚学会在华东师范大学举办了"金砖合作与全球治理学术研讨会"。来自华东师范大学、复旦大学、同济大学、上海外国语大学、上海社会科学院、上海国际问题研究院、上海商学院、上海市委党校等学术机构和部分学会会员参加了会议。

研讨会分为两个单元，第一单元的主题为金砖国家与金砖合作，与会的学者分别就金砖国家安全合作问题、金砖合作中的中俄关系及其影响等话题展开专题发言。第二单元的主题为金砖合作与全球治理。与会的六位学者就金砖国家为代表的新兴国家如何参与全球治理、金砖国家与全球治理体系转型、国际援助与地区发展的模式和经验等话题做了专题发言。专题发言之后，参会学者展开了热烈而深入的讨论。

学会会长范军教授总结了会议的主要内容。他强调，全球治理的主题是中国走向世界，而金砖合作就是要参与全球治理。金砖合作可以包含很多主题，但是我们要抓住全球治理的核心。中国参与全球治理就是走在世界舞台中心，其核心问题是参与到国际金融合作中去。

上海市 WTO 法研究会等举办“贸易便利化协定与中国”学术研讨会

6 月 7 日，上海市 WTO 法研究会与上海海关学院海关法研究中心、上海市法学会海关法研究会在上海海关法学院联合举办“贸易便利化协定与中国”学术研讨会。

上海海关学院副校长、上海市法学会海关法研究会会长陈晖教授，市 WTO 法研究会会长、复旦大学法学院张乃根教授，德国哈茨大学的欧洲法与欧洲公共管理项目负责人弗兰克·阿尔特莫勒教授以及来自华东政法大学、上海对外经贸大学、上海 WTO 事务咨询中心研究部的学者近 50 人参加了此次会议。

本次研讨会分成两个阶段。第一阶段主题为贸易便利化——削减边境措施，由上海海关学院法律系朱秋沅教授主持。首先由市 WTO 法研究会会长张乃根教授针对“‘一带一路’视野下《贸易便利化协定》的实施问题”阐述观点；其次由哈茨大学公共管理系教授弗兰克·阿尔特莫勒发表主题为“促进法治：贸易便利化的作用与利益”的发言；接着围绕“欧盟海关法典对 AEO 的影响”，法国海关稽查官员（区域检察院）、世界海关组织后续稽查技术顾问阿克塞尔·纳尔伯恩发表看法；最后由上海对外经贸大学助理研究员黄志瑾关于“中国自由贸易试验区中的单一窗口”为核心的演讲完成了第一阶段的会议议程。

第二阶段主题为贸易便利化协议与中国，由原海关总署国际司副巡视员、原海关总署国际司 WTO 办主任赵捷有关“贸易便利化协定谈判及该协定对中国的影响”的发言；继而是中国（上海）自贸试验区海关工作组副组长杨琍对于“全面对标国际推进上海自贸试验区贸易便利化”进行相关内容解析；最后市 WTO 法研究会副会长、上海社科院应用经济研究所研究员李小年详细介绍了 WTO 贸易便利化协定对深化港区一体化改革的影响。

在最后的自由讨论环节，各专家积极踊跃地进行互动交流，针对会议中提及的相关问题进行互动交流，针对会议中提及的相关问题进行进一步的深入探讨。此次研讨会凝结了相关研究领域的理论与实务专家学者的力量，对如何推进我国的贸易便利化并对标国际标准，以自贸区为试验田，不断推动海关法治改革与发展等相关问题进行了深入探讨，结合实践，对今后理论发展和决策建议有重要价值。

上海市美国问题研究所召开“中美关系与网络安全”研讨会

1 月 5 日，上海市美国问题研究所召开“中美关系与网络安全”小型研讨会，来自致象尔微电子科技公司、上海交通大学、复旦大学、上海社科院、上海国际问题研究院的专家学者及上海市美国问题研究所研究人员，围绕信息技术的发展、网络空间的安全治理以及中美在网络空间的合作与博弈等话题展开热烈讨论。

致象尔微电子科技公司董事长方之熙先生是互联网领域的专家，曾长期担任英特尔公司副总裁兼英特尔中国研究院的院长，拥有 40 多项专利。他的《IT 的创新之道》一书体现了其丰富的创新思想。方先生表示，目前我国信息安全的短板是数据中心和大型服务器，因为数据中心和大型服务器用的几乎都是英特尔的芯片。中国的 IT 行业看上去很热闹，实际上是头重脚轻，根底不牢，有自己核心竞争力的中国公司并不多。全球排名前二十的芯片公司里面，目前没有一家中国大陆的公司。未来希望国家可以重视芯片产业，引进高端人才，开发国产芯片。

复旦大学网络空间治理研究中心副主任沈逸教授表示，我们要高度重视网络安全这个议题。他从网络空间的意识形态战、基础设施攻防、如何处理市场准入、知识产权保护，以及和网络安全相关的经贸和经济关系等方面做了阐述。他表示，美国通过《反宣传法》之后，这一轮的意识形态较量会上升到全球网络空间，争夺舆论场和话语权，对此我们要做好思想准备。

其他与会专家对特朗普当选总统后从触碰中国“一国两制”的底线，到“贸易战”，再到网络安全领域的纷争进行了讨论，会议取得了预期效果。

上海市美国问题研究所召开“特朗普反恐政策调整预判及对华影响分析”研讨会

1月12日，上海市美国问题研究所召开了“特朗普反恐政策调整预判及对华影响”小型研讨会，来自复旦大学、上海社科院和上海反恐研究中心的专家和学者以及上海市美国问题研究所研究人员参加了会议。会议围绕我国的反恐形势，以及中东、南亚和中亚等地区的反恐形势进行了分析，并对美国候任总统特朗普上台后可能采取的反恐政策调整措施及其对我国的影响进行了预判并建言献策。

本次会议的主题是“特朗普反恐政策调整预判及对华影响分析”。上海市美国问题研究所危机管理与反恐研究中心主任张家栋教授表示，从反恐的角度看，特朗普最关心的还是中东和“伊斯兰国”。美国历来对伊斯兰问题采取打击和利用的双重政策，基地组织是美国培植起来的，虽然小布什时期从“双重政策”转向“单一打击”，但到奥巴马政府又回到了双重性，很多支持“伊斯兰国”的国家都是美国的盟友，美国对它们有一定的影响。比如卡塔尔、沙特，和美国是准同盟的关系，美国默许它们支持“伊斯兰国”，美国也会向俄罗斯与叙利亚派特种兵进行培训。如果特朗普上台，奥巴马的反恐政策是否会出现变化？是否仍会优先进行反恐，还是让位于大国竞争的目标？

对此，部分与会专家表示，美国最近几年的恐怖事件发生率比“9·11”事件后低了很多，虽然在国外反恐方面有很多不成功的地方，但美国本土的反恐工作还是比较成功的。特朗普不大可能会改变现在的政策，他仍会聚焦于国内反恐并强化一些政策，比如对穆斯林移民的政策。

上海市美国问题研究所召开“特朗普政府亚洲政策走向及对中国的影响”研讨会

1月18日，“特朗普政府亚洲政策走向及对中国的影响”小型研讨会在上海市美国问题研究所召开，来自复旦大学、上海外国语大学、同济大学、上海社科院的专家学者以及上海市美国问题研究所研究人员参加了本次会议。与会专家分析了美国当选总统特朗普的个人特质及其内阁提名的人选和特点，并对特朗普上台后的亚洲政策走向，包括朝鲜半岛政策、中东政策、亚太政策、对俄政策，以及对中国的影响进行了预判和分析。

部分专家表示，特朗普作为一个非典型的当选总统，当选之后关于他的种种传闻和说法也很多，其行为方式令人难以捉摸和预测，这种方式也正是特朗普本人宣称美国要与世界打交道的方式。从他本人及其团队的表态来看，特朗普政府很有可能打破美国的外交常规，造成美对外关系的紧张和国际格局的动荡，这也会波及中美关系。

长期以来，美国对华政策，以接触为主，以防范为辅，期望通过与中国的全面交往，推动中国融入现行的国际体系、国际规则和国际秩序中。当然，这种国际秩序和国际规则体现的是西方人的价值观。接触是一种手段。接触的目的，是希望通过接触，使中国的行为乃至制度发生符合美国预期的一种改变。但几十年过去，非但没有使中国的行为发生改变，反而让中国在这种接触当中国力越来越强大，甚至在部分西方国家看来，有与美国争夺地区乃至全球主导权的态势。这种局势完全出乎美国政界的预期，使得接触政策本身失去了逻辑上发展的基础。因此，美国对华政策舆论环境发生变化是不可避免的。具体到对台政策的层面上，在特朗普的任内，美台关系将呈现官方化、高层化和机制化的特点。

本次会议着眼于讨论特朗普政府的亚太政策，为了更全面的评估特朗普任内中美关系的格局以及变量，一些对中国有影响的亚太边缘地区，如中东、印度地区、东北亚、俄罗斯等也囊括在本次研讨中，专家学者们围绕这一议题畅所欲言，讨论十分深入。

“沪美地方交流与中美关系”学术研讨会在沪召开

1月20日，由上海市美国问题研究所和上海市海外交流协会共同发起并编撰的《在美国的上海人》系列丛书第一卷在上海锦江小礼堂正式发布。

随着美国第45任总统特朗普正式宣誓就职，美国新一届政府的对华政策走向充满了不可低估的变数。在中美关系前景引发热议的当下，两国将于一个多月后迎来《上海公报》发表45周年。在复杂的国际形势下，地方人文交流就成了推动双边关系健康发展的一个重要途径。

早在2013年4月，习近平主席在会见中美省州长论坛代表时就非常富有远见地指出，希望中美双方把地方交流合作做实、做深，建立更长远、可靠的合作关系。新书《在美国的上海人》以人文交流和城际交往为切入点，以谱写中美友谊为落脚点，为回答“如何做实做深中美地方交流”打开了思路。

在这样的背景下，主编方联合上海多家单位借新书发布之际举办了“沪美地方交流与中美关系”学术研讨会。会议邀请了从事中美地方人文交流工作的一线职能部门领导、有关专家学者和海外华侨代表，共同探讨：如何发挥上海作用，加强中美地方交流；如何依托华裔影响力，推动中美友好合作；如何全方位扩充当代史研究，完善“上海学”学科建设。

上海市美国问题研究所协办纪念《上海公报》发表45周年学术研讨会

2月28日，纪念《上海公报》发表45周年学术研讨会在上海国际问题研究院召开。本次会议由上海国际问题研究院、上海市国际关系学会主办，上海市美国问题研究所、上海公共外交协会、《文汇报》协办。来自以上单位以及上海其他高校、研究机构的专家学者，围绕"新形势下中美关系互动特点和应对"的主题，就"战略和政策与中美关系""地区安全架构与中美关系""地区经济合作与中美关系"与"台湾问题与中美关系"等问题进行了热烈讨论。与会专家强调，要始终坚持《上海公报》的原则，推动中美关系健康稳定发展。

研讨会深入探讨了新形势下中美关系的发展情况，与会的外交领域专家学者分别从"战略和政策""地区安全架构""地区经济合作""台湾问题与中美关系"这四个方面展开，强调要始终坚持《上海公报》的原则，推动中美关系健康稳定发展。

上海国际问题研究院学术委员会主任杨洁勉主持会议。他表示，《上海公报》发表45年来，地缘政治和战略已经发生了巨大变化：从当年的中、苏、美战略大三角演变为现在的多层次战略设计和战略博弈；逐渐从地缘政治角力向地缘经济博弈转变；而地缘政治与经济的叠加效应又形成了新的全球战略态势。

重温当年《上海公报》精神，合作是关键词。中美关系虽然历经风风雨雨，但取得的发展为两国人民谋得了福利，也为世界和平作出了重要贡献。只要始终坚持《上海公报》等中美三个联合公报的原则，中美关系就能够取得新的发展。站在新的起点上，我们外交领域的专家学者与研究机构要积极成为历史的参与者，为推动两国关系的健康稳定发展作出贡献。

上海市美国问题研究所与复旦大学美国研究中心联合举办"'习特会'评估与中美关系展望"研讨会

4月6—7日国家主席习近平应邀访美，同美国总统特朗普举行了首次面对面会晤。在美国新总统上任一百天内专门安排两国元首双边会晤，在中美关系史上相当罕见。在特朗普私人宅邸海湖庄园，双方就中美关系以及共同关心的国际和地区问题广泛深入交换了意见。

4月8日，上海市美国问题研究所和复旦大学美国研究中心联合举办了"'习特会'评估与中美关系展望"研讨会。会议由上海市美国问题研究所所长、复旦大学美国研究中心主任吴心伯教授主持，来自复旦大学、同济大学、上海外国语大学、上海社会科学院、上海国际问题研究院、上海对外经贸大学等单位的专家学者参加了会议。

与会专家围绕如何解读此次"习特会"，以及这次中美元首会晤对两国关系未来发展走势的影响等问题进行了热烈讨论。

此次"习特会"是美国新政府就任以来的首次中美元首会晤，中美关系也正处于一个新的历史关口。两国元首的良性互动，不仅可以为中美关系发展指明方向、找准定位，而且能够向世界传递出积极信号。

习近平与特朗普此前曾两次通话，就中美各自核心关切达成重要共识。同时，美国国务卿蒂勒森在半个月前访华期间，也明确表示美方愿与中国建立不对抗、不冲突、相互尊重、合作共赢的积极关系……系列互动使得中美关系的政治基础再次得到了确认，也为此次"习特会"的实现铺平了道路。

在此基础上，双方领导人保持密切接触，通过坦率的对话和沟通，对推动两国关系发展、管控分歧有莫大好处。有学者指出，两国元首的会晤对中美关系具有承前启后、继往开来的历史意义。

中国国际问题研究院院长苏格表示，此次会晤最大的意义在于，习近平与特朗普对新时期两国关系大方向和战略原则进行"顶层设计"，为两个大国在国家利益方面找到融汇之处，为双边关系确立明确航线。

专家表示，此次中美元首会晤在特朗普的私人庄园举行，双方领导人可以在更加放松的状态中深入了解彼此，有助于解决复杂的外交问题。美国白宫发言人肖恩·斯派塞也表示，这次会晤将为特朗普与习近平建立私人关系提供一个机会。

作为中美关系的压舱石，经贸关系将是"习特会"的重点话题之一。白宫国家经济委员会高级顾问肯尼思·加斯特曾表示，特朗普对于“贸易不平衡问题”十分关切，他会与习近平以“坦率”而“有效”的方式进行对话，探讨处理公平竞争、贸易壁垒、市场准入等问题。

实践证明，中美经贸关系具有很强的互补性，市场选择已让两国形成了你中有我、我中有你的利益格局。中国外交部副部长郑泽光 3 月 31 日表示：“中美经贸关系的本质是互利共赢，中美能够妥善处理好经贸摩擦，不断做大中美经贸合作的蛋糕。”这一表态已清晰表达了中方对维护中美经贸关系持续健康稳定发展的立场和决心。

上海市美国问题研究所召开“特朗普政府‘反恐战略’调整”研讨会

5 月 25 日，“特朗普政府‘反恐战略’调整”研讨会在上海市美国问题研究所召开。与会专家对当前世界恐怖主义形势及美国所面临的反恐形势、特朗普近期访问中东的情况、特朗普“反恐战略”的内容及影响等议题进行了分析、预判与评估。

会议由上海市美国问题研究所反恐研究中心主任、复旦大学美国研究中心教授张家栋主持，来自中国现代国际关系研究院、上海社会科学院、上海反恐研究中心、上海交通大学、上海外国语大学、解放军国际关系学院的专家和学者及上海市美国问题研究所研究人员参加了本次会议。

解放军国际关系学院研究员成汉平表示，特朗普的反恐政策，可以用“三个定位”“三个手段”“一个目标”来概括。“三个定位”：第一个定位，恐怖主义是世界上第一大问题，反恐是当务之急；第二个定位，恐怖主义是无法被彻底根除的；第三个定位，特朗普任内反恐的力度将远甚于奥巴马时期。“三个手段”：第一，速战速决，不打持久战；第二，呼吁中东发挥自身力量反恐；第三，依靠盟国力量，合作反恐。最后是“一个目标”，即伊斯兰国。

与会专家表示，尽管特朗普政府的反恐政策跟奥巴马政府时期有所区别，但基本战略是延续的，其反恐战略目前仍处于战略雏形阶段。由于美国的反恐战略是美国全球战略的重要组成部分，对中国、俄罗斯、欧洲、中东及东南亚地区都会产生重大影响，需要及时和长期的跟踪与研究。

美国鹰派坚持在南海开展“航行自由”行动，并极力推动这一行动的“常态化”。从目前中美关系的情况分析，特朗普暂时还没有明确将“巡航”作为亚太战略来考虑，但由于美国国内存在两个变数：一是中美在经贸问题上没能达到特朗普的期望值，特朗普可能会改变态度；二是“通俄门”的事情仍在进一步发酵，特朗普面临保守派的压力也日益增大，不排除他在南海问题上进一步向保守派妥协的可能，将其作为亚太战略的重要组成部分。因此，专家建议，中国需对未来美军更多地出现在南海做好预案。

海洋沙龙2017年第1次会议在上海市美国问题研究所召开

6月6日下午，海洋沙龙2017年第1次会议在上海市美国问题研究所召开，讨论的主题是“美国军舰在南海的行动分析及对策”。与会专家对当前南海局势、美国在南海进行军事行动的目的和影响、特朗普政府南海政策的走向，以及南海岛礁建设的意义等议题进行了分析、预判与评估。此外，与会专家还就南海问题今后的发展趋势，发表了各自的建议。

来自新华社、上海社科院中国海洋战略研究中心、上海政法学院、解放军国际关系学院、华东政法大学和上海国际问题研究院的专家和学者及上海市美国问题研究所研究人员参加了本次会议。

美国海军“杜威号”驱逐舰于5月25日进入我美济礁12海里范围，引起了关注。专家表示，应沉着应对特朗普时代美海军首次“巡航”南海。美国国防部长代表团前一阶段在上海访问，代表团成员美军战争学院教授约翰·特洛塞尔(John F. Troxell)在交流时表示，美国海军坚持奥巴马时期的“亚太再平衡”政策，积极推动在南海开展“航行自由”行动，未来该行动有望“常态化”，并不排除有进一步的强硬措施。

美国防部长这次在香格里拉会议上也强调，航海自由是美国的权利。针对美方言论，我们作了驳斥，指出航海自由与抵近侦察是两码事，美国的航海自由从来没受影响，不能以“航海自由”为借口抵近侦察。

专家表示，美方内部在南海问题上存在分歧。一是白宫与美国军方存在分歧。自特朗普上台以来，南海问题并未排在其议事日程的优先位置，美国在南海的行动明显少于奥巴马时期。二是美国军方内部也存在分歧。对于此次行动，美国军方也尽量保持低调，只强调“秩序”“规则”，不提及冲突。

上海市美国问题研究所召开"新形势下的上海与美国地方交流"学术研讨会

美国新任总统特朗普执政已达半年多，其外交政策调整给中美关系的发展带来了新课题。在美国新一届政府提出"美国优先"政策的背景下，上海与美国地方交流如何开展、将面对什么新机遇、有哪些新挑战？

8月15日，由上海市美国问题研究所、上海市人民对外友好协会、上海社会科学院历史研究所主办，上海通志馆、上海正策律师事务所协办的"新形势下的上海与美国地方交流"学术研讨会在上海中心召开，并发布了国内首部从"地方交流"角度考察中美关系的学术著作《上海与美国地方交流年度大事记(2016)》。研究上海与美国交流的历史与现状，对于拓展中美关系的学术研究领域和深化对中美关系之发展及其特点的认识都具有积极意义。《上海与美国地方交流年度大事记》在这方面进行了具有开创性的探索。

作为目前国内第一部以"地方交流"作为考察中美关系之视角的著述，本书以大事选编的形式汇总了上海与美国地方政府及民间各方在各领域双向交往的热点、亮点和重要事件，包括文化艺术活动、教育交流、电影发布、科技合作、人员互访、医疗卫生交流与合作、商业投资活动、学术交流与沪美校际合作等等，充分反映了上海与美国之间的年度交流成果，为中美关系研究积累了素材、提供了线索、打开了思路。

来自上海市人民对外友好协会、上海市商务委员会、上海市人民政府侨务办公室、上海市地方志办公室、上海市社会科学界联合会、中国社会科学院、上海社会科学院、上海国际问题研究院、上海交通大学、上海政法学院等机构的领导和专家学者，以及社会各界人士共三十余人参加会议。与会者分别从学术、实务层面，围绕上海与美国在法律、经贸、人文等领域的交流与合作进行了深入分析并提出了具体可行的建议。《文汇报》、中国新闻社、《解放日报》、澎湃新闻等媒体对此次会议进行了报道。

上海市美国问题研究所举办《在上海的美国人》(第三卷)新书分享会

9月11日,由上海市美国问题研究所主编的《在上海的美国人》(第三卷)新书分享会在上海建投书局隆重举办。伴着美丽的浦江夜景,闻着阵阵书香,书中人物代表来到了建投书局独具特色的人物传记图书馆,畅谈他们在上海的奋斗故事,诉说他们在这里创业、扎根的心路历程。

中国创业投资有限公司董事长白德能(Robert Theleen)、上海美国商会会长季瑞达(Kenneth Jarrett)、麦肯锡公司全球资深董事合伙人华强森(Jonathan Woetzel)、上海众环商务咨询有限公司创始人史文生(Paul Swenson)作为主讲嘉宾,分享了他们眼中的上海变迁,并代表在沪美国人群体表达了希望中美加强友好合作、共筑共赢未来的共同呼声和美好愿景。

早在2013年8月,习近平总书记就在全国宣传思想工作会议上发表重要讲话,强调要创新对外宣传方式,着力打造融通中外的新概念、新范畴、新表述,讲好中国故事,传播好中国声音。呈现在读者面前的《在上海的美国人》(中英双语版)系列丛书通过一个个在沪美国人的独特视角,讲述新颖鲜活的"上海故事",在国际舞台唱响中国声音,为世界认识中国提供了新窗口。从这个意义上说,本套丛书能站在国家外宣工作全局的高度,反映地方人文交流和城际交往的深度和厚度,可谓一套响应中央号召和时代需求的力作。

生活在上海的美国常住人口俨然已经成为推动上海建设发展的一支生力军,这些美国人在这里奋斗拼搏的故事为全方位、多角度、系统地梳理上海与美国地方交往的情况提供了线索;是上海地方史志研究不可缺少的重要组成部分,也为学界研究中美关系和城市公共外交打开了新思路。

本次活动由上海市美国问题研究所、建投书局共同主办。来自美国驻沪总领事馆、上海美国商会、在沪美资企业等机构的代表,上海市政协、外办、侨办等单位的领导嘉宾,上海高校、科研单位专家学者,社会各界人士及普通读者逾百人出席了活动。

上海市美国问题研究所与上海国际问题研究院联合举办“特朗普访华和中美关系”研讨会

11月8—10日，美国总统特朗普对中国进行了国事访问。访问期间，习近平主席和特朗普总统进一步巩固了个人关系和工作关系，就中美关系和共同关心的重大国际与地区问题坦诚、深入交换了意见，就新时代中美关系发展达成了多方面重要共识，会晤取得了重要、丰硕的成果。

11月10日下午，上海国际问题研究院和上海市美国问题研究所联合举办了“特朗普访华和中美关系”专题研讨会，上海国际问题研究院学术委员会主任杨洁勉致辞。来自复旦大学、同济大学、上海交通大学、上海外国语大学、上海国际问题研究院、上海社会科学院、上海公共外交协会等单位的专家学者参加了会议。

与会专家围绕如何评估特朗普访华成果，中美元首外交对中美关系所起的战略引领作用，以及中美关系的前景等议题进行了热烈的讨论。

上海国际问题研究院学术委员会主任杨洁勉致辞，在特朗普首次访华结束后召开本次会议，可以及时总结评估特朗普访华的成果并全面深刻集纳重点。

上海社科院副院长何建华表示，2017年以来，在两国元首战略引领下，中美关系实现平稳过渡。继海湖庄园、汉堡会晤后，这是习近平主席和特朗普总统的第三次正式会晤。中美元首在过去一段时间通过会晤、通话等保持了良好的沟通和互动。特朗普的首次访华让西方认识了真实的中国，高规格的接待体现出中国文化所包含的“善”“和”“安”“合”“赢”五个方面，“元首外交”得到最好的诠释，扩大了中国的国际影响力。

复旦大学国际问题研究院常务副院长吴心伯表示，“国事访问＋”的接待规格，使特朗普访华之行“成功＋”。所谓“国事访问＋”，按外交部的说法，就是除了全套国事活动外，还安排两国元首小范围非正式的互动。吴心伯认为，特朗普访华成果主要体现在两国元首之间既加深了个人友谊又巩固了工作关系，两国还签署了总金额超过2500亿美元的创纪录经贸大单，未来中美关系将沿着务实的道路继续走下去。可以说，特朗普访华是否成功，将决定两国关系的路怎么走。中国“国事访问＋”的接待规格展示了诚意，使特朗普有“面子”；创纪录的经贸大单使他得到实惠，有了“里子”。特朗普总统在与习近平主席会谈中称，美中关系是“伟大的关系”，坚定了两国务实合作的伙伴关系走向。

与会专家表示，这次特朗普访华开了个好头，既展示了中国的文化自信，又为美方更深入地了解中国提供了契机。但同时也要认识到中美关系非常复杂，它是诸多大国关系中的重要一环,不可忽略许多潜在问题的影响。如大国博弈平衡问题(俄罗斯、印太战略)的影响,国际热点问题(叙利亚、朝鲜、伊朗等问题)的影响。随着大国博弈与美国国内政治生态的变化,这些因素未来也会发生变化,对此,中国要有充分的考虑。今后,在元首外交战略引领下,中美关系的新蓝图正徐徐展开。

英国曼彻斯特大学教授葛小伟来上海市美国问题研究所作讲座

11月29日，英国曼彻斯特大学中国研究所主任葛小伟(Peter Hays Gries)教授来上海市美国问题研究所作讲座。葛小伟于2002年至2008年筹划并主持了"中美安全对话"，2007年起担任"中美青年外交官对话"的筹建者和主任。他的主要研究方向是民族主义、国际事务政治心理学以及中国政治与外交。

葛小伟讲座的主题为"避免'修昔底德陷阱'：对中美权力转移的主观认知如何塑造群体间的信任、情感，以及美国对华政策偏好——一项基于实验的分析"("Escaping the 'Thucydides Trap'：How subjective perceptions of a US-China power transition shape intergroup mis/trust and emotions，and American China policy preferences，An experimental analysis")。他指出，新兴大国与传统大国力量对比的转换未必会导致战争，两国之间彼此恐惧的心理才是不稳定的因素。中美在多个领域高度相互依存，中美之间有发生冲突的可能性，尽管可能性很低，但双方仍然需要努力，少用"零和博弈"思维，寻求共同利益，促进中美之间的相互信任，避免陷入"修昔底德陷阱"。

来自上海社科院、上海国际问题研究院、华东政法大学、上海交通大学、华东师范大学等沪上高校、研究机构的师生，与上海市美国问题研究所研究人员一起聆听了讲座，并就上述话题与葛小伟教授展开了热烈讨论。

“第十届中美青年外交官对话”在上海举行

12 月 1—2 日，由上海市美国问题研究所承办的“第十届中美青年外交官对话”在上海举行。在为期两天的对话中，中美两国的青年外交官就特朗普执政以来的中美关系、中美在重要领域的合作机遇、中美亚太互动，以及未来中美关系发展面临的挑战等议题开展了坦率、深入和建设性的交流。

来自中国外交部的九名中方代表，以及美国驻华使领馆的八名美方外交官参与了对话。上海市美国问题研究所所长、复旦大学美国研究中心主任吴心伯教授和曼彻斯特大学中国研究所主任葛小伟教授主持了此次对话。

2007 年启动的“中美青年外交官对话”每年举办一次，轮流在中美两国举行，旨在为两国年轻外交官提供交流的平台，培养对话的习惯，增进相互了解。该活动得到中国外交部和美国国务院的支持。

会上中美双方代表均对不久前特朗普总统对华进行国事访问给予了高度评价，认为两国元首“良好的化学反应”对两国关系的发展有巨大的引领作用。双方代表还就中共十九大报告中提出的“新矛盾”与特朗普总统“美国优先”的执政口号进行了热烈的讨论。双方认为，两者在理念上具有高度的相似性，都旨在提升国内民众的福祉。理念的相似为两国的合作带来良好的预期。

美方代表指出，美国在亚太的存在具有“供给驱动”和“需求驱动”的二重性：一方面，亚太是美国的国家利益之一；另一方面，地区国家也希望美国介入。因此，观察亚太不能仅关注中美两国，也要关注地区国家的关切，他们希望借美国对冲中国不断增长的影响力，而美国与地区盟国之间也拥有共同利益。

中方代表指出，中方南海岛礁建设仅用于民事用途，更重要的是，中国一直在推动《南海行为准则》框架的制定，这些对话与磋商表明中国与南海各国改善南海局势的强烈意愿，维护南海和平稳定，这也符合美国的利益。

双方均表示，中美双方应在亚太地区寻找更多的合作领域，通过扩大合作，进一步增进互信。

美国学者保罗·科尔博士来上海市美国问题研究所作讲座

12 月 14 日，安全与危机管理项目研究员保罗·科尔(Paul M. Cole)博士访问上海市美国问题研究所，并以“智库在美国国防政策制定中的角色”(The Role of Think Tanks in U.S. Defense Policy Formation)为题作讲座。

科尔博士曾经在卡内基国际和平基金会、战略与国际问题研究中心和兰德公司等国际知名智库工作，也曾担任新加坡南洋理工大学拉惹勒南国际关系学院访问研究员。他的研究领域是欧洲、俄罗斯与东亚地区的安全、军事与外交问题，曾为世界银行、联合国发展项目、美国国际开发署、多国政府及私人公司提供相关咨询。

在讲座中，科尔博士首先以权力来源为视角，分析了美国政府与国会将抽象权力转化为具体的外交与国防政策的过程。随后，他分析了政府资助型智库、独立智库、营利型智库以及外国在美代理人机构影响美国外交与国防政策的方式与机制。科尔博士认为，20 世纪 80 年代之后，美国智库在从专业学术机构转变为政策倡议机构的过程中出现了一些问题，例如中立与客观性受到威胁，研究人员过度追求“科学化”而忽略了对具体国家历史与文化的深刻理解，从而导致美国外交政策出现理论与现实不匹配等问题。

上海市美国问题研究所研究人员、上海社科院专家及上海社科院研究生院的硕士研究生参加了本次讲座，并就美国智库最新发展动态、美国外交战略与政策之间存在的差距以及国际热点问题，与科尔博士交流了看法。本次讲座由上海社科院智库研究中心王成至博士主持。

《在上海的美国人》(第三卷)

5月,《在上海的美国人》(第三卷)经过两年的采编工作终于面世。延续第一、第二卷的编撰宗旨和创作风格,本书力图通过趣味盎然的故事性手法,展现上海在对美地方交流工作中发挥的独特而重要的作用;同时,向外国读者推介上海城市魅力。

早在2013年8月,习近平总书记就在全国宣传思想工作会议上发表重要讲话,强调要创新对外宣传方式,着力打造融通中外的新概念、新范畴、新表述,讲好中国故事,传播好中国声音。呈现在读者面前的《在上海的美国人》(中英双语版)系列丛书通过一个个在沪美国人的独特视角,讲述新颖鲜活的"上海故事",在国际舞台唱响中国声音,为世界认识中国提供了新窗口。从这个意义上说,本套丛书能站在国家外宣工作全局的高度,反映地方人文交流和城际交往的深度和厚度,可谓一套响应中央号召和时代需求的力作。

生活在上海的美国常住人口俨然已经成为推动上海建设发展的一支生力军,这些美国人在这里奋斗拼搏的故事为全方位、多角度、系统地梳理上海与美国地方交往的情况提供了线索,是上海地方史志研究不可缺少的重要组成部分,也为学界研究中美关系和城市公共外交打开了新思路。

《上海与美国地方交流年度大事记(2016)》

由上海市美国问题研究所主编的《上海与美国地方交流年度大事记(2016)》于7月由上海远东出版社正式出版发行。

研究上海与美国交流的历史与现状,对于拓展中美关系的学术研究领域和深化对中美关系之发展及其特点的认识都具有积极意义。《上海与美国地方交流年度大事记》在这方面进行了具有开创性的探索。

作为目前国内第一部以"地方交流"考察中美关系之视角的著述,本书以大事选编的形式汇总了上海与美国地方政府及民间各方在各领域双向交往的热点、亮点和重要事件,包括文化艺术活动、教育交流、电影发布、科技合作、人员互访、医疗卫生交流与合作、商业投资活动、学术交流与沪美校际合作等,充分反映了上海与美国之间的年度交流成果,为中美关系研究积累了素材、提供了线索、打开了思路。

研究本套丛书的编撰工作得到了上海市商务委员会、上海市文化广播影视管理局、上海市旅游局、上海市教育科学研究院等多家单位和个人的大力支持,在未来将每年公开出版一本。

《美国的城市政治》

7 月，由上海市美国问题研究所与上海社会科学院出版社合作组织编译的《走进美国》系列丛书之一——《美国的城市政治》一书正式出版发行。

《美国的城市政治（第九版）》聚焦美国联邦制度下国家与地方关系在城市场域的博弈。全书以“城市政治的起源”“城市危机”“分裂的大都市”为主线，追溯了美国城市在政治变革下的沉浮，分析了城市所经历的政治分化、社区经济增长、土地制度改革等议题，并探讨了与之相关的工业化、移民和种族矛盾等尖锐问题。

本书作者之一丹尼斯 · R.贾德（Dennis R. Judd）是伊利诺伊大学政治学系教授和大城市研究所研究员，一直从事欧洲和美国城市经济发展、国家城市政治和城市重建的研究。另一位作者托德 · 斯旺斯特罗姆（Todd Swanstrom）是普林斯顿大学政治系博士，主要研究城市政治实现公平的路径及地区治理理论。

美国的城市政治发展经验及治理得失，无疑对正在推进新型城镇化进程的中国有着重要的参考意义。希望此书能为中国城市政策研究者与制定者提供新视角，也能让广大读者理解城市在国家与地方治理中所发挥的作用。

学术期刊

XUE SHU QI KAN

学术动态

《学术月刊》杂志社召开"六十周年志庆老同志座谈会"

2017 年是《学术月刊》创刊 60 周年，4 月 20 日，《学术月刊》杂志社召开了"六十周年志庆老同志座谈会"，林炳秋、王邦佐、黄迎暑、顾谋中、张凌云、夏锦乾、林榕立、梁友尧、谢宝耿、汤洪明、刘明浩、马小文、徐雅君等老领导、老同志以及编辑部全体同仁参加了座谈会。

市社联党组原书记、原总编辑王邦佐在发言中总结了《学术月刊》60 年来所经历的三个阶段及取得的成绩，如坚持探索实践中的若干真问题等、面对时代挑战所作出的回应以及在办刊过程中所形成的坚守学术的传统。创刊编辑、原总编辑黄迎暑回顾了《学术月刊》创刊初期的一些细节，包括《学术月刊》刊名的由来，刊名所示的办刊定位（一为学术，二为月刊），指出《学术月刊》一直注重以学术问题为导向，尤其强调了《学术月刊》尊重学术、弘扬学术的传统，学术乃是《学术月刊》的立刊之本，任何时候都不能偏离这一轨道。老同志们分别结合自己的经历，畅谈《学术月刊》的历史以及精神传统，同时，对《学术月刊》的未来发展提出许多有益的建议，并送上了志庆年的祝福。几代编辑济济一堂，在热烈而温馨的氛围中，回顾历史，展望未来。

市社联专职副主席解超同志出席座谈会并代表市社联党组致辞，感谢编辑前辈们为《学术月刊》的发展所奠定的良好基础，并希望编辑部认真学习前辈们的奉献精神，接续优良的办刊传统，争取更大的成绩。

上海市社联隆重举行《学术月刊》创刊 60 周年主题研讨会

6 月 18 日上午，上海市社会科学界联合会举行“中国哲学社会科学构建与学术期刊建设——纪念《学术月刊》创刊 60 周年”研讨会。中共上海市委宣传部副部长、上海市社联党组书记燕爽向大会介绍了《学术月刊》创刊 60 来的发展历程。上海市社联原党组书记、《学术月刊》原总编辑王邦佐，华东师范大学童世骏，复旦大学朱立元，《中国社会科学》杂志社李红岩等代表先后发言。来自上海高等院校等学术机构的领导与人文社科学者、上海主要理论学术媒体的代表近 100 人出席大会。会议由市社联专职副主席解超主持。

会上，市社联原主席秦绍德、市社联新任主席王战主持了五卷本《学术月刊六十年选集》新书首发揭幕仪式。

大会专家研讨阶段，与会代表结合人文社会科学学术期刊面临的新形势、新任务，就学术期刊如何服务当代中国哲学社会科学构建、媒介新秩序与学术期刊建设等议题展开深入研讨。

《学术月刊》是上海创刊时间最早的学术期刊，在全国学术界一直保持着稳定而持久的影响力。2006 年以来，《学术月刊》所发文章在全国学术文摘媒体的转载（摘）量连续 11 年排名同类期刊第一。新世纪以来三次荣获中国政府出版奖优秀期刊提名奖，连续两届荣获中国百强报刊推荐，系国家社科规划办首批重点资助期刊。

《学术月刊》杂志社与北京大学中文系联合主办“现代文学与书写语言”学术研讨会

9月24—25日,《学术月刊》杂志社与北京大学中文系联合主办的“现代文学与书写语言”学术研讨会在北京大学顺利举行。来自日本、韩国、澳大利亚等多所国际一流大学的学者和来自北京大学、复旦大学等四十余位专家济济一堂。在为期两天的研讨中,与会者围绕大会主题,就现代文学经历的由当下到历史,逐渐经典化、知识化、学科化的历程,围绕文学语言、文法、文体、语体、词汇、方言,对如何界定“文学”、如何判定“现代”,展开了广泛而深入的交流。会议不预设立场,旨在返回书写,从语言形式的角度呈现“现代文学”的内在机理,并取得了预期效果。据悉,此次会议也是2014年开始的现当代文学语言问题系列会议之一,《学术月刊》是其唯一合作方。

《学术月刊》杂志社与西南交通大学人文学院联合主办“四十年代的国家想象、地方经验与文学形式”学术研讨会

10 月 28—29 日，《学术月刊》杂志社与西南交通大学人文学院联合主办的“四十年代的国家想象、地方经验与文学形式”学术研讨会在西南交通大学举行。西南交通大学人文学院党委书记、常务副院长向仲敏出席会议并致辞。来自北京大学、中国社会科学院、华东师范大学、新加坡南洋理工大学等二十多家国内外高校、科研院所的四十余位专家、学者与会。在纪念中国抗日战争全面爆发 80 周年这一历史背景下，大会围绕沦陷区文学的言说方式、大后方民族主义话语的历史形态与运作机制、“伪满洲国”“伪蒙疆”和“野人山”等复杂边缘空间的文学书写、“民族形式”论争中的地方性与世界性、沈从文和汪曾祺等个体作家的在地经验等话题，展开了广泛而深入的交流。会议采取论文一对一评议和开放交流并举的方式，充分展现了不同学术观点的深度交流和碰撞，受到了与会专家、学者的一致好评。

圆桌笔谈

首届新媒体与社会心理学术研讨会暨《探索与争鸣》中国社会心态系列论坛(第二场)

1月7日,“首届新媒体与社会心理学术研讨会暨《探索与争鸣》中国社会心态系列论坛(第二场)”在江西师范大学召开,此次会议由《探索与争鸣》编辑部和江西师范大学传播学院主办,《现代传播》杂志协办,江西师范大学新媒体与社会心理研究中心承办。来自中国人民大学、中国传媒大学、香港科技大学、南开大学、浙江大学、复旦大学、重庆大学、武汉大学、上海师范大学、浙江理工大学、四川外国语大学等近70位专家学者参加了此次圆桌对话会。与会嘉宾围绕“网络空间中国式怨怼问题的治理”的具体议题,从问题的表象、内在机理以及如何治理等多维角度进行了全方位的思考和交流。

论坛开幕式上,江西师范大学项国雄副校长首先致辞。随后,《探索与争鸣》主编叶祝弟与江西师范大学新闻传播学首席教授李春雷分别对会议主题进行阐释。网络和新媒体对各种问题和“意见”的汇聚功能的逐渐彰显,使得在媒体干预和网络信息规制乏力的情况下,网络空间存在着一个“网络情绪共同体”,即网络情绪唤起的背景。其背后的逻辑不仅是现实利益诉求机制的实效,更在于公众情感诉求与信息表达机制、信息期望与信息提供机制等传播系统的张力。作为一个问题而言,各学科理应抛弃所谓的本学科规则和规制,以“问题”为导引进行集体应对。

主旨演讲环节,南开大学乐国安教授首先发言,他从社会心理学视角切入,揭示了社会情绪与社会心理的密切关系与相互区隔,并对二者的相关性展开了分析。南京大学成伯清教授从情感社会学视角出发,探讨当前社会心态作为社会系统中的情感因子的历史传统溯源。浙江大学传媒与国际文化学院吴飞教授以多个网络事件为例,揭示出网络空间“众声喧哗”的传播现状,认为中国网络空间缺乏公共讨论的基因,“不讲逻辑”成为民众话语表达的常态。重庆大学新闻学院董天策教授探究网络舆情的疏解之道,认为应着力于现实问题的解决,只有将现实问题与网络引导相结合,才能实现网络舆情的标本兼治。近年来整个学术界对于网络群体性事件的研究各异、命名各异,研究者对该问题存有“非正常化”的先验性直觉,在错误假设与判断基础上提出的刻板化治理模式亟须反思。中国人民大学教授、《国际新闻界》主编刘海龙通过对新媒体影响下民族主义的外在象征与表现手段、民族主义运动的组织方式及其对当代民族主义带来的变化与转型等内容进行探讨,揭示出“网络民族主义的思维与行动逻辑”,并提出这种转变催生了一种“粉丝民族主义”。香港科技大学社会科学部蔡永顺教授以“网络参与和政府回应”为报告主题,从社会政治学视角分析了中央政府与地方政府的回应逻辑差异、传统的政治参与和网络政治参与的异同,从而提出政府“差异性回应”的治理策略。

主题发言上半场,《江西师范大学学报》邱新有教授详细阐释了因信息失真而导致的民众恐慌心理在传播中受利益驱动而扩散、失效、消解的谣言传播逻辑。重庆大学新闻学院郭小安教授探讨了社会抗争中的理性与情感策略及效果。南昌航空大学文法学院肖华锋教授在发言中提出,可以将社会从众心理和行为大致分为三大类:强迫性从众、围观性从众、自觉性从众。上海师范大学人文与传播学院朱军副教授从自反性和反思性角度出发,分析中国传统下的激进主义与保守主义的现代思想流脉。江西师范大学传播学院陈旭鑫副教授系统阐明新型主流媒体纾解社会情绪的基本进路:回应民众利益诉求、强化媒体公共服务、完善现有媒介规制。

主题发言下半场,浙江大学社会建设研究所王小章教授分析指出,当下社会个体陷入“原子化”状态,网络空间成为倾倒原子化个体负面情感的“垃圾场”,成为“群氓”撒欢之处。群氓源于现代社会中平等价值观同不平等社会结构之紧张关系,社会个体化同个体软弱化、去个性化之矛盾以及理性公共话语的禁锢同表达门槛下降之矛盾,他在此基础上阐释了群氓心理和行为等的风险性。复旦大学社会学系黄荣贵副教授基于社会学、传播学等多学科与现实热点的考虑,认为社会心态存在着稳定性与易变性、认知性与情感性、个体性与社会性等多重面相,未来需利用大数据与质性访谈结合的方式更好地分析中国心态。江西师范大学传播学院胡沈明副教授立足网络道德绑架,分析网民参与网络道德绑架事件的背后逻辑,并提出其对社会的整体危害性。江理工大学新闻传播系陆高峰副教授从传播学角度分析心态问题产生的原因,提出社交媒体重构的仿真空间亦为社会心态治理增添困境。

会议闭幕式环节,江西师范大学张艳国副校长进行总结致辞,从世界性全局观和新媒体在当代社会的作用出发,阐释研究新媒体与社会心理的必要性,认为此次研讨会真正实现了跨学科的互动交流,对新媒体时代的网络社会情绪问题的治理提供了学理探究。中国心理学会前理事长乐国安教授对此次会议高度评价,认为整个讨论与对话集中有效,从而对深入研究相关主题起到关键作用,对后续系列研究有标示性意义。

第二届全国青年理论创新征文颁奖大会暨“中国转型过程中的问题”青年论坛

3月21日，由国家社科基金资助的《探索与争鸣》第二届全国青年理论创新征文颁奖大会暨“中国转型过程中的问题”青年论坛在上海市社联举办。上海市委宣传部副部长、市社联党组书记、专职副主席燕爽，上海市社联党组成员、专职副主席任小文以及来自上海市委宣传部理论处、上海市新闻出版局报刊处、《学术月刊》《社会科学》《社会科学报》《华东师范大学学报》《解放日报》《文汇报》等学术刊物、理论媒体和社会媒体的代表为获奖青年学者颁奖。上海市社联党组成员、专职副主席解超主持本次大会。

近年来，《探索与争鸣》编辑部一直致力于实现学术期刊与青年学者共同成长，提升学术期刊的新锐品牌与学术水准，培养一批优秀青年学人，提升青年学人参与学术探索的积极性。2014年编辑部举办首届全国青年理论创新征文活动，取得良好反响。第二届征文以“中国转型过程中的问题”为主题，2016年全年持续，共收到872篇来稿。征文来稿聚焦中国转型过程中的现实问题，分布在政治学、法学、社会学、经济学等二十多个学科领域；编辑部按照严格标准，邀请各学科资深专家审稿，层层筛选，最终选出26篇获奖论文。

颁奖大会于上午9时许开幕。首先，《探索与争鸣》编辑部汇报了本次征文活动的基本情况，主要分为征文组织、来稿情况、评审过程和获奖情况、社会各界支持情况，以及活动整体评价和改进设想等五个方面。随后，本届征文活动的三位获奖代表以及上届获奖代表、评审专家代表、理论媒体代表先后发言。一等奖获得者、来自中国人民大学文学院的冯庆博士首先表达了对上海市社联和《探索与争鸣》的感谢，肯定上海学界海纳百川的学术氛围。他表示本次论文成果是出于自己长期关注中国社会中的现实问题以及转型过程中的个人体验，并借学理方式表达出来。二等奖获得者、来自中国海洋大学法政学院的宋锴业在发言中指出自己的学术成果是从田野调查出发，在大量的访谈资料和原始材料的基础上，进行中产阶级的理论化研究分析，主张学术要落到实处。三等奖获得者也是本次入选的唯一一位本科在读学生、来自上海大学文学院的田乐乐主要回忆了自己的成长历程，突出表达了对学校老师悉心指导和鼓励支持的感谢。上届获奖代表袁超在发言中说，作为中国的青年学人，最应该具有的是对中国自身发展的关怀，讲好中国故事是每个中国青年学人的最重要的使命。评审专家代表、华东师范大学赵修义教授主要表达了评审过程中的“德识才学”的原则，强调学识与眼光、自信与胆识，以及道德传统在学术研究中的重要性。理论媒体代表、解放日报社党委副书记周智强则从理论创新、青年引导、学术成果社会化三个方面发言，肯定青年学者的贡献，期待他们能创作出更多杰出的学术成果。

最后，中共上海市委宣传部副部长、上海市社联党组书记、专职副主席燕爽发表讲话。燕部长在讲话中首先肯定了《探索与争鸣》编辑部和众多专家学者的辛勤付出，并回顾中华人民共和国成立以来的历史与发展，突出强调培养年轻人一直是我们国家工作的重心。他引用习近平总书记关于哲学社会科学的重要论述，指出理论创新作是年轻人的首要任务。最后，他从现实问题出发，鼓励年轻学者要以学术的人文关怀、国家民族的未来作为毕生追求。

颁奖大会结束后，华东师范大学叶超教授、同济大学钟宁桦教授、复旦大学熊易寒教授，分别就“马克思主义地理学及其中国化路径”“为何金融不支持实体”“双重变革时代的青年知识分子”等话题，为与会者做了三场内容丰富、严谨生动的主旨演讲。

在当日下午的青年论坛上，17 位获奖代表围绕着“青年学者成长与学术共同体建设”这一论坛主题，结合求学往事、成长历程、未来展望及本次参赛论文的写作思路等方面，先后交流了自己的看法和感受。获奖代表以参赛论文为依托，结合自身的研究领域与社会转型中的重大问题，提出很多有创意的观点。如冯庆博士结合自己对家乡政治生态及其背后文化心理的切身体会，介绍了基于中国社会“义气”这一观察维度的构思和写作思路，并就青年学人如何理解转型中的中国问题及如何扮演好身份角色阐明观点。这些青年学人在国家治理与依法治国、经济发展与社会保障、转型时代与社会百态以及社会心态与文化传统等主题方面都做了很多有益的探索。在问题意识的明确性、理论言说的学术性以及回应现实的切实性等方面，本届征文表现了新一代学人的学术水平和发展潜力，他们正在不断为中国发展问题的研究和中国学术话语体系的创新注入新的活力。

“Reformation and Reform:宗教改革五百年来的现代社会想象”暨华师大—北师大理论与社会跨学科工作坊

2017 年,正值宗教改革 500 周年之际,为进一步探究其价值、理解基督教与现代社会发展的种种纠结,由《探索与争鸣》编辑部、华东师范大学社会发展学院人类学研究所/民族与发展研究中心、北京师范大学哲学学院宗教与文化研究所联合主办的“Reformation and Reform:宗教改革五百年来的现代社会想象”专题研讨暨华师大—北师大理论与社会跨学科工作坊,于 4 月 15 日在华东师范大学闵行校区举行。来自斯特拉斯堡大学、中国人民大学、复旦大学、南京大学、上海交通大学、香港浸会大学、中山大学、北京师范大学、华东师范大学等国内外著名高校及《探索与争鸣》编辑部的三十多位专家学者和部分学生参与了本次工作坊。

工作坊上半场主要围绕宗教改革运动带来的思想和观念方面的种种变化展开讨论,重点讨论了“自然与自然观”“现代与现代社会想象”以及视觉与听觉、理性与认知等问题。北京师范大学瞿旭彤副教授首先以“为什么和如何纪念宗教改革 500 周年”为题,从路德及其宗教改革主流研究范式的转移及其原因、中国文化的返本开新等几个方面探讨为什么以及如何纪念宗教改革的问题。在他看来,历史事实研究的不断推进、历史解释的变化和历史的政治性解读,使得宗教改革主流研究范式正在从强调“断裂”转向强调“延续”。而研究与纪念宗教改革,对于当前回归传统的主流思想而言,其学理意义在于如何看待古今之辨、中西之辨。我们是否有必要在当下的处境中重新看待、解构和建构五四运动作为近现代思想史关键节点的历史意义,提倡与开拓出一个允许批判唯科学主义的、追求真理的、倡导“宗教改革”的、朝向未来的文化传统与思想运动。

台湾大学林鸿信教授从探讨“自然的神学”与“自然神学”的概念出发,分析宗教改革以来基督新教对自然的理解,认为其从“自然的神学”渐渐走向“自然神学”,当基督教信仰不只关注自身拯救的信仰群体,而是展现上帝国的例证时,势必同时关注我们所生存的环境,这样可与各种学门有更广泛的对话。当今同宗教改革时代一样是一个热切期待改革的时代,具有上帝国视野的自然神学提供创造理念与终末盼望作为改革行动的基础,同时提供对于人性阴暗面的宗教智慧与信仰视察,避免改革者总是成为被改革者的困境。

中国人民大学孙毅副教授从宗教改革家的世界观、现代以来的世界观、回归宗教改革的世界观、终末论角度等几个方面进行讨论。通过分析宗教改革家们对自然世界的不同看法，其认为宗教改革带来世界观的变革，为自然科学的产生打开大门。就摆脱现代的自我封闭性问题，孙教授引用朋霍费尔和莫尔特曼的观点，认为要解决这个终极时代与我们真实世界之间的断裂，就要在基督的和解中看到一个一元两层的实在，由此确定生活世界的真实性。

南京大学包兆会副教授通过讨论路德、加尔文、慈运理三位宗教改革家对视觉文化的思考，分析其对当时和今天产生的影响。宗教改革家强调听先于看的信仰，但也存在对图像的思考的简单化和以偏概全的嫌疑，而赞成图像使用与否定图像使用的两派背后实际上涉及文化类型取向问题。

工作坊下半场则更多从哲学观念层面转向社会层面。复旦大学李天纲教授在宗教改革作为一种思想启发与借鉴的历史背景下，讨论近代中国社会新教改革运动，认为宗教改革 500 周年应该与中国如何理解和接受宗教改革结合起来，他重点探讨了康有为的案例。同时他基于近代未完成的宗教改革探讨当代信仰问题，认为宗教改革需要面向未来，我们必须在不同的宗教传统里建立对话，相互整合。

华东师范大学李向平教授从社会学的角度切入，对宗教改革和社会改革的关系、中国教权和俗权的关系、宗教世俗化背景下神和人之间的关系等问题进行了分析探讨，认为宗教和世俗不完全对立，中国只能通过社会改革和政治改革推动宗教改革，而五大宗教各自的改革方式也各不相同。

华东师范大学政治学系崇明教授则从宗教改革对民族国家的影响、政治正当性的理解、宪政学说的产生、从圣约到盟约的转变等几个方面阐述了宗教改革与欧美现代政治思想的关系。

学界一般认为，宗教改革彻底改变了欧洲的历史进程，甚至也进一步影响了过去500 年来的世界历史进程和文化格局。这一改革运动由宗教而始，迅速和全面地波及政治社会文化的方方面面。就宗教层面来说，越来越多的研究表明，这是一场仍在进行中的改革(on-going reform)。500 年后回头来看这一历史事件和过程，或可挖掘出更多的话题和价值，也能进一步帮助我们理解基督教与现代社会发展之间的种种纠结，这也是举办此次工作坊的初衷。与会学者就纪念宗教改革 500 周年的历史意义和现实意义、宗教改革带来的世界观变革、宗教改革神学对视觉文化的影响、宗教改革与欧美现代政治思想之间的关系等议题，从哲学与社会层面展开了深入、丰富的探讨。会议部分成果刊发于《探索与争鸣》2017 年第 9 期、第 10 期“宗教改革 500 年”专题。

“历史视野中的经世致用——顾炎武思想发微”学术研讨会

4月22日，《探索与争鸣》编辑部与昆山市顾炎武研究会联合召开了“历史视野中的经世致用——顾炎武思想发微”学术研讨会，来自华东师范大学、复旦大学、南京大学、苏州大学等高校的著名专家学者，围绕会议主题，畅谈顾炎武研究的心得体会，探讨如何通过研究发扬顾炎武的学术思想，弘扬社会主义核心价值观。

与会学者认为，要从我国优秀的传统文化中汲取营养，以“经世致用”的态度来研究博大精深的顾炎武思想，从他的著作和思想中找到适合当今社会发展的思想动力。顾炎武“天下责任”“敢于担当”的爱国主义思想要在新时期得到发扬和创新。他的以天下为己任的爱国主义精神，给了我们充分的文化自信，激励我们在实现中华民族伟大复兴的征程上阔步前行。

此次会议主要围绕如何弘扬优秀的传统文化、从顾炎武学术思想中开出新的时代价值等议题，展开深入讨论，研讨会在精彩纷呈的发言与对谈中圆满结束。

“城脉与文脉——现代化进程中的古镇与新城”学术研讨会

6 月 9 日，由上海市改革创新与发展战略研究会主办，《探索与争鸣》编辑部、上海东方青年学社联合协办的“城脉与文脉——现代化进程中的古镇与新城”圆桌研讨会，在上海市委党校举行。来自上海市改革创新与发展战略研究会、上海市委党校、上海市作家协会、上海师范大学、复旦大学、上海社科院、上海大学、华东师范大学、华东理工大学、同济大学、上海财经大学等高校和研究机构的多名专家学者，聚焦会议主题，展开深入讨论。

中国正在掀起人类历史上空前规模的城市化浪潮，在这一进程中，城市更新与文脉保护之间充满着各种不平衡的张力。2007 年，《探索与争鸣》编辑部在上海七宝古镇组织了“现代化进程中的历史文脉和集镇保护”圆桌会议，引起积极反响。十年之后，《探索与争鸣》刊编辑部召开“城脉与文脉——现代化进程中的古镇与新城”圆桌研讨会，再次聚焦城市文脉保护问题。此次研讨会也是中国城市问题研究（上海）论坛的第二次会议。本次学术研讨会分为两个半场。上半场为专题研讨会，下半场为中国城市问题（上海）论坛圆桌会议。

会议开幕式由中共上海市委党校副校长、上海市改革创新与发展战略研究会副会长曾峻主持。中共中央党校原常务副校长、国家创新与发展战略研究会郑必坚会长，上海市社联副主席、上海市改革创新与发展战略研究会李琪会长分别致辞。郑必坚指出，中国的城市化、现代化，不能照搬他国，必须要有中国自己的路数。全面建成小康社会，要抓好城市这个“火车头”。要突出生产力标准，以创新驱动发展，坚持人民为中心的发展思想，推进城市治理现代化。李琪指出，城市治理水平的提高是实现国家治理现代化的必由之路。上海要贯彻落实好中央的战略部署，探索出一条超大城市治理现代化的实现之路。

主题演讲环节，复旦大学文史研究院葛兆光教授认为，从乡村生活到城市生活，从乡村秩序到城市秩序，本身确实是一个从传统到现代的过程。城市让人的身份、角色、生活都发生了变化，更重要的是让整个社会的基本秩序、规则和法律发生了变化。上海市历史学会会长、上海社会科学院熊月之研究员着重探讨上海历史文脉，强调包容、争优、自治和法治四大传统，是建设现代城市社会和现代公民社会最基本的素质，也是上海最可贵的传统和最有希望之处。上海市作家协会副主席、著名作家赵丽宏认为城镇就像人一样有自己的生命和灵魂，而这生命和灵魂就是一个城镇的历史和文化的底蕴，需要在城市现代化建设中珍惜并保存其灵魂。上海大学文化研究系王晓明教授从城乡关系的角度出发，主张城市最好的地方在于它的丰富性,而城市的根基在城外。中国在构想自己的城乡关系时,还得从实际状况出发,思考在今后社会进步的方向上城市和乡村的优点如何结合。上海市文艺评论家协会主席、复旦大学中文系汪涌豪教授从城市结构与功能的转换的角度切入,针对今天不同程度忽略文化对城市人心灵滋养和提升作用的现状提出建议,认为城市治理和文脉保护是解决道德重建和社会治理这两大问题过程中必不可少的重要环节。

圆桌会议部分,上海市委宣传部理论处处长、上海市改革创新与发展战略研究会副会长朱鸿召首先致辞。今天的中国,城市化作为现代化的一部分,已是不可逆转的时代趋势。在现代化的过程中,效率与公平是始终要面对的问题。要解决城市中的问题,必须用发展的眼光去审视和思考。

圆桌会议上半场,复旦大学国际关系与公共事务学院教授唐亚林教授以人生意义建构为视角,分析了乡愁与城愁的交融问题,由此谈到三方面内容,即转型时代中国人的人生意义建构的困境与价值根源、新型城镇化能够成为中国人乡愁与城愁纾解的双向交融平台之动因、建构中国人人生价值的意义。华东师范大学地理科学学院叶超教授认为中国的城镇化研究和实践的重点在于城乡发展和城乡关系。城镇是中国城镇化的关键载体,是社会、经济、政治管理最基本的单元。文脉不仅涉及时间维度,还涉及空间维度。华东师范大学社会发展学院院长文军教授认为由政府刻意规划、推动的新城的造城运动,造成人对生活的未知,进而呼吁应找回都市社会治理过程中的社会文化逻辑,以人为中心,重视来自底层的声音。华东理工大学社会与公共管理学院院长何雪松教授重点讨论空间、政治及流动性的问题。他认为,城市空间因附着了时间之维而具有记忆,从而催生居民对城市空间的情感,但空间重组引发的商品化和政治化会破坏这种情感,高流动性城市中的"移民"与"游客"都难以对城市空间产生记忆和情感。中共上海市委党校社会学教研部主任马西恒教授从治理的角度讨论城市问题,阐明城市文脉的时代价值,指出人是最重要的文脉,文脉的治理功能在于维持社会网络、融合外来人口、动员市民群众。同济大学法学院胡洁人副教授探讨了我国在社区营造方面存在的问题,社区建设过程中,应当关注生活品质和人文发展。

圆桌会议下半场,复旦大学新闻学院孙玮教授结合传播学专业知识提出,移动技术的发展既有抹平城市历史文化传统的危险,也有带领我们重回城市地方感与地方特色的可能性。因此,城市文脉传承中需要重视传播的工具性与创造性。上海财经大学人文学院院长陈忠教授提倡打通固有的思维范畴,以调性思维、韵律思维、弹性思维、共在思维建构或理解城市,就城市本身思考城市,把握城市在时空中的动态性与多样性。上海社会科学院文学所包亚明研究员抓住中国古镇"千城一面"的现象,借鉴外国实际经验和研究成果,从城市设计角度分析如何从有形和无形两方面体现城市的特色、文脉和人文关怀。华东师范大学历史系瞿骏副教授以"老树亦能结新花:江南市镇的地方活力"为题,认为城脉和文脉可以理解为风气和风俗,是统一的思想市场,而对中国来说,连接乡村和城市的小城镇最为重要。上海师范大学人文学院朱军副教授针对中国城市与古镇乐园化,提出建设城镇生命统一体的观点。这个生命统一体是灵魂、机能、秩序和物质载体的有机统一。特色小镇是目前小城市崛起的机遇。

“建筑是可阅读的,街区是适合漫步的,城市始终是有温度的。”与会专家学者从不同学科、不同视角出发,围绕城脉与文脉的保护之道、传承之道、发展之道,展开深入、丰富的探讨,涉及文脉的内涵与价值、城乡融合、城市化中文脉的传承与创新等方面,直面城市化发展中的问题与挑战,为进一步探究城市发展背后的社会文化基础、理解中国城市更新的现状与发展趋势提供理论支撑,有助于在建设创新之城、人文之城、生态之城的前景和语境中,达成共识、共治、共赢。会议部分成果刊发于《探索与争鸣》2017 年第 9 期“圆桌会议”栏目,主题为“城市更新中的文脉保护:问题与对策”。

“高校内部治理体系与创新的理论与实践”高层论坛

6月17—18日，由浙江省重点高校建设教育学一级学科、《探索与争鸣》编辑部联合主办，浙江师范大学田家炳教育科学研究院、丽水学院承办的“高校内部治理体系创新的理论与实践”高层论坛在浙江金华、丽水两会场分阶段召开。来自北京大学、清华大学、南京大学、北京师范大学、华东师范大学、中国人民大学、复旦大学、南京师范大学、苏州大学、浙江师范大学以及人民教育出版社和《教育发展研究》等机构的20多名高等教育研究领域的专家学者参加了本次论坛，共同围绕高校内部治理的理论及实践问题展开讨论与对话。

党的十八大以后，国家治理体系的现代化和治理能力的提高不仅成为一种国家意志，而且成为各级政府及各类组织管理改革的目标。高校负有人才培养和知识创新的崇高使命，既要满足社会发展需要，又要坚持高校本质属性并遵循自身运行规律，更应率先自觉构建科学的治理体系以提高治理能力。本次论坛主要在逻辑起点、问题与对策、政策与实践、教师的专业权威、历史与比较五个方面展开讨论。议题包括大学与社会、政府、市场的关系，大学内部学术权力与行政权力的关系，大学的领导管理体制，大学的本质属性与内在逻辑，大学的历史传统与当代变革，大学文化建设等。

逻辑起点是指研究对象(任何一种思想、理论、学说、流派)中最简单、最一般的本质规定，是构建一门学科理论体系和理论结构的出发点，逻辑起点的定位影响到整个理论体系的建构。北京师范大学王英杰教授认为，大学发展的内在逻辑是学术神圣，大学是追求真理和传授高深学问的地方，大学内部治理体系的改革与创新都要以此为基础，要把学术自主和学术自由作为支撑大学组织建设的基石。北京大学施晓光教授认为，“良治”(favorable governance)是世界一流大学内部治理的特征，当前阻碍和制约我国现代大学治理水平提高的主要根源，在于“文化滞后性”(cultural lag)。文化成为大学“区别于其他社会组织的身份的最明显的标志”，应将文化逻辑视为现代大学治理变革的前设。而这里的文化逻辑，是指大学内部治理与组织文化之间相互依存性和依赖性关系。

问题的诊断是改革和创新的知识与实践前提，有学者综合地诊断了大学与外部之间的问题以及大学内部的主要问题。原国家民委副部级专职委员管培俊指出，在国家实施创新驱动战略、全力推动教育现代化、实现双一流目标的背景下，大学治理需要辩证看待内部治理与外部的关系、学校自主与政府监管之间的关系、公众性与自主性之间的关系、学术权力与行政权力之间的关系、党委领导与校长负责之间的关系、大学制度与组织文化之间的关系、普遍性与特殊性之间的关系等。完善大学内部治理结构的核心和关键，就是在辩证看待这些关系的基础上建立一系列权利配置和利益平衡机制。北京师范大学原校长钟秉林教授认为“建设现代大学制度、推进高校内涵发展”中存在的主要问题是大学与政府关系不顺畅、大学与社会关系不协调、大学内部治理结构不平衡。建设的重点与难点在于改善政府宏观管理、完善大学领导体制、优化大学组织结构、保障大学民主管理、平衡学术行政权力、深化管理体制改革、完善质量保障体系和营造优良校园文化等八个方面。

另有学者从大学的使命、教育观念、大学文化、权力认知与权力诉求等视角分析了当前大学内部治理中的问题。王英杰教授认为大学的使命是文化的传承与创新，当前大学治理改革最紧迫的问题是处理社会需求与大学自身发展需求之间的间隙，处理管理意图和学术现实间的间隙，处理大学中管理者和学术人员之间相互信任的缺失。这就要求我们在建设世界一流大学的过程中，构建一种在学术共同体与大学行政之间保持平衡的制度，即所谓“共同治理制度”。首都师范大学副校长孟繁华教授认为，当前大学内部治理的问题在于教育观念，其主要表现形式为：人文精神被科学主义遮蔽，理想主义被现实主义遮蔽，超越精神被实用主义遮蔽，功利主义的利益效应和效率意识，教育标签化、教育行政化、教育工程化等各种思潮和行为一度甚嚣尘上。高校内部治理体系的改革需要用教育生态观来引领，解决当前大学内部治理中的问题，促进高校发展的必然选择是去标签化、去行政化和去工程化。北京大学施晓光教授认为，当前大学中“官本位”和“行政化”思维十分严重，“行政权力”和“学术权力”之争成了大学内部治理最棘手的问题。从文化的角度来看，形成这一问题的原因在于：第一，缺少民族文化自信，中国大学在组织建设和制度安排上，始终对西方大学亦步亦趋，以西方发达国家的标准为自己的标准；第二，工具理性主义和经济利益驱动下的大学改革，官僚文化模式仍然在大学管理中占据主导，造成以院校管理模式代替学术管理模式，混淆了“学术权力”和“行政权力”的边界和权限。复旦大学熊庆年教授通过大型实证调查发现，当前多数二级学院的领导人对权利认知和权利诉求不匹配。究其原因，一方面规制本身存在局限，权力边界不清、制度短缺是表象，内在反映出的是各个组织的性质定位不清楚，而更深层的本质是对一些权力的价值缺乏一致认同；另一方面现在治理的成熟度不足，还处在前制度化阶段。

2017 年 3 月，《教育部等五部门关于深化高等教育领域简政放权放管结合优化服务改革的若干意见》（以下简称《意见》）中明确提出要“完善高校内部治理”。高校内部治理能力的提升和治理体系的现代化改革，是提升高校治理水平，提高办学治校能力，提升中国高等教育质量的关键。本次会议中，中国人民大学周光礼教授对《意见》进行了解读，认为《意见》在体制层面，聚焦如何处理政府与大学的关系（办学自主权问题），在组织层面，聚焦如何处理学术与行政的关系（基层组织自治问题）。中国人民大学秦惠民教授从背景、改革思路、改革成效、现状与问题和政府与大学的关系维度分析了《意见》，认为《意见》进一步明确了政府和大学的权责边界，从趋势上将按照法治思维和法治方式改革和发展，实现从渐进放权走向教育法治。

学者们也从高校内部治理体系的实践方面进行了诸多探讨。宁波大学叶飞帆教授从解决教学与科研的矛盾出发，分析了剑桥大学、香港中文大学和西安交通大学实施的书院制的特点，提出书院制是对大学内部治理结构的重大变革，涉及权力的分配与制衡、组织架构的重组、运行机制的重构等，采用书院制可以解决大学及其教师对本科教学的投入不足问题，为大学内部治理结构的完善提供新的视角。浙江越秀外国语学院魏小琳教授分析了近十年各大学以基层学术组织治理为切入点，改革、优化内部治理结构而形成的三种模式："校—学部—学院（学系）"制、"校—学院—研究所"制和"校—学院—学科"制，认为基层大学学术组织的重构具有"集成大学职能，体现大学组织特性"，"使基层成为不断创新学术、推动大学组织蓬勃发展的动力源"，"厘清行政权与学术权边界，有效促进大学自我约束"等价值，能够克服原来传统系（室）制模式下所难以克服的诸多弊端，较好实现管理重心的下移。

学术机构为实现组织控制和影响创设出两个不同但等效的系统，其中一个系统是基于"合法权威性"（legal authority）建立的董事会和行政机构；另一个系统是基于"专业权威"（professional authority）建立的教师角色群体。对教师群体角色的讨论也是本次会议的热点之一。教育部国家教育发展中心高教室主任马陆亭观点鲜明地指出，大学要以教师为中心，以教师为中心的高校内部管理则首先要认识教师的职业特点、分清高校内部不同层面工作的侧重点、为教师提供合理的双梯阶发展管道、杜绝学术的"关系化"等。华东师范大学阎光才教授指出，当前高校教师参与治理的现实局限主要有参与治理的资质、能力问题以及时间与精力问题。要想理解高校教师参与治理的现实内涵，需要弄清教师参与治理不是参与管理，教师参与治理不意味着教师凡事都能主导决策过程，教师参与治理不是凡事人人参与和具有平等的权力。教师参与治理存在狭义与广义之分，广义上的参与更具有现实性与可行性。

通过历史可以获得启发。南京大学王运来教授以民国时期金陵大学为例，论述制度规约对学科建设的重要意义，认为金大农科的成功很重要的就是靠制度规约，指出制度是"轨"，承载着院系所部有序运行；制度是"灯"，引领着个人组织争先晋位；制度是"尺"，衡量着教职员工言谈举止；制度是"网"，防备着外来因素侵袭干扰。苏州大学周川教授由评议会、教授会制度的发展脉络展示了中国近代大学的治理。

他山之石，可以攻玉。南京师范大学胡建华教授研究了日本国立大学法人化改革后内部治理体系的变化，其特点在于形成了一个基于国立大学法人的新的大学内部治理结构。新的治理结构在理念上是问责经营，大学更多地向社会公开，接受政府和社会的问责，同时大学要通过学费、营运的收入、产学结合、成果转让等争取更多的经费；在组织方面，大学内部治理的组织更加强调多元和多方参与；在治理权力方面，目前虽然有集中的倾向，但仍在试图找到一种平衡。

本次论坛围绕"高校内部治理体系与创新的理论与实践"，涵盖现代大学内涵与属性的探讨，大学基层学术组织的作用，教学咨询体系、书院制等制度的功能以及高校内部治理现状、治理体系改革创新、治理评价指标体系等问题，为创新高校内部治理体系提供了多种视角。部分会议发言刊发于《探索与争鸣》2017 年第 8 期"圆桌会议"栏目，主题为"高校内部治理体系创新：理论与实践"。

“人工智能与未来社会:趋势、风险与挑战”学术研讨会

8月28日,《探索与争鸣》编辑部和华东政法大学政治学研究院共同主办的“人工智能与未来社会:趋势、风险与挑战”学术研讨会在上海市社联召开。来自国内知名高校和研究机构的近四十位专家学者以及业界代表齐聚一堂,针对人工智能的发展和应用,分别从技术、法律、政治、经济、人文等不同角度展开热烈探讨。

当前,国内外对人工智能给予了普遍关注。在人工智能浪潮滚滚而来的今天,我们应当如何应对其带来的风险和机遇;人工智能的技术属性和社会属性如何实现融合;人工智能又会对未来社会造成怎样的冲击,这些都是亟待回答的问题。本次会议共设有六个主题,采取主题发言和自由讨论等形式,对人工智能给未来社会带来的风险与挑战进行交流讨论。

中国社会科学院王飞跃教授认为,世界可分为三个部分:物理世界、心理世界以及人工智能(虚拟)世界。每个世界都要有自己的轴心时代,新的世界也要有它的轴心时代。现在是哲学上的突破,再就是科学上的突破,下面就要是技术上的突破。对于人们普遍担忧的人工智能将取代人类工作的问题,人们当前的工作正是依赖机器而提供的,人类向无用阶级转变,其实是社会的进步。

上海交通大学江晓原教授则对人工智能表示出明确的否定态度。他分别从近期、中期、远期分析了人工智能的风险,表达出忧患意识:从近期来看,人工智能引起大批失业问题;从中期来看,人工智能存在失控的可能;从远期来看,人工智能的终极威胁是人类这个物种会在个体的体能和智能方面的全面衰落。

北京大学陈钟教授在演讲中依次展开自己关于人工智能的三个重要观点,即“人工智能本质是计算机科学分支”“数据驱动导致人工智能发展起起落落”“社会科学与现实的关系比以往更加紧密”。最后,他表达出关于人工智能的中庸态度,主张要对人工智能进行规制,促使其合规发展。

中国社会科学院哲学所段伟文研究员从哲学和人性入手,对人工智能的社会性进行思考。段伟文研究员以人性为切入点来思考人工智能的危机和未来情境。他的主要观点可以概括为:一是人工智能的发展带来新的权利;二是数据框定时代、算法设定认知;三是人的机器化和机器的人化;四是智能延展认知与人工愚蠢;五是深度科技化。

宽资本董事长、奇点大学投资人关新则从行业实际发展情况出发,直指人类对人工智

能的恐惧之处——人是不可能阻挡技术的，技术本身就是洪水猛兽。我们今天应该把人工智能和科技革命当作完全不可阻挡的东西，至于人怎么应对，这是挑战人本身的智慧。

上海交通大学熊红凯教授回顾了人工智能的起起落落，认为人工智能发展中的不确定性和不可解释性是最大的威胁。其演讲的重点就是人工智能技术的安全性。人工智能的推动主体是企业与资本，其最大推动力不是算法而是数据，数据的使用不可避免会带来安全性问题。一切技术都是以超越人自身为推动力，从这个角度来看，一些人称人工智能技术是洪水猛兽是有一定道理的。

上海社会科学院成素梅研究员认为，人工智能是科学与技术相互交叉的一个领域。它是要把科学的原理变成技术的实现，反过来技术的实现又推动了科学原理的解释和发展。人工智能研究者一旦扬弃追求通用人工智能的范式，转向追求在具体领域的拓展应用，人工智能就会走出瓶颈，迎来新的发展高峰。

华东政法大学高奇琦教授认为，中国在人工智能时代有着特殊的使命。他提出未来发展的四个“智”：第一，跨智，发挥媒体之间的技术优势；第二，众智，利用群体智能；第三，合智，人工智能和人类智能合作；第四，善智，发展的目的是为了人类的公平正义。

四川大学左卫民教授表示，实务界对 AI 是相当认同的。他着重审思人工智能与中国智慧司法的未来，讲述法律界对人工智能的运用情况，指出 AI 与法律学者有一定差距，但法律界总体上对 AI 相当认同，对人工智能在司法领域的应用充满信心。

上海交通大学郑戈教授列举了人工智能对法律职业和社会管理的种种挑战。人工智能所涉及的伦理和法律问题是这个时代最关键的问题之一。它涉及现代法律体系的基础性概念和思维方式。同时，数据的实际占有者与使用者之间的界限越来越难以判定；过错的判断越来越困难；过错与损害结果之间的因果关系越来越难以确定。

华东师范大学吴冠军教授作为政治哲学研究者，着眼于未来社会秩序。他用人类学机器这个概念阐述自己对人工智能的理解。人与人工智能之间是一种机器关系、上下级的关系。吴教授指出人类学机器是基于人工智能的全新的物种，这个新物种会带来一系列伦理问题、逻辑关系问题，对现实世界产生颠覆性的影响。我们在关注人工智能发展的同时，也要关注它的正当性。

上海社会科学院惠志斌研究员主要探究人工智能应用场景中的法律问题。人工智能的算法至少目前来看还是由人来设计、验证、实施的算法，所以，在鼓励它发展的同时如何规避危险，如何能按照人类所希望见到的“善智”方向发展，这是我们需要考虑的问题。还要考虑如何通过公共政策和法律，找到可能带来危害的风险点并进行规避。

上海交通大学杨力教授介绍了司法界 AI 应用的前景。他介绍了法律实务中大数据应用的四套大纲：第一套大纲是 AI 系统，在整个司法链条上做到数据驱动的最底层工作；第二套是在审判环节，审判环节是整个法律的中心工作；第三套是计算财务、绩效；第四套是模拟审判。未来希望通过三到五年，机器法官（现在还不敢称智能法官）能够承担法院的简单案件。

上海大学顾骏教授重点探讨了人工智能研究的“灯下黑”问题，提出了自己担忧的人工智能发展的八个问题，如宇宙发展是否会终结人类、人工智能是否会超越人类、人类创造物是否有自主创造力以及机器人自我进化问题等。

上海师范大学何云峰教授持乐观态度，站在进化论视角看待人工智能。问题的关键是人工智能大量的使用会导致人类进化危机，它比人类摆脱自身束缚更加可怕。人工智能越发展，人类从劳动中解放程度越高，人类将有更多时间来学习和提升自己，拥有更多发展机会。

复旦大学徐英瑾教授主张在人工智能与人工智能伦理学的研究中引入认知语言学的理论成果，并在此基础上，特别强调“身体图式”在伦理编码进程中所起到的基础性作用，必须严肃思考“怎样的外围设备才被允许与中央语义系统进行恒久的接驳”这一问题。

微软亚太科技有限公司副总裁王枫提出，新科技应助力人工智能造福人类。第一，人工智能服务于人类，这是前提。第二，数据的完整性、专业性和准确性是最基本的。弹性的云计算的应用，使得人工智能不再局限于同手机管家的简单问答。

上海财经大学张学良教授从经济学框架来分析人工智能的发展与经济学的未来。第一，从供给与需求上来看，人工智能所改变的是供给侧。第二，从成本与收益上来看，企业家的投资一定要带来收益。第三，从政府与市场的角度看，政府要防止垄断，做好分配工作，实现利益共享。第四，从中国与世界角度看，就业与劳动力市场、教育等主要矛盾都是需要考虑的。

在圆桌会议环节，围绕本次研讨会主题，与会专家学者进行了热烈的自由讨论，纷纷提出独到的观点。华东师范大学历史系王家范教授认为，人文主义在科技里面应该占有主导地位。人工智能不可能取代历史学家的工作。所谓的人类智慧终极论不能成立。上海政法学院文学与传媒学院副院长张永禄副教授分析了机器人写作要解决的问题。苏州大学凤凰传媒学院院长陈龙教授指出，人工智能发展到现在的状态，让人们产生了忧思，这本身就是现代性的一种表现。

会议最后，上海市委宣传部副部长、市社联党组书记、专职副主席燕爽进行总结。他对人工智能的发展表现出乐观态度，指出人工智能的发展是未来的必然趋势，必须尽可能加以适应和应用。关于人工智能的讨论，未来将进一步升温，中国学者的深度介入显示出中国在科技前沿领域话语权的提升。

本次研讨会关注技术前沿热点问题，深受各界重视，参会人数众多。会上不同观点相互碰撞，气氛热烈，参会学者之间进行了坦诚对话。本次会议是《探索与争鸣》“人工智能与未来社会”系列论坛的第一场，主要成果刊发于《探索与争鸣》2017 年第 10 期“人工智能与未来社会”专刊。《探索与争鸣》在国内学术期刊中较早对人工智能予以集中关注，专刊推出后产生广泛影响。

“中国城市社会的文化自觉与道路自觉”学术研讨会

9月23日，由上海市社联主办，《探索与争鸣》编辑部、上海财经大学人文学院、上海社会科学院哲学所、中国城市问题研究论坛联合承办的“中国城市社会的文化自觉与道路自觉学术研讨会”在上海财经大学举行。来自北京、上海、武汉、杭州、苏州等地知名高校和研究机构的学者，针对当前中国城市社会中的问题、城市社会的中国话语建构以及城市实践的具体路径等主题，开展了热烈而深入的探讨。

清华大学武廷海教授提出，中国传统城市的首要职能是政治性的，政治职能又服务于经济目的。中国现代城市的产业化多是在传统政治城市基础上展开的经济和文化的共同发展。这就决定了中国的现代城市与西方城市存在着实质性的差异。中国的城市既是组织社会的手段，也是“民附着于地，人地相称”的传统天人合一思想的具体化。

上海财经大学张学良教授指出，经济学的内核是时间的建模，空间只是一个容器，且具有同质性。同样，人仅仅被当作资本来看待，只具有劳动力的意义，和空间一样是同质的。但现实生活中空间是异质的，人也是具有特殊性的个体。近年来，经济学对于空间的异质性、多样性、空间关联性和自适应性表现出越来越浓厚的兴趣。因此，将空间的维度拉回经济学的视野中，已经成为当下经济学向空间与人的重要转向。

华东师范大学叶超教授提出通过三个关键词来把握相关思考，即整体、返回、空间。城市的问题始终是一个整体性的问题，尽管当下的城市科学研究呈现出一种时间或空间上的断裂。而试图超越这种认识上的碎片化状态，要求从城市的经验性实践和具体研究中返回形而上的思考。在哲学的思考中，城市的本质表现为一种空间，一种体现了特殊性和与人的关系的空间。

苏州大学李龙教授对空间与体育的关系进行了阐释。空间与体育的结合首先表现在空间与人的身体密切关系上。例如广场舞，它既是一项体育运动，也涉及城市规划的问题。其次，空间与体育的关系有更加内在的一面，即体育精神与城市精神具有内在一致性。尚武精神是一种天行健、君子自强不息的精神，同时也是一种昂扬的斗志、不萎靡不萎缩的生活态度，城市精神的建构显然不应缺乏这个维度。

北京建筑大学高春花教授对中国城市精神的话题进行了补充。城市化在给我们带来益处的同时，也带来了很多消极影响，如农民被边缘化、空间正义等问题，这些问题归根到底都与文化有关。西方发达国家的城市化主要由市民社会推动，在城市化过程中，市民社会的成长也培育了契约、平等、自由等城市精神。中国城市化中,相应的城市精神还比较欠缺,这也是城市问题层出不穷的原因。

中国社会科学院强乃社研究员指出,对中国城市社会的研究需要建构出属于中国的城市话语。目前对于中国城市的研究,依然缺乏一种概念式的理解,尤其是对中国传统城市的独特性,以及近代乡土社会向城市社会转变的过程,缺乏相应的理论把握。中国的都市化进程,作为社会主义的空间实践,应当得到恰当的阐释。另外,对城市研究应当在国家战略的高度上予以把握。

上海社会科学院何锡蓉研究员指出,城市发展的过程中特别要注重城市空间对人的关注,对于城市的研究应当在借鉴西方城市理论的基础上,创造出属于我们自己的城市化理论。不同的城市有其共性,更有特殊的个性。因此,城市研究要注重具体城市的精神特点,在充分调研的基础上,结合城市气质展开具体的研究。

苏州大学田广兰教授进一步对城市的共性与个性的关系发表了看法。对于城市社会的文化自觉的探讨恰恰反映了一种焦虑感,而消除焦虑感、逐渐产生文化自信,要从两个向度同时进行:一是普遍性的向度,主要体现在城市社会可持续的秩序的建构和对中国历史的延承;在普遍性的诉求之外,还应当有个性的向度,城市的个性可能来自其特殊的历史文化的传承、城市的现代功能、城市的产业特色、自然环境等因素,以及这些因素的整合。

苏州大学邢冬梅教授从科学的境遇性入手,对中国城市社会的状况进行了解读。境遇不仅取决于外部时间和外部空间,更是由内部时间和内部空间来刻画的。内部时间之所以成为丰富而真实的时间概念,是因为其中有空间的活动,二者的对应就是所谓的境遇。当我们用境遇的观点来看待城市,也就是将城市看作一个自组织、自进化的复杂系统,因此,中国城市更应体现为一种自下而上的、自我完善的境遇性的生长过程。

在北京师范大学沈湘平教授看来,中国城市社会自上而下的特征,根本上源自城市社会内部存在的四种异质性逻辑之间的冲突。文化逻辑的冲突主要体现在古、今、中、外的文化之辨;技术逻辑决定了城市的现代化程度和其具体的空间样态;资本逻辑是城市发展的动力来源;但权力逻辑是占主导地位的。在四种逻辑的互动中,中国城市社会总体上呈现出一种自上而下的特征,这与西方的城市化过程存在较大差异。

上海财经大学陈忠教授从城市社会的伦理自觉对城市秩序的建构提出设想。城市社会作为一个综合的关系体,需要一个相对确定的、可预期的、共识性的秩序,这种秩序可以借助善或者其他的伦理范畴表达,这就是城市社会的伦理性。伦理性不仅体现在人与城的关系中,城市本身的演变同样具有伦理的属性。在中国当下的城市社会建构中,原有的一些伦理观可以很自然地切入城市社会的机理,伦理自觉不仅依赖人们天性中的良善,更依赖城市公共性的建构。

华中科技大学贺慧教授从"从公共空间的绿色营造"对如何建构城市公共性进行了阐发。首先,城市的公共空间是整个城市社会的健康生态系统的有机节点。其次,整个城市是由增量转存量的过程,城市规划将由大拆大建转向微更新,完善城市的公共空间,满足市民公共活动的需求。再次,网络时代的健康交往也需要公共空间。最后,公共空间的绿色维度，主要体现为步行为主的连接性，可连续使用的，就是对所有人都是平等的、有户外教育意义的和亲近自然的。

除了大力推动城市的公共性，体现中国城市社会的社会主义性质之外，华中科技大学董慧教授认为，当下的空间研究应当在马克思主义对于空间问题的经典解读指引下，平衡好四个方面的关系：社会发展与都市空间；人文地理与城市空间；信息社会和网络空间；中国战略与全球空间。

本次会议关于城市社会的文化自觉和道路自觉的探讨，展现了城市规划、经济学、体育、哲学等不同学科对于该问题的深入思考，激发出大量思想火花，推进了相关主题的深入研究。

全球城市史：环境、城市网络与空间生产暨第三届全球城市史学术研讨会

10月25—26日，由《探索与争鸣》编辑部、上海市社会科学创新研究基地、全球城市与世界文明传承研究基地联合主办的“全球城市史：环境、城市网络与空间生产暨第三届全球城市史学术研讨会”在上海师范大学举行。21世纪以来，全球化和城市化已成为世界潮流，它们的兴起有深刻的历史渊源。为了更好应对这两大潮流，有必要回溯历史，将全球史和城市史结合起来，从跨学科、跨领域的全球视角进行开放式、多元化的探索。这正是本次会议的宗旨所在。

会议开幕式由上海师范大学人文与传播学院院长陈恒教授主持，上海市社联科研处胡赟，《探索与争鸣》主编叶祝弟和厦门大学教授、上海师范大学特聘教授、中国美国史研究会前任理事长王旭先后致辞。

会议第一场由《世界历史》徐再荣副主编主持。上海财经大学陈忠教授做了题为“城市社会的生命自觉与风险治理”的发言，从城市哲学和文明批评史的视角，梳理了城市风险的历史转换。中国社会科学院宋小飞助理研究员的发言是“日常生活：城市遗产保护的灵魂元素”，以丽江白沙古镇为个案，指出从日常生活切入保护城市遗产，其实是整体性保护，会造就双赢的局面，体现着保护理念的转变。华东师范大学瞿骏副教授的报告是“清末民初江浙城乡网络中的现代国家概念普及”。传统思想让中国城市道路跟欧洲城市道路并不相同，所闻之中国与所见之中国的区分让中国人的爱国观念常与城市有所抵触，而和小城镇、乡村更加亲近。河南大学王运良教授做报告“城市历史遗产保护与活用模式探讨”，以河南开封的历史遗产保护与开发为案例，分析了开封历史资源保护的各种模式。

第二场讨论由《探索与争鸣》原主编秦维宪编审主持。华东师范大学叶超教授应用数据分析方法，做了报告“城镇化率与$PM_{2.5}$演变的全球格局(1988—2015)”，在全球尺度下考察城镇化发展与环境的关系，指出城镇化中高级阶段往往是环境污染改变和治理的关键时期。华东师范大学王琼颖博士在报告“融入与记忆——二战后德国城镇化浪潮中的‘被驱逐者’”中，介绍了难民城镇的形成，以及其在巴伐利亚二战后经济转型和城镇化进程中的位置，并进行具体的案例分析。南京大学硕士研究生张思嘉则通过报告“文化记忆传承理念下德国汉堡仓库城的保护与开发利用及其对中国新型城镇化建设的启示”，介绍了汉堡仓库城作为文化遗产的重建和开发过程。《探索与争鸣》主编叶祝弟的主题报告“神经衰弱的上海——审美都市主义视野下的新感觉派”，通过对20世纪30年代新感觉

派作品的文本分析，透视了上海市民与中产阶层的神经衰弱症状，涵盖了文学、历史学、社会学、病理学、心理学等多个领域，充分体现了城市史研究的跨学科特点。

下午，澳门大学田卫平教授和南京大学洪霞教授主持会议第三场。华东师范大学林广教授的发言为“从死亡到复活——纽约高线的保护和利用”，通过纽约高线改造得到启示，城市记忆的保护有赖于公民的广泛参与。同济大学胡洁人副教授的主题报告“业主的次级抗争与社区治理困境”，结合田野调查资料，分析城市治理中的物业纠纷。四川大学查常平副教授的报告“自由的还乡——东边画廊中的柏林墙艺术记忆”，围绕柏林墙的艺术记忆，探讨涂鸦艺术表现形式和特征，指出它具有不被艺术家原创所奴役的天性。南京大学李恭忠副教授的报告“‘记忆之场’的中国范本——南京中山陵再探”，运用历史档案材料，以中山陵为范本，从符号、仪式、景观三个角度尝试探索中国的记忆之场如何理解。云南师范大学王洋讲师的发言“埃比尼泽·霍华德田园城市的理论源起与质疑辨析”，认为霍华德著名的田园城市理论，实际上着眼于社会改革，而人们对它的理解存在不少误解。上海对外经贸大学张帅讲师的题目为“战争苦难与城市温度——二战期间盟军战俘在上海”，通过分析二战时期上海盟军战俘营的特色，表明上海在慈善精神、人文关怀上体现了国际化都市应有的特色。河南科技学院苏喜庆副教授的“第三空间——城市史书写的一维”，对美国学者空间地理学者爱德华·索亚的“第三空间”概念进行了中国语境的转化。山西师范大学车效梅教授的报告“蒙古人西征与中东城市贸易格局的变迁”，从宏观层面概述了中世纪到17世纪中东地区城市格局的变化，并特别讨论了蒙古西征对中东城市贸易圈的影响。厦门大学李莉副教授的报告“二战后美国城市政策转型下高层公共住房的兴与衰”，结合二战后美国住房政策，分析了美国城市高层公共住房的兴起与衰败，指出其衰败恰恰是忽视和牺牲低收入者利益的恶果。中国社会科学院魏涛助理研究员的报告“乡绅阶层与南卡罗来纳查尔斯顿的城市景观”，研究了美国早期的城市景观，指出在查尔斯顿这样的发展景观中，乡绅扮演着非常重要的角色。厦门大学黄涛助理研究员在发言“纽约贫民区的治理历程与经验”中，提出借鉴纽约市城市治理经验，转变治理思路，强调社区综合治理、多方合作和以人为本。同济大学黄健美讲师通过李平书铜像的案例分析，细叙其空间变迁经历，认为作为标志性人物雕像，其空间意象会随时空因素变迁而改变。曲阜师范大学周东辰讲师的发言以中世纪英国港口城镇大雅茅斯为例，从经济社会史的角度分析了百年战争期间英国城市的兴衰。上海师范大学世界史博士后流动站刘晓卉在发言中，主要探讨了美国19世纪末20世纪初资源保护运动和自然保护运动浪潮下城市环境的变迁。上海师范大学李文硕副教授以匹兹堡的医疗产业为例讨论战后美国城市的转型，特别是经济结构和空间结构的转型。以匹兹堡大学医疗中心为代表的医疗产业成为推动整个匹兹堡经济走向复苏的支柱型产业，为城市发展与转型提供了重要借鉴。

10月26日，会议继续进行。第四场由山西师范大学车效梅教授主持。复旦大学唐亚林教授首先对“特色小镇”建设的背景和模式进行详细介绍，强调信息技术与空间建设结合的意义。华东理工大学何雪松教授的报告题为“流动的社会学——新的时空观与社会想象”。何雪松教授提出，人群大规模流动冲散了原有城市结构，全球化时代应该建立新的以流动为常态的时空观，消除传统的“流民恐惧”的社会想象。《美国研究》编辑部副主任、中国社会科学院美国研究所魏红霞研究员结合自己的研究经历，介绍了美国城市管理的历史经验。西南交通大学唐均教授的报告题为“吐火罗人内亚城邦文化的语源学记忆”，说明了吐火罗人的民族渊源，尝试通过语源学推论，弥补历史文献与考古的不足。上海师范大学陆伟芳教授的发言结合亲身经历，着眼于近现代伦敦郡议会如何解决工人住房问题，具有深刻的现实意义。

会议第五场由西南交通大学唐均教授主持。上海社会科学院牟振宇副研究员在报告“太平天国运动对上海土地市场的影响”中，分析了上海崛起初期的房地产因素。上海社会科学院罗婧助理研究员在发言“开埠初期上海英租界道路系统的建立与完善”中，以英租界道路图为依据，从道路规划等方面，分析了英租界道路系统的统一与完善过程，认为洋行租地对道路规划起到重要引导作用。上海师范大学姚霏副教授的报告“上海市工人文化宫研究(1950—1966)”，回顾了这一带有时代印迹的城市景观，分析了这种特有的空间生产。山西师范大学王霏副教授发言题为“18 世纪阿勒颇的市民健康、医疗与死亡观”，探讨了这座叙利亚古城中市民的死亡因素，分析其高死亡率的原因和市民的死亡观。山西师范大学张丹博士的发言“贾樟柯电影中城市空间的建构”，认为贾樟柯作为第六代导演代表人物，其对城市的关注是以独特的个人化方式反映现代城市中普遍的生存困境。

会议闭幕式由上海师范大学人文与传播学院李文硕副教授主持。《美国研究》编辑部副主任魏红霞研究员和上海师范大学人文与传播学院院长陈恒教授做了总结发言。在为期一天半的会议过程中，与会专家就会议内容进行了热烈讨论。中国的城市化发展非常迅速，从传统社会向现代社会的转型，对人类的行为方式、工作方式等方面都产生了巨大的影响。本次研讨会对此进行跨学科研讨，具有重要意义。

听觉文化国际学术研讨会

11月11—12日，“听觉文化国际学术研讨会”于南开大学召开。此次会议由南开大学文学院、中国人民大学文学院、《探索与争鸣》编辑部、上海美学学会、天津美学学会联合主办，中国电影家协会电影声音艺术工作委员会、中国录音师协会电影录制专业委员会承办，数十位国内外专家学者参与研讨。

南开大学文学院院长沈立岩教授在开幕式上致辞，介绍了听觉文化的研究现状，表达了对此次会议的重视与肯定。在为期两天的学术研讨中，与会代表围绕“中外听觉文化理论及其延展”“媒介与听觉文化研究”“文艺作品与文化现象中的声音研究”三个方面做了深入探讨和广泛交流。

“听觉文化”概念的辨析及延伸，体现出鲜明的跨学科甚至无学科特色，不同学科对声音问题的关注使得听觉问题成为一个可以容纳不同意义的结构场域。围绕着“听觉文化的内涵与外延”“听觉或声音史研究”“关键词研究——‘声音’‘听觉’‘噪音’‘寂静’”“中外听觉文化理论与相关作品研究”等四组论题，与会学者进行了热烈讨论。

关于“听觉文化的内涵与外延”，江西师范大学的冯樨副教授认为，以声音为核心建立一套听觉思维的范畴体系，有利于平衡人类感官在文艺中的价值考虑。听觉文化具有强大的延展性，它可以借助想象，对视觉霸权形成冲击，并进一步延伸了视觉想象的范畴。日本早稻田大学千野拓政教授认为，听觉向视觉转型过程存在于现代文学的不断发展中，并随着时间的推移而愈加显现，无论是中国还是日本，都存在着听觉复权的尝试。江西师范大学傅修延教授讨论了卡尔维诺《国王在听》中揭示的“语音独一性”，运用叙事策略可以令人在想象中听见声音。美国加州大学戴维斯分校的陈小眉教授以中国革命音乐舞蹈史诗为例，阐释了其中的听觉和视觉想象。

在“听觉或声音史研究”方面，美国夏威夷大学的Richard C.Rath副教授借助两个互补的方向，即“听觉方法史”(Hearing history)和“听觉的历史”(The history of hearing)的合作来拓宽研究路径，将现象学与经验学融合起来，思考听觉在现代社会所带有的现代性本质问题。东南大学博士邓珏指出，宋代文学与图像对听松母题的观照，建构了视听融合的时空结构。对宋代文学与图像中听松母题的研究，能够在比较的视域下，探讨文学与图像艺术对松声等非视觉类意象的表现方式问题。

“听觉文化研究中的关键词”也是会议讨论的热点。中国人民大学讲师王亦高从传播学角度分析听觉，认为听觉的重要性在于听觉的本质是为了传播与交流，听觉与人类情感之唤起的联系更为密切。四川师范大学讲师米斯茹从话筒声音的意义流变入手，分析了话筒在中国现当代社会变迁中扮演的重要角色。

关于"中外听觉文化理论与相关作品研究"，天津财经大学讲师刘昕亭梳理了齐泽克"客体声音"的相关理论，指出"声音"(和"凝视")是齐泽克揭示现实多重性的批判利器，也是催生反思批判主体的另类路径。南开大学博士后张聪中表示，视觉霸权助长了单一的理性控制权，将我们带入了消费至上的碎片化、增值化的商业世界，注定要扭曲我们对于外在世界的真实感知，因此要走出"视觉中心主义"，突破"视觉霸权"，端正视听关系。

伴随着对听觉文化基础性概念的思考，学界对于听觉技术、声音传媒、听觉文化的意义与表征等诸多问题的思考也形成了丰富的科研成果。然而，在当下中国社会语境中，对听觉文化文本的观察还可以沿着听觉文化理论研究、文艺文本分析、相关技术与实践研究等角度延展开来，探讨和发现新的研究范式。在"技术与听觉文化研究"方面，北京电影学院姚国强教授概括了中国声音艺术学科的发展现状，并对该学科的未来创新进行了展望。声音在影视艺术作品的表现得到了广大影视观众的高度认可，并呈现出蒸蒸日上的发展趋势，但这一年轻学科的发展也存在着许多问题。北京师范大学珠海校区讲师张汉超提出"听觉思维"的概念以及这一思维的培养，希望借助"听觉思维"的概念，为影视声音的创作和教学不断扩充理论与方法论的支撑。上海大学上海电影学院博士侯明指出，在"互联网+"时代，基于技术的声音艺术令人瞩目，可以依托新的技术手段来展现电影艺术与自然文化内涵。

关于"音乐理论与音乐作品研究"，江西师范大学博士邱宗珍从叙事作品中普遍存在着对钟声的书写入手，将钟声的功能进行归纳，指出器物本身所具有的神圣化内涵和推动文本叙事的作用。Ina-GRM 法国国家视听中心音乐研究组青年学者王兆谷梳理了法国电声音乐的诞生与发展约 70 年的历程，针对部分相关专有名词的中文翻译及应用提出修改建议。

"听觉研究与文化产业"的问题较为具体，也是讨论较为热烈的议题。九江学院周志高教授指出，从文化的角度来看，听觉文化的意义也必须放在具体的时、空中进行研究才能对其精准把握，因而听觉文化可以看作是流动在时空中的。中国音乐学院刘嵘副教授从对中国西南的一座小镇——湖南凤凰古城的声音景观的描述出发，阐述其声音文化生态的特点，进一步探讨文化生态建设的可能性实践。天津理工大学讲师农郁认为，声音的接收和解码过程实质是一个通过听觉完成视觉想象的过程，正是耳朵的视觉完成了意识形态的运作，让人在无意识的情况下被其修饰和改造。

声音现象在现代社会日渐受到关注，对声音文本的探索也成为学界热潮，该组论题围绕着"听觉研究与现代社会""声音美学与声音政治""电影中的声音研究"展开，对声音文本的解剖式分析带来了许多新的阅读体验，将听觉文化研究的关注点进一步拓展开来。

关于"听觉研究与现代社会"，北京大学博士后路杨从 20 世纪上半叶现代作家笔下的上海"市声"入手，分析音景中的上海潜藏的都市现代性的不均衡与不稳定，分析了不同作家所体现出的社会区隔、空间政治以及战时日常生活的心理地貌，揭示声音景观与都市体验之间某种内在的生成关系。江西师范大学刘碧珍副教授立足于对社会文本的阐释，指出在具有语音功能的微信叙事中，听觉互动并未真正实现，以微信叙事为代表的新媒介交流本质上是一种“媒介中心主义”，这一交流状态探其来源也是线性思维的产物。

“声音美学与声音政治”议题从会议主题发言一直延续到分组讨论中。上海音乐学院杨燕迪教授认为，音乐的形而上品质使得音乐能够为其他所有艺术提供原型。上海大学曾军教授立足于声音内部，剖析了从声音美学到听觉文化的范式转换中发生的理论问题。北京师范大学赵勇教授根据赵树理作品中所建构的“形式的政治”通过“声音的政治”发挥效果，发现从说到听的写作方案中的“功能转换”，与本雅明的“艺术政治化”存在着关联。厦门大学贺昌盛教授指出，现代中国文学中的听觉是被遮蔽的，民族语言和国家语言没有被完全区分开，听的文学一直在推动着现代性的进程。南开大学博士陈琰娇阐述了声音政治的表现形式及其建构。她分析了喊麦的技术形式和表演特点，并指出声音本身并无所谓“价值”，但进入商品市场的声音却必须进行以听觉主体为导向的编码。

“电影中的声音研究”受到年轻学者的广泛关注。就电影声音本身的解读而言，安徽大学王泽庆教授以积极的姿态分析了听觉的自我拯救功能，认为听觉不是被动的接受信息，是对视觉主导位置的一种挑战，也是与视觉向听觉渗透或听觉主动向视觉投靠的鲜明对比。上海师范大学讲师赵娴聚焦动画声音文化中的表层文化和深层文化两个方面，试图说明中国动画电影的声音文化需借鉴西方电影配乐风格，并关注民族审美心理与情趣之心，担负起培养年轻人的浓厚民族情怀。南开大学博士郎静选取了影片中最具变化意味的两种声音，即人物所使用的语言和背景音乐，试图在声音的转变中，重新审视全球化中国合理性的空间困境。

会议最后，南开大学周志强教授和中国人民大学王敦副教授进行了学术总结。近年来，“听觉文化”作为一种可以瓦解视觉霸权的观照世界的方式，逐渐引起学界的广泛关注。当下中国社会的听觉现象也呈现出迥然不同的风格特征。音乐、影视、文学研究和文化研究等不同学科之间的沟通和交流，有助于形成新的学术话语共同体。

“重置城市空间:节奏、身体与日常生活批判”学术工作坊

11月15日,“重置城市空间:节奏、身体与日常生活批判”学术工作坊在上海师范大学光启国际学者中心举办。本次工作坊由《探索与争鸣》编辑部、上海师范大学都市文化研究中心、上海师范大学光启国际学者中心、中国城市问题(上海)论坛联合主办,来自米兰比克卡大学、复旦大学、南京大学、同济大学、上海财经大学、华东师范大学、杭州师范大学、上海戏剧学院、香港理工大学、上海师范大学、《探索与争鸣》等国内外高校与科研机构的专家学者参加了本次会议。

会议开幕式由上海师范大学人文与传播学院朱军副教授主持,上海师范大学都市文化研究中心主任苏智良教授和上海师范大学人文与传播学院院长陈恒教授分别致辞。苏智良教授回顾了中国与上海在改革开放以来喜人的城市化成果。城市研究与城市发展需要有开放性的、国际化的、批判性的眼光,才能让我们的城市更美好。

工作坊的第一个主题是“马克思主义城市空间批判与实践”,由上海师范大学何云峰教授主持。米兰比克卡大学哲学系教授希姆娜·德·西莫尼首先围绕亨利·列斐伏尔的空间理论及日常生活批判理论,讨论了从工业时代到城市化时代的都市革命。她指出,列斐伏尔亲身实践并创造了一种认识论模型,通过“空间的社会生产”去重新认识空间,空间问题是一个逐渐被意识到的政治问题。列斐伏尔的空间批判指出了马克思主义的革命实践从工厂到都市的深刻转向,当代城市研究在其影响下也转向了都市空间、日常生活、消费、身体、韵律等相关论题的探讨。

南京大学哲学系刘怀玉教授则从“黑格尔—马克思—尼采”三位一体的视角重新阐释了列斐伏尔的城市思想。在列斐伏尔看来,黑格尔聚焦国家,马克思高度重视社会,尼采思考文明。空间生产一方面是对资本主义生产空间的批判;另一方面是对身体创造性的重新生产。

同济大学哲学系陆兴华教授指出,必须将列斐伏尔的《空间生产》与马克思的《资本论》当作同一本书来读,在绝对空间、抽象空间和日常生活空间的矛盾斗争中思考城市的未来。今天必须重新考虑大都市与诸众政治,即思考全球空间是诸众的自我创造,还是建筑师的设计?同时思考作为国家式空间生产模式的房地产政策的影响及其对策。

华东师范大学社会发展学院文军教授以“2016年国家推广居民小区街区化”所引起的热议为案例,从“空间社会学”的角度分析城市空间分配与再生产。文军教授认为社会

空间实际上就是具有若干权力交涉的空间，进而提出了“空间正义”之思。

何云峰教授在总结中认为，当下的城市发展需要日常生活和空间生产的协调发展，以“劳动幸福论”为基础规划城市的未来，以人为本的城市规划是提升人民生活品质和城市发展质量的重点。

工作坊的第二个主题是“日常生活与节奏分析”，由《高等学校文科学术文摘》姚申主编主持。复旦大学中文系陆扬教授分享了“社会空间中的趣味批判”，他认为列斐伏尔空间生产理论一路走红，应可显示当今全球城市化发展中过度投资引发的种种新危机，以及现代性和后现代条件下创造出来的城市空间，何以带有巨大的不稳定性。在文化消费中出现的趣味分歧，其根底在于现代社会错综复杂的阶级分歧。

上海财经大学人文学院陈忠教授展示了湖南张家界景区与上海外滩建筑的对比图，受其相似性的启发，认为自然与建筑都有其生命自觉性。列斐伏尔的理论有其普惠性的优点，但马克思理论才是切肤的肌理性的分析。“节奏分析”旨在总结过空间理论现有成果，构建未来的有张力的理论，达到时间、空间、韵律的统一。生命自觉不是简单在人，自然也是有生命的，建筑和城市也是有生命的，应当是多样性与共同性的统一。

华东师范大学地理学系叶超教授以三个案例在不同阶段的城市化发展对比为切入点，从地理空间学的视角探讨了“城镇化与空间生产”。他强调进入城市和教育的权利常受到(资本、政治与话语)权力的压制，空间生产是一个权利与权力无休止地抗辩的过程。重点不是来自宏大叙事的文化，而是日常生活；需要批判地觉醒，权利才得以显现和实现。空间不止形式，但失去形式，内容和精神也将丢失。

香港理工大学 Allan Bahroun(海阿朗)博士以“日常生活之再生产：算法时代的节奏分析”为主题研究了中国日常生活的巨大变化，认为社交媒体刺激、模仿、融合并最终引导了我们的意识算法。

上海戏剧学院理论研究所支运波副教授立足于阿甘本的“姿态理论”，认为姿态不是实践性的东西，有行为但是“空无”，姿态主要是纯粹姿态，发挥链条一样的连结作用，这使得我们可以以姿态去评价文学、影像、舞蹈等艺术作品，姿态是生命政治理论的范畴。

广州大学李春雷教授在总结中认为，真正实现跨学科空间研究是有难度的，跨学科是为了提取问题进行研究，今天跨学科碰撞给我们提供了很多全新的思路。并提出了一些值得思考的问题：梳理城市空间是否要考虑城市空间的主体？如果逃离媒介，现代都市空间会呈现出什么面貌？

工作坊的第三个主题是“城市文学与身体空间”，由上海师范大学人文与传播学院刘旭光教授主持。上海师范大学都市文化研究中心黄轶教授分享了现当代城市文学中的“生态批评”。黄轶教授认为 20 世纪 80 年代后的大多数文学作者都对城市生态问题采取了批判的视角；21 世纪的城市书写扩展了过去的乡土文学，但也有夸大自然生态的倾向。

华东师范大学中文系陶国山副教授以“身体作为文化资本”为切入点，探讨了“消费社会语境下当代日常生活审美批判”，认为消费是身体参与的日常行为，消费中的人们既是身体，又是社会的认识活动。文化商品化和文化资本成为当代社会的一种重要的资本形式，为资本主义的统治发挥着重要的维护功能。

上海师范大学人文与传播学院刘畅副教授将视角投放到当代城市文学中的工人新村，从相关作品对上海工人新村日常生活的描述中探究这一独特的城市空间。产业工人生活空间的书写反映了一种特殊时代背景下的身份认同与文化记忆。

杭州师范大学张惠苑副教授分享了城市文学中的娼妓形象，认为悲剧性是这一形象中固定的特质，但是在时代变化之中其悲剧性也产生了相应的流变，包括个人命运的悲剧、崇高美学的消解和道德伦理的"抽象化"与"冷酷化"。

工作坊的第四个主题是"设想未来的都市化美学"，由《探索与争鸣》副主编俞厚未主持。上海政法学院人文学院张永禄副教授围绕着"城市亮化工程"探讨了都市美学及其乌托邦式的情感结构。LED技术改变了城市，观彩工程是城市化发展的一部分，具有科技之美、修辞之美、时空之美；但是其背后也隐藏着值得警惕的审美陷阱。

上海师范大学人文与传播学院朱军副教授对空间生产的三重叙事——地方、日常生活与乌托邦进行了分析，认为地方、日常生活与乌托邦是空间理论中相互指涉的三重策略。传统的空间研究和地方主义是一种比较朴素的视角，日常话语的叙事模式可以与后现代文化反抗的小叙事相结合，城市建设中的乌托邦思想则提供了我们超越当下建构未来"希望的空间"的思路。

华东师范大学中文系张玲博士分享了鲁迅作品中的上海想象，鲁迅对上海始终保持批评和怀疑，将其视为中国社会矛盾的一个聚焦点，其上海书写存在着与众不同的紧张感，引领了左翼都市空间观念的变革。

在本次工作坊上，国内外从事城市研究的学者齐聚一堂，通过今天的城市化和科技演变，重新发掘相关研究，旨在描绘并重新认识都市空间和日常生活。本次工作坊也是中国城市问题(上海)论坛系列学术活动的一部分。

纪念涂尔干逝世百年暨涂尔干社会学思想研讨会

11月17—19日，中国社会学会理论社会学专业委员会、中国社会学会宗教社会学专业委员会、华东师范大学社会学系、华东理工大学社会学系、《探索与争鸣》编辑部联合在上海举办“纪念涂尔干逝世百年暨涂尔干社会学思想研讨会”。百余名国内外社会学者参加了本次研讨。本次会议旨在纪念涂尔干对社会学学科的杰出贡献，推动深化涂尔干思想在中国社会学研究中的发展。

中国社会学会会长、上海市社会学学会会长、上海大学社会学系李友梅教授谈及法国年鉴学派共同体的形成及其精神，强调了法国社会学年鉴共同体的建立对中国社会学学科体系、话语体系、学术体系建设的重要启发意义。她指出此次会议不仅仅是研讨涂尔干思想的传承，更是要在中国的时代语境中进一步展开对涂尔干思想的继承、发展和对话，以进一步推动中国社会学的学科建设。

中国社会工作教育协会会长徐永祥教授也肯定了此次会议的理论意义和现实意义，强调在中国发展语境中继承和发展涂尔干思想的重要性。要积极借鉴世界社会学的思想，积极参与和世界社会学思想的对话，以丰富和完善中国社会学理论和模式。

华东师范大学社会发展学院院长文军教授指出涂尔干对社会学发展的重要性是无法估量的，涂尔干以其一生的学术建树为全球社会学留下了丰厚的思想遗产，对世界与中国社会学的发展都产生了深远的影响，纪念涂尔干是为了更好地建设社会学共同体。

中国人民大学社会学理论与方法研究中心主任刘少杰教授通过对涂尔干关于集体表象的论述，指出在当下社会生活富裕程度大幅提高、符号价值消费以及网络化和信息化迅速发展的新形势下，涂尔干的集体表象理论具有更加重要的学术价值和现实意义。

与会学者还分别从理论和方法等不同层面强调了涂尔干比较研究的重要性。会议的第一单元由李友梅教授主持，中国社会学会理论社会学专业委员会会长、北京大学谢立中教授，中国人民大学社会学理论与方法研究中心主任刘少杰教授，中国社会科学院社会发展战略研究院院长张翼教授，吉林大学哲学社会学院院长田毅鹏教授，英国全球中国研究院院长、伦敦大学荣誉教授常向群五位发言人，分别检视了涂尔干的实证主义质性研究以及集体表象论、自杀论、社会联结等观点对中国研究的现实启发意义和比较研究意义。

会议第二单元由复旦大学社会发展与公共政策学院院长刘欣教授主持，南开大学社会建设与管理研究院院长关信平教授进行评论。五位发言人包括南京大学社会学院院长成伯清教授,法国国家科学研究中心主任、里昂高等师范学院 Laurence Roulleau-Berger 教授,香港城市大学何荣宗副教授,南开大学周恩来政府管理学院副院长、社会学系主任赵万里教授,中央财经大学社会与心理学院杨敏教授。发言者以涂尔干思想为中心,反思性地思考了社会与情感、中国社会学与法国社会学、社会与个人、知识与社会性、实体论与建构论的五对关系。

会议第三单元由上海大学社会学院院长张文宏教授主持,五位发言人包括台湾大学社会学系孙中兴教授,法国国家科学研究中心主任、法国巴黎高等师范学院 Claude Didry 教授,山东大学社会学系主任林聚任教授,杭州师范大学社会学系王小章教授,华东师范大学社会发展学院院长文军教授。本单元聚焦涂尔干思想中的社会空间观和道德观,同时以历史的视角考察了涂尔干思想的知识生产、思想变化以及不同时段的政治影响。

会议第四单元由华东理工大学社会与公共管理学院副院长杨发祥教授主持。发言人包括东北师范大学社会学院李鸿教授,东北财经大学公共管理学院社会学系徐祥运教授及蔡振东博士,华东理工大学社会工作系副主任黄锐副教授,华东师范大学社会学系副主任刘拥华副教授,华东理工大学社会学系卢崴诩副教授。他们进一步将涂尔干思想中的"社会团结""社会事实""社会恶"等重要理论议题放置在比较研究的语境中加以反思和深化。

会议第五单元由华东理工大学法学院院长张昱教授主持,哈尔滨工程大学人文社会科学学院院长郑莉教授评议。华东师范大学社会发展学院社会学系主任李向平教授、华东理工大学社会学系黄玉琴副教授、华东师范大学社会发展学院人类学研究所讲师陈赟博士、华东理工大学社会学系讲师杨君博士与东南大学马克思主义学院张静博士先后发言。他们围绕涂尔干思想中的神圣论述、宗教假设、自我认同、社会失范等议题,进一步拓展了涂尔干思想在跨国语境中的理论和经验对话。

华东理工大学社会与公共管理学院院长何雪松教授最后做总结发言。从目前涂尔干研究的发展来看,仍然有许多概念和理论工具具有进一步挖掘和发展的空间。涂尔干的思想在跨越百年的时间里具有极强的历史意义和当代价值。更多学者的加入,将在涂尔干的社会学思想中汲取更多的知识营养,从而进一步推进中国社会学话语体系和本土知识的建设。

会上,与会专家学者重返涂尔干的思想传统及其当代影响,反思超越涂尔干思想的知识新发展。专家学者一致认为,此次会议以学术交流为导向,共聚一堂研讨涂尔干的思想遗产,收获良多。从社会观到空间观、从自杀理论到社会团结理论、从实体论到建构论、从知识社会学到道德社会学、从社会理论到研究方法,涂尔干思想所涉及的内容广泛且表现出内在的理论变化,在知识的传承中也引起了国内外学术界的激烈争论。在当代中国的语境中研讨涂尔干,应当把涂尔干的思想和理论放在西学东渐的知识互动背景下来看待、把涂尔干放到中国社会学重建的学科发展进程中来看待。

现代中国思想文化史研究的“再出发”
——暨瞿骏《天下为学说裂》新书学术研讨会

12月4日,《探索与争鸣》编辑部联合上海师范大学光启国际学者中心在上海举办“现代中国思想文化史研究的‘再出发’——暨瞿骏《天下为学说裂》新书学术研讨会”,这是《探索与争鸣》优秀青年学人支持计划的第一期活动。来自上海社会科学院、复旦大学、华东师范大学、上海交通大学、华东政法大学、上海中医药大学、上海师范大学等高校的老中青三代学者参加了本次研讨。

《探索与争鸣》原主编秦维宪编审为研讨会致辞。他向与会学者简要介绍了华东师范大学历史系副教授、中国现代思想文化研究所青年研究员瞿骏完成《天下为学说裂——清末民初的思想革命与文化运动》一书的情况,以及陈旭麓先生、许纪霖先生、马自毅先生等学界前辈对其从事学术研究带来的深刻影响,并充分肯定了其严谨踏实的治学精神。

上海交通大学人文学院陈建华教授作了题为《关于城市文化与跨界研究的思考——以〈海上花列传〉和清末新政为例》的发言。他先从选题、研究视角等方面对瞿骏新著做出了高度评价,进而又着重讨论了《海上花列传》中的“一笠园”,认为私家花园本身就是上海公共空间开展的部分。城市文学和文化的研究,需要与传播媒体相结合。

华东师范大学历史系刘昶教授发表了题为《探索近代思想文化史的新视角》的发言。他认为瞿骏的这本新著具有突破性,其研究视角转向了处于社会中下层的受众,以自下而上、中心与边缘、互动的视角来呈现思想演变的复杂面相。作者采用新史料、新方法,帮助我们打通思想文化和经济社会研究的隔阂和壁垒,厘清外来冲击和本土的历史惯性之间的脉络,揭示了长时段和短时段历史的关联。

华东师范大学教育学部周勇教授发表了题为《近代中国的学生群体与社会变革》的发言。他认为瞿骏在书中非常关注对学生群体的考察,从近代史研究“教育转向”的背景来看,这种视角是非常独到和值得肯定的。从学生群体入手重写近代思想文化史,瞿骏做到了以“小”重新来见“大”,避免了碎片化的问题。此外,瞿骏非常关注底层民众的生命颤动,这是新一代学者的关切,这种关切正是重新书写现代中国思想文化史不可缺少的内在动力。

复旦大学历史系孙青副教授作了题为《新政时期“国民”论述的不同脉络与清季革命语境》的发言。她认为,民国教育和清末立宪有互相纠缠的关系。在不同的教科书里所表现的国民论述是多样的,这些论述背后的渠道和脉络值得多加探讨。在理清国民必读类课本的谱系后，她概括了对庚子新政中编写教材的运作过程，也指出不同的文本中对新国民的道德和知识规划的区别所在。

上海社会科学院历史所沈洁副研究员作了题为《思想转型时代的经济变动与社会变动》的发言。她认为《天下为学说裂》一书围绕着从甲午到 20 世纪 20 年代的思想文化运动这个基本问题进行论述，对这个问题做了"再历史化"，在视野和解释维度方面做出了突破。不是思想搅动了社会，而是行动真正导演了历史变化的轨迹。要从社会和经济结构中去把握思想和运动的脉络，在"观澜"同时要能见到"河床"。

华东师范大学历史系晨晖学者王锐博士作了题为《中国近代思想史研究中的"传统"与"西方"》的发言。他认为瞿著最大的优点就是在展现复杂历史图景的同时，没有忘记这个时代的主题，没有忘记思考中国为什么走到今天，未来有什么样的可能性可以继续发掘。同时，书中对中国传统的讨论也颇见功力。在中国近代史研究中，我们要充分认识到传统的不固定性，也要讲西方本身的多元化，这样或许可产生一些新的论述。

华东师范大学中文系讲师张春田博士以《政教危机视野中地方与国家的互动》为题陈述了对瞿骏新著的阅读体会与延伸思考。他认为此书切入的角度均是一些个案，但所关心的却是现代中国转型过程中的"政教危机"这个大问题。作者运用了相当丰富的史料，展现出中等读书人在政教危机下的状态。在揭示这个状态的过程中，作者并不是将国家与地方二元两分，而是对大都市与地方乡镇之间的互动进行考察。

上海交通大学马克思主义学院特别研究员邓军则看到了这部书中展现出不同层次的"失语者"。在其以《清末民初读书人的多层次"失语"》为主题的发言中，她认为在历史的竞争与淘汰下，许多知识青年逐渐淡出了史家的视野，但该书则做出了还原的努力。在邓军看来，这些人并非真正"失语"，只不过是我们的解读方式导致了他们的"失语"。那些在"入城"与"回乡"之间的知识青年与革命有着千丝万缕的联系，这一部分还有很大的探讨空间。

华东政法大学科学研究院满永副教授以《传统抑或现代的？——思想文化范畴内的革命再思考》为题探讨了革命与新文化运动之间的关系。通过瞿骏这本书，可以看出口岸革命与内陆革命之间的差别。新文化运动与其之后的历次革命究竟是"传统"的，还是"现代"的，从不同视角看去答案都不相同。对于 20 世纪以来的中国革命，应该将其放置到思想文化史的范畴中重新解读。

上海中医药大学科技人文研究院讲师裘陈江博士发言的题目是《制度与"人事"——思想文化史研究的落实与可能》。他认为将思想史、文化史落实到历史的实处，离不开对"制度"与"人事"两个维度的考察，要关注操作具体制度的"人"与具体实践中的"事"，考察人与人之离合、事与事之交互，譬如瞿骏考察新文化运动中上海对江浙一带的辐射时，通过勾连其中的人事网络，观察到思想的流衍和传播。此外，也可将思想变迁放置到权力网络与资本市场中去探讨。瞿骏新著中显露出来的现实关怀是令读者十分欣赏的。

在圆桌讨论环节，华东师范大学思勉人文高等研究院资深研究员王家范教授对刘昶教授所提长时段与短时段的联系也颇有感触，他期望我们在无数的叠加、积累和概括以后，理出一条独特的中国路线。一个智慧的民族需要在变迁中总结得失成败，只有这样才能真正做到道路自信。我们应当做更多中西比较的研究，一定要贯通起来进行中西对话的研究。

华东师范大学历史系副教授、中国现代思想文化研究所青年研究员瞿骏对前述讨论做了回应。现代中国研究的特点是史料多，论域广，如何在汪洋大海中挑选研究的问题、寻找合适的史料，需要学者仔细考量。如果想做出更好的研究，就要把上层史料与基层文本联系对应起来，进行沟通和比照。现代中国的研究者背负着古今中西的十字架，中西双方的政治经济到思想文化，情况都复杂无比，学者们要谨慎并努力地扩宽自己研究的视野和范围。

《学术月刊》编辑张洪彬博士认为，瞿骏的研究做到了将思想还原到历史语境当中，为如何在阶级分析法之外整合思想、社会与阶层提供了一个案例。他也提出该书似乎过于强调社会流动和阶层跃升，对思想、观念、证据和逻辑内在力量涉及较少，并就“权势”概念的理解与瞿骏进行了探讨。

本次会议聚焦青年才俊瞿骏新著《天下为学说裂》，邀集知名学者和青年学人一道，针对近现代中国思想文化问题进行探讨。与会学者本着实事求是的原则，从喧哗与失语、传统与现代、东方与西方、地方与国家、史料与史实等诸多方面就瞿骏新著中提出的论题进行了认真讨论。会议也体现了《探索与争鸣》支持青年学者的办刊思路。《探索与争鸣》编辑部已推出“青年学人支持计划”的组合拳，其中“优秀青年学人支持计划”旨在在全国范围内遴选理论功底扎实、视野开阔，具有现实关怀和人文情怀，在学界崭露头角的优秀青年学人，聚焦“一书、一人、一领域”，编辑部围绕青年学人论著相关领域的学术和思想论题，延请国内外著名专家学者召开学术研讨会，并在刊物上以专栏、别册的形式推出相关评论专辑。

本次研讨会系《探索与争鸣》优秀青年学人支持计划第一期活动。系列文章以“现代中国思想史研究的旧路与新径”为主题，于《探索与争鸣》2018 年第 3 期刊发，并同步推出精美别册。

人工智能与未来社会的再思考
——暨人工智能趋势、风险与挑战学术研讨会

12月8日，由《探索与争鸣》编辑部与华东政法大学政治学研究院联合举办的第二届"人工智能与未来社会"高峰论坛"人工智能与未来社会的再思考——暨人工智能趋势、风险与挑战学术研讨会"在上海市社联召开。来自各学科的专家学者，就人工智能对未来人类社会带来的机遇、风险与挑战进行了深入有效的讨论。

武汉大学国际软件学院蔡恒进教授发言的主题为"人的神性与AI的魔性"。蔡恒进教授认为，人具有强烈的自我意识和高级智能，这点是其他生物体都还不具备。而自我本身就是一个认知坎陷，且是最基础的认知坎陷，所有的认知坎陷都源于自我。但随着人的成长、与外界的交互不断增多，自我意识就会不断增强，而随着对自我和外界的理解愈加深刻，坎陷世界也会变成一个越来越强大的世界。蔡教授提出了"暗无限"(dark infinity)的概念。物理世界提供了无限多的可能性，可能让机器陷入一种无止境、无解的状态之中。未来的人工智能如果不能解决"暗无限"的问题，那么就不能称为人工智能了。

中科院上海微系统与信息技术研究所张晓林研究员认为，目前的人工智能其实是一种自编程计算机。将来计算机的应用会非常广，但是是否会超越人还难以确定。人工智能的本质是在于要有足够的信息和判断标准。计算机难以模拟大自然，机器智能最终一定要回归自然，进入自然界，在自然界进化，因为自然界就是大型的计算机。

浙江大学非现场经济研究所所长张为志表示，面对人工智能技术和智能机器人的快速进步，不必太多关注与争论"物变人还是人变物"等猜想性质的问题，而更应该注意到一个"人为的社会实在"正在开启：人工智能和智能机器人正在脱离单体自然人的控制，而逐步通过社会大脑的调控，参与原本单属于人类的社会活动，它已经直接参与人类社会活动，并逐步成为我们社会活动的主体之一。因此，我们必须面对人工智能带来的社会新秩序与新规范的挑战。面对这一社会形势的发展，必须保持以下两种基本态度：一是摒弃大工业革命技术思维的绑架，二是不要再简单地以人类中心主义思维来思考这些问题。当一个高度智能的机器成为社会活动的参与者时，我们就必须从"人机混合社会活动主体"的全新法理层面认知开始改变。中国应当尽快成立人工智能伦理审查委员会进行相关调控，进而深度探索造福全球的从社会大脑机制出发的人机集体向善的全新伦理之路。

华东师范大学王峰教授指出，关于未来我们一无所知，但是我们还是想方设法探索这个未来各种各样的可能性。探讨未来各种可能性与人工智能密切相关。关于人工智能发

展的叙事不仅仅是一个技术方面的问题，还是关于社会的想象。

复旦大学哲学学院徐英瑾教授认为现在人工智能整个行业投入有着巨大的泡沫，这一点体现在，在公众尤其是资本界对于人工智能的高度预期和人工智能本身的理论基础的薄弱性之间，有着非常巨大的张力。人们对人工智能存在着过高的预期，但是，人工智能本身并没有取得真正意义上的科学进步。伦理规范编程的基础问题还是自然语言处理，但是目下的人工智能自然语言处理技术是有问题的。从语言学以及语言哲学的角度来看，目前的人工智能尚不能理解人类语言的复杂性，无法理解反讽和隐喻，而之所以如此，乃是因为人工智能界不关心语言哲学与语言学对于隐喻与相关修辞现象的研究。没有这些纯理论研究的指导而去进行建模，盲目迷信数据驱动路线去做自然语言处理，只能取得有限的成功。需要注意，让机器理解人类伦理学命题之含义有巨大困难。伦理学命题的含义编码本身必须考虑具身语言学的维度，因为伦理学命题的基本词项本身具有具身性的指涉。

汇真科技董事长李利鹏在发言中谈到，当前人工智能领域内最难解决的问题之一是建立知识图谱后，由于语义具有不确定性，所以在高阶逻辑处理时有着当前技术无法逾越的难度。要建立一个完美的人工智能系统，需要把人类历史上所有的知识、逻辑数据都归纳整理到一起，即形成一个全知系统。就目前来讲，学术界和工业界最新的趋势是把符号计算跟神经元网络结合起来，把基于规则和基于数据的方法结合起来。

中山大学熊明辉教授的发言主题是法律人工智能的建模问题。“人工智能与法”已成为当前我国的一大热点问题。对此有两种研究视角。一是外部视角。这是一种用法律来规范人工智能运用的视角，也就是规定哪些运用应当是通过法律来允许的，哪些运用应当是通过法律来禁止的。另一种视角是内部视角。这是一种用人工智能技术来维系法律理性，提升司法公信力以及法律服务水平的视角，也就是人工智能在法律中的应用。人工智能与法学圈的学者们一直关注人工智能在法律信息学问题中的应用以及对这些问题的原创性研究，具体来讲包括 10 个问题：(1)法律推理的形式模型；(2)论证与决策的计算模型；(3)证据推理的计算模型；(4)多主体系统的法律推理；(5)可执行的立法模型；(6)法律文本的自动归类与概述；(7)从法律数据库与文本中自动提取信息；(8)面向电子取证和其他应用的机器学习与数据挖掘；(9)概念的或基于模型的法律信息检索；(10)自动执行少量的不重要的重复性法律任务的法律机器人。

会议最后，华东政法大学政治学研究院院长高奇琦教授进行了总结。针对一天的主题研讨，他提出了几个问题。第一，要不要发展人工智能。人工智能确实是 200 年来中国第一次在重大的颠覆性技术上有可能领跑，因为人工智能不是简单的应用技术，而是颠覆性技术。中国第一次有可能走到世界的最前面。中国的态度也很坚决，国务院在 2017 年 7 月就公布了人工智能发展的新规划。上海市也公布了上海的规划。全面建成小康社会、2035 年基本实现社会主义现代化、2050 年建成社会主义现代化强国等宏大的理想，可能通过人工智能得以实现。第二，发展人工智能的风险。对此可以从技术风险、社会风险和伦理风险三方面进行解读。第三，未来发展人工智能要注意，第一个方面是时刻思考发展人工智能的目的是为了改善大家的生活，让大家生活得更美好；第二个方面是大众的自党和协商民主；第三个方面是智能社会科学；第四个方面是贯彻人工智能的原则——善智。

当前，人工智能浪潮风起云涌，AI 时代已经成为现在进行时。国务院印发的《新一代人工智能发展规划》，将人工智能上升到国家战略高度，描绘出了中国人工智能发展的新蓝图，可以说发展人工智能已然成为全球共识。本次研讨是《探索与争鸣》"人工智能与未来社会"系列论坛的第二场，在技术与文明领域具有重要的开拓意义。

“面向人工智能：道德、法律、宗教的回应”学术研讨会

12 月 25 日，由《探索与争鸣》编辑部与杭州师范大学沈钧儒法学院共同主办的第三届“人工智能与未来社会”论坛暨“面向人工智能：道德、法律、宗教的回应学术研讨会”在杭州师范大学举办。会议邀请了来自哲学、法律、宗教等不同领域的 40 多名专家学者出席。

当前，人工智能的发展极大改变着我们的生产、生活和工作方式，也给国家、社会与个人的关系带来极大的不确定性。人们在享受人工智能带来的便利的同时，也开始担忧人工智能是否将超越人类智慧从而取代人类。人文社会科学界意识到人工智能带来的挑战，并开始反思人工智能对于人类的影响。继与华东政法大学政治学研究院合作举办 2017 年 8 月 28 日和 12 月 8 日的两次“人工智能与未来社会”高峰论坛之后，《探索与争鸣》编辑部与杭州师范大学沈钧儒法学院合作举办了第三届“人工智能与未来社会”论坛暨“面向人工智能：道德、法律、宗教的回应”学术研讨会。本次会议为期一天，上午和下午的会议分别由杭州师范大学沈钧儒法学院赵元成副院长和邵劭副院长主持。杭州师范大学党委委员李安教授以及《探索与争鸣》主编叶祝弟应邀进行开幕式致辞。

会议主要围绕“人工智能与未来社会”的相关问题展开。在上午的会议中，北京大学哲学系何怀宏教授、中国人民大学哲学院何光沪教授分别从伦理和宗教的角度作了主题报告。何怀宏教授在主题为“人物、人际与人机”的发言中谈到人工智能发展遇到的最大问题是它可能影响人类社会的存续。何光沪教授在主题为“从宗教角度看人工智能与人”的发言中提出要以“承认规限、预防灾难”的态度对待人工智能。中国社会科学院世界宗教研究所高师宁研究员、华中师范大学法学院齐海滨教授、杭州师范大学马克思主义学院奚颖端博士以及杭州师范大学沈钧儒法学院王家国博士等学者分别就报告内容做了精彩评述。高师宁研究员将人类与人工智能的关系比作唐僧与孙悟空的关系，奚瑞端博士提出对人工智能进行小范围试验的设想，王家国博士提出关于人工智能设计的认证模式的假想。

在下午的会议中，美国康奈尔大学法学院於兴中教授和杭州师范大学沈钧儒法学院范忠信教授分别从社会理论和法律的角度做了主题报告。於兴中教授在主题为“后人类时代的社会理论与科技乌托邦”的报告中对“后人类时代、社会理论的困境、科技乌托邦、文明秩序文明人”等概念进行了精彩的阐述。范忠信教授则在主题为“人工智能法理困惑

的保守主义思考”的报告中谈到天人两种智能并存对人类法律秩序的颠覆性威胁观。

报告结束后，上海市文史研究馆馆长郝铁川教授、杭州师范大学党委委员李安教授、杭州师范大学沈钧儒法学院刘练军教授以及浙江工业大学法学院粟丹副教授就报告内容进行了评议。郝铁川教授与刘练军教授坚持用一种积极乐观的态度对待未来人工智能的发展。粟丹副教授则从“智慧养老的哲学反思”角度来阐发对人工智能的理解。

在随后的自由讨论环节，学者们就人工智能的未来发展趋势以及对人类的影响进行了广泛的交流探讨。最后，杭州师范大学沈钧儒法学院蒋铁初教授进行了会议的总结发言。蒋铁初教授指出，人类历史上发明过许多科技性极强的工具，但从未将这些工具视为“人”来发展；但如果未来的机器人真的会像人类一样拥有情感和利益诉求等因素，那么对其进行保守主义思考就很有必要了。

本次研讨会是《探索与争鸣》“人工智能与未来社会”系列论坛的第三场活动，延续了一直以来的良好反响。

机关建设

JI GUAN JIAN SHE

机关党建

上海市社联举行党支部书记例会扩大会议

根据上海市委、市委宣传部有关机关党建述职评议考核工作的要求，3月10日下午，市社联机关党委召开党支部书记例会扩大会议，对在职党支部书记进行述职评议。市社联党组成员、专职副主席，机关党委书记解超同志主持会议并作点评讲话。市社联机关党委委员、机关各在职党支部书记及支委参加会议。

会上，机关各党支部书记分别就本支部2016年工作开展情况及2017年工作计划分别进行了汇报和交流。

解超同志对支部书记的述职做了现场综合点评。他指出：今天的述职交流，大家都准备得比较充分，可以看出过去一年来，机关各党支部开展工作都比较认真、扎实，能够围绕社联中心工作，结合本处室主要业务，将支部建设抓细落实。并且能够有针对性、有全局性地思考下一步工作思路，总的看来是各有特色，也各有亮点。

解超同志指出：在新的一年里，各党支部要以更好的精神面貌，更加努力地完成上级交办的各项任务，做到"五个再提升"，即在对"抓党建是最大政绩"的认识上再提升、在全面从严管党治党能力上再提升、在党内政治生活质量上再提升、在围绕中心发挥作用上再提升、在解决问题补短板上再提升，进一步巩固好、发挥好党组织的战斗堡垒和党员的先锋模范作用。作为市社联的党员干部群众，必须把重视和突出理论学习放在更显著的位置，特别是对党的最新理论的学习领会和贯彻落实，只有不断提升自身政治理论水平的广度和深度，才有能力做好新形势下党的理论研究、宣传、普及工作。要深入学习贯彻党的十八届六中全会精神和习近平总书记系列重要讲话精神，进一步强化"四个意识"，特别是核心意识、看齐意识，以习近平总书记重要讲话精神为根本遵循，努力做好2017年市社联机关党建工作。

会上，还对市第十一次党代会代表候选人推荐提名工作进行了动员布置，下发《2017年社联机关党建工作要点(征求意见稿)》并现场征求与会者意见建议等。

上海市社联、上海市文化执法总队召开党员代表会议

4 月 1 日上午，上海市社联、市文化执法总队在社联群言厅召开党员代表会议，联合选举产生市第十一次党代表大会代表。市委宣传部副部长，市社联党组书记、专职副主席，宣传系统第十六选区召集人、联合选举工作领导小组组长燕爽同志出席会议并主持。市文化执法总队党委副书记、总队长周国强，市社联党组成员、专职副主席解超、任小文，市文化执法总队党委副书记、副总队长尼冰，党委委员、副总队长张勇等出席会议。

会议应到党员代表 53 人，实到 51 人，符合法定人数。会议开始，全体代表起立，全场奏唱国歌。会上，对市第十一次党代表大会代表选举办法（草案）、候选人建议人选名单以及总监票人、监票人名单做了说明。根据《中国共产党章程》及《中国共产党基层组织选举工作暂行条例》有关规定，会议坚持民主集中制原则，发扬党内民主，全体党员代表一致审议通过选举办法，候选人正式人选名单以及会议总监票人、监票人名单。

会议以无记名投票方式，选举燕爽同志作为市社联与市文化总队联合选区出席市第十一次党代表大会代表。燕爽同志感谢大家的信任和支持，表示将不负使命，积极建言献策，忠实履行好党代表职责。会议在全体代表奏唱国际歌中顺利闭幕。

上海市社联召开党员代表会议

经上海市社联党组同意并报市委宣传部批准，5 月 18 日下午，市社联召开中国共产党上海市社联党员代表会议，选举产生新一届机关党委，选举并设立机关纪委。市委宣传部副部长、市社联党组书记、专职副主席燕爽，市社联党组成员、专职副主席、秘书长、机关党委书记解超，市社联党组成员、专职副主席任小文出席会议，会议由任小文同志主持。机关及所属事业单位党员代表应到 46 人，实到 45 人，符合法定人数。

会上，解超同志代表上一届机关党委向大会作了报告，总结回顾了上一届机关党委工作。近年来，在市委宣传部和市社联党组领导下，在机关各党支部的大力支持下，紧紧围绕服务中心、建设队伍两大任务，深入贯彻执行党的路线方针政策，积极开展政治理论学习和党风廉政教育，重视对党员干部的教育培养和管理服务，不断加强机关文化建设和统一战线工作，在思想建设、组织建设、制度建设、作风建设和反腐倡廉建设方面取得了较好的成绩。

会议按照规定程序，审议通过选举办法，以无记名投票方式差额选举产生了新一届机关党委委员和机关纪委委员。根据选举结果，解超、厉强、应毓超、金红、李梅当选为新一届机关党委委员，厉强、王克梅、黄谷雨为机关纪委委员。

燕爽同志在会上传达了市十一次党代会及十一届市委一次全会重要精神，并对选举工作作讲话，充分肯定了上一届机关党委取得的成绩，对新一届机关党委、机关纪委提出了希望和要求：一是提高认识，树立责任意识和担当意识。二是抓好重点任务落实，扎实推进思想政治理论学习，深入开展“两学一做”学习教育，加强机关党风廉政建设，进一步提高全面从严治党的能力水平。三是把握工作规律，在紧贴中心服务大局、贯彻落实党建责任制、创新党建工作载体、关心服务党员干部群众方面发挥优势作用。

会后，新一届机关党委和机关纪委召开了全体委员会议，会议选举解超同志为机关党委书记，厉强、应毓超为机关党委副书记，选举厉强同志为机关纪委书记，并明确了各委员分工。

上海市社联机关党委组织参观上海淞沪抗战纪念馆

为纪念中国人民解放军成立 90 周年，深入推进“两学一做”学习教育常态化制度化，7 月 28 日，上海市社联机关党委组织党员干部赴上海淞沪抗战纪念馆参观学习，感悟抗日英烈的英勇意志，感受中华民族的浩然正气。市社联机关及所属事业单位党员和入党积极分子共 30 余人参加了活动。

淞沪抗战纪念馆矗立在昔日中国军民浴血抵抗日本帝国主义侵略的主战场——现宝山临江公园内。纪念馆由中国抗日战争的爆发、“八一三”淞沪会战、上海抗日救亡运动的高潮、日军在上海的暴行、正义的声援、历史的审判、弘扬爱国主义精神七个部分组成，以图文形式介绍淞沪抗战的历史，结合了文物与虚拟场景，真实客观地展示了“八一三”淞沪会战的历史风貌。

在现场，党员们认真观看了展区陈列的珍贵影像资料、图片、实物等文物，聆听专业讲解员对那段战火纷飞历史的详细解读，回顾了中国军民在淞沪抗战中同仇敌忾、奋勇杀敌的英勇事迹。一幅幅图片、一件件实物、一段段文字，生动再现了抗日英雄不畏艰险、视死如归，为国家和人民英勇献身的悲壮历史，使大家感受到抗战的艰辛不易。

参观结束后，党员们纷纷表示，将继承和发扬抗日先烈的不畏艰难、勇于拼搏的精神，严格要求自己，加强党性修养，发挥共产党员的先锋模范作用，以扎实的作风，在本职岗位上，为上海哲学社会科学的发展贡献自己的力量。

此外，作为纪念中国人民解放军成立 90 周年和推进“两学一做”常态化制度化系列活动之一，市社联机关党委依托“宣传系统电影党课”平台，在 7 月 28 日组织社联全体党员和党外群众代表观看了电影党课《建军大业》，进一步深化党性教育和爱国主义教育。

上海市社联组织干部职工观看庆祝建军 90 周年大会实况

8 月 1 日上午，中共中央、国务院、中央军委在人民大会堂隆重举行庆祝中国人民解放军建军 90 周年大会。市委宣传部副部长、市社联党组书记燕爽及社联全体干部职工在社联本部旭阳厅认真收看了大会直播。与会同志聚精会神地聆听了中共中央总书记、国家主席、中央军委主席习近平在大会上发表的重要讲话。大家深情回顾了中国共产党领导下人民军队的光辉历程，并由衷展望国防和军队现代化建设的光明前景。同志们表示，要积极响应习近平总书记的号召，脚踏实地做好本职工作，汇聚起强国强军的磅礴力量，进一步繁荣中国哲学社会科学，共同为迎接党的十九大胜利召开、实现“两个一百年”奋斗目标、实现中华民族伟大复兴的中国梦而不懈奋斗。

上海市社联机关党委召开机关党建工作会议暨机关党委会扩大会议

8月10日上午，上海市社联机关党委召开机关党建工作会议暨机关党委会扩大会议，会议由社联党组成员、专职副主席、机关党委书记解超主持，机关党委、机关纪委全体委员，机关及所属事业单位在职党支部书记及支部委员参加会议。

解超同志围绕学习贯彻市十一次党代会精神，对党代会十届市委工作报告、市纪委工作报告作学习辅导解读。会议传达了宣传部推进"两学一做"学习教育常态化制度化工作提示、《关于规范党员干部网络行为的意见》等文件，通报了机关党委委员分工和在党支部设立纪检委员工作、关于处级以下(含处级)干部本人经商办企业行为专项整治工作、党费收缴使用、慰问困难党员等情况。会议对迎接宣传系统党员经常性教育第三轮督查工作，开展业务工作风险点排摸及防范措施等工作作了布置。

解超同志强调，要深入学习贯彻市十一次党代会精神，推进"两学一做"学习教育常态化制度化，要在各方面把从严治党落在实处，按照做合格党员新标准要求自己。要树立党的一切工作到支部的鲜明导向，各党支部要组织党员干部认真学习文件和通知精神，对照工作提示，结合支部工作实际认真推进"两学一做"学习教育活动，对近期布置的党建工作要按照要求认真落实。解超对加强纪检工作和纪检干部培训、作用发挥也提出具体要求。

8月9日，机关党委、机关纪委召开全体委员会议。会议明确了机关党委委员分工，讨论通过了社联机关及所属事业单位在职党支部纪检委员人选名单、慰问困难党员名单等事项，研究了青年工作和近期党建工作。

上海市社联召开党组扩大会议暨党风廉政建设形势分析会议

8月20日，上海市社联召开党组扩大会议，总结市社联上半年党风廉政建设情况，分析研判廉政风险点，并对下一步党风廉政建设工作开展进行分析部署。会议由市委宣传部副部长，市社联党组书记、专职副主席燕爽主持。市纪委驻市委宣传部纪检组组长毛云琪出席会议并讲话。市社联党组成员、处以上领导干部、机关党委委员及机关纪委委员参加会议。

会上，市社联党组成员、专职副主席，机关党委书记解超作《社联党风廉政建设形势分析报告》。党组成员结合形势分析报告和分管工作就如何落实党组党风廉政建设主体责任，切实履行"一岗双责"展开了讨论。机关及刊业各处室负责人就本单位、本部门党风廉政建设情况作了交流发言，总结成绩，分析问题和廉政风险点，提出了下阶段工作思路和相关防范措施。

毛云琪对市社联党风廉政建设总体情况进行了讲评，认为市社联党组高度重视党风廉政建设，党组坚持严肃教育、严明纪律、严格管理、严惩腐败，在班子垂范，发挥领导核心作用；加强纪检干部队伍建设，完善组织配备和制度建设；抓重点项目防控，发现问题及时防范等方面都较好地落实了主体责任，党风廉政建设取得了实际成效。毛云琪也指出了当前社联在党风廉政建设方面存在的薄弱环节，要求：市社联要进一步做好党风廉政建设"风险点"管控，特别是在学会服务管理和社科评奖、学术年会等重大项目上，要不断完善制度建设和经费使用管理；要进一步加强机关及所属事业单位干部职工意识形态管理责任意识、阵地意识，加强学术社团的正确引导，切实贯彻中央关于意识形态工作责任要求；要进一步加强事业单位党风廉政建设，明确党组分管领导联系单位，重点加强对自收自支事业单位资金往来、重大项目等管理指导，推进事业单位对"两个责任"的贯彻落实。毛云琪在会上还对纪检体制改革后，纪检工作面临的新形势新要求做了分析和阐述。

燕爽指出：市社联成为宣传系统综合监督单位后，部纪检组对市社联党风廉政工作指导到位，工作要求具体细致，为市社联党风廉政建设提供了有力保障。下一步，市社联将在部纪检组的指导下，严格落实"两个责任"，加强制度化、规范化建设，使市社联党风廉政建设工作再上新台阶。

上海市社联机关党委与奉贤区南星村进行结对帮扶工作座谈

12 月 1 日，上海市社联机关党委一行由党组成员、专职副主席、机关党委书记解超带队，赴奉贤区青村镇南星村开展城乡党组织结对帮扶工作调研。

市社联机关党委与奉贤区南星村村委会至今已开展了三轮结对帮扶活动。调研座谈会上，双方回顾总结了近十年结对帮扶活动情况，相互介绍了市社联和南星村近期工作。解超同志热情的表示，多年的结对帮扶工作让市社联与南星村彼此间结成亲戚般的关系，市社联会按照市委相关工作要求，有始有终做好结对帮扶工作，继续关注南星村文化建设、关心困难村民生活。南星村领导对市社联长期以来对南星村帮扶工作表示感谢，并陪同市社联一行参观了利用拆违空地建成的微型公园。该公园由市社联援建，已完成绿化和健身器材铺设，未来还将设立社科普及宣传栏。经双方商定，微型公园将以“社联科普活动园”命名，2018 年春节前举行揭牌仪式。

机关工作

上海市社联通报 2016 年度党组民主生活会情况

1 月 9 日，上海市社联召开机关及刊业全体干部大会，通报 2016 年度社联党组民主生活会情况。会议由市社联党组成员、专职副主席解超主持，市委宣传部副部长、市社联党组书记、专职副主席燕爽作情况通报并讲话。

燕爽指出，根据市纪委、市委组织部和市委宣传部的工作要求，市社联在 1 月 5 日召开了 2016 年度党组民主生活会。会前，党组认真学习，深入把握十八届六中全会精神和《条例》《准则》的基本要求；通过座谈会等形式广泛征求意见，归纳整理意见建议 33 条；深入开展谈心谈话，认真撰写党组对照检查材料和个人发言提纲，为开好民主生活会打牢思想基础。党组班子成员在民主生活会上分别进行了对照检查，紧密联系思想和工作实际，自我批评动真格不遮掩，相互批评有诚意不回避，深入剖析问题根源，明确了努力方向。

燕爽还就党组在民主生活会上查摆出的问题及原因分析进行了阐述。他指出，下一步市社联党组将围绕中心工作和班子建设，认真对照征求的意见，针对查摆出的问题，制定具体可行整改措施。同时，把问题整改与学习贯彻党的十八届六中全会精神相结合，与落实全面从严治党相结合，与推进换届工作和群团改革相结合，进一步夯实领导责任，强化工作措施，确保整改落实取得实效。

上海市社联召开 2016 年度先进表彰大会

2 月 10 日，上海市社联召开 2016 年度先进表彰大会。市委宣传部副部长、市社联党组书记、专职副主席燕爽出席大会。会上表彰了 2016 年度社联机关和刊业中心先进集体、优秀工作者及优秀工作项目。会议由市社联专职副主席解超主持。

燕爽回顾了 2016 年度市社联主要工作，对各部门的工作进行了点评，代表党组充分肯定过去一年市社联全体同志取得的成绩，向获得表彰的先进集体和优秀工作者表示热烈祝贺。

会上，燕爽对 2017 年市社联重点工作提出要求。他指出，2017 年我们要以社联换届为契机，全面加强各项工作，进一步深化群团改革，按照去四化、增三性的要求，不断提升对社科工作者的动员力、号召力、凝聚力。要继续把学习宣传研究习近平总书记系列讲话精神作为首要政治任务，深入推动中国哲学社会科学话语体系构建，着力当好理论创新的排头兵、先行者。要将意识形态工作主体责任落到实处，关注重大时间节点，精准研判舆情，组织专家学者对错误言论主动发声亮剑，澄清模糊认识，提高辨别力。坚持深化重大理论现实问题研究，聚焦党和国家治党治国治军、改革发展稳定、内政外交国防以及上海创新驱动发展、经济转型升级面临的重大现实问题，为党和政府顺利推进各项事业发展提供智力支持。

燕爽希望市社联全体同志要以先进为榜样，向先进看齐，按照党组提出的工作目标和要求，在新的一年里，奋发有为，踏实工作，为圆满完成各项工作任务而努力。

上海市社联召开成立60周年纪念活动策划座谈会

8月17日上午，上海市社联召开成立60周年纪念活动策划座谈会，市社联专职副主席任小文出席会议并参与交流。上海大学教授邓伟志、市作协办公室主任钱江燕、市文化执法总队副总队长张勇、上海人民出版社曹怡波、南京政治学院上海分院韩洪泉等专家学者参加了会议讨论。

上海市社联是中共上海市委领导下的以推动、协调全市社会科学研究和普及为主要任务的学术性群众团体，成立于1958年3月9日，是新中国第一个成立的省市级社会科学群众组织。2018年，上海市社联将迎来成立60周年华诞，一系列纪念活动也将逐步展开。

任小文同志在座谈中指出，上海是我国哲学社会科学的重镇，自近代以来就是西学东渐、东学西渐的重要窗口，为繁荣我国哲学社会科学事业的发展作出重大贡献。上海市社联的工作一直处于全国前列，在广泛开展学术研究和交流、加强学术社团建设和管理、推动社科知识普及、开展社科成果发布和评价等方面都取得显著成绩。2018年，市社联将迎来成立60周年，我们要借此契机，把上海哲学社会科学60年来的光辉历程整理好、总结好、宣传好，充分展现上海哲学社会科学60年来名家大师荟萃、优秀成果辈出的繁盛景象，充分体现上海哲学社会科学界60年来始终在马克思主义指导下为上海的改革开放和社会主义建设事业所作出的重要贡献。

工会工作

上海市社联机关工会开展“爱心一日捐”活动

为响应上海市总工会关于干部带头“爱心一日捐”的倡议，市社联领导带头、每位在职职工都积极投入到市社联工会组织的“一日捐”活动中。

本次“爱心一日捐”活动从 1 月 12 日发起到结算金额时历经 6 个工作日，共计募集人民币叁仟壹佰伍拾元整，参与职工 48 名。所有来自“爱心一日捐”的款项都将留存在市社联职工帮困基金，用于困难职工定向帮扶和临时性、应急性帮扶。活动严格遵循“公平、公正、公开”的原则，规范操作流程，加强捐款收缴和管理，做好明细汇总，及时将募捐人数、募捐金额、募集资金的管理和使用等情况公示，接受职工的监督。

赠人玫瑰，手留余香，市社联机关工会将继续发挥工会职能，服务更多需要帮助的会员。

上海市社联举行第七届工会会员大会，选举产生新一届工会委员会和经费审查委员会

经认真筹备，报上海市社联党组和市级机关工会工作委员会批准，10 月 25 日上午，市社联召开第七届工会会员大会，选举产生新一届工会委员会和经费审查委员会。市社联党组成员、专职副主席、机关党委书记解超，党组成员、专职副主席任小文出席会议。

会上，由第六届工会委员会向全体会员作了工会工作报告和经费审查工作报告，以及第七届工会委员会和经费审查委员会委员候选人产生情况说明。会议审议通过了大会选举办法（草案），监票人、计票人名单。

会议通过无记名投票的方式，采用差额选举第七届工会委员会和经费审查委员会委员。市社联党组成员、专职副主席任小文宣布了选举结果（按姓氏笔画排序），王心红、王虹、陈婷、应毓超、张曦、胡赟、徐婷婷当选为第七届工会委员会委员，王剑菁、卢红青、张栩光为经费审查委员会委员。

新当选的工会委员会委员应毓超代表第七届工会委员会向全体会员作了发言。他表示，新一届工会委员会将不辱使命，不断提升服务水平，尽职履责，切实发挥好工会的职能作用，做好会员们的“心灵之家”；也希望全体会员关心支持工会委员会的工作，积极参与，建言献策。

最后，市社联党组成员、专职副主席、机关党委书记解超对新一届工会委员会提出三点要求：第一，围绕中心、服务大局，坚持与市社联业务工作相结合，团结动员广大干部职工为加快构建中国特色哲学社会科学而奋斗；第二，把握特点、发挥优势，坚持凝心聚力，加强“职工之家”建设；第三，积极主动、开拓创新，坚持加强工会自身建设，努力开创市社联工会工作新局面。

在随后进行的第七届工会委员会第一次全体委员会议上，选举产生了新一届工会委员会主席应毓超、副主席王心红，经费审查委员会主任卢红青，并明确了各位委员的分工。

上海市社联与警备区某部举行“两学一做”学习交流活动

2月28日下午，上海市社联与上海警备区驻佘山部队官兵举行“两学一做”学习交流活动，召开中心组学习（扩大）会议，要求深入学习贯彻日前召开的中央政治局会议精神，着力推动“两学一做”学习教育常态化制度化。当天还举行了2016年机关工会职工代表大会。

市社联机关干部观摩了解放军官兵架设天线、格斗擒拿等现场军事科目演练，聆听了上海警备区教育大队的张莉同志题为“认清当前形势，增强国防意识”的国防讲座，并就“两学一做”学习教育活动与有关官兵作了交流。活动中，战士们以忠于党、忠于祖国、忠于人民的军人本色，敢打硬仗、善打大仗、能打胜仗的团队精神，以及信息化条件下过硬的实战能力，为市社联同志上了一堂生动的国防教育课。市社联同志纷纷表示要向部队官兵学习，以铁一般的信仰、铁一般的信念、铁一般的纪律、铁一般的担当做好本职工作。

学习交流活动后，假座部队会议室，市社联召开了2016年机关工会职工代表大会。市社联专职副主席、党组成员解超出席会议并讲话。市社联机关工会主席吴伟余受机关工会委员会的委托向大会报告2016年工作情况。市社联机关工会副主席卢红青同志主持会议。

会上，解超同志表示，这次活动既是工会年度活动，也是“两学一做”活动，也是市社联中心组学习扩大活动。2017年是全面实施“十三五”规划的重要一年，也是社联深化群团改革、召开换届大会的关键一年，同志们责任重大。通过这次学习交流活动，将对官兵同志的敬佩之情，化为贯彻践行中央政治局会议精神，不断推进“两学一做”学习教育的强大动力，进一步学深学透六中全会精神，牢牢把握从严治党的主题和精髓，驰而不息纠“四风”，严格执行中央八项规定精神，久久为功、巩固深化，着力建设风清气正的一流社科工作队伍，以优异的成绩迎接党的十九大与上海市第十一次党代会召开。

解超同志强调，市社联干部职工在工作生活中要不断增强政治意识、大局意识、核心意识、看齐意识，自觉在思想上、政治上、行动上同以习近平同志为核心的党中央保持高度一致。希望市社联干部职工将本次军营之行作为深化学习教育的新开端，坚持把配合市社联党组推动学习教育常态化、制度化与提升市社联主业结合起来，与繁荣发展上海市哲学社会科学事业结合起来，不断进步。

2016年市社联机关工会委员会积极开展各方面工作，充分发挥工会组织作用。一是召开市社联机关工会会员大会，总结2015年工作、布置2016年任务，做好开局工作；二是主动关心职工生活，做好帮困、送温暖、生日慰问等工作，并开展了“爱心一日捐”活动，共收到职工捐款3500元；三是响应上级工会要求，通过丰富多彩的文体活动推进职工素质建设，积极参加市级机关工会组织的健康走、市民运动会、羽毛球比赛、智力运动会等活动，并配合做好《家长课堂》、“点亮心愿”公益班的组织工作；四是通过举办夏日亲子联谊活动推进职工和谐家庭建设；五是关注职工身心健康，通过与香山医院联建，邀请医生来市社联开展了多次职工健康咨询义诊活动及健康讲座；六是加强学习培训，完善工作制度，提升服务能力。

解超同志代表党组在会上为获2016年度市社联工会活动积极分子、优秀工会干部的同志颁奖。郭静、胡晨寰、李奕昕、阮凯、沈敏、陶丽、王龙、杨琳、俞斌全、俞亚赟同志为工会活动积极分子，卢红青同志为优秀工会干部。

大　事　记

DA SHI JI

1月

1月5日，上海市美国问题研究所召开“中美关系与网络安全”小型研讨会。

1月7日，“首届新媒体与社会心理学术研讨会暨《探索与争鸣》中国社会心态系列论坛(第二场)”在江西师范大学召开。此次会议由江西师范大学传播学院和《探索与争鸣》编辑部主办，《现代传播》杂志协办，江西师范大学新媒体与社会心理研究中心承办。

1月9日，上海市社联召开机关及刊业全体干部大会，通报2016年度市社联党组民主生活会情况。

1月10日，上海市生态经济学会召开第六届会员大会。大会选举产生新一届理事和监事。随后举行的第六届理事会第一次会议，选举产生新一届学会领导班子，周冯琦任会长，吴平、张龙、周军、于宏源、包存宽、杨凯、郭茹为副会长，刘新宇为秘书长。

1月12日，由上海市社联《学术月刊》杂志社、《光明日报》理论部和中国人民大学书报资料中心共同主办的2016年度“中国十大学术热点”发布会暨2017年人文社会科学研究展望论坛在中国人民大学举行。会议正式发布2016年度“中国十大学术热点”。

1月13日，上海市社联召开六届十一次全委会暨2017年上海社科界迎春座谈会。

1月13日，由上海市经济学会、上海市人民政府发展研究中心、上海市社联主办，华东师范大学经济学院承办的第12届上海青年经济学者论坛以“改革开放40周年与中国特色社会主义政治经济学”为切入口，从经济发展维度对改革开放的历史经验、未来方向进行研讨。

1月18日，“特朗普政府亚洲政策走向及对中国的影响”小型研讨会在上海市美国问题研究所召开。

1月19日，上海市社联召开“传承创新上海老字号商业品牌”专题学术茶座。

1月19日，上海市市场监督管理学会联合上海市经济学会、上海市法治研究会等单位联合召开“构建消费维权社会共治新机制”跨学会专题研讨会。

1月20日，由上海市美国问题研究所和上海市海外交流协会共同发起并编撰的《在美国的上海人》系列丛书第一卷在上海锦江小礼堂正式发布。

2月

2月10日，上海市社联召开2016年度先进表彰大会。

2月16日，上海市社联召开全体机关干部大会，市委宣传部副部长、市社联党组书记、专职副主席燕爽，市社联党组成员、专职副主席解超，市社联党组成员任小文，市委宣传部干部处处长成蔚等出席，机关及刊业中心全体干部参加会议。市委宣传部干部处处长成蔚宣读市委宣传部关于任小文同志任社联党组成员的通知。

2月24日，上海市社联星期五学术茶座举办“传统与当下：传统文化的传承与普及”专题研讨。

2月28日，由上海国际问题研究院、上海市国际关系学会主办，上海市美国问题研究所、上海公共外交协会、《文汇报》协办的纪念《上海公报》发表45周年学术研讨会在上海国际问题研究院召开。

3月

3月3日，上海市伦理学会第七届会员代表大会暨学术活动交流会在华东师范大学学术交流中心举行。大会选举产生新一届理事会。随后举行的第七届理事会第一次会议，选举陆晓禾为会长，高国希、邓安庆、余玉花、徐大建、邵龙宝为副会长，付长珍为秘书长。

3月8日，上海市社联主席秦绍德，党组成员、专职副主席解超带队前往上海国际舞蹈中心参观访问。

3月9日，上海市宏观经济学会五届三次会员代表大会暨理事会会议在上海图书馆多功能厅举行。

3月10日，上海市社联机关党委召开党支部书记例会扩大会议，对在职党支部书记进行述职评议。

3月10日，上海师范大学哲学系副教授蔡志栋借助上海市社联“星期五学术茶座”平台，举办“国学班：何去何从？”专题研讨。

3月11日，以“同向同行，协同育人——马克思主义理论学科在全员育人中的责任和担当”为主题的上海市马克思主义研究论坛，在上海应用技术大学徐汇校区举行。

3月15日，上海市社联举行2017年度学术团体负责人暨党建工作会议。

3月16日，上海市钱币学会召开第八届会员大会，进行换届选举。副会长郑沈芳主持，大会审议并通过学会第七届理事会工作报告、财务报告和新的章程，选举产生新一届学会理事会。随后召开第八届理事会第一次会议，选举产生新一届学会领导班子。孙辉任理事长，季家友、孙建华、周祥、顾军、钟祥财、唐海燕任副理事长，陈勇任秘书长。

3月17日，上海市社联星期五学术茶座举办“梦的中国——习近平总书记系列讲话诵读会”预备策划会。

3月18日，上海市俄罗斯东欧中亚学会召开第六届会员大会暨“不确定时期的俄美欧关系及其影响”研讨会。

3月18日，由上海市社联、市委党校、市政协学习委员会和市马研会共同举办的“十月革命与中国特色社会主义”马克思主义研究论坛暨上海市马克思主义研究会2016年年会在市委党校举行。

3月18日，上海国际贸易学会等联合主办的“全球化变局、国际经贸形势与大国战略”高级研讨会在上海对外贸易大学举行。

3月21日，由国家社科基金资助的《探索与争鸣》第二届全国青年理论创新征文颁奖大会暨“中国转型过程中的问题”青年论坛在上海市社联举办。

3月23日，在浙江省社科联党组书记、副主席盛世豪的带领下，浙江省社科联党组成员、副主席陈先春，党组成员、秘书长谢利根，社团处处长王三炼等一行五人来到上海市社联调研交流。

3月23日，上海市国际关系学会召开第十五届会员大会进行换届选举。杨洁勉会长主持，上海市社联专职副主席任小文到会并讲话。审议并通过范军副会长代表第十四届理事会所作的工作报告和财务报告，审议并通过苏长和副会长所作的章程草案、关于第十五届理事会理事候选人、监事候选人的说明。选举产生新一届理事会和监事人选。随后召开的第十五届理事会第一次会议，选举产生常务理事和新一届学会领导班子，杨洁勉任会长，门洪华、王健、刘鸣、苏长和、吴心伯、范军、郭树勇任副会长，方晓任秘书长。

3月24日，上海市社联星期五学术茶座举办“清洁能源与可持续发展”专题研讨。

3月26日，上海市外国文学学会成立大会暨第一次会员代表大会在上海外国语大学召开。会议审议并通过《上海市外国文学学会章程(草案)》,选举产生第一届理事会成员。随后举行的第一届理事会第一次会议上,选举产生学会领导班子,李维屏为会长,乔国强、张 冲、彭青龙、李 杨、任一鸣、袁筱一、朱振武为副会长,张和龙为秘书长。

3 月 28 日,上海市商业经济学会召开第六次会员代表大会,进行换届选举。审议并通过齐晓斋会长代表第五届理事会所作工作报告,审议并通过陆志丰副会长所作的财务报告和学会章程,大会投票选举产生新一届学会理事会。随后召开的第六届理事会第一次会议,投票选举产生新一届学会领导班子。齐晓斋任会长,薛雯、陆志丰、聂永有、朱桦、晁钢令、张崇喜任副会长,陆志丰兼任秘书长。

4 月

4 月 1 日,上海市社联、市文化执法总队在市社联群言厅召开党员代表会议,联合选举产生市第十一次党代表大会代表。会议以无记名投票方式,选举燕爽同志作为市社联与市文化总队联合选区出席市第十一次党代表大会代表。

4 月 6 日,上海市社联召开第六届委员会第十二次全体会议,听取第七次代表大会有关筹备情况。会议决定上海市第七次社会科学界联合会第七次代表大会于 4 月 8 日举行。

4 月 8 日,上海市社联在市委党校召开第七次代表大会。中共中央政治局委员、上海市委书记韩正出席并讲话,市委副书记、市长应勇,市领导殷一璀、吴志明、尹弘、吴靖平、翁铁慧,以及本市各群众团体的负责人出席。本市社科界“五路大军”代表、特邀嘉宾近 800 人参加。

4 月 10 日,湖北省社科联党组成员、副主席谢双林一行来到上海市社联,重点就推动群团改革、加强社团党建、联系高校院所等工作展开调研。

4 月 12 日至 13 日,上海市世界史学会与上海社会科学院国际问题研究所、中国中东学会共同的主办“中东地缘政治变局与中国特色大国中东外交”学术研讨会在上海社会科学院举行。

4 月 14 日,上海市保险学会与华东政法大学保险法研究所联合举办最新保险疑难案例研究会,会议由上海邦信阳中建中汇律师事务所承办。

4 月 14 日,上海生产力学会主办的青年学者学术研讨会“海派文化的传承与推广”在上海视觉艺术学院举行。上海生产力学会专家、上海视觉学院的领导、青年教师和部分学生参加。

4 月 15 日，由《探索与争鸣》编辑部、华东师范大学社会发展学院人类学研究所/民族与发展研究中心、北京师范大学哲学学院宗教与文化研究所联合主办的“Reformation and Reform：宗教改革五百年来的现代社会想象”专题研讨暨华师大—北师大理论与社会跨学科工作坊在华东师范大学举行。

4 月 19 日，上海工艺美术学会召开第六次会员大会，副会长周南主持。审议并通过会长张心一所作的第五届理事会工作报告、副会长王敏所作的第五届理事会财务报告、秘书长肖国梅作的章程草案，审议并通过选举办法、监票人名单、新一届理事会理事候选人、监事候选人的说明。选举产生新一届理事会和监事人选。随后召开的第六届理事会第一次会议，投票选举常务理事和新一届学会领导班子，张心一任会长，周南、王敏、朱建中、龚世俊、张尉任副会长，肖国梅为秘书长。

4 月 20 日，《学术月刊》杂志社召开“六十周年志庆老同志座谈会”。

4 月 22 日，上海市教育学会和上海世纪出版(集团)有限公司共同主办“阅读·思享·成长——2017 世界读书日上海主题活动”。

4 月 22 日，上海市马克思主义研究论坛之“‘逆全球化’浪潮下中国化马克思主义新发展”学术研讨会在上海财经大学召开。

4 月 22 日，《探索与争鸣》编辑部与昆山市顾炎武研究会联合召开“历史视野中的经世致用——顾炎武思想发微”学术研讨会。

4 月 24 日，由上海市社联、上海大学联合主办的“治国理政与话语创新”高端论坛在上海大学新乐乎楼举行。

4 月 25 日，北京市社科联副局级巡视员王彦京一行来到上海市社联调研交流。

4 月 26 日，上海市社联召开学术团体党建工作会议，组织部分学会、民办社科研究机构党工组负责人学习近期中央、市委有关意识形态工作的文件精神。

4 月 27 日，上海市哲学社会科学话语体系建设 2016 年研究专项中期推进会在市社联召开。

4 月 27 日，由上海市社联主办，复旦大学马克思主义学院承办的“上海马克思主义理论学科发展十年回顾与反思”暨《上海市志・科学分志・人文社会科学卷(1978—2010)》“马克思主义研究篇”学术研讨会在复旦大学举行。

4月28日,上海市社联星期五学术茶座举办主题为“中国当代领导科学学科建设与发展”的专题研讨。

5月

5月3日,上海市社联召开第七届委员会主席团第一次会议。

5月5日,上海市社联星期五学术茶座举办“社会主义制度下资本运行规律”专题研讨。

5月6日,上海市世界史学会与上海大学历史系联合主办的“上海市世界史学会2017年学术年会暨第十二届青年论坛和第三届教学论坛”在上海大学举行。

5月9日,上海市民营经济研究会召开第四次会员代表大会,进行换届选举。大会审议并通过学会第三届理事会工作报告、财务报告和新的章程,选举产生新一届学会理事会。随后召开第四届理事会第一次会议,选举产生常务理事、新一届学会领导班子和监事。沃伟东任会长,季晓东、罗国振、唐豪、华民、汤蕴懿、汤亮、刘幸偕、夏斯德任副会长,夏斯德兼任秘书长。

5月12日,“纪念毛泽东同志《在延安文艺座谈会上的讲话》发表75周年——上海红色文化的现状及发展专家座谈会”在上海市社联举行。

5月16日,上海市社联举行纪念习近平同志“5.17”重要讲话发表一周年暨学习黄天华教授先进事迹座谈会。

5月17日,上海邮电经济研究会联合上海通信学会、上海市通信行业协会举办“纪念5.17世界电信和信息社会日学术报告会”。

5月18日,上海市社联方志办召开《上海市志・科学分志・人文社会科学卷(1978—2010)》编纂工作汇报会。

5月18日,经上海市社联党组同意并报市委宣传部批准,市社联召开中国共产党上海市社联党员代表会议,选举产生新一届机关党委,选举并设立机关纪委。

5 月 25 日，“特朗普政府‘反恐战略’调整”研讨会在上海市美国问题研究所召开。

5 月 26 日，上海市俄罗斯东欧中亚学会举办主题为“‘一带一路’高峰论坛：共建国际与地区合作平台”学术研讨会。

6 月

6 月 3 日，由上海市社联、上海市哲学社会科学规划办公室、上海外国语大学联合主办的“中国形象与全球传播”高端论坛在上海外国语大学虹口校区会议中心举行。

6 月 6 日，上海市审计学会邀请审计署境外审计司姜永英处长举办国有企业和国有资本审计专题讲座。

6 月 8 日，上海市社联和静安区人民政府联手主办“多学科视野：商务印书馆与中华文化自信——纪念商务印书馆创立 120 周年学术研讨会”。研讨会由商务印书馆协办，由静安区文化局、上海炎黄文化研究会、上海市历史学会、上海市哲学学会、上海市伦理学会、上海市民俗文化学会承办。

6 月 9 日，上海市高等教育学会召开第十次会员大会。

6 月 9 日，上海市社联星期五学术茶座举办“上海在‘一带一路’建设中的地位与作用”专题研讨。

6 月 9 日，由上海市改革创新与发展战略研究会主办，《探索与争鸣》编辑部、上海东方青年学社联合协办的“城脉与文脉——现代化进程中的古镇与新城”圆桌研讨会，在上海市委党校举行。

6 月 9 日，上海市房产经济学会、上海市城市经济学会、上海市土地学会和上海财经大学不动产研究所四家单位联合举办“构建房地产市场基础性制度和长效机制”研讨会。

6 月 16 日，上海科学社会主义学会第九届代表大会在上海师范大学召开。

6 月 16 日，由上海科学社会主义学会与上海师范大学联合举办的“构建人类命运共同体与道路自信”学术研讨会在上海师范大学徐汇校区召开。

6 月 16 日，由上海科学社会主义学会、上海市统一战线理论研究会、上海市人民政协理论研究会、上海师范大学马克思主义学院、上海师范大学比较政党研究中心联合举办的

“一国两制”与统一战线——纪念香港回归 20 周年学术研讨会在上海师范大学召开。

6 月 17 日至 18 日，由浙江省重点高校建设教育学一级学科、《探索与争鸣》编辑部联合主办，浙江师范大学田家炳教育科学研究院、丽水学院承办的“高校内部治理体系创新的理论与实践”高层论坛在浙江金华、丽水分别召开。

6 月 18 日，上海市社联举行“中国哲学社会科学构建与学术期刊建设——纪念《学术月刊》创刊 60 周年”研讨会。

6 月 18 日，上海市美学学会第九届会员大会第一次会议在东华大学延安校区举行。

6 月 19 日，由上海市社联、上海市哲学社会科学规划办公室、上海财经大学联合主办的国家社科基金重大项目首席专家学术报告会“‘五大发展理念’与‘自贸区、城市群、绿色产业链’”高端论坛在上海财经大学行政楼一楼报告厅举行。

6 月 20 日，“生态文明与中国哲学社会科学学术话语体系建设”专题研讨会在上海大学举行，这是上海市首批(2016)话语体系建设平台——“中国道路与中国哲学社会科学学术话语体系建设”年度系列研讨活动之一。

6 月 22 日，由上海市保险学会、上海市保险同业公会和大西洋再保险公司联合举办的 2017 上海国际保险论坛在沪举行。

6 月 24 日，由上海市社联、上海市哲学社会科学规划办公室、复旦大学联合主办，复旦大学党委宣传部、文科科研处、中国特色社会主义研究中心共同承办“构建中国特色哲学社会科学体系”高端论坛。

6 月 24 日，上海人类学学会在复旦大学江湾校区召开第七届第一次会员大会。

6 月 24 日，上海现代企业经营管理研究会召开五届四次会员代表大会暨第 26 期职业经理人企业管理经营交流会。

6 月 24 日至 25 日，由中国国际关系学会、上海市国际关系学会、复旦大学、上海国际问题研究院、上海外国语大学主办，上海外国语大学国际关系与公共事务学院承办的“纪念上海国际关系理论讨论会三十周年会议”在上海外国语大学虹口校区举行。

6 月 27 日，由上海市社联、上海市哲学社会科学规划办公室、华东师范大学联合主办的上海市社会科学界学术年会“中国特色新型城镇化与全面建设小康社会”首席专家高端论坛在华东师范大学举行。

6月27日，由上海市领导科学学会、上海市百名将军活动中心、上海市静安区教育局共同主办的“将军学子共牵手，戎装领巾相辉映”主题活动，在静安区青少年活动中心举行。

6月30日，上海市社联召开纪念建党96周年暨推进“两学一做”学习教育常态化制度化工作部署动员会。

6月30日，上海市外文学会召开第十二次会员代表大会暨成立六十周年庆典。

6月30日，上海市远距离高等教育学会召开第八次会员代表大会。审议并通过第七届理事会工作报告和财务报告，审议并通过修改后的学会章程，选举产生第八届理事会成员。随后举行的第八届理事会第一次会议上，选举产生新一届学会领导班子，陶正苏为会长，应建雄、倪斌、闫寒冰、鲁习文、王宏、李楠为副会长，刘冬暖为秘书长。

7月

7月1日，由上海市中国特色社会主义理论体系研究中心、上海市社联、中共上海市委党校共同主办，上海市马克思主义研究会承办的上海市第五届马克思主义研究青年论坛在市委党校举行。

7月4日，由上海市社联、中共上海市委党史研究室、上海市中国特色社会主义理论体系研究中心联合主办，上海市中共党史学会、上海市社联方志办公室承办的上海市纪念中国人民全面抗战爆发80周年学术研讨会在上海图书馆举办。

7月7日，上海市社联星期五学术茶座举办“对标最高标准上海自由贸易港区建设中的航运金融服务创新”专题研讨。

7月14日，上海市渔业经济研究会、上海市水产学会与上海市河蟹行业协会共同主办的“崇明世界级生态岛建设与上海河蟹产业发展”研讨会在上海海洋大学军工路校区举行。

7月17日，由中国浦东干部学院、上海市社联、中国社会科学院—上海市人民政府上海研究院联合主办的“中国哲学社会科学话语体系建设·浦东论坛”首场论坛——“2017中国社会学话语体系建设”在上海召开。

7 月 24 日，上海市社联召开第七届委员会主席团工作会议，讨论社科评奖办法改革草案。

7 月 24 日，上海市哲学社会科学学术话语体系建设年度重要工作——“改革开放40 周年、新中国成立 70 周年、建党 100 周年”系列（简称“三大系列”）研究 2017 年度项目立项名单正式发布。经专家评审、社会公示并报市哲学社会科学规划领导小组批准，共有98 项项目获立项资助。

7 月 26 日，由上海市社联主办，上海国际问题研究院承办的上海市社会科学界第十五届学术年会青年论坛“‘一国两制’在香港的实践：对未来三十年的启示”研讨会在上海国际问题研究院举行。

8月

8 月 1 日，上海市委宣传部副部长、市社联党组书记燕爽及社联全体干部职工在社联旭阳厅收看《中共中央、国务院、中央军委在人民大会堂隆重举行庆祝中国人民解放军建军 90 周年大会》直播。

8 月 8 日，上海市社联举行信息化工作会议暨信息网络安全专家咨询会议。

8 月 10 日，复旦大学、上海世纪出版（集团）有限公司、上海人民出版社共同在上海市社联召开“2017 上海书展”首场活动“‘中国话语丛书’全面启动暨《文明型国家》出版座谈会”。

8 月 10 日，上海市社联机关党委召开机关党建工作会议暨机关党委会扩大会议。

8 月 12 日，上海抗战与世界反法西斯战争研究会成立大会暨第一次会员代表大会在上海淞沪抗战纪念馆召开。会议审议通过《上海抗战与世界反法西斯战争研究会章程（草案）》，选举产生第一届理事会成员。随后举行的第一届理事会第一次会议上，选举张云为会长，苏智良、金光耀、王健、吴海勇、徐有威为副会长，唐磊为秘书长。

8 月 15 日，上海市社联召开党组中心组学习扩大会议，学习习近平总书记在 7 月26 日省部级主要领导干部“学习习近平总书记重要讲话精神，迎接党的十九大”专题研讨班开班式上发表的重要讲话精神。

8 月 15 日，由上海市美国问题研究所、上海市人民对外友好协会、上海社会科学院历史研究所主办，上海通志馆、上海正策律师事务所协办的“新形势下的上海与美国地方交流”学术研讨会在上海中心召开，并发布国内首部从“地方交流”角度考察中美关系的学术著作《上海与美国地方交流年度大事(2016)》。

8月17日，上海市社联召开成立60周年纪念活动策划座谈会。

8月20日，上海市社联召开党组扩大会议，总结市社联上半年党风廉政建设情况，分析研判廉政风险点，并对下一步党风廉政建设工作开展进行分析部署。

8月23日，上海市国家保密局副局长林予同应邀到上海市社联，为市社联机关各处室、所属事业单位党员干部作题为“信息化条件下如何加强保密工作”的专题报告。

8月24日至25日，上海市民防协会与江苏省人防企业协会共同主办“沪苏防护设备企业诚信为本·创新为魂论坛”。

8月25日，上海市社联星期五学术茶座举办“喜迎十九大：上海如何继承红色基因”专家座谈会。

8月28日，《探索与争鸣》编辑部和华东政法大学政治学研究院共同主办的“人工智能与未来社会：趋势、风险与挑战”学术研讨会在上海市社联召开。

8月30日，上海生产力学会在东华大学举办“社会主义制度下资本运营规律研究”研讨会。

9月

9月2日，上海现代企业经营管理研究会举行第32期职业经理人企业管理经营交流会。

9月5日，上海市社联举行党组扩大会议，学习传达习近平总书记关于群团改革的重要指示和中央群团改革工作座谈会精神，总结2017年以来市社联推动群团改革的工作情况，并对下一步工作进行研究部署。

9月5日，由上海金融法制研究会主办，上海对外经贸大学、华东政法大学协办的青年沙龙“大数据时代金融消费者信息权保护面临的新问题和新风险”在上海市社联举行。

9月8日，上海市俄罗斯东欧中亚学会在华东师范大学举办“金砖合作与全球治理学术研讨会”。

9 月 11 日，由上海市美国问题研究所主编的《在上海的美国人(第三卷)》新书分享会在上海建投书局举办。

9 月 13 日，主题为"'钓鱼岛问题'再思考及中国如何参加全球海洋治理"海洋沙龙 2017 年第二次会议召开。

9 月 14 日，天津市社科联秘书长张再生一行来上海市社联进行调研交流。

9 月 15 日，上海市商业会计学会主办、市会计学会证券工委协办的"财务共享与价值创造"学术研讨会举行，本次研讨会被列入上海市社联 2017 年学术活动合作项目。

9 月 16 日，由上海市社联主办，中共上海市委党校中外政党比较研究中心承办的"比较视野下的中国共产党:组织与权力"专题研讨会在市委党校召开。本次会议是上海市社会科学界第十五届学术年会的青年论坛系列活动之一。

9 月 16 日，上海市社联召开学术年会专家咨询会。

9 月 17 日，上海市信息学会召开第四届会员代表大会，进行换届选举。审议并通过学会第三届理事会工作报告、财务报告和新的章程，选举产生新一届学会理事会。随后召开第四届理事会第一次会议，选举产生新一届学会领导班子。许维胜任会长，陈学彬、顾一众、李农、向阳、郑经纬、稽晓、顾君忠任副会长，石宗宏任秘书长。

9 月 20 日，由上海市妇女学学会、上海市领导科学学会、上海市女性人才研究会联合召开的"现代女性领导力建设与发展"论坛在巾帼园举行。

9 月 22 日，黑龙江省社科联党组成员、专职副主席王宏宇，广东省社科联党组成员、专职副主席周华等人来到上海市社联调研交流。

9 月 22 日，由上海市社联主办，华东政法大学政治学研究院承办的上海市社会科学界第十五届学术年会学科专场"大数据智库与国家治理:人工智能时代的挑战"研讨会在华东政法大学长宁校区召开。

9 月 22 日至 24 日，由上海市哲学学会主办，上海师范大学知识与价值科学研究所等单位联合承办的"命运共同体与中国哲学社会科学学术话语体系建设"高端论坛召开，本论坛是本市首批(2016)话语体系建设平台——"中国道路与中国哲学社会科学学术话语体系建设"年度系列研讨活动之一。

9月23日，上海市美学学会联合拾玥设举办的“创意设计与美学”青年论坛在上海黄浦区国际文化众创空间举办。

9月23日，由上海市社联、上海市哲学社会科学规划办公室、上海财经大学联合主办的上海市社会科学界第十五届(2017)学术年会智库专场系列研讨活动在上海财经大学行政楼召开。

9月23日，由上海社联主办、复旦大学民族研究中心承办的“文化自信与中国各民族共有精神家园建设”研讨会召开。此次会议是上海市社会科学界第十五届学术年会学科专场系列活动之一。

9月23日，由上海市社联主办，《探索与争鸣》编辑部、上海财经大学人文学院、上海社会科学院哲学所、中国城市问题研究论坛联合承办的“中国城市社会的文化自觉与道路自觉学术研讨会”在上海财经大学举行。

9月23日至24日，苏浙皖沪“三省一市”政治学会一年一度的学术研讨会在安徽省六安市金寨县委党校举办。

9月23日至24日，由上海市中国特色社会主义理论体系研究中心、上海市社联主办，上海交通大学马克思主义学院承办，《毛泽东邓小平理论研究》《中国特色社会主义研究》《思想理论教育》《学校党建与思想教育》《上海交通大学学报(哲社版)》等期刊编辑部协办的主题为“中国特色社会主义与人类命运共同体”的上海市马克思主义研究论坛在上海交通大学举行。

9月24日，由上海市社联主办，华东理工大学社会与公共管理学院承办的“上海与周边地区协同发展研究”专题研讨会在华东理工大学梅陇校区召开。本次会议是上海市社联第十五届学术年会学科专场系列活动之一。

9月24日，上海市大数据社会应用研究会举行成立大会暨首届会员大会。

9月24日至25日，《学术月刊》杂志社联合北京大学中文系共同主办的“现代文学与书写语言”学术研讨会在北京大学顺利举行。

9月26日，榆林市社科联一行在党组书记、常务副主席李晓春带领下来到上海市社联调研交流。

9月27日，由上海市社联主办，华东政法大学社会组织与社会创新创业研究中心、华东政法大学科研处承办的上海市社会科学界第十五届学术年会青年论坛“社会组织与社会创业”研讨会召开。

9 月 27 日,上海市朝鲜半岛研究会举行成立大会暨第一届会员大会。大会通过《上海市朝鲜半岛研究会章程》,选举产生研究会第一届领导班子:徐旭任会长,汪伟民、龚克瑜、余伟民任副会长,郑继永任秘书长。聘请杨洁勉任学术委员会主席。

9 月 30 日,由市委宣传部理论处处长朱鸿召带队的部安全生产检查组到上海市社联检查安全生产工作。

10 月

10 月 13 日,上海生产力学会在上海社会科学会堂举行“生产力发展规律研究:过去、现在、未来”专题研讨会。本次会议被列入上海市社会科学界重大学术活动。

10 月 14 日,由上海市社联、上海大学社会学院联合举办的“中国中产阶级实证研究的对话与碰撞”专题研讨会在上海大学宝山路校区召开。本次会议是上海市社会科学界第十五届学术年会的青年论坛系列活动之一。

10 月 16 日,由上海市社联主办,复旦大学、上海交通大学、上海师范大学共同协办的“十月金秋——第三届上海社会科学界合唱音乐会”在上海音乐厅举行。

10 月 18 日,上海市社联主席王战、市社联专职副主席解超、任小文和社联机关全体干部职工集中收看党的十九大开幕会直播。

10 月 19 日,由上海金融法制研究会与复旦大学中国金融史研究中心联合主办的“华资银行业的产生与变迁”座谈会在复旦大学光华楼 2001 室会议室召开。

10 月 20 日,上海市社联举行第十一届(2017)学会学术活动月开幕式暨学术报告会。本届活动月主题为“学习贯彻十九大精神,构建中国特色哲学社会科学”。

10 月 21 日,上海科学社会主义学会第七届青年学者论坛“新的历史起点——中国特色社会主义理论与实践的创新发展”学术研讨会在中共上海市委党校举行。本次论坛是上海市社会科学界第十一届学会学术活动月系列活动之一。

10 月 21 日,由上海市社联、上海市语文学会等单位联合举办的“第一届国家话语生态研究”高峰论坛在华东师范大学中山北路校区“国际汉语教师研修基地”二楼报告厅举行。本次会议是上海市社会科学界第十五届学术年会的学科专场系列活动之一。

10 月 21 日,"中共中央编译局马克思主义理论与当代实践研究基地"揭牌仪式暨"马克思主义科技思想与社会发展"学术研讨会在东华大学举行。

10 月 21 日,《上海思想界》编辑部召开"学习党的十九大报告"理论研讨会。

10 月 22 日,由上海市社联、复旦大学管理学院联合举办的"精准聚焦大数据时代国际人才集聚"专题研讨会在复旦大学管理学院召开。本次会议是上海市社会科学界第十五届学术年会的智库专场系列活动之一。

10 月 22 日,由上海市社联、华东师范大学社会发展学院民俗学研究所联合举办的"都市楹联与文化景观"论坛暨"第五届海上风都市民俗学论坛"在华东师范大学闵行校区举办。本次会议是上海市社会科学界第十五届学术年会的青年论坛系列活动之一。

10 月 22 日,由上海市社联、上海外国语大学国际关系与公共事务学院联合举办的"党的十八大以来中国政治的新发展"专题研讨会在上海外国语大学虹口校区召开。本次会议是上海市社会科学界第十五届学术年会的青年论坛系列活动之一。

10 月 22 日下午,上海蔬菜经济研究会召开第七届会员代表大会,进行换届选举。审议并通过研究会第六届理事会工作报告、财务报告和新的章程,选举产生新一届理事会。随后召开第七届理事会第一次会议,选举产生新一届领导班子。朱为民任会长,魏华、黄丹枫、张永发、俞菊生、沈海斌任副会长,陈建林任秘书长。

10 月 22 日至 **23 日**,由上海市社联、上海师范大学人文与传播学院等单位联合举办的"第三届全球城市史学术研讨会"在上海师范大学桂林路校区举行。本次会议主题为"环境、城市网络与空间生产",是上海市社会科学界第十五届学术年会的学科专场系列活动之一。

10 月 23 日,上海市卫生经济学会、上海市卫生和健康发展研究中心联合举办主题为"卫生费用与政策"卫生经济青年论坛。

10 月 24 日,上海市社联方志办公室召开《上海市志・科学分志・人文社会科学卷(1978—2010)》2017 年首场编纂交流会。

10 月 25 日至 **26 日**,由《探索与争鸣》编辑部、上海市社会科学创新研究基地、全球城市与世界文明传承研究基地联合主办的"全球城市史:环境、城市网络与空间生产暨第三届全球城市史学术研讨会”在上海师范大学举行。

10 月 26 日，上海市集体经济研究会和上海市经济学会所有制结构研究专委会联合召开上海市社联第十一届“学会学术活动月”——“城镇集体经济产权保护”专题研讨会。

10 月 26 日，上海市金融学会、上海城市金融学会联合举办“金融科技与监管”讨论会。此次活动是“上海市社联第十一届学会学术活动月”项目之一。

10 月 26 日下午，上海邮电经济研究会举办“万物智联时代的机遇和挑战”课题研讨活动。

10 月 27 日，上海市社联方志办召开《上海市志・科学分志・人文社会科学卷(1978—2010)》2017 年第二场编纂交流会。

10 月 27 日，由上海市社联和上海市教育委员会指导，上海市信用研究会、市伦理学会、市法治研究会联合举办的“社会信用环境综合治理——伦理・法治・文化”跨学术研讨会在上海市社联举行。

10 月 27 日，由上海科学社会主义学会、上海生产力学会、上海社会学学会与中共上海市浦东新区委员会党校和复旦大学城市发展研究院共同举办的“卓越的全球城市与创新发展”研讨会暨浦东区情研究中心成立仪式在浦东新区区委党校举行。

10 月 27 日，上海市固定资产投资建设研究会召开 2017“投资创新与城市更新”学术年会。

10 月 27 日至 29 日，由上海市社联、上海市外文学会、上海交通大学多元文化与比较文学研究中心联合举办的“第二届文化研究国际研讨会”在上海交通大学徐汇校区举办。本次会议主题为“文化多样性、人文与全球化”，是上海市社会科学界第十五届学术年会的学科专场系列活动之一。

10 月 28 日，由上海市社联、同济大学马克思主义学院、同济大学欧洲马克思主义研究中心联合举办的“全球治理与中国方案”专题研讨会在同济大学四平路校区召开。本次会议是上海市社会科学界第十五届学术年会的学科专场系列活动之一。

10 月 28 日，由上海市领导科学学会和东华大学人文学院共同举办的“上海 2040：卓越的全球城市与建构新型领导力”专题研讨会在东华大学举行。本次研讨会是 2017 年学会学术活动月系列活动之一。

10 月 28 日至 **29 日**，由上海市社联、复旦大学哲学学院、复旦大学当代国外马克思主义研究中心联合举办的“《资本论》与当代资本主义的危机与批判”专题研讨会在复旦大学举办。本次会议是上海市社会科学界第十五届学术年会的青年论坛系列活动之一。

10 月 28 日至 **29 日**，由上海市社联、上海师范大学都市文化研究中心、上海市历史学会联合主办的“海洋文明与城市变迁——‘一带一路’视野下的沿海城市发展”学术研讨会在上海师范大学召开。本次会议是上海市社会科学界第十五届(2017)学术年会学科专场系列活动之一。

10 月 29 日，《上海思想界》编辑部召开第二场学习党的十九大精神系列研讨会。

11 月

11 月 2 日，由上海市医学伦理学会主办，上海市伦理学会、上海市戒毒学会等多家学会协办的“健康中国视域下的道德创伤与道德修复”学术研讨会在海军军医大学人文社会科学部举行。

11 月 3 日，上海市税务学会和上海市国际税收研究会联合举办“发挥理论研究职能 服务税收改革实践”学术年会。

11 月 4 日，由上海市社联、上海工程技术大学社会科学学院、现代城市公共管理研究中心联合举办的“超大型城市基层社区治理创新”专题研讨会在上海工程技术大学仙霞路校区举办。本次会议是上海市社会科学界第十五届学术年会的青年论坛系列活动之一。

11 月 4 日，上海现代企业经营管理研究会、上海卓越研究中心联合举行“创新驱动发展 提升实体经济能级”学术论坛暨职业经理人企业管理交流会。

11 月 5 日，由上海市社联、上海市社会学学会、同济大学联合举办的“改革开放四十年与社会学的新使命”专题研讨会在同济大学四平路校区举办。本次会议是上海市社会科学界第十五届学术年会的学科专场系列活动之一。

11 月 5 日，上海市社会学学会召开“改革开放与社会学话语体系建设”学术年会。

11 月 5 日，由上海市信用研究会主办，华东政法大学互联网金融法治研究中心承办的“互联网征信：作用、监管与规制”的上海社联青年论坛在华东政法大学召开。

11 月 7 日，《上海思想界》编辑部组织本市中青年专报作者召开“舆情交流与分析”座谈会。来自上海社会科学院、上海大学、华东政法大学、上海师范大学和上海体育学院的十多位学者参加。

11 月 7 日，上海市伦理学会与上海社会科学院哲学研究所联合举行伦理学理论研究前沿第 16 届论坛和哲学研究所人文演讲系列第 14 期讲座，华东师范大学哲学系伦理学教研室主任颜青山教授做学术报告。

11 月 7 日，上海股份制与证券研究会、上海对外经贸大学工商管理学院联合召开“证券市场对中国经济影响”的专题研讨会。

11 月 8 日，由上海市社联、上海市民营经济研究会、华东师范大学联合举办的“‘一带一路’建设与中国海外产业园区的时空演进”专题研讨会在华山路 899 号举办。本次会议是上海市社会科学界第十五届学术年会的学科专场系列活动之一。

11 月 8 日，由上海市世界史学会、上海市俄罗斯东欧中亚学会、上海欧洲学会、上海社会科学院国际问题研究所联合举办的“丝路精神与文明交流”学术研讨会在上海社科院举行。本次会议是“上海市社联第十一届学会学术活动月”跨学会学术活动项目之一。

11 月 10 日，上海国际问题研究院和上海市美国问题研究所联合举办“特朗普访华和中美关系”专题研讨会。

11 月 10 日，由上海市世界经济学会新兴经济体专业委员会主办，上海大学经济学院承办的上海市社联第十一届(2017)“学会学术活动月”系列活动“世界经济新格局下的新兴经济体合作与发展”专题研讨会，在上海大学举行。

11 月 10 日，由上海市民防协会、上海市信用研究会联合举办的“民防工程诚信体系建设”跨学术研讨会在上海社科会堂举行，市民防协会秘书长温德金主持。本次研讨会是上海市社联第十一届“学会学术活动月”项目之一。

11 月 10 日，上海市审计学会举办“准确把握‘三个区分开来’促进审计职能发挥”专题研讨会。

11 月 11 日，上海财务学会召开中国高科技产业特征与成因探索专题研讨会。

11 月 11 日，上海市伦理学会在上海社会科学会堂举行主题为“当代中国伦理学话语体系研究”2017 学术年会。

11月11日至12日，由南开大学文学院、中国人民大学文学院、《探索与争鸣》编辑部、上海美学学会、天津美学学会联合主办，中国电影家协会电影声音艺术工作委员会、中国录音师协会电影录制专业委员会承办的“听觉文化国际学术研讨会”在南开大学召开。

11月12日，由上海市社联、上海市法学会联合举办的“大数据在社会治理中的功能与应用”法律实务专场研讨会在上海星动力科创空间召开。本次会议是上海市社会科学界第十五届学术年会的专场系列活动之一。

11月15日，由《探索与争鸣》编辑部、上海师范大学都市文化研究中心、上海师范大学光启国际学者中心、中国城市问题（上海）论坛联合主办的“重置城市空间：节奏、身体与日常生活批判”学术工作坊在上海师范大学光启国际学者中心举办。

11月15日，上海市行为科学学会主办、上海交通大学安泰经济与管理学院承办召开“基于双创驱动的行为科学前沿”学术研讨会。

11月16日，上海市社联举办所属学术团体财务工作培训班。

11月17日至19日，中国社会学会理论社会学专业委员会、中国社会学会宗教社会学专业委员会、华东师范大学社会学系、华东理工大学社会学系、《探索与争鸣》编辑部联合在上海举办“纪念涂尔干逝世百年暨涂尔干社会学思想研讨会”。

11月20日，上海市社联方志办召开《上海市志・科学分志・人文社会科学卷（1978—2010）》“军事学”章专家评审会。

11月26日，上海市哲学社会科学学术话语体系建设办公室与上海市哲学学会共同举办“新时代条件下的中国特色哲学社会科学建设”理论研讨会。

11月27日，上海市社联举办党员干部大会，由社联党组成员、专职副主席、十九大市委宣讲团成员解超作《党的十九大精神学习辅导报告》专题党课。

11月28日，上海市社联方志办召开《上海市志・科学分志・人文社会科学卷（1978—2010）》“机构”篇章节目设置专家论证会。

11月28日，上海市劳动和社会保障学会召开第八届会员代表大会，进行换届选举。审议并通过第七届理事会工作报告、财务报告和新的章程，选举产生新一届理事会。随后召开第八届理事会第一次会议，选举产生新一届学会领导班子。张剑萍任会长，黄维德、董保华、王大犇、李国珍、吴爱平、张宪民、钟仁耀为任副会长，丁政祥任秘书长。

11 月 29 日，英国曼彻斯特大学中国研究所主任葛小伟教授来上海市美国问题研究所作讲座。

11 月 29 日，上海市孙中山宋庆龄文物管理委员会和民革上海市委联合主办，上海宋庆龄研究会和上海中山学社联合承办的"孙中山、宋庆龄与国际共产主义运动"学术研讨会在沪举行。

11 月 29 日，《江海学刊》编辑部一行 9 人在总编韩璞庚研究员、副主编李芸研究员、赵涛研究员的率领下访问上海市社联《学术月刊》编辑部与《探索与争鸣》编辑部。

12 月

12 月 1 日，《学术月刊》杂志社召开会议，宣布上海市社联党组干部任免决定。姜佑福任《学术月刊》杂志社常务副总编（主持工作），金福林因工作调动，不再担任《学术月刊》杂志社总编职务。

12 月 1 日，上海市社联机关党委一行由党组成员、专职副主席、机关党委书记解超带队，赴奉贤区青村镇南星村开展城乡党组织结对帮扶工作调研。

12 月 2 日，上海市信用研究会举办第四届"诚信上海"信用创新论坛。

12 月 3 日，由上海市社联、上海市教育委员会、东华大学联合举办的"讲台上的十九大——高校思想政治理论课教学标兵教学展示观摩会"在东华大学延安路校区召开。本次会议是上海市社会科学界第十五届学术年会的学科专场系列活动之一。

12 月 4 日，《探索与争鸣》编辑部联合上海师范大学光启国际学者中心举办"现代中国思想文化史研究的'再出发'——暨瞿骏《天下为学说裂》新书学术研讨会"。本次会议聚焦青年学者瞿骏新著《天下为学说裂》，邀集知名学者和青年学人一道针对近现代中国思想文化问题进行探讨。

12 月 6 日，上海市会计学会主办、国际注册专业会计师公会（AICPA/CIMA）协办的"上海市会计学会第一届管理会计案例竞赛"，在上海汽车集团延锋大厦多功能厅举办。

12 月 7 日，上海市保险学会与华东政法大学保险法研究所、律商联讯联合举办保险合规及争议处理研讨会。

12 月 8 日，由《探索与争鸣》编辑部与华东政法大学政治学研究院联合举办的第二届

“人工智能与未来社会”高峰论坛“人工智能与未来社会的再思考——暨人工智能趋势、风险与挑战学术研讨会”在上海市社联召开。

12月9日至10日，由上海师范大学人文与传播学院世界史学科、上海师范大学女性研究中心主办，上海市妇女学学会协办的“妇女/性别史研究的理论、方法与实践”学术研讨会在上海师范大学会议中心举行。

12月16日，为纪念恢复高考40周年，由上海市社联主办、上海师范大学学科教育研究所承办的“恢复高考40周年的回顾与展望”研讨会在上海举行。

12月18日，由上海市社联、上海财经大学、上海人民出版社联合主办的“《中国财政制度史》出版座谈会”在上海市社联举办。

12月18日，上海市社联召开党组班子和领导干部述职测评会。

12月18日，上海市监狱学会召开第七次会员代表大会。审议并通过学会第六届理事会工作报告、财务报告和章程修改草案，选举产生新一届学会理事会。在随后召开的第七届理事会第一次会议上，选举产生新一届学会领导班子：吴琦任会长，蒋毅、王毅、刘宪权、孙时进、周中之任副会长，卢德利任秘书长。

12月20日，上海市房产经济学会召开第九届会员代表大会，进行换届选举。大会审议并通过第八届理事会工作报告、财务报告和新的章程，选举产生新一届学会理事会。随后召开第九届理事会第一次会议，选举产生新一届学会领导班子。沈正超任会长，陈琦、金守祥、忻一鸣、严荣、桂国杰、陈杰任副会长，忻一鸣兼任秘书长。

12月22日，上海市社联召开“不忘初心，牢记使命，贯彻落实党的十九大精神”学习实践活动推进会。

12月24日，2017年马克思主义研究论坛之“习近平新时代中国特色社会主义思想的历史地位——学习贯彻党的十九大精神研讨会”在国防大学政治学院召开。

12月25日，由《探索与争鸣》编辑部与杭州师范大学沈钧儒法学院共同主办的第三届“人工智能与未来社会”论坛暨“面向人工智能：道德、法律、宗教的回应学术研讨会”在杭州师范大学举办。

12月26日，上海市社联第十五届学术年会暨中国哲学社会科学学术话语体系建设论坛在锦江小礼堂隆重召开。

12 月 27 日，上海市统计学会召开第九次会员代表大会，进行换届选举。大会审议并通过第八届理事会工作报告、财务报告和章程修改草案，选举产生新一届理事会。随后召开第九届理事会第一次会议，选举产生新一届领导班子：刘稚南任会长，刘季曾、郑明、周勇、张日权、朱启贵、陈新光、陆晋军任副会长，朱国众任秘书长。

附　　录

FU LU

《学术月刊》2017年分类总目录

（括号内数字，前为期数，后为页数）

·特别推荐·

·美国政治研究·

·边疆中国：知识话语与历史书写（专题讨论）·

·当代心灵哲学中的物理主义·

·当代中国学术：探赜与平议·

・经济学・

·政治学·

·法　　学·

·社会学·

·文　学·

・历史学・

·访 谈·

《探索与争鸣》2017 年总目录

第一期

第二期

第三期

第四期

第五期

第六期

第七期

第八期

第九期

第十期

第十一期

第十二期

《上海思想界》2017 年目录

第 1/2 期（总第 43 期）

第 3 期（总第 44 期）

·纵深阅读·

·专　题·

·参考资料·

·图　版·

第 4 期（总第 45 期）

·专　论·

·思想沙龙·

·专　稿·

·纵深阅读·

第 9 期（总第 49 期）

·思想沙龙·

·纵深阅读·

·图　　版·

第 10 期（总第 50 期）

·专　　稿·

·笔谈 7.26·

第 12 期（总第 52 期）

上海市社联所属学会一览表

序号	学会名称	成立日期	会　长	秘书长	地　　址
1	哲学学会	1950.3	吴晓明	李家珉	淮海中路622弄7号(乙)
2	经济学会	1950.8	周振华	权　衡	淮海中路622弄7号(乙)
3	历史学会	1952.1	熊月之	章　清	淮海中路622弄7号(乙)
4	法学会	1952	陈　旭	毛坚平	昭化路490号
5	语文学会	1956.9	胡范铸	陈昌来	复旦大学中文系
6	外文学会	1957.2	叶光国	彭青龙	淮海中路622弄7号(乙)
7	教育学会	1957.9	尹后庆	苏　忱	淮海中路622弄7号(乙)
8	国际关系学会	1957.3	杨洁勉	方　晓	淮海中路622弄7号(乙)
9	会计学会	1979.7	夏大慰	顾宏祥	中山西路2230号1312室
10	科学社会主义学会	1979.7	解　超	吴解生	淮海中路622弄7号(乙)
11	财政学会	1979.8	宋依佳	孙建龙	肇嘉浜路800号2107室
12	马克思主义研究会	1979.9	王国平	周敬青	虹漕南路200号
13	社会学学会	1979.9	李友梅	刘玉照	上大路99号
14	逻辑学会	1979.11	冯　棉	邵强进	复旦大学哲学学院
15	世界经济学会	1979.11	张幼文	权　衡	淮海中路622弄7号(乙)
16	高等教育学会	1979.11	印　杰	董秀华	陕西北路500号3号楼
17	伦理学会	1980.1	陆晓禾	付长珍	华东师范大学学报
18	金融学会	1980.6	张　新	储幼阳	陆家嘴东路181号
19	统计学会	1980.7	刘雅南	朱国众	四川中路220号806室
20	物流学会	1980.9	许国良	陈　震	北京东路255号502室
21	农村经济学会	1980.9	王东荣	刘　明	仙霞西路779号1号楼附2F
22	人口学会	1980.12	孙常敏	胡　琪	陕西南路122号7楼
23	美学学会	1981.1	祁志祥	刘旭光	复旦大学中文系
24	城市经济学会	1981.3	江绵康	袁　钢	宣化路300号北塔1503室
25	房产经济学会	1981.5	沈正超	忻一鸣	江西中路170号(福州大楼)3楼

（续表）

序号	学会名称	成立日期	会　长	秘书长	地　　址
26	家庭教育研究会	1981.6	王荣华	顾秀娟	天平路 245 号 311 室
27	政治学会	1981.10	桑玉成	程竹汝	市委党校教务处
28	新四军历史研究会	1981.10	刘苏闵	颜　宁	中山南二路 777 弄 1 号 1503 室
29	档案学会	1981.11	朱纪华	王春楣	仙霞路 326 号
30	中共党史学会	1981.12	忻　平	陈　挥	淮海中路 622 弄 7 号(乙)
31	农村金融学会	1981.12	刘桂平	庄　湧	徐家汇路 599 号 1702 室
32	邮电经济研究会	1981.12	张林德	杨锡高	南崇明路甲 1 号 807 室
33	宗教学会	1982.3	晏可佳	葛　壮	淮海中路 622 弄 7 号宗教所
34	婚姻家庭研究会	1982.5	葛影敏	黄　绮	天平路 245 号
35	辞书学会	1982.7	张　荣	王慧敏	陕西北路 457 号
36	管理教育学会	1982.7	赵晓康	苏宗伟	斜土路 2601 号嘉汇广场 T1-20C
37	商业经济学会	1982.9	齐晓斋	陆志丰	新闸路 945 号 311 室
38	世界语协会	1982.11	汪敏豪	周天豪	淮海中路 622 弄 7 号(乙)
39	成本研究会	1982.11		傅永尧	中山南路 315 号 406 室
40	犯罪学学会	1983.2	何勤华	肖庆平	万航渡路 1575 号
41	人类学学会	1983.5	张海国	李　辉	邯郸路 220 号复旦大学遗传部
42	卫生经济学会	1983.6	肖泽萍	金春林	北京西路 1400 弄 21 号
43	人才研究会	1983.7	毛大立	张子良	高安路 25 号
44	钱币学会	1983.10	孙　辉	陈　勇	陆家浜路 285 号 1407 室
45	统一战线理论研究会	1983.12	王　珏	杨　春	天等路 469 号
46	华侨历史学会	1983.12	张　癸	华洁蓉	延安西路 129 号华侨大厦 1011 室
47	写作学会	1984.7	陈思和	周　勇	中山北路 3663 号华东师范大学理科大楼 A 座 219 室
48	渔业经济学会	1984.7	黄硕琳	陈文银	军工路 318 号综合楼 201 室
49	建设交通系统思想政治工作研究会	1984.8	许德明	杭财宝	斜土路 1175 号 1005 室
50	劳动和社会保障学会	1984.9	张剑萍	丁政祥	安远路 45 号 1 号楼 4 楼
51	农垦经济学会	1984.9	王　伟	童锐志	华山路 263 弄 7 号
52	保险学会	1984.9	高志缨	赵　雷	中山南路 1228 号 8 楼

（续表）

序号	学会名称	成立日期	会　长	秘书长	地　　址
53	社会心理学学会	1984.5	金国华	陈　校	外青松公路 7989 号
54	思想政治工作研究会	1984.12		吴瑞虎	高安路 17 号 401 室
55	粮食经济研究会	1984.12	吴　琦	卢德利	张扬路 88 号滨江大厦 1203 室
56	监狱学会	1984.12	桂晓民	于旭光	长阳路 111 号 4802 室
57	经济法研究会	1985.1	乔宪志	赵卫忠	人民大道 200 号 704 室
58	比较文学研究会	1985.3	宋炳辉	陈晓兰	大连西路 550 号上外文学研究院
59	科技系统思想政治工作和人才管理研究会	1985.4	陈克宏	吴德葵	大沽路 100 号 2112 室
60	价格学会	1985.5	沈念东	程大选	四平路 710 号广益大厦 8 楼
61	审计学会	1985.5	田春华	黄琪舫	陆家浜路 1388 号 9 楼
62	编辑学会	1985.6	庄智象	高云松	打浦路 433 号荣科大厦 17 楼
63	秘书学会	1985.7	李　锐	赵建平	虹漕南路 200 号市委党校
64	行为科学学会	1985.8	余明阳	张新安	法华镇路 535 号 1 号楼 112 室
65	群众文化学会	1985.8	王小明	萧烨璎	古宜路 125 号
66	经济体制改革研究会	1985.10	浦再明	胡雄飞	肇家浜路 301 号 1912 室
67	日本学会	1985.10	吴寄南	陈永明	上海师范大学教育学院
68	集体经济研究会	1985.11	严镇博	苏雪明	周家嘴路 786 弄 67 号
69	国际贸易学会	1985.12	孙海鸣	沈大勇	古北路 620 号
70	固定资产投资建设研究会	1985.12	王志强	杜静安	人民路 875 号 1605 室
71	老年学学会	1985.12	左学金	孙鹏镖	巨鹿路 892 号 2 楼
72	服务经济研究会	1985.12	朱立新	邵建华	福州路 107 号 320 室
73	教师学研究会	1986.4	陈　军	凤光宇	陕西北路 500 号 4 号楼 109 室
74	研究生教育学会	1986.4	陆　靖	束金龙	茶陵北路 21 号 1 号楼 226 室
75	基建优化研究会	1986.5	王洪卫	黄汉江	军工路 516 号 476 信箱
76	投资学会	1986.6	赵　欢	余　峰	陆家嘴环路 900 号
77	行政管理学会	1986.6	时光辉	钱明涛	高安路 19 号
78	语言文字工作者协会	1986.7	朱国华	张日培	陕西北路 500 号
79	妇女学学会	1986.8	徐　枫	潘卫红	天平路 245 号

（续表）

序号	学会名称	成立日期	会　长	秘书长	地　　址
80	生态经济学会	1986.10	周冯琦	刘新宇	淮海中路 622 弄 7 号 526 室
81	数量经济学会	1986.10	左学金	朱平芳	淮海中路 622 弄 7 号
82	市场监督管理学会	1986.11	陈学军	徐　上	肇嘉浜路 301 号 2601 室
83	青年运动史研究会	1986.12	褚　敏	黄洪基	西江湾路 574 号
84	交通会计学会	1986.12	苏　敏	董仲棣	黄浦路 110 号 609 室
85	古典文学学会	1987.2	谭　帆	奚彤云	瑞金二路 272 号
86	俄罗斯东欧中亚学会	1987.3	范　军	杨　烨	同济大学政治与国际关系学院
87	医学伦理学会	1987.3	杨　放	王　彤	世博村路 300 号 4 号楼 901 室
88	世界史学会	1987.3	潘　光	余建华	淮海中路 622 弄 7 号欧亚所
89	远距离高等教育学会	1987.3	陶正苏	刘冬暖	梅陇路 130 号八教 205 室
90	工人运动研究会	1987.5	周志军	崔校军	中山东一路 14 号
91	宏观经济学会	1987.7	祝兆松	颜莹舫	威海路 128 号 702 室
92	蔬菜经济研究会	1987.5	衣开端	俞菊生	华池路 58 弄 5 号 1203 室
93	总会计师工作研究会	1987.9	王　岚	应忠芳	陆家浜路 1054 号 14 楼
94	中山学社	1987.10	高小玫	廖大伟	陕西北路 128 号
95	外经贸会计学会	1987.11	王晓华	徐立峰	汉中路 158 号 11 楼 1124 室
96	工艺美术学会	1988.6	张心一	肖国梅	汾阳路 79 号
97	国际战略问题研究会	1988.9	杨洁勉	吴莼思	田林路 195 弄 15 号上海国际问题研究院
98	土地学会	1988.9		张用安	海伦路 306 弄 8 号
99	毛泽东思想研究会	1988.12	李　进	单冠初	桂林路 100 号
100	民俗文化学会	1988.12	仲富兰	陈　江	华东师大传播学院
101	股份制与证券研究会	1988.12	魏农建	韩华林	南京东路 61 号新黄浦金融大厦 1101 室
102	社会科学普及研究会	1989.1	周智强	应毓超	淮海中路 622 弄 7 号(乙)
103	海峡两岸学术文化交流促进会	1989.2		王世伟	淮海中路 1555 号上海图书馆内
104	企业发展促进研究会	1989.4	方名山	唐宗洲	淮海中路 622 弄 7 号(乙)
105	新学科学会	1989.12	陈燮君	胡　江	人民大道 201 号上海博物馆

（续表）

序号	学会名称	成立日期	会　长	秘书长	地　　址
106	形势政策教育研究会	1989.12	谢中全	周志勤	淮海中路622弄7号(乙)
107	民防协会	1990.3	李国强	温德金	复兴中路593号民防大厦2101室
108	宋庆龄研究会	1991.5	许德馨	匡成鸣	姚虹路680号3楼
109	预算与会计研究会	1991.6	钟景秋	孙倚文	东湖路56弄52号
110	城市金融学会	1991.6	顾国明	邹冬沪	浦东大道9号
111	台湾研究会	1991.12	严安林	倪永杰	永福路251号
112	市场学会	1991.12	陈信康	高维和	武东路100号工商楼324
113	刑事侦察学学会	1992.2	郭建新	袁友根	中山北一路803号
114	供销合作经济研究会	1992.4	王建翔	王伟星	大木桥路247弄2号2楼
115	欧洲学会	1992.5	徐明棋	杨海洋	威海路233号803室
116	商业会计学会	1992.8	吕　勇	朱健敏	新闸路945号309B室
117	地方史志学会	1992	王依群	黄晓明	斜土路2567号A2楼5楼
118	财务学会	1992.12	朱平芳	韩　清	中山北一路369号
119	终身教育研究会	1992.12		杨　平	大连路1541号1301室
120	国际商务法律研究会	1993.8	顾肖荣	成　涛	陆家浜路1141号707室
121	地名学研究会	1993.9	满志敏	周春玉	南丹东路25号311室
122	中西哲学与文化比较研究会	1993.11	杨国荣	刘梁剑	华东师大哲学系
123	太平洋区域经济发展研究会	1993.12	张安胜	毕宇博	上海交通大学国际与公共事务学院
124	文物博物馆学会	1993.12	陈燮君	陈克伦	武胜路188号240室
125	现代企业经营管理研究会	1994.2	秦　健	黄鼎楼	江宁路838号富容大厦6楼C座
126	炎黄文化研究会	1994.4	杨益萍	潘为民	漕溪北路28号17楼C座
127	退休职工管理研究会	1994.5	万石清	周惠明	北京西路1068号9楼
128	中国特色社会主义理论体系研究会	1994.6	燕　爽	季桂保	高安路17号
129	演讲与口语传播研究会	1994.12	王　群	林伟民	华师大传播学院
130	民营经济研究会	1995.2	季晓东	夏斯德	延安东路55号1808室

（续表）

序号	学会名称	成立日期	会　长	秘书长	地　　址
131	金融法制研究会	1995.3	沈国明	许慧诚	罗阳路 388 号
132	海外华人经济研究会	1995.9	林同华	罗元德	莘庄康城 67 号 202 室
133	食文化研究会	1996.2	杨卫武	张文虎	福州路 107 号 320 室
134	社区发展研究会	1996.11	施　凯	叶月萍	淮海中路 622 弄 7 号(乙)
135	生产力学会	1997.3	真　虹	真　虹	浦东华开路 50 号 213 室
136	未来亚洲研究会	1998.1	叶　青	胡毓佳	胶州路 699 号 25 层
137	戒毒学会	1998.12	刘建华	蒋丰荣	吴淞路 333 号
138	美国学会	2000.1	黄仁伟	潘　锐	大连西路 550 号上外 538 信箱
139	年鉴学会	2002.6	莫建备	王继杰	斜土路 2567 号 A2 楼 5 楼
140	法治研究会	2002.8	季卫东	王丽华	吴兴路 225 号
141	国资企业思想政治工作研究会	2004.3	吕永杰	王耕地	凯旋北路 1305 号 5007 室
142	领导科学学会	2004.3	奚洁人	罗　欣	虹漕南路 200 号
143	信息学会	2004.4	许维胜	石宗宏	浦建路 145 号强生大厦 1003 室
144	信访学会	2006.5	王剑华	钱辰一	人民大道 200 号综合楼
145	延安精神研究会	2007.1	叶　骏	黄晞建	军工路 334 号
146	人民政协理论研究会	2007.11	贝晓曦	邢邦志	北京西路 860 号
147	城市规划学会	2008.11	伍　江	曾林龙	铜仁路 331 号 704 室
148	东方青年学社	2008.12	李　琪	刘世军	康平路 66 号 108 室
149	知识青年历史文化研究会	2011.3	阮显忠	张　刚	宜昌路 575 号 2207 室
150	经济和信息化企业文化研究会	2011.4	周国雄	傅　敏	北京东路 356 号 801 室
151	文史资料研究会	2011.11	朱敏彦	陈汝南	北京西路 860 号
152	人大工作研究会	2012.4	姚明宝	林荫茂	人民大道 200 号
153	公共事务管理研究会	2012.6	竺乾威	顾丽梅	邯郸路 220 号美国研究中心
154	思维科学研究会	2012.9	冯嘉礼	王晓峰	临港新城上海海事大学信息工程大楼 219 室
155	上海市税务学会	2012.9	许建斌	赵锁根	中山南路 1088 号
156	上海市国际税收研究会	2012.10	周振家	赵锁根	中山南路 1088 号

(续表)

序号	学会名称	成立日期	会　长	秘书长	地　　址
157	上海联合国研究会	2013.9	潘　光	张贵洪	吴兴路45号
158	上海市WTO法研究会	2013.11	张乃根	梁　咏	华山路1954号浩然高科技大厦1601—1603室
159	上海市信用研究会	2014.3	洪　玫	刘海龙	沪松公路1399弄68号20层07室
160	影视戏剧研究会	2014.6	周　斌	杨新宇	邯郸路220号
161	上海市儒学研究会	2015.5	朱杰人	李　东	嘉定区南大街183号上海秋霞圃传统文化研究院
162	上海国际文化学会	2015.7	陈圣来	任一鸣	上海市百色路451弄10号
163	上海市司法鉴定理论研究会	2015.9	杜志淳	孙大明	万航渡路1575号格致楼103
164	上海周易研究会	2015.10	周　山	黄凯锋	中山西路1610号2号楼901室
165	上海市城市管理行政执法研究会	2015.12	恽奇伟	徐剑平	铜仁路331号1705室
166	公共政策研究会	2016.5	胡　伟	罗　峰	虹漕南路200号
167	外国文学学会	2017.3	李维屏	张和龙	大连西路550号1楼
168	抗战与世界反法西斯战争研究会	2017.8	张　云	唐　磊	友谊路1号上海淞沪抗战纪念馆
169	大数据社会应用研究会	2017.9	杨　力	张学良	纪念路8号
170	改革创新与发展战略研究会	2017.3	李　琪	罗　峰	康平路66号106室
171	朝鲜半岛研究会	2017.9	徐　旭	郑继永	广延路140号

上海市社联主管的民办社科机构一览表

序号	机构名称	批准登记日期	法人代表	负责人	联系人	地　址
1	上海环太国际战略研究中心	2000.7.15	郭隆隆	郭隆隆	金应忠	武定路 1135 弄 1 号楼 2103 室
2	上海华夏社会发展研究院	2002.3.15	鲍宗豪	鲍宗豪	葛玉兰	浦建路 1288 弄 10 号 102 室
3	上海东方研究院	2002.7.1	刘　吉	章建文	卞学范	衡山路 696 弄 2 号 301 室
4	上海金融与法律研究院	2002.10.29	柳志伟	傅蔚刚	聂日明	民生路 1199 弄证大五道口广场 1 号楼 1902 室
5	上海世界观察研究院	2003.4.1	刘　波	刘　波	邹梅玲	柳营路 305 号 15 楼
6	上海社会经济文化发展研究中心	2004.7.2	尹继佐	尹继佐	许　明	淮海中路 622 弄 7 号 308 室
7	上海管理科学研究院	2004.7.9	章建文	章建文	张孝平	中山西路 1610 号 725 室
8	上海易居房地产研究院	2005.9.1	张永岳	张永岳	郭亦木	广延路 140 号
9	上海知识产权研究所	2006.4.3	夏　邦	夏　邦	李　圆	陆家嘴路 958 号华能大厦 31 楼
10	上海东亚研究所	1995.7.1	章念驰	胡凌炜	沈铭远	汉中路 158 号 701 室
11	上海实业综合研究院	2006.5.26	钱启东	钱启东	吴婷婷	淮海中路 98 号金钟广场 21 楼
12	上海国际金融研究中心	2005.2.1	赵一霖	赵一霖	裴　旸	新华路 543 号 1 号楼
13	上海党建文化研究中心	2007.9.1	王瑞红	王瑞红	张泽民	梅陇路 161 号 1 号楼 1010 室
14	上海东方法治文化研究中心	2009.5.20	周叶军	金国华	秦丹凤	华开路 50 号 208 室
15	上海世纪后世博成果与发展研究中心	2010.12.18	漆启泰	漆启泰	漆启泰	华山路 690 号
16	上海春秋发展战略研究院	2014.9	金忠伟	金忠伟	梁顺龙	长宁区番禺路 300 弄 3 号

上海市社会科学界联合会 2016 年度达标学会名单

教育、文化类学会：

上海市教育学会
上海市高等教育学会
上海市研究生教育学会
上海市家庭教育研究会
上海市远距离高等教育学会
上海市教师学研究会
上海社会科学普及研究会
上海文物博物馆学会
上海市编辑学会
上海市辞书学会
上海市演讲与口语传播研究会
上海市语文学会
上海市语言文字工作者协会
上海市外文学会
上海市世界语协会
上海市民俗文化学会
上海炎黄文化研究会
上海食文化研究会
上海市比较文学研究会
上海市古典文学学会
上海影视戏剧理论研究会

哲学、史学类学会：

上海市哲学学会
上海市美学学会
上海市伦理学会
上海市逻辑学会
上海市宗教学会

上海市医学伦理学会
上海市历史学会
上海市世界史学会
上海市中共党史学会
上海市青年运动史研究会
上海市新四军暨华中抗日根据地历史研究会
上海中山学社
上海宋庆龄研究会
上海市地方史志学会
上海市档案学会
上海市年鉴学会
上海东方青年学社
上海市知识青年历史文化研究会
上海市文史资料研究会
上海市思维科学研究会
上海市儒学研究会
上海周易研究会

政治、法律、社会、行政类学会：
上海市马克思主义研究会
上海市中国特色社会主义理论体系研究会
上海科学社会主义学会
上海市政治学会
上海市统一战线理论研究会
上海市思想政治工作研究会
上海市形势政策教育研究会
上海市领导科学学会
上海市延安精神研究会
上海市信访学会
上海市人民政协理论研究会
上海人大工作研究会
上海市法治研究会
上海金融法制研究会
上海市犯罪学学会
上海市戒毒学会
上海市社会学学会
上海市社区发展研究会

上海人类学学会
上海市人口学会
上海市妇女学学会
上海市婚姻家庭研究会
上海市老年学学会
上海市行政管理学会
上海市公共事务管理研究会
上海市司法鉴定理论研究会
上海城市管理行政执法研究会
上海市公共政策研究会

理论经济、综合经济、产业经济类学会：
上海市经济学会
上海市世界经济学会
上海生产力学会
上海市数量经济学会
上海市统计学会
上海市宏观经济学会
上海市价格学会
上海市市场监督管理学会
上海市劳动和社会保障学会
上海市市场学会
上海市集体经济研究会
上海市民营经济研究会
上海市国际贸易学会
上海市物流学会
上海市供销合作经济研究会
上海市土地学会
上海市城市经济学会
上海市房产经济学会
上海邮电经济研究会
上海市固定资产投资建设研究会
上海市生态经济学会
上海市农村经济学会
上海蔬菜经济研究会
上海市渔业经济研究会
上海市信息学会

上海市城市规划学会

金融、财税、会计审计、其他经济类学会：

上海市金融学会
上海城市金融学会
上海市钱币学会
上海市保险学会
上海股份制与证券研究会
上海市财政学会
上海市会计学会
上海交通会计学会
上海市商业会计学会
上海市预算与会计研究会
上海市总会计师工作研究会
上海财务学会
上海市审计学会
上海市卫生经济学会
上海市行为科学学会
上海管理教育学会
上海市企业发展促进研究会
上海现代企业经营管理研究会
上海市经济和信息化企业文化研究会
上海市税务学会
上海市国际税收研究会
上海市信用研究会

国际问题、涉港澳台、其他类学会：

上海市国际关系学会
上海国际战略问题研究会
上海欧洲学会
上海市俄罗斯东欧中亚学会
上海市太平洋区域经济发展研究会
上海市日本学会
上海市美国学会
上海市台湾研究会
上海市民防协会
上海工艺美术学会

上海联合国研究会
上海市 WTO 法研究会
上海国际文化学会

上海市社会科学界第十五届(2017)学术年会

“四个自信”：新起点、新思想、新作为

主办:上海市社会科学界联合会
时间:2017 年 11 月 16 日(周四)14:00
地点:上海展览中心友谊会堂三楼

学科专场

举办日期	会议主题	承办单位
9 月 22 日	大数据智库与国家治理:人工智能时代的挑战	华东政法大学政治学研究院
9 月 23 日	文化自信与中国各民族共有精神家园建设	复旦大学民族研究中心
9 月 24 日	上海与周边地区协同发展研究	华东理工大学社会与公共管理学院、上海研究院
10 月 21 日	国家话语生态研究高峰论坛	上海市语文学会
10 月 25—26 日	全球城市史:环境、城市网络与空间生产	上海师范大学人文与传播学院
10 月 28 日	中国道路与马克思主义新跨越	上海市中国特色社会主义理论体系研究中心、中共上海市委党校
10 月 28 日	全球治理与中国方案	同济大学马克思主义学院、同济大学欧洲马克思主义研究中心
10 月 28—29 日	海洋文明与城市变迁——“一带一路”视野下的沿海城市发展	上海师范大学都市文化研究中心、上海市历史学会
10 月 28—29 日	文化多样性、人文与全球化	上海市外文学会、上海交通大学多元文化与比较文学研究中心
11 月 5 日	改革开放 40 年与社会学的新使命	上海市社会学学会、同济大学
11 月 8 日	“一带一路”建设与中国海外产业园区的时空演进	上海市民营经济研究会、华东师范大学
11 月 12 日	大数据在社会治理中的应用	上海市法学会
11 月下旬	思政专场	上海市学生德育发展中心

智库专场

主办：上海市社会科学界联合会　上海市哲学社会科学规划办公室　上海财经大学联合

时间：2017 年 9 月

会议主题	联合主办单位
“一带一路”建设与双向投资战略布局	上海社会科学院世界经济研究所
去碳化时代下智库联盟建设	上海国际问题研究院
发展国防军事科学　建设中国新型智库	上海市政治学会、国防大学政治学院部队政治工作系
中国城市社会的文化自信与道路自信	上海财经大学人文学院、上海社会科学院哲学研究所
创新健全上海吸引全球人才创新创业机制	上海市发展改革研究院、上海市集体经济研究会
超大城市人口迁移流动的社会治理和公共政策	复旦大学社会发展与公共政策学院
科创中心与人才集聚效应的载体建设	上海交通大学科学史与科学文化研究院
党的十八大以来上海发展的历史方位和历史经验	上海市现代上海研究中心
精准聚焦大数据时代国际人才集聚	复旦大学管理学院

青年论坛

举办日期	会议主题	联合主办单位
7 月 26 日	“一国两制”在香港的实践：对未来三十年的启示	上海国际问题研究院
9 月 16 日	比较视野下的中国共产党：组织与权力	中共上海市委党校中外政党比较研究中心
9 月 23—24 日	中国特色社会主义与人类命运共同体	上海交通大学马克思主义学院
9 月 27 日	社会组织与社会创新创业论坛	华东政法大学社会组织与社会创新创业研究中心
10 月 14 日	中国中产阶级实证研究的对话与碰撞	上海大学社会学院
10 月 22 日	都市楹联与文化景观	华东师范大学社会发展学院民俗学研究所
10 月 22 日	党的十八大以来中国政治的新发展	上海外国语大学国际关系与公共事务学院
10 月 28 日	《资本论》与当代资本主义的危机与批判	复旦大学哲学学院、复旦大学当代国外马克思主义研究中心
11 月 4 日	超大城市社会治理创新	上海工程技术大学社会科学学院

2017 年星期五学术茶座

序号	日 期	主 题
1	2 月 24 日	传统与当下:传统文化的传承与普及
2	3 月 10 日	现状与思考:“国学热”背景下的国学班
3	3 月 17 日	习近平总书记系列重要讲话研读
4	3 月 24 日	清洁能源产业与经济可持续发展
5	4 月 21 日	习近平经济思想研究
6	4 月 28 日	中国当代领导科学的学科建设与发展
7	5 月 5 日	社会主义制度下资本运作规律的探讨
8	5 月 12 日	深化供给侧结构改革与加快老年服务产业发展的关系研究
9	5 月 19 日	海洋综合管理问题探讨
10	5 月 26 日	生产力发展规律研讨
11	6 月 9 日	上海在“一带一路”建设中的地位与作用
12	6 月 16 日	创新社会治理与加强基层党建
13	7 月 7 日	对标最高标准自由贸易港建设中的航运保险业发展研究
14	7 月 14 日	甲骨文书法艺术的传播与发展
15	8 月 11 日	马克思主义中国化的意义和实践
16	8 月 18 日	上海开展民主党派专项民主监督的理论与实践研讨
17	8 月 25 日	上海如何继承红色基因研讨
18	9 月 1 日	大都会的肇建:上海城市化发展进程
19	9 月 8 日	丹青重彩绘经典 翰墨同庆十九大——2017 年古诗词书画创作研讨会
20	10 月 13 日	茶文化与茶标准
21	10 月 20 日	近代上海城市治理的经验与教训
22	10 月 27 日	新形势下推进两岸社会融合的政策建议
23	11 月 17 日	学习贯彻党的十九大精神——全面从严治党与严格党内政治生活
24	12 月 1 日	妇女史视角下的上海妇女组织建设
25	12 月 8 日	纪念淞沪抗战暨南京大屠杀 80 周年座谈会
26	12 月 22 日	习近平外交思想及中国对日外交的实践

第16届上海市社会科学普及活动周信息一览

第16届上海市社会科学普及活动周开幕式

时间:2017年5月17日(周三)10:00
地点:梅川路1255号长征社区文化活动中心南二楼剧场
内容:一、开幕仪式 二、梦的中国——习近平总书记系列重要讲话诵读会
主办单位:上海市社会科学界联合会 中共普陀区委宣传部 上海社会科学普及研究会
承办单位:上海市演讲与口语传播研究会 上海市朗诵协会

主题论坛:世界文明与中国话语

时间:2017年5月19日(周五)14:00
地点:国定路777号上海财经大学国定路校区行政楼一楼报告厅
主持人:陈忠(上海财经大学教授) 演讲题目:摆脱学徒状态,构建中国特色哲学社会科学 嘉宾:吴晓明(复旦大学教授) 演讲题目:中国话语与世界历史进程 嘉宾:张雄(上海财经大学教授)
主办:上海市社会科学界联合会 上海市哲学学会
承办:上海财经大学人文学院

科技与人文的对话:人类与海洋——多维视野下的南海

时间:2017年5月18日(周四)13:30
地点:青浦区盘龙铺路500号复旦五浦汇实验学校

（续表）

主持嘉宾：张建松（新华社高级记者、上海分社首席记者） 对话嘉宾：汪品先（中国科学院院士、同济大学海洋与地球科学学院教授） 葛剑雄（教育部社会科学委员会历史学部委员、复旦大学资深教授）
主办：上海市社会科学界联合会
承办：复旦五浦汇实验学校、复旦附中青浦分校
协办：同济大学海洋与地球科学学院

社科普及进地铁

序号	主办单位	活动名称	时　间	地　点
1	上海市社联、上海申通地铁集团有限公司	“走进社会科学”地铁科普专列	5月10日—6月10日	地铁13号线
2	上海市法治研究会、普陀区法宣办	“社会主义核心价值观”法治文化地铁专列	5月17日—6月30日	地铁7号线
3	上海市法治研究会、嘉定区法宣办	“法安天下　德润人心”地铁科普专列	5月17日—6月16日	地铁13号线
4	上海市法治研究会、普陀区法宣办	“同心法苑”法治文化展示	5月17日—6月30日	地铁7号线新村路站
5	上海中医药大学附属龙华医院	中医养生知识进地铁科普活动	5月19日14:00	地铁4号线、7号线东安路站
6	上海市法宣办、上海市法治研究会、徐汇区法宣办等	“以案释法”知识产权地铁宣传长廊	5月17日—8月16日	地铁1号线漕宝路法治文化长廊

“走进社区　走近老人”百名青年专家大型义务咨询服务活动

时间：2017年5月21日（周日）9:00—11:30
地点：共和新路1555号闸北公园外主干道及广场（近洛川东路）
主办：上海市社会科学界联合会 上海市老年学学会

社科普及短视频展播周

“思想60秒”系列 5月17日　从《静夜思》里的“BUG”说起 5月18日　红楼梦“牛”在哪里 5月19日　读诗的意义
展播平台：“东方讲坛”微信公众号、“社科视窗”新浪官方微博、上观新闻 App
主办单位：上海市社会科学界联合会、解放日报社

（续表）

“给你一双哲学慧眼”系列 5月20日　　人活在自己的理解中 5月21日　　从“一把钥匙”看认识论和存在论 5月22日　　问都不该问
展播平台：“东方讲坛”微信公众号、“社科视窗”新浪官方微博
主办单位：上海市社会科学界联合会

“传承中华文脉　弘扬法治文化”系列巡展

巡展主题：习近平用典法治篇、中华汉字索源法义、中国成语探寻法理、百姓剪纸呈现法韵、古朴篆刻彰显法力、历代法治名人名言、法治楹联抒写公正、中国邮票传递法趣、传统书法现代法意、农民画中法治生活
时间：5月17日—26日
地点：浦东新区、长宁区、静安区、徐汇区、嘉定区、奉贤区、松江区、虹口区、宝山区、金山区十个区的社区、单位、学校等100个场所
主办单位：上海市社会科学界联合会 上海市法宣办 上海市法治研究会

社科普及基地开放日活动

序号	举办单位	主　题	时　间	地　点
1	中共一大会址纪念馆等	“新文化运动主将——陈独秀”专题展	5月17日—21日（周一闭馆）	黄陂南路374号专题展厅
2	中共三大后中央局机关历史纪念馆	纪念百年商务120周年——冯建忠商务书刊藏品展	5月17日—24日（周一闭馆）	浙江北路118号闸北革命史料陈列馆
3	静安区图书馆	文物中的传统美德——上海市历史博物馆馆藏文物图片展	5月17日—26日	新闸路1708号海关楼一楼
4	陈云纪念馆等	鲁迅生平与创作	5月17日—6月16日	青浦区朱枫公路3516号陈云纪念馆地下展厅
5	中共四大纪念馆	上海1927——纪念上海工人第三次武装起义胜利90周年图片文献展	5月17日—8月	四川北路1468号二楼临展厅
6	中国社会主义青年团中央机关旧址纪念馆	从“一师”到“团一大”——“从渔阳里走出的青年”俞秀松、施存统在1919—1922	5月17日—9月30日	淮海中路567弄2号序厅
7	上海市档案馆等	信仰的力量——“中国共产党人的家国情怀”档案展	5月17日—12月31日	中山东二路9号上海市档案馆外滩馆

（续表）

序号	举办单位	主　题	时　间	地　点
8	上海中医药博物馆等	2017年蒙医药文化特展	5月18日—6月6日	蔡伦路1200号中医药大学内三楼临展区
9	上海鲁迅纪念馆等	“航天梦　中国梦”中小学生航模动手做活动	5月20日14:00	甜爱路200号一楼活动厅
10	上海虹桥当代艺术馆等	纳西族史诗《黑白战争》连环画展	5月25日—29日	仙霞路650号上海虹桥当代艺术馆2楼展厅
11	中共一大会址纪念馆	中国共产党创始人——李大钊生平文物史料展	5月30日—7月10日（周一闭馆）	黄陂南路374号专题展厅
12	上海虹桥当代艺术馆等	童心、童梦、童画儿童画作品展	6月1日—6日	仙霞路650号上海虹桥当代艺术馆2楼展厅

专项科普活动

咨询类

序号	举办单位	活动名称	时　间	地　点
1	上海工艺美术学会等	工艺美术作品鉴赏	5月17日9:00	蒙自路丽园路路口“丽蒙绿地”
2	徐汇区疾病预防控制中心等	营养知识普及宣传系列活动	5月17日—21日	徐汇区各社区卫生服务中心
3	上海市心理卫生服务行业协会	“心理健康与生活品质”心理健康宣传周	5月17日13:00—5月23日16:00	上海市精神卫生中心等
4	上海股份制与证券研究会	“监管·特点·策略”证券投资主题咨询活动	5月18日14:00	延安西路726号13楼
5	上海市语言文字工作者协会	“方块字书写经典　普通话咏诵中华”主题咨询活动	5月19日10:00—16:00	陕西北路486号
6	上海东方法治文化研究中心等	社区公益法律咨询活动	5月19日13:30	长寿邻里中心三楼等
7	上海市司法鉴定理论研究会	司法鉴定与受理程序咨询活动	5月20日9:00	长宁路780号中山公园露天音乐台
8	上海市渔业经济研究会等	“关注食品安全，享受健康生活”咨询活动	5月20日13:00	政化路257号
9	上海市价格学会（协会）等	古玩艺术品免费鉴赏活动	5月21日13:00	福州路542号一楼中厅

（续表）

序号	举办单位	活动名称	时　间	地　点
10	上海市物流学会	“打造集装箱物流平台，推进上海‘四个新作为’”主题咨询活动	5月23日8:00—16:00	北京东路255号5楼
11	长宁区司法宣办等	公证法律服务社区行	5月25日	金钟路428弄26号102室
12	上海市市场监督管理学会等	社区市场监管法律法规知识讲座及咨询服务活动	5月25日14:00	舒兰路90号

展览类

序号	举办单位	活动名称	时　间	地　点
1	上海市商业经济学会	锁业技术发展与社区安全防范主题演示	5月17日—18日	中山北路1759号浦发广场
2	上海市语言文字工作者协会等	“魅力汉语”青少年语言文字应用能力知识竞赛	5月17日—20日	全市各中小学
3	崇明区博物馆等	和平　发展　合作　共赢——2016年国家主席习近平外事活动纪实展	5月17日—23日	鳌山路696号崇明区博物馆
4	上海市民防协会等	民防安全普及宣传展览	5月17日—23日	瑞金二路108号
5	上海市文史资料研究会等	抗战名人在上海的纪念地展	5月17日—23日	友谊路1号上海淞沪抗战纪念馆
6	打浦桥街道办事处	“关爱我们的生活”——控烟主题展播	5月17日—23日	打浦桥社区文化活动中心
7	上海大学研究生工作部	“求实创新　知识共享”校园文化精品展	5月17日—23日	上大路99号上大图书馆报告厅、J楼大厅
8	中共上海市委宣传部等	撸起袖子加油干　稳中求进开新局——2017年学习贯彻“两会”精神专题图展	5月17日—6月30日	宋园路21号临展厅
9	黄浦区明复图书馆	沪渎新貌——上海开埠后的早期城市生活景象图片展	5月(周二上午、周四闭馆)	陕西南路235号明复楼三楼
10	顾村镇教委等	诗乡顾村“十佳”朗诵之星及“十佳”校园才艺之星评选	5月17日—6月1日	菊盛路99弄70号诗乡剧场

（续表）

序号	举办单位	活动名称	时　间	地　点
11	上海市社区发展研究会等	“弘扬法治文化，共建生态文明”主题科普下乡巡演	5月17日19:00—6月1日19:00	崇明区新河镇各村居
12	上海师范大学档案馆博物馆校史馆等	方寸之间　追慕先贤——上海师大名师先贤·中国近现代文化名人肖像印展	5月17日—7月16日	桂林路81号艺苑楼一楼展厅
13	普陀区法宣办等	社会主义核心价值观公交科普专线	5月17日—12月	长征1路公交车
14	上海文庙管理处	“走进文庙　走近儒学”开放日活动	5月18日9:00	文庙路215号
15	三山会馆	越剧、沪剧、滑稽戏市民专场	5月18日14:00—5月19日20:30	中山南路1551号三山会馆
16	崇明区教育局等	崇明区“园丁杯”中华古诗词大赛	5月19日13:00	崇明区图书馆三楼报告厅
17	上海市黄浦海燕博客公益发展中心	“匠者初心”中国风格文创市集	5月20日13:00	文庙路215号上海文庙明伦堂及前广场
18	上海市新四军历史研究会	庆祝中国人民解放军建军90周年、新四军成立80周年文艺演出	5月20日13:30	广元路153号
			5月22日13:30	长临路380弄田泽文华敬老院
19	上海市老年学学会	“上海老龄地图”（史迹）主题展览	5月20日9:00—16:00	凯旋北路1555弄70号3楼310室
20	宝山区图书馆	“我们诞生在中国”电影展映活动	5月21日9:30	海江路600号五楼报告厅
21	上海市气功研究所	传统养生知识展览及现场体验活动	5月21日10:00	宛平南路650号三楼
22	上海市演讲与口语传播研究会等	第三届“育林杯”徐汇区学生口才大赛	5月21日13:00	广元西路185号
23	上海市黄浦海燕博客公益发展中心	《拯救斑马线》话剧演出	5月21日14:00	陕西南路245-2号4楼
24	上海市渔业经济研究会等	美丽的海洋与海洋文化宣传展	5月21日—23日	护城环路699弄临港新城大学园区共享区
25	中共金山区委宣传部	追梦——金山20年改革发展成就摄影展	5月21日—27日	淮海中路1555号一楼展览厅
26	上海市演讲与口语传播研究会	第二届“号百杯”上海职工主持新人赛	5月23日13:00	四川北路65号上海邮电俱乐部
27	上海市会计学会等	“铸就工匠精神，弘扬会计文化”主题演讲比赛	5月23日14:00	广中西路191号培训厅

（续表）

序号	举办单位	活动名称	时　间	地　点
28	崇明生态科技馆	“走进科普馆，悦享科普人生”社区居民科普行	5月23日—27日	崇明大道7887号
29	上海炎黄文化研究会	“艺术＋我们”——源于生活五月油画展	5月23日—6月15日	华江支路655号
30	崇明美术家协会等	油画作品展示与油画技法演示活动	5月25日9:00	崇明大道7897号一楼展厅

活动类

序号	举办单位	活动名称	时　间	地　点
1	上海市逻辑学会等	“三次数学危机与逻辑学的发展”主题论坛	5月17日9:00	邯郸路220号光华西主楼2403室
2	复旦大学哲学学院等	“经验思维和科学思维”主题论坛	5月17日15:25	邯郸路220号光华西辅楼HGX507
3	上海大世界传艺中心	“非遗”文化普及与体验活动	5月17日—21日	重庆南路308号502、503室
4	上海市伦理学会等	职业道德主题教育实践展示活动	5月17日—23日	华夏西路5677号志学楼大厅
5	上海政法学院等	“法理、伦理与治理”系列讲座	5月17日—23日	外青松公路7989号等
6	杨浦区法宣办等	“书香流韵　溢美人生”系列读书活动	5月17日—23日	靖宇东路75号
7	上海市老年学学会	青年学者解读“上海养老新作为”主题宣讲	5月17日—23日	静安、长宁、普陀、浦东新区等部分社区等
8	青浦区法宣办等	“法律进企业——法治主题月”宣传活动	5月17日—24日	十一家区法律进企业重点单位
9	上海中医药博物馆	闻香识药活动	5月17日—26日	蔡伦路1200号上海中医药博物馆
10	上海大学博物馆	1922—1927年老上海大学成立95周年纪念活动	5月17日—31日	上大路99号溯园
11	闵行区文联、闵行区文广局	“德厚闵行　文进万家”——闵行区第五届“百花齐放红五月”系列文化活动	5月17日13:30—6月20日13:30	闵行区群众艺术馆等

（续表）

序号	举办单位	活动名称	时　间	地　点
12	上海市青少年活动中心等	2017年“红色记忆”青少年绘画征集活动	5月17日—6月30日	北石路110号等
13	上海孙中山故居纪念馆	“章”显伟人精神——篆刻体验活动	5月18日9:00	香山路7号香山苑
14	上海市领导科学学会等	“中学生创新与领导力培养”主题沙龙活动	5月18日9:30	朱泾镇新中路63号
15	上海市人民政协理论研究会	“政协民主监督”专题系列沙龙	5月23日—6月2日	北京西路860号
16	上海市社会学会等	区域化党建主题系列宣讲活动	5月18日—19日	大宁路街道、大场镇、上海大学
17	上海市渔业经济研究会等	海洋民俗生活文化体验活动	5月19日8:00	崇明岛渔村及海洋保护区
18	上海市商业经济学会	上海城市商业更新改造发展现状及展望案例分享会	5月19日13:30	南车站路600弄18号沪上生态家
19	上海海关学院思政部等	“文化自信与职业道德”主题论坛	5月19日13:30	华夏西路5677号思政部会议室
20	普陀区法宣办等	“保卫食物　保护生态”食品安全法律知识普及活动	5月19日14:00	铜川路1278号普陀区图书馆
21	上海市中共党史学会等	“红色记忆”上海市青少年党团史教育进校园活动	5月19日—22日	上海市田家炳中学等
22	崇明区法宣办等	“德法同行　亲子阅读”读书嘉年华	5月20日	长兴镇凤凰街55号长兴小学
23	上海市教育学会	“爱他，就伴他共读”亲子读书活动	5月20日10:00	福州路465号上海书城玛德琳童书馆
24	奉贤区城市管理行政执法局	“城管面对面”法制宣传活动	5月20日13:00	奉贤区百齐路588号南桥百联商圈
25	虹口图书馆乍浦分馆	“童心圆”少儿活动之我们的节日	5月20日14:00	乍浦路245号六楼多功能厅
26	三山会馆	非遗传承：香囊历史文化与制作体验沙龙活动	5月20日14:00	中山南路1551号
27	上海市民营经济研究会等	民营航空业发展主题沙龙	5月20日14:30	吉祥航空上海训练基地
28	上海中西哲学与文化比较研究会等	《孔子正名思想研究》读书会	5月20日15:00	南京西路1601号芮欧百货内静安寺钟书阁
29	上海市社区发展研究会等	“社会主义核心价值观”社区宣传日	5月21日13:00	崇明区石岛路280堡镇市民公园法治文化园

（续表）

序号	举办单位	活动名称	时　间	地　点
30	华东师大兰心哲学社等	《行走，一堂哲学课》读书会	5月21日19:00	南京西路1601号芮欧百货内静安寺钟书阁
31	上海大学	“一带一路”高校创新人才培养校长论坛	5月22日8:30	上大路99号乐乎新楼
32	上海市统一战线理论研究会等	能力建设——第二届民主党派基层组织建设主题论坛	5月22日13:30	漕溪北路336号1号楼3楼会议厅
33	上海市市法治研究会等	“法治上海　全民阅读”法治图书推广活动	5月22日14:00	青龙路60号青浦区图书馆
34	上海市会计学等	管理会计案例成果分享会	5月23日13:00	重庆南路310号16楼1610室
35	上海市会计学等	云计算、大数据时代的财务共享论坛	5月23日13:30	龙茗路1458弄49号1601室
36	中共静安区委宣传部	“培育队伍·讲好故事”理论普及交流活动	5月23日14:00	光复西路1—21号3楼会议室
37	上海市依法治市办等	“电影文化法治思考”观影活动	5月23日14:00	北京西路1829号4楼艾米电影街
38	上海市信用研究会等	诚信教育进校园主题宣传活动	5月23日15:00—6月23日15:00	文翔路2800号
39	松江区司法局等	“德法互济、廉洁文明”端午游园活动	5月30日8:00	松江区中山东路235号方塔园内展区
40	复旦大学学生会等	科技与人文对话：虚拟现实与人类社会	5月23日18:30	国定路440号光华楼东辅楼202吴文政报告厅

科普讲座（一）：四个新作为与上海新发展

序号	举办单位	题　目	主讲人	时　间	会场地址
1	上海市形势政策教育研究会	全面依法治国与创新社会治理	施凯（上海市人大常委会法工委副主任）	5月18日9:00	淮海中路622弄7号乙六楼群言厅
2	黄浦区老西门街道	社区民族、人口管理与社区和谐	安俭（华东师范大学教授）	5月18日9:00	大吉路65号412室
3	上海市会计学会	中国制造2025与财务转型	李国范（上海新时达电气股份有限公司财务总监）	5月18日13:30	梅龙路130号MBA教学楼电子教室

（续表）

序号	举办单位	题　目	主讲人	时　间	会场地址
4	上海市集体(合作)经济研究会	文创产业发展与集体经济	刘波英(上海市经信委都市产业处处长)	5月18日14:30	澳门路158号8楼
5	上海市固定资产投资建设研究会	城市更新与燃气发展	孙永康(上海燃气工程设计研究有限公司总经理)	5月19日13:30	凯旋路2050号多功能会议厅
6	上海市商业会计学会	现代物流与供应链管理	董惠良(上海商学院教授)	5月19日13:30	梅陇路130号逸夫楼演讲厅
7	松江区广富林街道	上海科技创新中心建设带来的创业商机	陈甬沪(上海市政府发展研究中心特约研究员)	5月19日13:30	松江区人民北路3456号3号楼305室
8	金山第二工业区	转型与打造中国经济升级版	顾建光(上海交通大学教授)	5月19日13:30	漕泾镇合展路118号413会议室
9	黄浦区打浦桥街道	转型时期的城市公共安全建设	滕五晓(复旦大学教授)	5月19日9:00	蒙自路223号
10	上海市经济学会等	中国特色社会主义政治经济学的发展和创新	陈承明(华东师范大学教授)	5月19日18:30	中山北路3663号文史楼201室
11	上海市经济学会等	做好议政建言，更好治国理社	傅尔基(上海市改革发展研究院副研究员)	5月20日9:30	乌鲁木齐南路218号7楼会议室
12	嘉定区安亭镇	经济"新常态"与供给侧改革	赵红军(上海师范大学教授)	5月20日13:00	曹安公路5666号汽车金融港
13	上海市商业会计学会	中国制造2025与价值创造	李国范(上海新时达电气股份有限公司副总裁)	5月22日13:30	梅陇路130号MBA教学楼电子教室
14	上海市劳动和社会保障学会	"互联网＋"形成的新就业形势	张宪民(上海市劳动和社会保障学会副会长)	5月23日13:30	岳阳路1号四楼讲演厅
15	上海市会计学会	"一带一路"下的行业投资市场机遇	杨大揩(上海财经大学教授)	5月23日13:30	松林路300号2楼多功能厅
16	上海市经济学会等	上海商业健康产业发展新作为	陆志丰(上海市商业经济学会副会长)	5月23日13:30	程家桥路155号
17	松江区九亭镇	上海经济发展的机遇、挑战与对策	李猛(中共上海市委党校教授)	5月23日14:00	康亭路100号
18	普陀区宜川路街道	上海"四个中心"建设	乔兆红(上海社会科学院研究员)	5月24日9:00	华阴路200号

（续表）

序号	举办单位	题　目	主讲人	时　间	会场地址
19	宝山区顾村镇	新媒体时代的公共危机管理	张殿元（复旦大学教授）	5月25日 9:00	富联路 368 号 206 室
20	宝山区张庙街道	上海基层社会治理的难点与突破	童潇（华东政法大学副教授）	5月25日 9:00	呼玛路 800 号 5 楼多功能厅
21	宝山区友谊路街道	大数据时代对中国经济的机遇与挑战	冯叔君（上海现代城市与区域发展规划研究院副研究员）	5月26日 14:00	永清路 899 号二楼报告厅
22	金山区吕巷镇	长三角经济与上海经济发展	郁鸿盛（上海社会科学院研究员）	6月7日 14:00	朱吕公路 6888 号多功能会议厅
23	杨浦区社工委	数据如何变成现实生产力	刘建国（上海财经大学讲席教授）	5月31日 14:00	国定东路 200 号 1 号楼 22 楼会议室
24	杨浦区教师进修学院	“上海制造”制造上海——谈上海的工业文明与城市精神	朱潇潇（复旦大学副教授）	6月9日 9:00	抚顺路 340 号
25	松江区广富林街道	上海国际旅游度假区（迪士尼乐园）与上海旅游发展	于秋阳（上海社会科学院副研究员）	6月9日 13:30	松江区人民北路 3456 号 3 号楼 305 室
26	黄浦区公务员局	上海与世界中心城市	金钟范（上海财经大学教授）	6月20日 14:00	广东路 357 号北二楼大礼堂

科普讲座（二）：历史与当下：中国传统文化的智慧

序号	举办单位	题　目	主讲人	时　间	会场地址
1	上海宋庆龄故居纪念馆	孙中山与宋氏家族关系	吴景平（复旦大学教授）	5月18日 14:00	香山路 7 号香山苑
2	上海市第二中学	行走在唐诗的道路上	曹旭（上海师范大学教授）	5月18日 15:00	永康路 200 号
3	中共四大纪念馆	红色起点力量之源——中国共产党在虹口（1921—1949）	李娜（中共四大纪念馆研究部副主任）	5月19日 13:00	逸仙路 58 号综合楼十一楼思进厅
4	金山区张堰镇	“父慈子孝，兄友弟恭”——儒家家庭核心价值观及其当代意义	汪传发（上海财经大学副教授）	5月19日 13:30	东贤路 961 号二楼会场

（续表）

序号	举办单位	题　目	主讲人	时　间	会场地址
5	松江区人社局	中华文化的语言文字之美	胡华（上海政法学院副教授）	5月19日14:00	荣乐东路2378号1111室
6	黄浦区半淞园路街道	百年外滩与上海崛起	钱宗灏（同济大学教授）	5月19日14:00	西藏南路1360号6楼
7	浦东新区陆家嘴社区学校	董仲舒的智慧与中国气质	余治平（上海社会科学院研究员）	5月19日14:00	崂山路300号1号楼4楼
8	上海市中西哲学与文化比较研究会	胡适的传统文化观	蔡志栋（上海师范大学副教授）	5月20日14:00	靖海路504弄1号正本书吧
9	上海市新四军历史研究会	光荣与梦想——见证人民军队90年辉煌	张云（解放军南京政治学院上海校区教授）	5月22日13:30	淮海中路622弄7号乙六楼群言厅
10	上海商学院马克思主义学院	新四军在抗日战争时期的革命斗争	曹景文（华东师范大学教授）	5月22日16:30	奉浦大道123号图书馆419报告厅
11	上海市外文学会	孔子《论语》与西方先哲思想之比较	史志康（上海外国语大学教授）	5月22日19:30	人民大道300号上海大剧院
12	上海市金融学会等	民国时期的银行育人观及启示	刘平（广发银行上海分行纪委书记）	5月23日14:00	复兴中路301号
13	奉贤区金海社区	端午文化知多少	陈劲松（上海师范大学副教授）	5月25日14:00	嘉园路254号
14	崇明区文广影视局	墨子的“平民”智慧	周山（上海社会科学院终身研究员）	5月25日13:30	崇明大道7897号三楼报告厅
15	崇明区新河镇	中西饮食文化中的智慧	王国杰（上海理工大学副教授）	5月25日13:30	新河公路623号附近镇文化活动中心
16	上海宋庆龄研究会	十月革命100周年的历史反思	周尚文（华东师范大学教授）	5月26日14:00	宋园路53号报告厅
17	松江区中山街道	二十四节气中的中国智慧	陈勤建（华东师范大学终身教授）	5月26日14:00	茸梅路200号2楼多媒体教室
18	普陀区长征社区文化活动中心	国乐的传承与发展	阮弘（上海财经大学副教授）	6月2日9:00	梅川路1255号北五楼云教室
19	松江区佘山镇	知书识礼与君子智慧	王佩玲（王退斋纪念馆名誉馆长）	6月6日13:30	千新公路585弄佘山家园三楼多功能厅
20	奉贤区恒盛居委会	先秦诸子文学	陈成吒（上海财经大学讲师）	6月8日14:00	嘉园路254号
21	嘉定区安亭镇	上海方言与海派文化	钱乃荣（上海大学教授）	6月9日13:30	嘉松北路4355弄88号

（续表）

序号	举办单位	题　目	主讲人	时　间	会场地址
22	奉贤区金水苑中学	身行万里半天下——跟着苏轼游宋朝	李贵（上海财经大学教授）	6月9日14:00	广丰路446号
23	普陀区长征社区文化活动中心	中国古典诗歌的智慧	潘颂德（上海社会科学院研究员）	6月9日14:00	梅川路1255号北五楼云教室
24	长宁区教育局	传统文化中的德育智慧	张凤池（上海市德育课程教学基地研究员）	6月13日15:00	愚园路1182号
25	长宁区机关党工委	中国文化中的处世和社交智慧	胡申生（上海大学教授）	6月15日14:00	长宁路599号302

科普讲座（三）：文以化人：人文素养与人生发展

序号	举办单位	题　目	主讲人	时　间	会场地址
1	上海市心理卫生服务行业协会	有效沟通——提升人际关系的艺术	刘广明（上海开放大学副教授）	5月17日13:30	杏山路317号
2	上海商学院马克思主义学院	留学生与强国梦	忻平（上海市中共党史学会会长、教授）	5月17日16:30	奉浦大道123号1号楼227阶梯教室
3	上海大学博物馆	薪火相传育人树魂——纪念老上海大学成立95周年	胡申生（上海大学教授）	5月18日10:00	上大路99号上海大学溯园
4	上海市心理卫生服务行业协会	与AI相伴——心理调适方法	吕博（上海博以佳咨询中心主任）	5月18日10:20	东安路270号肿瘤医院1号楼4楼
5	上海大学心理辅导中心	透视家庭关系的思考	李正云（上海学生心理健康教育发展中心主任、教授）	5月18日13:30	聚丰园路88号13幢二楼多功能厅
6	长宁区北新泾街道	教养——你的名片	王圣民（上海南洋模范中心特级教师）	5月18日14:00	新渔路340号阶梯教室
7	上海市心理卫生服务行业协会	家庭平衡与幸福人生	陈露（华大心理研究所国家二级心理咨询师）	5月19日9:30	金群路28号4楼小报告厅

（续表）

序号	举办单位	题 目	主讲人	时 间	会场地址
8	上海市心理卫生服务行业协会	人际沟通"心"密码	李婉滢（闵行婉滢心理咨询中心主任）	5月19日13:30	康健路135号三楼会场
9	松江区司法局	中西制度的文化根源	鲁品越（上海财经大学资深教授）	5月19日13:30	外青松公路7989号
10	上海市心理卫生服务行业协会	心理咨询师的心智升级	贺岭峰（上海政治学院教授）	5月20日13:30	宛平南路600号6号楼2楼会议室
11	上海周易研究会	《周易》与《孝经》	陈居渊（复旦大学教授）	5月20日13:30	邯郸路220号光华楼西辅楼2401室
12	上海大学心理辅导中心	从案例看大学生情感生活	张海音（上海市心理咨询中心主任、教授）	5月23日9:30	上大路99号乐乎新楼二号楼上善厅
13	上海市逻辑学会等	逻辑的应用和解读	张晓光（华东政法大学教授）	5月23日13:00	文翔路1900号图文信息楼南楼503报告厅
14	上海市心理卫生服务行业协会	心理健康与生活品质	王裕如（上海市心理卫生服务行业协会副会长）	5月23日13:30	海防路429弄100号一号楼2楼
15	宝山区庙行镇	青年创业应当注意的法律问题	吴家毅（上海市民建法制委员会副主任）	5月23日13:30	长江西路2700号403会议室
16	上海市逻辑学会等	推理及其运用	黄伟力（上海交通大学教授）	5月23日16:00	东川路800号东上院202教室
17	崇明区民政局	孔子教你做人快乐而又有尊严	章忠民（上海财经大学教授）	5月24日13:00	崇明大道8000号302会议室
18	嘉定区外冈镇	有话好好说：沟通智慧	张生泉（上海戏剧学院教授）	5月24日14:00	瞿门路518号多功能厅
19	崇明区向化镇	文学意趣与人生境界	李桂奎（上海财经大学教授）	5月25日9:00	向中路62号2号楼二楼会议室
20	宝山区罗店镇	青少年心理特征与家庭教育要领	张佩珍（上海高校心理咨询协会常务理事）	5月25日13:30	塘西街366号二楼
21	宝山区杨行镇	情绪管理与阳光心态塑造	范静（上海财经大学副教授）	5月25日13:30	松兰路826号5楼
22	金山区廊下镇	情商与领导力	陈宁（上海青年管理干部学院副教授）	5月25日13:30	景乐路228号4号楼二楼

（续表）

序号	举办单位	题　目	主讲人	时　间	会场地址
23	崇明区港沿镇	做自己的心理医生	陈萍怡（上海慧泉国际教育集团副教授）	5月25日13:30	港沿公路1177号
24	上海市毓秀学校	漫谈教师文化修养	胡杨（复旦大学教授）	5月26日14:50	崧文路333号多功能厅
25	上海市澄衷高级中学	步向通才之路	钱平雷（上海市科协委员、高级工程师）	5月27日13:30	东余杭路800号五楼礼堂
26	崇明区中兴镇	今天，怎样当家长？	施斌（上海师范大学副教授）	5月31日13:30	兴工路57号多功能厅
27	杨浦区文物管理事务中心	家长与孩子心理沟通的艺术	陈默（上海心理学会基础教育专业委员会秘书长）	6月1日9:30	荆州路151号
28	上海大学附属中学	教师心理危机干预	张海燕（华东政法大学教授）	6月2日14:45	上大路688号综合楼502会议室
29	金山区朱泾镇	法眼看中国式交通行为	曾坚（上海财经大学副教授）	6月4日14:00	金山区人民路360号4楼多功能厅
30	崇明区横沙乡	领导干部应该具有的人文视野	朱恒夫（上海大学教授）	6月5日13:30	新环路57号影剧院
31	嘉定工业区	礼仪是交际的最好“名片”	隆玲（上海师范大学副教授）	6月8日14:00	沪宜公路3066弄居委会3楼会议室
32	嘉定区徐行镇	做自己人生的管理者——谈时间管理、知识管理、情绪管理	章忠民（上海财经大学教授）	6月9日9:00	新建一路1588号213会议室
33	上海市崇明工业园区开发有限公司	团队建设与团队精神培养	范静（上海财经大学副教授）	6月12日14:00	西门路799号508会议室
34	金山区亭林镇	社会主义核心价值观解读	张雄（上海财经大学教授）	6月15日14:00	亭升路550弄33号
35	上海工艺美术品交易中心	家居美学与美的家居	王正明（上海工艺美术职业学院教授）	6月15日14:00	吴淞路218号36楼
36	上海虹房（集团）有限公司	仪态与着装艺术	王建萍（东华大学教授）	6月15日14:00	曲阳路1号4楼多功能厅
37	嘉定区新成路街道	生态家园，从我做起	竺际舜（上海师范大学教授）	6月15日14:00	迎园路400号
38	松江区司法局	日本“和”文化与日本人思维方式	吕雷宁（上海财经大学副教授）	6月16日13:30	文诚路60号

（续表）

序号	举办单位	题　目	主讲人	时　间	会场地址
39	嘉定区房管局	立足岗位，实现梦想，共享人生出彩的机会	刘砚国（上海市演讲与口语传播研究会副会长）	6月16日13:30	金沙路68号2楼报告厅
40	普陀区万里街道	破解你的生命密码，精准管理你的健康	陈晓（上海财经大学教授）	6月22日9:00	富平路518号
41	上海市洛川学校	感恩——让心灵的天空更灿烂	颜苏勤（颜苏勤心理健康名师培育工作室主持人）	6月28日13:00	泾惠路123号

科普讲座（四）：形势与热点

序号	举办单位	题　目	主讲人	时　间	会场地址
1	上海市新四军历史研究会	孟良崮战役——打破国民党重点进攻的重要一仗	张晓宇（上海市新四军历史研究会副会长）	5月17日13:00	淮海中路622弄7号乙群言厅
2	上海市商业会计学会	供给侧下的供应链价值管理	王耕（上海交通大学教授）	5月17日13:30	文翔路2800号
3	崇明区建设镇	未成年人保护与预防未成年人犯罪	吴隽（宝山区法院少年庭庭长）	5月17日13:30	建设公路1259号四楼会议室
4	金山区亭林镇	新形势下的基层社区思想工作	袁志平（中共上海市委党史研究室征编处处长）	5月17日14:00	亭升路550弄33号
5	上海市经济学会等	投资理财风险与防范	叶德磊（华东师范大学教授）	5月18日9:00	虹梅南路108号凌云街道
6	普陀区甘泉街道	以案说法：实例解读《老年人权益保障法》	李东方（上海李东方律师事务所主任律师）	5月18日9:30	延长西路350号四楼多功能厅
7	上海市形势政策教育研究会	上海房地产形势及相关政策	戴晓波（上海社会科学院研究员）	5月18日13:00	南昌路59号九楼902会议室
8	上海市世界经济学会等	“一带一路”建设与经济全球化新引擎	张幼文（上海社会科学院研究员）	5月18日14:00	淮海中路622弄7号小礼堂
9	上海商学院马克思主义学院	“一带一路”与南亚	杜幼康（复旦大学教授）	5月18日16:30	奉浦大道123号1号楼227阶梯教室

（续表）

序号	举办单位	题　目	主讲人	时　间	会场地址
10	上海市经济学会等	习近平关于中国特色社会主义基本经济制度的讲话精神	黄文忠（中共上海市委党校教授）	5月18日18:00	中山北路3663号文史楼211室
11	长宁区虹桥街道	如何依法维护老年人自身权益	陈英芳（上海市老年人法律服务中心顾问律师）	5月19日9:00	虹桥路996弄3-153号单号
12	松江区叶榭镇	"互联网＋"的经济伦理与制度建设	郝云（上海财经大学教授）	5月19日9:00	叶政路388号2107会议室
13	上海市总会计师工作研究会等	关于国税总局营改增最新政策公告的解读	杜秋娟（上海市税务干部学院讲师）	5月19日13:30	宛平南路319号三楼大会议室
14	上海金融法制研究会	生活中的金融法制	丁伟（上海市人大法工委主任）	5月19日14:00	淮海中路622弄7号乙本真堂
15	上海市城市经济学会等	2016上海交通运行情况	薛美根（上海市城乡建设和交通发展研究院副院长）	5月19日14:00	淮海中路1555号5304会议室
16	上海市经济学会等	商业银行结构性理财产品的收益与风险	杨宝华（上海师范大学副教授）	5月19日14:00	桂林路100号上海师范大学商学院
17	上海邮电经济研究会	手机翼支付业务功能与应用	张保然（上海电信公司新业务管理部主任）	5月22日14:00	四川北路65号一楼议事厅
18	金山区漕泾镇	增强法治意识，提高依法行政能力	邱之岫（上海政法学院副教授）	5月22日14:00	漕廊公路398二楼会议室
19	上海市文史资料研究会等	抗战名人在上海的纪念地	朱敏彦（上海市地方史志学会会长）	5月23日9:30	友谊路1号上海淞沪抗战纪念馆
20	上海市商业会计学会	"互联网＋"下的电子商务风险管理	陆威（东方财富董事、副总经理）	5月23日13:30	梅陇路130号MBA楼演讲厅
21	嘉定工业区管理委员会	宏观经济热点问题的思考	冒佩华（上海财经大学副教授）	5月23日14:00	汇源路188号3号楼201报告厅
22	杨浦区档案馆	正确认识转型期的社会矛盾	母天学（上海对外经贸大学副教授）	5月24日14:00	靖宇东路269号6楼多功能厅
23	上海人大工作研究会	转基因产品的发展及其安全性	唐雪明（上海市农科院博士）	5月25日9:30	华山路1226号二楼多功能厅
24	崇明区新村乡	"互联网＋"旅游：让旅游变得更加智慧	井然哲（上海财经大学副教授）	5月25日13:30	星村公路2105号二楼会议室

（续表）

序号	举办单位	题　目	主讲人	时　间	会场地址
25	上海市崇明工业园区管理委员会	以案说法：实例解读《劳动合同法》	李建勇（上海大学教授）	5月25日14:00	西门路799号517会议室
26	崇明区建管委	如何养成法律意识	陈丽天（上海政法学院副教授）	5月26日13:30	崇明区人民路138号502会议室
27	嘉定区嘉定新城	近年中美经贸关系分析：合作、摩擦与展望	林珏（上海财经大学教授）	5月26日13:30	沪宜公路2228号
28	普陀区长征镇	南海的仲裁影响与中国的若干对策	金永明（上海社科院研究员）	5月26日14:00	梅川路1255号北七楼多功能厅
29	上海虹房（集团）有限公司	中国金融发展形势分析	阮青松（同济大学副教授）	5月27日14:00	曲阳路1号4楼多功能厅
30	奉贤区图书馆	以案说法：实例解读《消费者权益保护法》	赵皎黎（上海市消保委副主任）	6月3日14:00	解放东路889号
31	奉贤区柘林镇	腐败犯罪的惩治与预防	汤啸天（上海市法学会副秘书长）	6月5日13:30	联业路1388号
32	杨浦区社工委	宏观经济热点问题透视与投资策略分析	高汉（华东政法大学教授）	6月6日14:00	国定东路200号1号楼22楼会议室
33	崇明区城桥镇	如何提升基层社区工作者的能力	章友德（上海政法学院教授）	6月6日14:00	大陈路8弄19号多功能厅
34	宝山区高境镇	互联网与隐私保护	潘霁（复旦大学副教授）	6月8日13:30	殷高西路111号小礼堂二楼
35	杨浦区商务委	供给侧结构性改革中的政府角色	何精华（上海财经大学教授）	6月8日14:00	宁国路121号
36	杨浦区绿化市容局	互联网金融的风险及防范	刘春彦（同济大学副教授）	6月8日14:00	双阳路393号3号楼
37	杨浦区档案馆	上海——中国近代革命摇篮	邵雍（上海师范大学教授）	6月14日9:00	靖宇东路269号6楼多功能厅
38	普陀区长征镇社区党建服务中心	中国当前宏观经济形势解读	黄晓东（上海财经大学特聘教授）	6月14日14:00	梅川路1255号北七楼多功能厅
39	杨浦区五角场镇	“一带一路”建设背景下中俄关系发展	刘晓音（上海财经大学讲师）	6月16日9:00	翔殷路505弄3号2楼
40	崇明区竖新镇	社区常见法律纠纷的调处及预防	施延亮（上海师范大学副教授）	6月20日13:30	团城公路1918号大礼堂

科普讲座（五）：文学经典与艺术赏析

序号	举办单位	题　目	主讲人	时　间	会场地址
1	上海古典文学学会等	解“毒”《红楼梦》	王冉冉（华东师范大学副教授）	5月17日15:30	新川路324号多功能厅
2	上海影视戏剧理论研究会	中国电影与中国文化	杨晓林（同济大学副教授）	5月17日18:30	四平路1239号南楼129阶梯教室
3	青浦区教师进修学院	小说解读与教学的方法	关景双（青浦区教师进修学院正高级教师）	5月18日13:00	洳溪路200号沈巷中学
4	华东师范大学中文系等	《水浒传》·纸牌游戏·通缉令——从陈老莲的水浒叶子说起	刘晓军（华东师范大学副教授）	5月19日13:30	梅川路10号小剧场
5	奉贤区恒盛居委会	中国文学与人生反思	李桂奎（上海财经大学教授）	5月19日14:00	嘉园路254号
6	上海市世界语协会	“柴门霍夫与世界语”——纪念世界语创始人逝世100周年	汪敏豪（上海市世界语协会会长）	5月20日13:30	大连西路550号
7	静安区图书馆	书法与性情——民国名人书法赏析	管继平（上海书法家协会学术专业委员会副主任）	5月20日14:00	新闸路1708号后四楼报告厅
8	宝山区图书馆等	“唐音”与“宋调”——中国古典诗歌的两种审美范型	侯体健（复旦大学副教授）	5月20日14:00	海江路600号五楼报告厅
9	长宁文化艺术中心	大众电影百花奖最佳故事片——电影过年赏析	常春（东华大学副教授）	5月21日8:30	仙霞路650号3楼301多功能厅
10	上海影视戏剧理论研究会	中国新电影运动与“第五代导演”	艾青（上海交通大学副教授）	5月22日8:00	东川路800号东上院319教室
11	松江区小昆山镇	朗诵，竟然可以这么美	林毅（东华大学副教授）	5月23日14:00	文翔路6201号309室
12	杨浦区教师进修学院	文化经典与基础教育	鲍鹏山（上海开放大学教授）	5月26日9:00	铁岭路109号致和楼三楼报告厅
13	杨浦区五角场镇	《红楼梦》与中国传统文化	柳岳梅（上海财经大学副教授）	5月26日9:00	翔殷路505弄3号2楼党员服务中心
14	松江区人社局	感受音乐之美	狄其安（上海大学教授）	5月26日14:00	乐都西路867号2号楼5楼2517室

（续表）

序号	举办单位	题目	主讲人	时间	会场地址
15	长宁文化艺术中心	西方歌剧里的中国元素——歌剧图兰朵赏析	陶辛（上海音乐学院教授）	5月28日9:00	仙霞路650号3楼301多功能厅
16	杨浦区图书馆	影像装点美丽生活——摄影鉴赏和拍摄技巧	夏云鹏（上海市摄影家协会理事）	6月2日19:00	平凉路1490弄1号
17	金山工业区	说水浒，话梁山英雄	吴兆路（复旦大学教授）	6月6日14:00	工业区开乐大街158号
18	黄浦区豫园街道	文学经典导读	朱凯（上海政法学院教授）	6月6日14:00	梧桐路137号
19	奉贤区金海社区	从《论语》到《三字经》	杨赛（上海音乐学院副研究员）	6月15日14:00	嘉园路254号
20	宝山区淞南镇	21世纪诺贝尔文学奖获奖作品赏析	杨伟民（上海社会科学院研究员）	6月16日9:00	淞南路500号B楼报告厅
21	松江区泗泾镇	山水与人文之美——中国城市景观赏析	胡玎（同济大学教授）	6月21日13:00	松江区人民路1号

科普讲座（六）："徜徉诸子故事解读传统密码"青少年暑期系列讲座

序号	举办单位	讲题	主讲人	时间	地点
1	虹口区图书馆	老子及其《道德经》	彭万侠（黄浦区教育学院高级教师）	7月12日14:00	水电路1412号
2		老子的"自然无为"		7月19日14:00	水电路1412号
3		老子的"柔弱不争"		7月26日14:00	水电路1412号
4		老子的"崇俭节欲"		8月2日14:00	水电路1412号
5	杨浦区图书馆	墨子的兼爱思想	乐燎原（上海交大附中高级教师、语文特级教师）	7月15日9:30	嫩江路民星二村38号
6		墨子的节俭思想		7月21日14:00	平凉路1490弄1号（近三星路）
7		墨子的教育思想		8月12日9:30	嫩江路民星二村38号
8		墨子的科技思想		8月18日14:00	平凉路1490弄1号（近三星路）

（续表）

序号	举办单位	讲　题	主讲人	时　间	地　点
9	宝山区图书馆	“逍遥”的庄子	王玮（杨浦区教师进修学院高级教师）	7月18日 10:00	海江路600号四楼多功能厅
10		“无为”的庄子		7月25日 10:00	海江路600号四楼多功能厅
11		“齐物”的庄子		8月1日 10:00	海江路600号四楼多功能厅
12		“偶像”庄子		8月8日 10:00	海江路600号四楼多功能厅
13	徐汇区图书馆	孟子的性善学说	祁敏（普陀区教育学院高级教师）	7月21日 13:30	南丹东路80号
14		孟子的教育思想		8月1日 13:30	南丹东路80号
15		孟子的仁政理念		8月8日 13:30	南丹东路80号
16		孟子的论辩艺术		8月15日 13:30	南丹东路80号
17	静安区图书馆	学习达人孔子	郭泳（上海文柏文化传播有限公司副总编）	9月8日 13:00	上海市静安区教育学院附属学校
18		多能少年孔子		9月15日 13:00	上海外国语大学书河湾实验中学
19		音乐家孔子		9月16日 13:00	静安区少年儿童图书馆
20		生活有道的孔子		9月22日 13:00	上海市市北初级中学

新媒体社科普及活动

序号	举办单位	活动名称	时　间	新媒体平台
1	上海市社联、解放日报社	“思想60秒”系列社科普及短视频	5月17日—19日	“东方讲坛”微信公众号、“社科视窗”新浪官方微博、上观新闻App
2	上海市社联	“给你一双哲学慧眼”系列社科普及短视频	5月20日—22日	“东方讲坛”微信公众号、“社科视窗”新浪官方微博
3	上海商学院	“一带一路”建设线上宣传解读活动	5月17日—23日	“丝路中国”微信公众号

（续表）

序号	举办单位	活动名称	时　间	新媒体平台
4	上海市保险学会	“个人医保账户余额购买商业保险”线上知识咨询活动	5月17日—23日	“上海保险”微信公众号
5	上海中西哲学与文化比较研究会	“中国化马克思主义的自由人格论思想”新媒体笔谈周	5月17日—23日	“康桥评论”微信公众号
6	上海市法治研究会等	“依法治权”主题微影评征集评选活动	5月17日—26日	“法治上海”微信公众号
7	松江区依法治区办等	法治楹联征集普及活动	5月17日—26日	“法治松江”微信公众号
8	上海金融法治研究会	百姓生活中的金融法制知识宣传周	5月17日—23日	“上海金融法制研究会”微信公众号
9	上海市教育学会等	“如何读懂宝宝”专家线上答疑	5月17日—21日	“上海学前教育网”微信订阅号、“上哈科学育儿指导”订阅号

东方讲坛系列

东方讲坛·2017 职业生涯系列讲座活动

序号	题　目	主讲人	时　间	地　点
第一场	乐业报告——大数据解读就业大趋势	施忠勇(上海市就业促进中心就业统计分析处处长)	3月11日 14:00	上海图书馆正门四楼多功能厅(淮海中路1555号)
第二场	互联网+时代的职业发展	张桢宁(北京五八信息技术有限公司英才研究院咨询总监)	3月18日 14:00	上海图书馆正门四楼多功能厅(淮海中路1555号)
第三场	创新变革的时代——未来汽车人才需求展望	时傲兵(上汽集团人力资源部高级经理)	3月25日 14:00	上海图书馆正门四楼多功能厅(淮海中路1555号)
第四场	工作真的"很难找?"——就业大数据提示市场真相	王加文(上海市就业促进中心就业统计分析处副处长)	3月28日 14:00	上海图书馆正门四楼多功能厅(淮海中路1555号)
第五场	学会有效沟通,激活职场人生	丁宏杰(上海市职业指导专家)	4月7日 14:00	上海图书馆正门四楼多功能厅(淮海中路1555号)
第六场	大学生的职业选择与职业规划	田磊(上海市学生事务中心副主任)	4月15日 14:00	上海图书馆正门四楼多功能厅(淮海中路1555号)

东方讲坛·走进社会科学系列讲座之法学演讲季

法学与法治国家的建构

序号	题　目	主讲人	对话嘉宾	时　间	会场地址	承办单位
第一讲	中国和西方法律文化的差异	郝铁川(上海市文史研究馆馆长、教授)	伊晓婷(上海开放大学公共管理学院副院长)	3月15日 13:30	银城中路188号交银金融大厦5楼第四会议室	交通银行党委宣传部
第二讲	法治社会与治理创新	施凯(上海市人大常委会法工委副主任)	文军(华东师范大学社会发展学院院长、教授)	3月30日 14:00	江浦路549号杨浦区政府机关308会议室	中共杨浦区委宣传部

（续表）

序号	题　目	主讲人	对话嘉宾	时　间	会场地址	承办单位
第三讲	依法治国与国家权力	叶必丰（上海社科院法学所所长、教授）	刘志刚（复旦大学教授）	3月31日 14:00	永嘉路383号多功能厅	上海市文化市场行政执法总队
第四讲	“法治”的来龙去脉	何勤华（原华东政法大学校长、教授）	王立民（原华东政法大学副校长、教授）	4月6日 13:30	中山东二路9号上海市档案馆外滩馆10楼报告厅	上海市档案馆
第五讲	法律的生命在于实施	沈国明（上海交通大学凯原法学院讲席教授）	刘作翔（上海师范大学法治与人权研究所所长、教授）	4月20日 14:00	平型关路1222号（近灵石路）海上文化中心五楼多功能厅	静安区国有资产监督管理委员会
第六讲	转型发展与法治思维	刘平（上海市人民政府法制办公室副主任）	程金华（上海交通大学教授）	4月27日 13:45	上大路99号上海大学宝山校区行政楼报告厅	上海大学
第七讲	程序公正与司法进步	叶青（华东政法大学校长、教授）	方正宇（上海纽迈律师事务所合伙人）	5月11日 18:00	上大路99号上海大学宝山校区J202	上海大学
第八讲	法律职业共同体的现实和未来	孙笑侠（复旦大学法学院院长、教授）	蒋传光（上海师范大学哲学与法政学院院长、教授）	5月19日 14:00	肇嘉浜路789号均瑶国际广场35楼报告厅	上海市律师协会
第九讲	全球化背景下的国际法与中国企业走出去	刘晓红（上海政法学院校长、教授）	王丽华（上海政法学院教授）	5月19日 14:00	军工路2500号综合大楼3楼讲演厅	上汽大通汽车有限公司
第十讲	法治中国的战略思考	季卫东（上海交通大学法学院院长、凯原讲席教授）	白冬（华东政法大学教授）	5月25日 14:00	西藏南路1406号多功能厅	上海电气集团党校

东方讲坛·读懂世界主题系列讲座

序号	题　目	主讲人	时　间	会场地址
第一讲	当前国际形势特点和中国对外关系	杨洁勉（上海市国际关系学会会长、研究员）	3月31日 14:00	胶州路300号1楼
第二讲	中东局势与大国博弈	赵伟明（上海外国语大学教授）	4月11日 14:00	秣陵路46号5楼

（续表）

序号	题　目	主讲人	时　间	会场地址
第三讲	欧盟一体化面临的困境及中欧关系发展前瞻	徐明棋（上海欧洲学会会长、研究员）	5月4日14:00	大统路480号5楼
第四讲	一带一路的前景：欧亚全面伙伴关系	李新（上海国际问题研究院俄罗斯中亚研究中心主任、研究员）	5月19日14:00	平型关路1222号5楼
第五讲	中美俄关系的现状与未来	冯绍雷（华东师范大学国际关系与地区发展研究院院长、教授）	5月25日9:00	和田路195号大礼堂
第六讲	特朗普时代的中美关系与国际秩序	沈丁立（复旦大学国际问题研究院副院长、教授）	6月8日14:00	平型关路1222号5楼
第七讲	中印关系的现状与前景	赵干城（上海国际问题研究院南亚研究室主任、研究员）	6月9日14:00	大统路480号5楼
第八讲	中日关系现状与未来走向	吴寄南（上海市日本学会会长、研究员）	7月21日14:00	平型关路1222号5楼

东方讲坛·文化中国主题系列讲座之二

回首向来处

——历史上的民众生活

序号	题　目	主讲人	时　间	会场地址
第一讲	“风”从何处来——魏晋风度的社会基础	仇鹿鸣（复旦大学副教授）	3月18日14:00	杨浦区彰武路1号同济大厦A楼301报告厅
第二讲	宋明时期的理学与社会生活	章毅（上海交通大学副教授）	4月8日14:00	杨浦区彰武路1号同济大厦A楼301报告厅
第三讲	从敦煌画卷看隋唐文化与民众生活	陈大为（上海师范大学教授）	4月15日14:00	杨浦区彰武路1号同济大厦A楼301报告厅
第四讲	战国秦汉妇女的婚姻家庭生活	黄爱梅（华东师范大学副教授）	4月22日14:00	杨浦区彰武路1号同济大厦A楼301报告厅
第五讲	汉代的士风与世变	李磊（华东师范大学副教授）	5月6日14:00	杨浦区彰武路1号同济大厦A楼301报告厅

（续表）

序号	题　目	主讲人	时　间	会场地址
第六讲	山中一日：明清时代的乡村生活与生计	赵思渊（上海交通大学讲师）	5月27日14:00	杨浦区彰武路1号同济大厦A楼301报告厅
第七讲	清末民初读书人的"朋友圈"	瞿骏（华东师范大学副教授）	6月10日14:00	杨浦区彰武路1号同济大厦A楼301报告厅

东方讲坛·思想点亮未来系列讲座（第二季）

带你走进高深可测的社会科学世界

序号	题　目	主讲人	时　间	会场地址	协办单位
第一讲	文学是什么？	骆玉明（复旦大学教授）	4月7日15:30	双阳路388号控江中学大礼堂	控江中学
第二讲	万物互联时代的深阅读	叶开（《收获》文学杂志社副编审）	4月18日13:00	虹桥路68号徐汇中学崇思楼小礼堂	徐汇中学
第三讲	二十四史中的诞生哲学对"我"成长的启示	顾晓鸣（复旦大学教授）	4月19日15:05	崮山路517号建平中学思贤堂	建平中学
第四讲	汉字中的智慧	罗建平（华东理工大学教授）	4月21日14:30	南奉公路7058号奉贤中学报告厅	奉贤中学
第五讲	阅读的境界	赵丽宏（上海市作家协会副主席）	4月28日13:00	华阴路101号宜川中学善思报告厅	宜川中学
第六讲	孔子的理想与人生	姜鹏（复旦大学副教授）	4月28日15:00	农南路22号七宝中学西阶梯教室	文来中学
第七讲	文学意趣与人生境界	李桂奎（上海财经大学人文学院副院长、教授）	5月5日14:00	国浩路100号同济一附中学生活动中心	同济一附中
第八讲	数据如何变成生产力？	刘建国（上海财经大学讲席教授）	5月10日16:00	浦东新区晨晖路555号华师大二附中报告厅	华师大二附中
第九讲	中国诗歌与中国文化	杨赛（上海音乐学院公共基础部副研究员）	5月12日10:10	世界路8号兰生复旦中学报告厅	兰生复旦中学
第十讲	电影中的哲学思辨	郁喆隽（复旦大学副教授）	5月19日13:50	东明路300号上海市实验学校报告厅	市实验学校

（续表）

序号	题　目	主讲人	时　间	会场地址	协办单位
第十一讲	诗词之韵	田松青（上海古籍出版社副总编、编审）	5月19日14:30	斜土路885号卢湾教育文体中心	卢湾高级中学
第十二讲	"大一统"中国是如何生成的？	于凯（上海工程技术大学社会科学学院副院长、教授）	5月19日15:30	位育路1号位育中学博育楼107室	位育中学
第十三讲	文学与心灵世界	查明建（上海外国语大学英语学院院长、教授）	5月19日15:30	国权路383号复旦附中旦华楼六楼报告厅	复旦附中
第十四讲	说不尽的莎士比亚	荣广润（上海戏剧学院原院长、教授）	5月24日15:15	中山北一路295号上外附中艺术中心	上外附属外国语学校
第十五讲	为什么人工智能必将威胁我们的文明？	江晓原（上海交通大学教授）	5月26日14:00	殷高路42号交大附中图书综合楼报告厅	交大附中
第十六讲	古典诗词与我的人生	王小鹰（中国作家协会会员）	5月26日15:20	宜川路400号甘泉外国语中学小剧场	甘泉外国语中学

东方讲坛·文化上海主题系列讲座之二

风从海上来

——近代上海经济的崛起之路

序号	题　目	主讲人	时　间	会场地址	举办单位
第一讲	中心与辐射：近代上海与长三角及全国的经济关系	戴鞍钢（复旦大学教授）	9月13日14:00	杨树浦路830号杨树浦水厂礼堂	杨浦区文明办
第二讲	上海之魂是怎样炼成的——近代上海商业的繁荣与发展	晁钢令（上海财经大学教授）	9月18日14:00	上大路99号上海大学行政楼报告厅	宝山区文明办
第三讲	上海金融的百年历史变迁	吴景平（复旦大学教授）	9月21日14:00	复兴中路301号上海市银行博物馆五楼多功能厅	黄浦区文明办

（续表）

序号	题　目	主讲人	时　间	会场地址	举办单位
第四讲	汽笛声声：近代工业与上海城市发展	邢建榕（上海市档案馆副馆长、研究馆员）	9月26日13:00	梅川路160号曹杨二中小剧场	普陀区文明办
第五讲	泊通内外——近代上海航运业的诞生和发展	朱荫贵（复旦大学教授）	9月27日14:00	四川北路1468号海派文化中心景云厅	虹口区文明办
第六讲	从懋迁总汇到社会枢纽：上海总商会的历史经纬	冯筱才（华东师范大学教授）	9月28日14:00	澳门路128号上海纺织博物馆三楼科普教室	普陀区文明办

新媒体科普产品:学思践悟十九大

视频·社科专家带你读懂十九大

序号	本集片名	嘉　宾	上线日期	备注
1	为何说“新时代”是重大政治判断	潘世伟(上海市委讲师团副团长、上海市党建研究会副会长)	12月6日	上观首发
2	新征程为什么要分两阶段走?	权衡(上海社会科学院世界经济研究所所长、研究员)	12月7日	
3	中国给世界文明贡献了什么智慧	姜义华(复旦大学资深特聘教授、教育部社会科学委员会委员)	12月8日	
4	主要矛盾变了,还有哪些没有变?	童世骏(华东师范大学党委书记、教授)	12月11日	
5	大国经济走向强国经济关键是什么	周振华(上海市经济学会会长、研究员)	12月12日	
6	“吃饱喝足”就是美好生活吗	桑玉成(上海市政治学会会长、教授)	12月13日	
7	新时代的文化自信从哪里来?	陈燮君(上海市文化广播影视管理局原党委书记、上海博物馆原馆长)	12月14日	
8	党的十九大报告有哪些民生亮点?	文军(华东师范大学社会发展学院院长、教授)	12月15日	
9	怎样才能实现美丽中国?	诸大建(同济大学可持续发展与管理研究所所长、教授)	12月18日	
10	瞄准强国目标,需要如何强军?	刘苏闽(上海市新四军历史研究会会长、海军东海舰队某部原政委、少将)	12月19日	
11	为什么要推进构建人类命运共同体	黄仁伟(上海社会科学院国家高端智库学术委员会主席、研究员)	12月20日	
12	全面从严治党有了什么新要求?	冯小敏(上海市党建研究会常务副会长、研究员)	12月21日	

图书在版编目(CIP)数据

上海社联年鉴.2018/上海市社会科学界联合会编
.—上海:上海人民出版社,2023
ISBN 978-7-208-18337-7

Ⅰ.①上… Ⅱ.①上… Ⅲ.①社会科学-联合会-上海-2018-年鉴 Ⅳ.①C262.51-54

中国国家版本馆 CIP 数据核字(2023)第 100658 号

责任编辑 王笑潇
封面设计 夏 芳

上海社联年鉴 2018
上海市社会科学界联合会 编

出　　版 上海人民出版社
（201101 上海市闵行区号景路 159 弄 C 座）
发　　行 上海人民出版社发行中心
印　　刷 上海盛通时代印刷有限公司
开　　本 787×1092 1/16
印　　张 31.5
插　　页 8
字　　数 691,000
版　　次 2023 年 9 月第 1 版
印　　次 2023 年 9 月第 1 次印刷
ISBN 978-7-208-18337-7/Z·245
定　　价 268.00 元